Friedrich Schiller: Über die Ästhetische Erziehung des Menschen
in einer Reihe von Briefen

Klassiker Auslegen

Herausgegeben von
Otfried Höffe

Band 69

# Friedrich Schiller:
Über die Ästhetische Erziehung des Menschen in einer Reihe von Briefen

Herausgegeben von
Gideon Stiening

DE GRUYTER

ISBN 978-3-11-041511-7
e-ISBN (PDF) 978-3-11-041525-4
e-ISBN (EPUB) 978-3-11-041558-2
ISSN 2192-4554

Library of Congress Control Number: 2019946393

Bibliografische Information der Deutschen Nationalbibliothek
Die Deutsche Nationalbibliothek verzeichnet diese Publikation in der Deutschen
Nationalbibliografie; detaillierte bibliografische Daten sind im Internet über
http://dnb.dnb.de abrufbar.

© 2019 Walter de Gruyter GmbH, Berlin/Boston
Umschlagabbildung: Ludovike Simanowitz: Porträt von Friedrich Schiller, ca. 1793–1794;
Wikimedia Commons
Druck und Bindung: CPI books GmbH, Leck

www.degruyter.com

Inhalt

Zitierweise und Siglen —— VII

Gideon Stiening
1 **Einleitung —— 1**

Frieder von Ammon
2 **„In einer Reihe von Briefen"**
   Zu den Funktionen der epistolarischen Form —— 11

I Briefe 1 bis 10

Achim Vesper
3 **Durch Schönheit zur Freiheit? Schillers Auseinandersetzung mit Kant**
   (Brief 1 und die Folgen) —— 33

Gideon Stiening
4 **„Der Versuch eines mündig gewordenen Volks". Schillers allgemeine und besondere Revolutionstheorie**
   (Briefe 2 und 3) —— 49

Oliver Bach
5 **Natur – Mensch – Staat. Zu Schillers ‚politischer Theorie'**
   (Briefe 4 bis 7) —— 63

Marion Heinz
6 **Kulturkritik und Kunst**
   (Briefe 8 bis 10) —— 81

II Briefe 11 bis 16

Udo Thiel
7 **„Person" und „Zustand". Grundbegriffe von Schillers „transzendentalem Weg" im Kontext**
   (Brief 11) —— 99

Martin Bondeli
8   Sachtrieb, Formtrieb und die Suche nach einem harmonischen Verhältnis der beiden Grundtriebe. Schillers Triebkonzept im Ausgang von Reinholds Trieblehre
(Briefe 12 und 13) —— 121

Christoph Binkelmann
9   Wechselwirkung im Spieltrieb. Schillers konfliktuöser Bezug auf Fichte
(Briefe 14 bis 16) —— 139

III Briefe 17 bis 27

Stefan Klingner
10   Die Idee der Schönheit und das Problem ihrer Realisierung
(Briefe 17 und 18) —— 157

Hans-Peter Nowitzki
11   Zwischen Bestimmung und Bestimmbarkeit. Schillers Transzendentalanthropologie
(Briefe 19 bis 23) —— 175

Andree Hahmann
12   Stufen der Entwicklung – Schillers Geschichtsphilosophie im Spiegel der kantischen Philosophie
(Briefe 24 und 25) —— 195

Anne Pollok
13   A Further Mediation and the Setting of Limits: The Concept of Aesthetic Semblance and the Aesthetic State
(Letters 26 and 27) —— 219

IV Anhang

14   Bibliographie (in Auswahl) —— 239

Personenregister —— 243

Sachregister —— 245

Zitierweise und Siglen

Schillers Werke werden unter Angabe der Sigle **SW** zitiert nach Friedrich Schiller: Sämtliche Werke. Hrsg. von Gerhard Fricke u. Herbert G. Göpfert. 5 Bde. München 1959; z. B. SW, I, 249 = Sämtliche Werke, Band I, Seite 249.

Auf *Über die ästhetische Erziehung des Menschen in einer Reihe von Briefen* (ebd., Bd. V, 570–669) wird **nur mit Seitenzahl, ohne Sigle und Band-Zusatz verwiesen.**
[Dieser Text ist seitenidentisch mit Friedrich Schiller: Sämtliche Werke. Auf der Grundlage von Herbert G. Göpfert hrsg. von Peter Andre Alt, Albert Meier und Wolfgang Riedel. 5 Bde. München 2004, Bd. V, 570–669].
Schillers Briefe werden unter Angabe der Sigle **NA** zitiert nach: Schillers Werke. Nationalausgabe. Hrsg. von Julius Petersen, fortgeführt von Lieselotte Blumenthal und Benno von Wiese im Auftrag der Stiftung Weimarer Klassik und des Schiller-Nationalmuseums Marbach, Weimar 1943 ff., z. B. NA 28, 34 = Nationalausgabe, Band 28, Seite 34.
In Einzelfällen (und d. h. vor allem aus den umfangreichen Kommentaren) wird unter Angabe der Sigle FA auch zitiert aus: Friedrich Schiller: Werke und Briefe in zwölf Bänden. Hrsg. von Otto Dann u. a. 12 Bde. Frankfurt/M. 2004; z. B. **FA** III, 128 = Frankfurter Ausgabe, Band III, Seite 128.

Kant wird nach der Ausgabe der Preußischen Akademie der Wissenschaften (Akademie-Ausgabe) zitiert, z. B. AA VIII 312 = Akademie-Ausgabe, Band, Seitenzahl.

Bei der *Kritik der reinen Vernunft* werden die Seitenzahlen der ersten (=A) und/oder der zweiten Auflage (=B) angegeben, z. B. A 189 = 1. Auflage Seite 189.

Karl Leonhard Reinhold wird zitiert nach Karl Leonhard Reinhold: Gesammelte Schriften. Kommentierte Ausgabe. Hrsg. von Martin Bondeli. Basel 2007 ff., z. B.: **RGS** 1, 356 = Reinholds Gesammelte Schriften, Band 1, Seite 356.

Fichte wird zitiert nach Johann Gottlieb Fichte: Werke. Hrsg. v. Immanuel Hermann Fichte, 11 Bde., Berlin 1844 [ND Berlin 1971], z. B. **FW** I, 3 = Fichtes Werke Band I, Seite 3;

oder nach
Johann Gottlieb Fichte: Gesamtausgabe der Bayerischen Akademie der Wissenschaften. Hg. von R. Lauth, H. Jacob u. a. Stuttgart-Bad Cannstatt 1962 ff.; z. B. **GA** I/2, 449 = Gesamtausgabe Reihe I/ Bd. 2, Seite 449.

Gideon Stiening
1 Einleitung

1.1 Der Einfluss der *Ästhetischen Briefe* auf die Ästhetik um 1800

Friedrich Schillers Abhandlung *Über die ästhetische Erziehung des Menschen in einer Reihe von Briefen*, die im Januar, Februar und Juni 1795 in des Autors eigener Zeitschrift, *Die Horen*, erschienen, gehört zu den wirkmächtigsten theoretischen Texten zur Schönheit und zur Kunst um 1800. Wie wir von Christian Garve, Friedrich Nicolai, Johann Gottfried Herder, den Brüdern Schlegel, Friedrich Hölderlin, Friedrich Wilhelm Joseph Schelling oder Georg Wilhelm Friedrich Hegel u.v.m. wissen, wurden Schillers ‚Briefe' umgehend nach ihrem Erscheinen gelesen und kritisch für die je eigene Entwicklung verarbeitet. Friedrich Hölderlin plante gar schon Anfang 1796, also nur wenige Wochen nach der Publikation der letzten der 27 Briefe Schillers, *Neue Briefe über die ästhetische Erziehung des Menschen* zu verfassen.[1] Der enorme Einfluss der in der populären Form von Briefen geschriebenen Abhandlung Schillers gilt nicht nur hinsichtlich der theoretischen Positionen der zeitgenössischen Autoren, sondern auch für deren literarische Produktion. Noch Hegel und Friedrich Theodor Vischer bezogen sich in ihren umfassenden Ästhetiken bis zur Mitte des 19. Jahrhunderts kritisch *und* affirmativ auf Schillers großen Wurf.[2] Von Wilhelm von Humboldt bis Wilhelm Dilthey zelebrierte eine kulturpolitisch interessierte Geisteswissenschaft ihre Schiller-Verehrung, die die *Briefe* als den systematischen Gipfelpunkt aller Ästhetik feierte.[3] Und auch das 20. Jahrhundert lässt mit den kritischen Sichtungen der *Briefe* durch Georg Lukács, Theodor W. Adorno oder Jürgen Habermas den Einfluss auf die systematische Kulturkritik und Ästhetik erkennen.

Welche Gründe lassen sich für diese enormen Wirkungen eines Textes namhaft machen, der kaum als einheitlicher zu bezeichnen ist, und zwar weder in systematischer Hinsicht noch im Hinblick auf seine Produktionsbedingungen sowie seine Publikationsform? Entscheidend für diesen Erfolg dürften wohl zwei Kontexte gewesen sein, die man mit den Stichworten *Kant* und *Französische Revolution* zunächst benennen kann und die in unterschiedlicher Weise den Gehalt

---
1 Brief Hölderlins an Immanuel Niethammer, 24. Febr. 1796, in: Hölderlin 1992/94, Bd. II, 615.
2 Siehe hierzu Hegel 1986, Bd. XIII–XV, spez. XIII, 89 ff.; Vischer 1846, Bd. I, 190 ff., u. ö.
3 Vgl. Humboldt 1830, 367–370.

des Textes und seine Wirkung nachhaltig prägen. Schiller gelingt es dabei, diese beiden, die 1790er Jahre prägenden Kontexte so zu reflektieren und für eine zukünftige Ästhetik und Kunst zu vermitteln, dass eine über die Entstehungszeit und deren Bedingungen hinaus prägenden Konzeption des Schönen und der Kunst entsteht, die zu einer kritischen Auseinandersetzung bis in die Gegenwart herausfordert.

1.2 „Größtenteils Kantische Grundsätze"? Schillers Kant-Rezeption

Schiller hatte schon 1791 nach einer ersten Lektüre der *Kritik der Urteilskraft* erkannt,[4] dass nicht allein der Ästhetik als einer seit Georg Friedrich Meier und Alexander Baumgarten etablierten „*Theorie* der schönen Wissenschaften und Künste", sondern auch den Künsten selbst durch Kants Theorie des Geschmacksurteils eine enorme Herausforderung erwuchs. Das Skandalon der kantischen Konzeption zum ästhetischen Urteil bestand zum einen darin, dass sie ausdrücklich keine wissenschaftliche Gegenstandsästhetik sein konnte, weil das Gefühl des Schönen und Erhabenen zwar Urteile mit subjektivem Allgemeinheitsanspruch veranlasste, die aber nicht zu einer Wissenschaft auszubauen waren, weil sie mit keinem bestimmten Begriff operierten. Zum anderen ermöglichte das „Interesselose Wohlgefallen", das Kant als ein zentrales Moment jener Empfindung des Schönen erläutert hatte, eine nur mittelbare Verknüpfung von Natur- und Kunstschönheit mit der normativen Kraft einer Tugendethik. Und diese praktische Konsequenz der *Kritik der Urteilskraft* bedrängte Schiller und seine die *Briefe* weithin rezipierenden Zeitgenossen stärker noch als das Problem der Begriffslosigkeit des Schönen. Denn sowohl die von Gottsched ausgehende rationalistische als auch die von Lessing popularisierte empiristische Variante deutschsprachiger Poetiken gingen in ihrem Verständnis von Dichtung von einer strengen Verbindung von Literatur und Moral nachgerade selbstverständlich aus. Hatte Gottsched die Dichtung als Veranschaulichung moralischer Maximen definiert, so sah Lessing in der Dichtung ein bedeutendes Instrument zur Kultivierung des moralischen Gefühls *und damit* moralischer Gesinnung. Der ‚mitleidigste als der beste Mensch' sollte durch eine in ihrer moraldidaktischen Funktion reflektierte Dichtung kultiviert werden. Schiller selbst hatte 1784 die „Schaubühne als moralische Anstalt" gegen die seit dem *Sturm und Drang* und den Aktualisierungen des Materialismus einflussreichen Tendenzen einer Trennung von Ethik

---

4 Schillers mehrfache Lektüregänge sind dokumentiert in Schiller 1974, 124–144.

und Ästhetik verteidigt. Diese Tendenzen schien nun ausgerechnet Kant mit seiner Konzeption von der „Schönheit als Symbol der Sittlichkeit" (AA V, 351 ff.) – also einer höchst mittelbaren Verknüpfung von Ethik und Ästhetik – von neuem zu befördern, allerdings ohne Affinitäten zu Schwärmereien und Materialismen zu zeigen, sondern vielmehr, wie Schiller mit Garve und Feder annahm, zu einer Wiederkehr traditioneller Metaphysik tendierte. Es gab also eine Fülle von Gründen für den Jenaer Literaten und Literaturtheoretiker, kritisch auf die *Kritik der Urteilskraft* zu reagieren.

Seit 1791 suchte Schiller daher in einer Reihe von Texten durch eine kritische Auseinandersetzung mit Kant seine eigene Konzeption von Schönheit und Kunst neu zu gewinnen, allerdings so, dass diese neue Ästhetik nicht hinter das von Kant erreichte philosophische Niveau zurückfallen sollte. Dabei nahm Schiller erhebliche Mühen auf sich, einerseits Kant verstehend gerecht zu werden, andererseits die für ihn drängenden Problemlagen der *Kritik der ästhetischen Urteilskraft* zu lösen. Diese erste Phase der Auseinandersetzung mit Kant kulminiert erkennbar in den 1792 verfassten, zu Lebzeiten aber unpubliziert gebliebenen ‚Kalliasbriefen' (SW V, 394–433) sowie der 1793 in der *Neuen Thalia* veröffentlichten Abhandlung *Über Anmut und Würde*. Vor allem in dieser Abhandlung, die die wohl größte Nähe zu Kant dokumentiert, zeigt sich, dass Schiller schon früh von einer Auseinandersetzung mit Kants praktischer Philosophie ausgehend seine neue Verknüpfung von ästhetischem und moralischen Gefühl sowie die kulturpolitische Bedeutung dieser Vermittlung ins Auge gefasst hat. Dass Schiller in dieser Auseinandersetzung mit Kant von einem nicht hinreichenden Verständnis auch und gerade der praktischen Philosophie des Transzendentalphilosophen getragen wurde, eröffnet seine Kritik an Kants Ethik. Deren Strenge belege nämlich, dass der Philosoph diese Theorie nur für undisziplinierte „Knechte", nicht aber für die der Bildung fähigen „Kinder" des Hauses entworfen habe:

> In der Kantischen Moralphilosophie ist die Idee der *Pflicht* mit einer Härte vorgetragen, die alle Grazien davon zurückschreckt und einen schwachen Verstand leicht versuchen könnte, auf dem Wege einer finstern und mönchischen Asketik die moralische Vollkommenheit zu suchen. [...] Womit aber hatten es die *Kinder des Hauses* verschuldet, daß er nur für die *Knechte* sorgte? (SW V, 465 f.)

Im Zentrum geht es Schiller um die Frage, ob die Erfüllung ethischer Pflichten nicht auch durch Neigungen begleitet werden dürfte, um deren Realisierungsgarantien zu erhöhen. Schiller ist allerdings neben dieser Dimension einer ‚Methodenlehre der reinen praktischen Vernunft' auch daran interessiert zu belegen, dass eine Berücksichtigung der menschlichen Neigungen bei der Formierung ethischer Prinzipien und Maximen das Gefahrenpotential der menschlichen Leidenschaften grundsätzlich minimieren könne, weil er sicher ist, dass eine durch ethische Normen nur ‚unterdrückte' Natur – jener Kampf also gegen eine ‚Tyrannei der Leidenschaften' bzw. des ‚Sinnenhanges', von der nicht nur Kant (AA V, 433), sondern auch Mendelssohn[5] oder Sulzer[6] sprachen – zu einer Gegenwehr der Natur führen müsse. Neigungen zur Pflicht (vgl. hierzu Höffe 2006) erhöhten also nicht allein die Wahrscheinlichkeit der Durchsetzung moralischer Vorschriften, sie bänden auch jenen „Feind", die menschliche Natur, von vorherein in die Konstitution moralischer Gesinnung ein. Schiller will die Natur als Feind nicht „niederdrücken", sondern wahrhaft überwinden (SV V, 465). Nur wer für sich als natürliches Individuum will, was er für das ethische Allgemeine tun soll, hat die Zwänge ethischer Vorschriften wahrhaft überwunden, weil schon die Sinne begehren, was die praktische Vernunft fordert. Wie viele andere Aufklärer hadert Schiller mit dem Zwangscharakter rechtlicher und ethischer Normativität, der zugunsten einer freiwilligen Annahme ihrer Inhalte, d. h. ihrer Internalisierung, überwunden werden soll.

Kant hat auf diesen Vorwurf gelassen und höflich reagiert, anders als gegenüber Herder, Forster oder gar Feder. In der 1794 publizierten zweiten Auflage seiner Schrift *Religion innerhalb der Grenzen der bloßen Vernunft* macht Kant nämlich freundlich aber bestimmt darauf aufmerksam, dass Schiller ihn eindeutig missverstanden habe:

> Herr Prof. *Schiller* mißbilligt in seiner mit *Meisterhand* verfaßten Abhandlung (*Thalia* 1793, 3tes Stück) über *Anmut und Würde* in der Moral diese Vorstellungsart der Verbindlichkeit, als ob sie eine kartäuserartige Gemüthsstimmung bei sich führe; allein ich kann, da wir in den wichtigsten Principien einig sind, auch in diesem keine Uneinigkeit statuieren; wenn wir uns nur unter einander verständlich machen können. – Ich gestehe gern: daß ich dem *Pflichtbegriffe*, gerade um seiner Würde willen, keine *Anmuth* beigesellen kann. Denn er enthält unbedingte Nöthigung, womit Anmuth in geradem Widerspruch steht. Die Majestät des Gesetzes (gleich dem auf Sinai) flößt Ehrfurcht ein (nicht Scheu, welche zurückstößt, auch nicht Reiz, der zur Vertraulichkeit einladet), welche *Achtung* des Untergebenen gegen seinen Gebieter, in diesem Fall aber, da dieser in uns selbst liegt, ein *Gefühl des Erhabenen* unserer eigenen Bestimmung erweckt, was uns mehr hinreißt als alles Schöne. – Aber die *Tugend*, d. i. die fest gegründete Gesinnung, seine Pflicht genau zu erfüllen, ist in ihren Folgen auch *wohlthätig*, mehr wie Alles, was Natur oder Kunst in der Welt leisten mag; und das herrliche Bild der Menschheit, in dieser ihrer Gestalt aufgestellt, verstattet gar wohl die Begleitung der *Grazien*, die aber, wenn noch von Pflicht allein die Rede ist, sich in ehrerbietiger Entfernung halten. Wird aber auf die anmuthigen Folgen gesehen, welche die Tugend, wenn sie überall Eingang fände, in der Welt verbreiten würde, so zieht alsdann die moralisch-gerichtete Vernunft die Sinnlichkeit (durch die Einbildungskraft) mit ins Spiel. Nur nach bezwungenen

---

[5] Mendelssohn 2009, I, 75.
[6] Vgl. Sulzer 1773/81, I, 102.

Ungeheuern wird Herkules *Musaget*, vor welcher Arbeit jene gute Schwestern zurück beben. Diese Begleiterinnen der Venus Urania sind Buhlschwestern im Gefolge der Venus Dione, sobald sie sich ins Geschäft der Pflichtbestimmung einmischen und die Triebfedern dazu hergeben wollen. (AA VI, 23)

Kant macht hier in großer Anschaulichkeit klar, dass Schiller einerseits einem nachmals nach ihm benannten Missverständnis aufgesessen sei, insofern er behauptet, Kant habe jede Zustimmung der Neigung zur moralischen Pflicht untersagt; vielmehr sei zutreffend, so Kant, dass man durchaus den Inhalt einer Pflicht auch um seiner selbst willen wollen *darf*, allerdings entstehe die Verbindlichkeit der Norm nicht durch die Zugabe der Sinnlichkeit oder der Schönheit. Pflicht ist um ihrer selbst willen zu tun, und kann erst dann jene kulturhistorisch invariante Geltung behaupten, die ihr Kant gegen die kulturalistischen Relativismen der Zeit, beispielsweise Herders, noch einmal zuschreibt.

Schiller hat aus dieser, wenngleich höflichen Zurechtweisung gelernt. Vermutlich wird er auch beobachtet haben, wie kläglich die immerhin ganze Zeitschriften aufwendenden Versuche Feders, Meiners oder Eberhardts, Kant in die Schranken zu weisen, in den Jahren 1792/93 scheiterten. In den *Briefen* wird er den Vorwurf, Kant habe eine Moral für Knechte entworfen, nicht wiederholen. Überhaupt sucht sich Schiller nicht mehr durch eine Kritik an Kant als Ästhetiker zu profilieren; vielmehr – so scheint es schon ab dem ersten Brief – ist er in das Lager der Anfang der 1790er Jahre größer werdenden Kantianer übergetreten: „Größtenteils Kantische Grundsätze" (570) habe er dieser Abhandlung zugrunde gelegt – auch wenn er sich nicht als Teil einer kantischen Schule bewertet sehen möchte, was bei Kants Apologie des ‚Selbstdenkers als Prinzip der Aufklärung' allerdings ebenfalls kantisch anmutet.[7]

Dennoch ist dieses Bekenntnis zu Kant mit großer Vorsicht zu genießen: Nicht nur Schillers in den *Briefen* endlich durchgeführte Versuche zur Begründung einer „Objektivität des Schönen",[8] auch die für die Ästhetik und Kulturtheorie essentiellen Elemente seiner politischen Theorie, die beispielsweise eine strikte Trennung von Recht und Moral vermissen lassen, erweisen sich bei näherer Betrachtung als wenig kantisch. Die Hintergründe für diese unverkennbare Ferne zu den Grundlagen der Philosophie Kants sind vielfältig; sicher spielt Schillers intellektuelle Sozialisation auf den bis in die 1790er Jahre einflussreichen Feldern einer Anthropologie der Spätaufklärung eine gewichtige Rolle. Schon von seinem Lehrer Jacob Friedrich Abel wurde Schiller auf Autoren wie Platner, Sulzer oder Garve und der von ihnen entwickelten Theorie eines commercium mentis et

---

7 Kant, Was heißt: Sich im Denken orientieren?, AA VIII, 146.
8 Vgl. hierzu schon Henrich 1957, 535 ff.

corporis sowie deren systematische Bedeutung als Grundlagenkonzeption aller theoretischen und praktischen Philosophie hingewiesen. Es sind aber die für Schiller in den 1790er Jahren einflussreichen Reinhold und Fichte, die ebenfalls aus diesem philosophischen Kontext spätaufklärerischer Anthropologie stammen und deren Kant-Verständnis dadurch geprägt wird.

Kurz: Schillers Referenz auf Kant ist nicht nur erheblichen Veränderungen ausgesetzt, sondern geht auch von Prämissen aus, die der kantischen Philosophie implizit wie explizit fremd sind oder ihr gar widersprechen. Gleichwohl sucht Schiller auch 1795 noch die Nähe zur Transzendentalphilosophie. Der vorliegenden Band versucht, an die Ergebnisse Ernst Cassirers,[9] Dieter Henrichs[10] und Otfried Höffes[11] anschließend, das komplexe Verhältnis Schillers zur Philosophie Kants aus einer philosophiehistorischen Perspektive so zu beleuchten, dass auch die prägenden Einflüsse der vor- und der nachkantischen Philosophie sichtbar werden, und dabei die ideengeschichtliche Individualität der schillerschen Konzeption ebenso erkennbar wird wie deren systematische Leistungen und Grenzen.

1.3 Die Französische Revolution als politischer Kontext

Zu den oben benannten Gründen für den durchschlagenden Erfolg der *Briefe* zählt neben dem philosophiegeschichtlichen Kontext auch Schillers Gespür für die Notwendigkeit der Legitimation einer Beschäftigung mit der Kunst in Zeiten eines soziopolitischen Umbruchs, den nach Auffassung der Zeitgenossen die Menschheit noch nicht erlebt hatte. Schiller gelingt es in diesem Zusammenhang, seine hohe Wertschätzung der Kunst – gleichsam als friedfertige Alternative zur politischen Revolution – anschaulich vorzutragen und zu begründen. Dabei scheint die Frage, ob Schiller das politische Phänomen der Revolution in Frankreich angemessen interpretiert oder nicht, weniger interessant als eine Erörterung über den genauen Status des realgeschichtlichen Kontextes für den Gang der philosophischen Argumentation und deren systematische Ergebnisse. Zu lange scheint sich die Forschung mit der eher weltanschaulich oder biographisch interessanten Frage nach Schillers politischer Interpretation und Bewertung der Französischen Revolution beschäftigt zu haben – und dabei von der These, er habe aufgrund seiner Autonomieästhetik gar nichts verstanden (Lukács 1956), bis zu der Be-

---

[9] Vgl. u. a. Cassirer 1961, 269 ff. sowie Cassirer 2014.
[10] Henrich 1957, 527–547.
[11] Höffe 2006, 1–20.

hauptung, gerade wegen der als Dichter formulierten Annahme einer notwendigen Distanz zu den realhistorischen Ereignissen habe er eine besonders hellsichtige Analyse vorgelegt (Karthaus 1989), höchst divergierende Meinungen entwickelt. Für eine Interpretation der *Ästhetische Briefe* gewichtiger ist aber das methodische Problem, wie denn die politische Realgeschichte der Revolution auf philosophische Argumente im Zusammenhang ästhetischer Theoriebildung Einfluss nehmen kann. Erst die Berücksichtigung der politischen Theorie Schillers, die von der Naturrechtsdebatte und deren unterschiedlichen Ausprägungen bei Pufendorf, Rousseau oder Achenwall erkennbar beeinflusst wurde, lässt das für Schiller offenkundig drängende Problem des Verhältnisses von Ästhetik, praktischer Kunst und politischem Zeitgeschehen angemessen erfassen.

Dabei zeigt sich zum einen, dass Schiller stärker als bislang angenommen von politischen Theorien der Aufklärung vor Kant beeinflusst war, so in der Annahme, der Staat sei vor allem Mittel zu Ausbildung und nachheriger Garantie der moralischen Gesinnung seiner Untertanen; in den drastischen Formen lässt sich diese Staatstheorie nicht nur bei Robespierre, sondern vor allem bei Christian Wolff oder Isaac Iselin nachlesen. Nur weil Schiller nicht nur Staat und Gesellschaft nicht unterscheidet, sondern das Verhältnis des einzelnen Individuums zu sich mit dem Verhältnis der Untertanen zum Staat als Strukturanalogie interpretiert, kann er behaupten, die durch Kunst und Kultur zu erzielende moralische Gesinnung des einzelnen Menschen ermögliche eine harmonische – und d. h. hier konfliktfreie – Vergemeinschaftung. Diesen Zusammenhang zwischen Individuum und Gemeinschaft hatte Schiller aber bei dem von ihm lebenslang verehrten Christian Grave kennengelernt.

Das politische Ziel der Einrichtung eines Staates, der aufgrund der Erziehung seiner Untertanen gesellschaftliche Konflikte nicht reguliert, sondern je schon verhindert, teilt Schiller mit vielen seiner aufklärerischen Zeitgenossen. Dieses konfliktvermeidende und nicht wie bei Kant konfliktregulierende Modell kann und muss auf die Kunst als Instrument der Kultivierung ästhetischer Charaktere als Voraussetzung solcher Gemeinschaften setzen. Dabei ist Schiller durch Kant genug geschult, als dass er zu einer unmittelbaren Moraldidaxe zurückkehren wollte.[12] Ästhetische Erziehung bleibt mittelbare Ausbildung einer harmonischen, d. h. Sinnlichkeit und Sittlichkeit konfliktfrei vermittelnden Persönlichkeit, nicht Einsicht in moralische Pflicht. Weil er jedoch von dem telos aller menschlichen Vergemeinschaftung in der Ausprägung einer ästhetischen als einer ohne jeden Zwang erfolgten moralischen Gesinnung überzeugt ist, kann, ja muss er bei einer Veränderung des Einzelnen ansetzten und doch auf das gesellschaftliche Allge-

---

12 Vgl. hierzu den Beitrag von Achim Vesper in diesem Band.

meine abzielen. Die so genannte Autonomieästhetik der *Briefe über die ästhetische Erziehung des Menschen* ist folglich eine im Wortsinn ‚vermittelte', weil die prätendierte Distanz des Künstlers zum empirischen Weltgeschehen („Lebe mit deinem Jahrhundert, aber sei nicht sein Geschöpf", 595) auf eine substanzielle Änderung der gesellschaftlichen Verhältnisse abzielt – ohne auf das politische Instrument der Revolution zurückgreifen zu müssen.

Dass Schillers methodisch komplexe Referenz auf die politischen Ereignisse in Frankreich vor allem durch seine Kenntnis der naturrechtlichen und kulturhistorischen Theorien des 18. Jahrhunderts präformiert ist und daher weniger politische Erfahrungsurteile als politische Theorien zur Voraussetzung hat, zeigt auch die Ausweitung seiner Revolutions- in eine allgemeine Aufklärungskritik. Nicht so polemisch wie viele seiner konservativen Zeitgenossen von Friedrich Gentz über Edmund Burke bis Abbé Barruel, aber doch deutlich in der Ablehnung zieht er eine Verbindungslinie zwischen dem Rationalismus und Utilitarismus der Aufklärung und dem politischen und moralischen Ausnahmezustand der Zeit der Terreur, während derer er an den *Briefen* zu schreiben beginnt. In diesem Anliegen vermag Schiller zugleich der rousseauschen Aufklärungs- und Kulturkritik eine Form zu geben, die – gegen Kant und im Sinne eines eudämonistischen Anti-Etatismus – bis ins späte 20. Jahrhundert ihre Wirksamkeit behält. Denn der zeitgenössische Erfolg der zwar feinsinnigen, aber doch deutlichen Aufklärungs- und Revolutionskritik behält bis in die Gegenwart ihren Einfluss.

1.4 Die Form des gelehrten Briefs

Letztlich ist der enorme Erfolg der Schrift neben Schillers Fähigkeit, seine ästhetische Theorie mit den drängenden politischen und philosophischen Kontexten der 1790er Jahre zu verbinden, darauf zurückzuführen, dass dem philosophierenden Literaten eine ansprechende Form der Präsentation seiner Überlegungen gelang. Schiller sucht dabei erkennbar an dem außerordentlichen Erfolg der *Briefe über die Kantische Philosophie* Carl Leonhard Reinholds zu partizipieren, die ab 1786 beim Publikum großen Anklang fanden. Gleichwohl gelingt dem Jenaer Ästhetiker, der Gattung eine besondere Variante abzugewinnen, deren Eigentümlichkeit und Funktionalität der Forschung bisher entging. In einem einleitenden Beitrag können über diese Form des ‚gelehrten Briefes', in deren langer Tradition Schiller steht, neue Ergebnisse präsentiert werden.

Literatur

Cassirer, Ernst 1961: Freiheit und Form. Studien zur deutschen Geistesgeschichte. Darmstadt.
— 2014: Schillers philosophische Weltansicht, hrsg. von Jörg Fingerhut. Hamburg.
Hegel Georg Wilhelm Friedrich 1986: Werke in 20 Bänden, hrsg. von Eva Moldenhauer und Karl Markus Michel, Frankfurt/M.
Henrich, Dieter 1957: Der Begriff der Schönheit in Schillers Ästhetik, in: Zeitschrift für philosophische Forschung 11, 527–547.
Höffe, Otfried 2006: „Gerne dien ich den Freunden, doch tue ich es leider mit Neigung ..." – Überwindet Schillers Gedanke der schönen Seele Kants Gegensatz von Pflicht und Neigung?, in: Zeitschrift für philosophische Forschung 60, 1–20.
Hölderlin, Friedrich 1992/94: Sämtliche Werke und Briefe. 3 Bde., hrsg. von Michael Knaupp. München.
Humboldt, Wilhelm von 1830: Über Schiller und den Gang der Geistesentwicklung [1830], in: ders.: Werke, hrsg. von A. Flitner und K. Giel. Darmstadt 2010, 357–395.
Janz, Rolf-Peter 1998: Über die ästhetische Erziehung des Menschen in einer Reihe von Briefen, in: Helmut Koopmann (Hrsg.), Schiller-Handbuch, Stuttgart, 610–626.
Karthaus, Ulrich 1989: Schiller und die Französische Revolution, in: Jahrbuch der deutschen Schillergesellschaft 33, 210–239.
Lukács, Georg 1969: Zur Ästhetik Schillers, in: ders.: Probleme der Ästhetik, Neuwied/Berlin, 17–106.
Schiller, Friedrich 1974: Vollständiges Verzeichnis der Randbemerkungen in seinem Handexemplar der Kritik der Urteilskraft, in: J. Kulenkampff (Hrsg.), Materialien zu Kants ‚Kritik der Urteilskraft', Frankfurt/M., 126–144.
Sulzer, Johann Georg 1773/81: Vermischte Philosophische Schriften. Aus den Jahrbüchern der Akademie der Wissenschaften zu Berlin gesammelt, 2 Bde., Leipzig.
Vischer, Friedrich Theodor 1846–1858: Ästhetik oder die Wissenschaft des Schönen, 10 Bde., Reutlingen/Leipzig/Stuttgart.

Frieder von Ammon
2 „In einer Reihe von Briefen"
Zu den Funktionen der epistolarischen Form

Die Tatsache, dass Schillers umfangreichste theoretische Schrift in Briefen abgefasst ist, hat die Forschung – im Gegensatz zu der ausführlich diskutierten Frage des Stils (vgl. u. a. Berghahn 1998) – bislang kaum beschäftigt (vgl. u. a. Zelle 2005, Schiller 2009). Wenn überhaupt, wird dieses Faktum am Rande erwähnt, aber nicht weiter verfolgt. Es ist demnach nicht übertrieben, von einem Desinteresse der Forschung an der „Epistolarität" der – wie sie im Widerspruch dazu gerne abkürzend genannt werden – *Ästhetischen Briefe* zu sprechen. Doch damit kann man sich keinesfalls zufriedengeben, und zwar aus einer ganzen Reihe von Gründen. Um mit dem allgemeinsten zu beginnen: Schiller war – und das gilt für den Schiller des klassischen Jahrzehnts in einem besonderen Maße – ein eminenter Formkünstler, der in dieser Zeit so hochgradig artistische und artifizielle Texte wie *Maria Stuart* oder das *Lied von der Glocke* verfasste; bei diesen (und anderen) literarischen Texten hat die Forschung Schillers formale Virtuosität auch angemessen berücksichtigt. Warum aber sollte man diesem Aspekt bei Schillers in derselben Phase entstandenen theoretischen Schriften nicht eine ebenso große Aufmerksamkeit schenken? Dies nicht zu tun, hieße den Formkünstler Schiller zu unterschätzen, der auch seine theoretischen Schriften mit großer Sorgfalt „komponierte". Darüber hinaus spielt die Form nicht nur in Schillers literarischer Praxis, sondern auch in seiner Theoriebildung eine zentrale Rolle, und zwar vor allem im klassischen Jahrzehnt. Darauf hat Dirk Oschmann mit Nachdruck hingewiesen: „Während der Formbegriff in Schillers Schriften der 1780er Jahre noch keine explizite Rolle spielt, ist er aus den späteren Überlegungen zur Ästhetik und Philosophie nicht wegzudenken". Laut Oschmann ist „Form" neben „Freiheit" sogar „das zweite Zauberwort in Schillers ästhetischen und anthropologischen Reflexionen" (Oschmann 2017, 188 u. 187). Dieser emphatische Formbegriff aber wird auch in den *Ästhetischen Briefen* entwickelt – hier heißt es an einer Stelle bekanntlich zugespitzt: „ohne Form keine Materie, ohne Materie keine Form" (607 Anm.) –, sodass sich ein eklatanter Widerspruch ergäbe, wenn man ausgerechnet bei diesem Text davon absähe, ihn über seinen Stil hinaus auch auf seine Form hin zu befragen.

Darüber hinaus war Schiller ein bedeutender Briefschreiber, der in allen Bereichen der Briefkultur seiner Zeit zu Hause war und das gesamte Gattungsspektrum vom Bitt- über den Freundschafts- und Liebes- bis hin zum gelehrten Brief virtuos beherrschte; nicht zu vergessen den Brief als dramaturgischen bzw.

narrativen Kunstgriff in Drama und Roman. Zweifellos hätte also – nicht anders als *Der Briefschreiber Goethe* (Schöne 2015) – auch der Briefschreiber Schiller eine eigene Untersuchung verdient. Mindestens hat aber die Tatsache, dass seine Schrift *Über die ästhetische Erziehung des Menschen* in Briefform abgefasst ist, eine eingehende Betrachtung verdient. Und dies nicht zuletzt deshalb, weil Schiller selbst großen Wert darauf legte, dass den Lesern die Epistolarität der *Ästhetischen Briefe* nicht entging; ansonsten hätte er kaum ausdrücklich schon im Titel der Schrift hervorgehoben, dass sie *in einer Reihe von Briefen* abgefasst war. Und er hat die Aufmerksamkeit der Leser noch auf andere Weise auf die Briefform seiner Schrift gelenkt: zum einen, indem er ihr bei ihrem Erstdruck in den *Horen* ein Motto aus Rousseaus *Julie, ou la Nouvelle Héloïse* und damit aus einem der bekanntesten Briefromane der Epoche voranstellte, wodurch die Leser implizit auf die Epistolarität auch der *Ästhetischen Briefe* aufmerksam gemacht wurden; zum anderen, indem er in einer Anmerkung zum Titel noch ein zweites Mal explizit auf die – mit dem von ihm an dieser Stelle verwendeten Begriff – „epistolarische Form" der Schrift hinwies (SW V, 1141). Bei dem Erstdruck der *Ästhetischen Briefe* hat er deren Epistolarität paratextuell also überdeutlich markiert; er hat sie regelrecht ausgestellt. Offenkundig war Schiller die Tatsache, dass die *Ästhetischen Briefe* in Brief- und eben keiner anderen Form abgefasst waren, selbst wichtig; offenkundig verfolgte er mit dieser Form spezifische Interessen.

An dieser Stelle setzt der vorliegende Beitrag ein, in dem die „epistolarische Form" der *Ästhetischen Briefe* ernst genommen und auf ihre Funktionen hin befragt werden soll. Dies soll in zwei Schritten geschehen: Nachdem in einem ersten Abschnitt die Potentiale der Briefform aus der Perspektive Schillers und seiner Zeitgenossen rekonstruiert werden, sollen in einem zweiten Abschnitt ihre Funktionen zuerst in den *Augustenburger Briefen* und dann in der *Horen*-Fassung der *Ästhetischen Briefe* analysiert werden.

2.1 Potentiale der ‚epistolarischen Form'

Die Entscheidung, seiner Schrift die Briefform zu geben, hat Schiller zu einem frühen Zeitpunkt getroffen. Schon bei der ersten Erwähnung des Projekts in seinem Brief an Prinz Friedrich Christian von Schleswig-Holstein-Sonderburg-Augustenburg vom 9. Februar 1793 spricht er davon, und zwar in genau derselben Formulierung, die er dann später in den Titel aufgenommen hat: „Ich wünschte meine Ideen über die Philosophie des Schönen, ehe ich sie dem Publikum selbst vorlege, *in einer Reihe von Briefen* an Sie richten und Ihnen Stückweise zusenden zu dürfen" (NA 26, 186; Hvhb. von mir). Bereits zu diesem Zeitpunkt stand die Form der Schrift also fest. Die Tatsache, dass Schiller sie zu einem späteren

Zeitpunkt publizieren wollte, änderte daran nichts: Die ‚epistolarische Form' war ein integraler Bestandteil seiner Konzeption, von Anfang an.

Es stellt sich die Frage, welche Gründe Schiller dazu bewogen haben, genau diese Form zu wählen; in Frage gekommen wäre auch die Dialogform, in der er seine kurz zuvor konzipierte und mit dem neuen Projekt eng verwandte (aber bekanntlich nie fertig gestellte) Schrift *Kallias, oder über die Schönheit* abfassen wollte; oder die Aufsatzform, für die er sich bei seiner Schrift *Über Anmut und Würde* entschieden hatte. Doch als Form für seine „Ideen über die Philosophie des Schönen" hat Schiller eben weder die Aufsatz- noch die Dialog-, sondern die Briefform bestimmt.

2.1.1 Die Ubiquität der ‚epistolarischen Form': Gattungstraditionen

Um die Frage beantworten zu können, warum er das getan hat, muss man zunächst bedenken, dass die Briefform im 18. Jahrhundert, das man nicht ohne Grund als das „Zeitalter des Briefes" bezeichnet hat (Vellusig 2000, 8), in allen Bereichen der europäischen Kultur eine zentrale Rolle gespielt hat. Von privaten, halb-öffentlichen oder von vornherein für die Veröffentlichung bestimmten Briefen, Brieffolgen und Briefwechseln über alle Spielarten fiktiver Briefe bis hin zu einer literarischen Gattung wie dem Briefroman – überall kann man dem Brief in diesem Jahrhundert begegnen, wobei das Spektrum seiner Formen und Funktionen außergewöhnlich breit ist. Ohne Übertreibung kann man somit von einer Ubiquität der ‚epistolarischen Form' im 18. Jahrhundert sprechen. Diese Form zu wählen, war demnach in jedem Fall nahe liegend. Erinnert sei etwa an die Tatsache, dass einige der größten europäischen Bestseller des Jahrhunderts Briefromane waren: Samuel Richardsons *Pamela* und *Clarissa*, Rousseaus bereits erwähnte (und von Schiller herbeizitierte) *Nouvelle Héloïse*, Goethes *Werther* und De Laclos' *Les liaisons dangereuses*. Es ist also festzuhalten, dass Schiller, als er sich für die ‚epistolarische Form' entschied, eine überaus populäre Form wählte. Solche Aspekte dürften bei seiner Wahl der Briefform eine Rolle gespielt haben.

Popularität genoss die ‚epistolarische Form' aber nicht nur im Allgemeinen, sondern auch und gerade im Bereich des theoretischen Schrifttums der Zeit. Mit Epikurs Briefen an Herodot und Menoikeus sowie Senecas *Epistulae morales ad Lucilium* gibt es bereits in der Antike prominente Beispiele für philosophische Schriften in Briefform. Eine besondere Rolle spielte diese Tradition jedoch im 18. Jahrhundert, zumal in dessen zweiter Hälfte. Zuletzt hat Walter Hinderer darauf hingewiesen, dass der Brief bei „theoretische[n], mehr oder weniger populären Erörterungen zentraler Fragestellungen, welche die Menschenlehre, die

Gesellschaft, die Literatur oder die Künste betreffen", damals zu den „beliebtesten Textsorte[n]" gehörte (Hinderer 2013, 168). Ein Beleg dafür in Form eines (selbst-) ironischen Katalogs findet sich in Friedrich Nicolais *Briefen über den itzigen Zustand der schönen Wissenschaft in Deutschland* aus dem Jahr 1755:

> Wie viel Briefe kan man nicht in Deutschland, nur seitdem Hr. Gellert seine Briefe heraus gegeben hat, zählen: Freundschaftliche Briefe, Briefe über die Handlung, Briefe über die gelehrte Historie, Briefe zu Vertheidigung wizziger Köpfe, satirische, critische, poetische, prosaische Briefe, Briefe κατέξοχην, und nun auch mit Ihrer Erlaubniß, Briefe über den Zustand der schönen Wissenschaften. (Nicolai 1997, 6)

Um dies zu konkretisieren, seien an dieser Stelle einige einschlägige Beispiele aus dem deutschsprachigen Raum genannt: Baumgartens *Philosophische Briefe von Aletheophilus* aus dem Jahr 1741, Mendelssohns *Briefe über die Empfindungen* von 1755, die von 1759 bis 1765 erscheinenden (und von Heinrich Wilhelm von Gerstenberg mit seinen *Briefen über Merkwürdigkeiten der Literatur* fortgesetzten) *Briefe, die Neueste Litteratur betreffend* und Wielands *Briefe an einen jungen Dichter* von 1782/84. Aus dem engeren thematischen und zeitlichen Umfeld der *Ästhetischen Briefe* sind schließlich Karl Leonhard Reinholds *Briefe über die Kantische Philosophie* von 1790/92 und Herders von 1793 bis 1797 (teilweise also parallel zu Schillers Schrift) erscheinenden *Briefe zur Beförderung der Humanität* anzuführen. Es ist davon auszugehen (und in den meisten Fällen auch nachweisbar), dass Schiller all diese Texte kannte.

Im Übrigen hat er auch selbst Beiträge zu dieser Gattungstradition geleistet, und zwar schon vor den *Ästhetischen Briefen:* Aus dem Jahr 1785 stammt der *Brief eines reisenden Dänen*, später kamen mit den *Philosophischen Briefen* von 1786 und den *Briefen über Don Karlos* von 1788 noch zwei weitere theoretische Schriften in ‚epistolarische[r] Form' hinzu. Wenn man diese Texte auf ihre Form hin untersucht, stellt man fest, dass sie sich in dieser Hinsicht jedoch keineswegs gleichen. Vielmehr wird die Briefform jeweils auf originelle Weise variiert: Während der *Brief eines reisenden Dänen* Kunstbeschreibungen im Stile Winckelmanns in Gestalt eines fiktiven einzelnen Reisebriefs bietet, stellt Schiller in den *Philosophischen Briefen* ein „psychologisches Experiment" in Gestalt eines „fragmentarische[n] Briefroman[s]" an (FA 8, 1269 und 1267); die *Briefe über Don Karlos* wiederum sind eine Folge zwölf fiktiver Literaturbriefe, in denen er sein Drama vor den Kritikern verteidigt. Man könnte also sagen, dass Schiller in seinen theoretischen Schriften mit der Briefform geradezu experimentiert hat. Den Höhepunkt dieser Experimente mit der ‚epistolarischen Form' bilden zweifellos die *Ästhetischen Briefe:* Sie sind eine Art Summe von Schillers Beschäftigung mit der Briefform, und – das wird zu zeigen sein – dessen war er sich auch durchaus bewusst.

Als ein erstes, freilich noch recht unspezifisches Ergebnis ist somit festzuhalten, dass Schiller mit der ‚epistolarischen Form' für sein neues Projekt eine äußerst populäre und von ihm selbst schon erprobte Form wählte, die sich in verschiedenen Kontexten, vor allem aber in den Gattungszusammenhängen, in die er sich begab, und nicht zuletzt auf dem literarischen Markt vielfach bewährt hatte. Schiller konnte sich somit sicher sein, dass er das Publikum zumindest für die Form seiner Schrift würde gewinnen können.

2.1.2 Die Freiheit der ‚epistolarischen Form': Struktur und Semantik

Um Schillers Gründen für die Wahl der Briefform über marktstrategische Gesichtspunkte hinaus näher zu kommen, sollen seine eigenen Äußerungen herangezogen werden. In seinem bereits zitierten Brief an den Prinzen von Augustenburg vom 9. Februar 1793 begründet er seine Form-Wahl in einem einzigen, allerdings implikationsreichen Satz:

> Ich wünschte meine Ideen über die Philosophie des Schönen, ehe ich sie dem Publikum selbst vorlege, in einer Reihe von Briefen an Sie richten und Ihnen Stückweise zusenden zu dürfen. Diese freiere Form wird dem Vortrage derselben mehr Individualität und Leben, und der Gedancke, daß ich mit Ihnen rede und von Ihnen beurtheilet werde, mir selbst ein hoeheres Interesse an meiner Materie geben. (NA 26, 186)

Die Formel von der „freiere[n] Form" – die die Briefform mittels des absoluten Komparativs sofort zu anderen, allerdings eben nicht genannten Formen in Beziehung setzt – ist mehrdeutig: Zum einen kann man sie auf die Tatsache beziehen, dass die Schrift aus „einer Reihe von Briefen" bestehen, dass sie also die Gestalt einer Brieffolge oder eines Briefwechsels annehmen sollte und somit im Hinblick auf ihre Makrostruktur, d. h. ihre Gliederung und ihren Umfang, freier sein würde als andere Formen. Was das bedeutet, zeigt sich bei einem Blick auf die einschlägigen Schriften aus dem Umfeld der *Ästhetischen Briefe*, denn hier besteht in der Tat ein großer Spielraum: So stehen den ca. 50 Seiten von Schillers *Briefen über Don Karlos* (einer fiktiven zwölfteiligen Brieffolge) zum Beispiel die über 700 Seiten von Herders *Briefen zu Beförderung der Humanität* (einem fiktiven, 124 Briefe in zehn Sammlungen umfassenden Briefwechsel) gegenüber. Angesichts eines solchen Spektrums wird deutlich, dass Schiller, als er dem Prinzen eine Schrift „in einer Reihe von Briefen" ankündigte, sich im Hinblick auf die Makrostruktur dieses Textes vorläufig noch alle Möglichkeiten offenhielt, was bei einer Form wie dem Dialog oder dem Aufsatz nicht in gleichem Maß möglich gewesen wäre.

Zum anderen lässt sich die Formel aber auch auf die Mikrostruktur der Schrift beziehen, d. h. auf die Form der einzelnen Briefe, die nicht weniger frei ist, und zwar wiederum sowohl im Hinblick auf ihre Gliederung als auch auf ihren Umfang. Welchen Spielraum es auch hier gab, wird deutlich, wenn man in der für die Brieftheorie in der zweiten Hälfte des 18. Jahrhunderts maßgeblichen Schrift nachliest: in Gellerts *Briefen, nebst einer praktischen Abhandlung von dem guten Geschmacke in Briefen* von 1751. Gellert skizziert die Gliederung eines idealen Briefs hier wie folgt:

> Man bediene sich also keiner künstlichen Ordnung, keiner mühsamen Einrichtungen, sondern man überlasse sich der freywilligen Folge seiner Gedanken, und setze sie nach einander hin, wie sie in uns entstehen: so wird der Bau, die Einrichtung, oder die Form eines Briefs natürlich seyn. (Gellert 1989, 126)

Nach Gellert ist ein Brief dann „natürlich" – und das ist in diesem Zusammenhang ein positiv besetzter Begriff –, wenn sein „Bau" der Struktur des Denkens angepasst und nicht (wie es in der spätbarocken Brieftheorie gefordert wurde) „künstlichen" rhetorischen Vorgaben unterworfen wird. Im Umkehrschluss bedeutet dies aber auch, dass man in der Briefform Gedankenfolgen freier darstellen kann als man dies in anderen Formen könnte, zum Beispiel in der Traktatform, die den – mit Schiller gesprochen – „Vortrag" aufgrund ihrer strengeren formalen Vorgaben viel stärker vorstrukturieren würde. In den Augen Gellerts kommt die ‚epistolarische Form' einem – wiederum mit den Begriffen Schillers – individuellen, lebendigen oder eben freien Denken eher entgegen als andere Formen. Dieses Argument wird von Schiller in seinem Brief an den Prinzen zwar nicht explizit aufgegriffen, angesichts der verbindlichen Geltung, die Gellerts Brieftheorie in den 1790er Jahren noch immer besaß, kann man aber davon ausgehen, dass es bei seiner Entscheidung für die Briefform gleichwohl eine gewichtige Rolle gespielt hat.

Seinem Brief an den Prinzen nach war für Schiller bei der Wahl der Form für seine neue Schrift also vor allem das spezifische strukturelle Potential der ‚epistolarischen Form' relevant, ein Potential, das vor allem auf die große Freiheit dieser Form im Hinblick auf ihre Makro- wie ihre Mikrostruktur zurückzuführen ist. Schiller hatte erkannt, dass diese Freiheit es ihm ermöglichen würde, seiner Schrift mehr „Individualität und Leben" zu „geben" als dies bei anderen Formen möglich gewesen wäre, und genau das ist es, was er für seine „Ideen über die Philosophie des Schönen" wollte.

Am Rande sei erwähnt, dass mit der Freiheit der ‚epistolarischen Form' ein Grund für deren große Popularität im theoretischen Schrifttum des 18. Jahrhunderts gefunden sein dürfte: Dass im Jahrhundert der Aufklärung eine solche

„freiere Form" mehr Anklang finden musste als andere, strengere Formen, liegt auf der Hand und wird auch durch Aussagen anderer Autoren bestätigt, zum Beispiel durch Nicolai, der in seinen bereits zitierten *Briefen über den itzigen Zustand der schönen Wissenschaften in Deutschland* schreibt:

> Warum hätte ich ihnen [den Briefen; FvA] die Gestalt der Briefe nicht lassen sollen, die sich so wohl zu meinen Absichten schikkte? Wann ich bloß den Stoff zu Abhandlungen von dieser Art gehabt hätte, und die Einkleidung mir gänzlich überlassen gewesen wäre, so weiß ich nicht, ob ich nicht die Form der Briefe am ersten würde gewählt haben. Es ist das Schicksal starker Quartanten, und gründlich-trockner Schriften, daß sie wenig gelesen werden; Die Schriftsteller, die am meisten gelesen werden, sind ohne Zweifel die, die das Mittel gefunden haben, auf eine angenehme Art unordentlich und ohne Zusammenhang zu schreiben. (Nicolai 1997, 5 f.)

„[A]uf eine angenehme Art unordentlich und ohne Zusammenhang": Dies ist eine treffende Umschreibung des spezifischen strukturellen Potentials der ‚epistolarischen Form'. Diese ‚Unordnung' und Zusammenhanglosigkeit oder eben – in Schillers Begrifflichkeit – diese Freiheit der Briefform als Freiheit von äußerem Zwang wurde von den Zeitgenossen als deren besondere Qualität aufgefasst.

Damit steht die ‚epistolarische Form' allerdings in einem deutlichen Kontrast zu den Formen des akademisch geprägten theoretischen Schrifttums der Zeit, was bei Nicolai ebenfalls anklingt, wenn er einem fiktiven Kritiker der Briefform folgende Frage in den Mund legt: „Hätte er [der fiktive Herausgeber der *Briefe über den itzigen Zustand*; FvA] nicht lieber aus dem Ruff, den ihm diese Briefe gegeben hätten, ein artig metaphysisch-ästhetisches Tractätgen schreiben können, worinnen doch wenigstens jeder Abschnitt in seine Paragraphen eingetheilet wäre" (Nicolai 1997, 3). Nicolai artikuliert hier also auch die akademischen Vorbehalte gegen die „unordentliche" – und das heißt aus dieser Perspektive vor allem unsystematische – Briefform; mit dem Hinweis auf die größere Popularität der ‚epistolarischen Form' werden diese Vorbehalte von ihm allerdings zurückgewiesen.

Wenn man sich diese mit der Briefform verbundene Semantik des Unordentlichen, Unsystematischen und damit Unakademischen bewusst gemacht hat, wird deutlich, dass Schiller bei seiner Form-Wahl auch das semantische Potential der „epistolarischen Form" im Sinn gehabt haben muss. Mit anderen Worten: Seine Wahl dieser Form ist auch programmatisch zu verstehen, als Bekenntnis zu einem gegen die Schulphilosophie gerichteten Philosophieren in einer – mit Nicolai gesprochen – „auf eine angenehme Art unordentlich[en]" Form. Schiller grenzte seine – wie es an einer anderen Stelle des Briefs an den Prinzen heißt – „philosophischpoetischen Visionen" (NA 26, 187) also schon durch die Wahl der Briefform von den Diskursen der akademischen Philosophie seiner Zeit ab.

An dieser Stelle ist noch einmal auf den Satz zurückzukommen, in dem Schiller seine Wahl der ‚epistolarischen Form' begründet, denn er bedient sich dabei – neben der Freiheit dieser Form – auch noch eines zweiten Arguments. Es ist ein gewissermaßen produktionspsychologisches Argument: „Und der Gedancke, daß ich mit Ihnen rede und von Ihnen beurtheilet werde, [wird] mir selbst ein hoeheres Interesse an meiner Materie geben." Unverkennbar handelt es sich hierbei um eine subtile Form der Schmeichelei, mit der Schiller dem Prinzen versichern wollte, tatsächlich der Adressat seiner Schrift zu sein. Dass Schiller dies für nötig hielt, mag damit zusammenhängen, dass er die Briefe zu einem späteren Zeitpunkt veröffentlichen wollte und dies dem Prinzen gegenüber auch nicht verschwiegen hatte. Doch es besteht kein Grund, dieses Argument nicht auch ernst zu nehmen; schließlich belegen mehrere Briefwechsel Schillers, dass der briefliche Austausch seine Produktivität – vor allem im Bereich der Theoriebildung – tatsächlich stimulieren konnte: Der schlagendste Beleg hierfür ist der Briefwechsel mit Körner, der nicht zufällig zu dem Zeitpunkt, als Schiller die neue Schrift konzipierte, besonders intensiv war, und in dem einige Themen und Thesen, die für sie eine Rolle spielen, bereits verhandelt werden.

In jedem Fall verbirgt sich in der von Schiller an dieser Stelle angesprochenen Dialogizität ein weiteres, bisher noch nicht genanntes Spezifikum der ‚epistolarischen Form', das in der Brieftheorie seit der Antike eine Rolle gespielt hat und das auch in Gellerts für die zweite Hälfte des 18. Jahrhunderts zentrale Definition des Briefes als „freye Nachahmung des guten Gesprächs" eingegangen ist (Gellert 1989, 111; vgl. dazu Vellusig 2000, 83–107). Die Dialogizität der Briefform erweitert deren strukturelles Potential um eine weitere Dimension: Ein Brief ist per definitionem an einen (oder mehrere) Adressaten gerichtet, dessen bzw. deren Reaktionen vom Briefschreiber rückblickend kommentiert oder auch antizipiert werden können; und im Fall eines Briefwechsels kann bzw. können der bzw. die Adressaten tatsächlich antworten. Aufgrund dieser Struktur kann einer theoretischen Schrift in Briefform im Hinblick auf den „Vortrag" aber erheblich mehr „Leben" gegeben werden als dies bei einer tendenziell monologischen Form wie zum Beispiel dem Traktat der Fall wäre. Um diesen den „Vortrag" vitalisierenden Effekt der ‚epistolarischen Form' zu veranschaulichen, seien hier die ersten Sätze von Kants *Kritik der Urteilskraft* und Schillers *Briefen über Don Karlos* vergleichend nebeneinander gestellt:

> Wenn man die Philosophie, sofern sie Prinzipien der Vernunfterkenntnis der Dinge (nicht bloß wie die Logik Prinzipien der Form des Denkens überhaupt ohne Unterschied der Objekte) durch Begriffe enthält, wie gewöhnlich in die *theoretische* und *praktische* einteilt: so verfährt man ganz recht. (AA V, XI)

Sie sagen mir, lieber Freund, daß Ihnen die bisherigen Beurteilungen des Don Karlos noch wenig Befriedigung gegeben, und halten dafür, daß der größte Teil derselben den eigentlichen Gesichtspunkt des Verfassers fehl gegangen sei". (SW II, 225)

Während Kants Eröffnungssatz jeden konkreten Bezug vermeidet, er also gewissermaßen in einen leeren Raum gesprochen wird, bezieht Schiller schon im ersten Wort seines Satzes ein (fiktives) Gegenüber mit ein, mit dem er – so die Fiktion – bereits zuvor ein „Briefgespräch" geführt hatte, das mit diesem Brief (und den elf folgenden) nun fortgesetzt wird. Seine Schrift ist also von Anfang an und in einem ganz konkreten Sinn dialogisch strukturiert, mehr noch: Die Dialogizität der ‚epistolarischen Form' wird hier förmlich ausgestellt. Dadurch aber wird der Diskurs, der in den Briefen geführt wird, erheblich vitalisiert. Je nach Beschaffenheit bzw. (bei fiktiven Briefen) Ausgestaltung der jeweiligen „Gesprächssituation" kann die Dialogizität darüber hinaus auch für gezielte semantische Effekte genutzt werden: Schiller operiert hier etwa mit Freundschaftssemantik („lieber Freund"). Ein einschlägiges Beispiel für eine elaboriertere Ausgestaltung der Gesprächssituation sind die *Briefe, die neueste Litteratur betreffend*, die – so die Fiktion dieses Textes – geschrieben wurden, um die aufgrund des Siebenjährigen Krieges veralteten literarischen Kenntnisse des sich in der Provinz befindenden Briefempfängers auf den neuesten Stand zu bringen. Geschickter kann man den Rezipienten die Aktualität und Relevanz der in einer Schrift behandelten Gegenstände kaum suggerieren.

Durch die dialogische Struktur ergibt sich aber noch ein weiterer signifikanter Effekt: Denn aufgrund der direkten Anrede des Briefempfängers wird der Rezipient der *Briefe über Don Karlos* (der sich durch das „Sie" angesprochen fühlen sollte) indirekt in das Briefgespräch zwischen Schiller und seinem fiktiven Briefpartner mit einbezogen und somit intensiver in den in der Schrift geführten Diskurs involviert, als dies bei einer monologischen Form der Fall wäre. Ohne Zweifel erhöht dieser Effekt die Spannung und trägt somit dazu bei, die Aufmerksamkeit des Rezipienten zu erhalten. Die ‚epistolarische Form' bietet auf diese Weise auch die Möglichkeit einer gezielten „Rezipienten-Bindung". Dass dieser Effekt von den Zeitgenossen keineswegs als selbstverständlich angesehen wurde, belegt erneut Nicolai, wenn er den hier bereits mehrfach zitierten fiktiven Brief-Kritiker auch noch den folgenden Einwand gegen die ‚epistolarische Form' vorbringen lässt: „Will er [der fiktive Herausgeber der *Briefe über den itzigen Zustand*; FvA] Sachen für den Richterstuhl des Publici bringen, wer hat ihm die Erlaubniß gegeben mit diesem ehrwürdigen Richter in dem Ton eines guten Freundes gegen den andern, zu reden?" (Nicolai 1997, 3) Wieder bringt Nicolai ein Spezifikum der Briefform auf den Punkt, und man kann davon ausgehen, dass mit ihm ein weiterer Grund für die Popularität dieser Form im theoretischen Schrifttum des 18. Jahrhunderts gefunden ist: Einem Jahrhundert, in dem den Rezipienten generell eine so große Bedeutung beigemessen wurde – wie dies exemplarisch etwa an Schillers programmatischer Formulierung, das Publikum sei ihm „jetzt alles, mein Studium, mein Souverain, mein Vertrauter" erkennbar wird (SW V, 856) –, einem solchen Jahrhundert musste eine Form, die den einzelnen Rezipienten derart in den in einer Schrift geführten Diskurs mit einbezog, besonders willkommen sein.

2.2 Zu den Funktionen der ‚epistolarischen Form'

Es sollte deutlich geworden sein, dass Schiller sich der strukturellen wie semantischen Potentiale der ‚epistolarischen Form' genau bewusst war, als er sich dafür entschied, seiner Schrift diese Form zu geben. Wie er diese Potentiale genutzt hat, wird im Folgenden zu zeigen sein. Aufgrund der besonderen Entstehungsgeschichte der *Ästhetischen Briefe* muss dabei in zwei Schritten vor- und zunächst auf ihren „‚Urtext'" (Zelle 2005, 409) eingegangen werden: die *Augustenburger Briefe*.

2.2.1 Der Briefwechsel als Fürstenspiegel: *Augustenburger Briefe*

Auf Schillers Bitte, seine „Ideen zur Philosophie des Schönen" „in einer Reihe von Briefen" an ihn richten und ihm „Stückweis" übersenden zu dürfen, reagierte der Prinz von Augustenburg hoch erfreut. In seinem vermutlich im März verfassten Antwortbrief schrieb er: „Ich nehme mit vielem Vergnügen den von Ihnen angebotenen Briefwechsel an" (NA 34.1, 247). Schiller begann daraufhin mit der Arbeit und schickte am 13. Juli einen ersten Brief nach Kopenhagen, auf den der Prinz wiederum begeistert antwortete. Und so ging es weiter, bis am 26. Februar 1794 Schloss Christiansborg in Kopenhagen brannte, wobei die Originalbriefe Schillers zerstört wurden und der Briefwechsel zu einem Ende kam. Zwar ließ sich der Wortlaut der meisten Briefe aus Abschriften wiederherstellen (darum hatte der Prinz Schiller gebeten), mindestens einer ist jedoch unwiederbringlich verloren gegangen. Insgesamt besteht das überlieferte Korpus der *Augustenburger Briefe* aus fünf Briefen (von denen einem noch ein „Einschluß" beigefügt wurde) und einem Brieffragment Schillers sowie zwei Gegenbriefen des Prinzen.

Im Hinblick auf ihre Makrostruktur sind die *Augustenburger Briefe* somit als ein (fragmentarischer) Briefwechsel einzuordnen, und zwar – anders etwa als Herders *Briefe zur Beförderung der Humanität* – als ein realer, denn Schiller hat die Briefe tatsächlich abgeschickt, und der Prinz hat wirklich auf sie geantwortet. Darauf hinzuweisen ist nicht überflüssig, denn bei den bisherigen Editionen der *Augustenburger Briefe* wurde auf die Wiedergabe der Briefe des Prinzen jeweils verzichtet, wodurch der falsche Eindruck befördert wurde, es handele sich dabei um eine Brieffolge. Die *Augustenburger Briefe* sind jedoch ein Briefwechsel, und dies ist unbedingt ernst zu nehmen, weil Schiller allem Anschein nach plante, bei ihrer späteren Publikation nicht nur seine Briefe an den Prinzen, sondern eben auch dessen Antwortbriefe zu veröffentlichen. Zumindest geht dies aus einem Brief an Körner hervor, in dem Schiller schreibt: „Vielleicht gelingt es mir in meiner Correspondenz mit dem Prinzen v. Augustenburg soweit vorzurücken, daß ich den ersten Band derselben auf kommende Meße drucken lassen kann" (NA 26, 336). Dass er hier von der Veröffentlichung der „Correspondenz" spricht, zeigt, dass es ihm bei dieser Schrift anfangs durchaus auch auf das mit dem Briefempfänger und seinem Verhältnis zu ihm verbundene semantische Potential ankam.

Etwas von seinem diesbezüglichen Kalkül hat Schiller in einem anderen Brief an Körner formuliert: „Außerdem habe ich bey einer solchen Einkleidung den großen Vortheil, daß eine freyere und unterhaltende Behandlung mir gleichsam Pflicht wird, und daß ich mir aus meiner Unkunde im Dogmatisiren hier noch ein Verdienst machen kann, weil solche Briefe an einen solchen Mann es nicht wohl erlauben würden" (NA 26, 247).

Schiller wollte also die Tatsache, dass es sich bei seinem Briefpartner um einen philosophischen Laien handelte, auch dafür nutzen, um auf diese Weise davon ablenken zu können, dass er – wie er selbst es sah – zum „Dogmatisiren" gar nicht im Stande gewesen wäre. Wie der Antwortbrief des Prinzen beweist, ging dieses Kalkül auf: „Dieses Geständniß [dass er Kant nicht studiert hat; FvA] würde mir theuer zu stehen kommen, wenn Sie sich durch dasselbe bewogen finden solten, Ihren Briefwechsel über den erwählten Gegenstand aufzugeben. Aber lassen Sie Sich durch dies Geständniß nicht abhalten, denselben anzufangen. Ich bin kein SystemMann kein philosophischer Gelehrter vom Handwerk. Meine Brust ist ō mit dreyfachem Erzt gepanzert. Sie ist, dies kann ich dreist sagen, offen für jede Wahrheit, in welchem Gewande diese auch erscheinen möge, und in demjenigen, in welchem der Liebling der Musen und Grazien, ein Mann, den ich so vorzüglich schäze und liebe, sie darstellen wird, wird sie doppelt Eingang bey mir finden" (NA 34.1, 248).

Wären die *Augustenburger Briefe* wirklich, wie geplant, in Buchform veröffentlicht worden, hätte sich an dieser Stelle also in der Tat der Eindruck eingestellt, dass Schiller sich auch aus Rücksicht auf den Briefempfänger für eine so „unordentlich[e]" Form wie die „epistolarische" entschieden hätte; der von akademischer Seite zu erwartende Vorwurf, bei seiner Schrift die Form verfehlt zu haben, hätte auf diese Weise womöglich entkräftet werden können.

Der Empfänger der *Augustenburger Briefe* war jedoch nicht nur ein philosophischer Laie, sondern auch ein Prinz und zudem einige Jahre jünger als Schiller. Durch diese Konstellation erhielt der Briefwechsel eine weitere Ebene: Er wurde zu einem Fürstenspiegel, also zu einem Text, der an einen (künftigen) Herrscher gerichtet ist und „einen für die Person und die Aufgaben des Herrschers relevanten Inhalt mit belehrender oder paränetischer (d. h. ermahnender) Intention" bietet (Peil 1997, 640). Auch darauf ließ sich der Prinz ein: „Die Aussicht, welche mir dieses Anerbieten [der Briefwechsel; FvA] gewährt, schmeichelt meiner Eigenliebe und Wißbegierde. Ihre Briefe werden mir eben so viel Belehrung als Unterhaltung darbieten, und ich werde, dies verspreche ich Ihnen, ein aufmerksamer und dankbarer Schüler seyn" (NA 34.1, 247). Der Prinz begab sich also dankbar in die Schule Schillers und nahm somit die Rolle eines durch einen bürgerlichen Intellektuellen zu belehrenden künftigen Herrschers an. Warum er das tat und warum auch Schiller Interesse an einer solchen Konstellation gehabt haben dürfte, wird deutlich, wenn man sich vor Augen führt, dass es im 18. Jahrhundert an prominenten Beispielen für ähnliche Konstellationen nicht mangelt: An erster Stelle ist hier das Verhältnis zwischen Voltaire und Friedrich II. zu nennen, ein anderes, aus der Perspektive Schillers näherliegendes Beispiel ist das Verhältnis zwischen Wieland und Herzog Karl August; aus der Perspektive des Prinzen könnte man aber auch an das Verhältnis zwischen Struensee und dem dänischen König Christian VII. denken. Schiller als Lehrer des Prinzen von Augustenburg und dieser als sein Schüler begaben sich mit ihrem Briefwechsel folglich in eine bedeutende Tradition, und ohne Zweifel war dies beiden auch bewusst.

Dabei ist allerdings festzuhalten, dass das Verhältnis zwischen Schiller und dem Prinzen im Vergleich zu den genannten anderen insofern ein besonderes war, als der politische Kontext, in dem es stand, außergewöhnlich war: Die Ereignisse der Französischen Revolution überschlugen sich damals geradezu, ebenso die dadurch ausgelösten Debatten in Deutschland. Wenige Monate vor Schillers erstem Brief an den Prinzen war etwa Mainz von den französischen Revolutionstruppen besetzt, und wenige Wochen zuvor war in Paris Ludwig XVI. hingerichtet worden. In dieser Situation begann Schiller mit dem Prinzen von Augustenburg zu korrespondieren: Während andere deutsche Intellektuelle wie Forster und Reichardt die Ereignisse in Paris und Mainz publizistisch begeistert begrüßten, begann er einen künftigen europäischen Herrscher brieflich über die ästhetische Erziehung des Menschen zu belehren, mittels derer solche Revolutionen künftig verhindert werden sollten. Damit aber erhielt der Briefwechsel eine konfliktuöse Aktualität, die kaum mehr zu steigern war: Wären die *Augustenburger Briefe* tatsächlich, wie geplant, 1794 in Buchform erschienen, wäre ihnen ein großes öffentliches Interesse sicher gewesen. Wichtiger noch als die Attraktivität seiner Schrift auf dem Buchmarkt dürfte für Schiller freilich ihre politische Dimension gewesen sein: Im Kontext der aufgeheizten publizistischen Debatten über die Französische Revolution kam bereits die Tatsache, dass er überhaupt mit einem Prinzen korrespondierte, einem politischen Bekenntnis gleich. Nicht übersehen werden sollte aber auch die poetologische Dimension des Briefwechsels, denn im Fall einer Publikation hätte Schiller sich dem Publikum als ein selbstbestimmter und -bewusster Autor präsentiert, was besonders deshalb bedeutsam gewesen wäre, weil er von dem Prinzen ja finanziell gefördert wurde und sich also in einem Patronatsverhältnis befand. Aus dieser Perspektive betrachtet, stand die Freiheit der ‚epistolarischen Form' also im Einklang mit der Freiheit des sich ihrer bedienenden Autors; auch in dieser Hinsicht ist die Wahl der Briefform somit programmatisch zu verstehen.

Wie man sieht, wusste Schiller das spezifische strukturelle und semantische Potential der ‚epistolarischen Form' also schon in den *Augustenburger Briefen* durchaus zu nutzen. Dies gilt auch für deren Mikrostruktur, denn die einzelnen Briefe variieren zum Teil erheblich im Hinblick auf ihren „Bau". Am deutlichsten erkennbar wird dies an dem Brief vom 11. November, dem ein „Einschluß" (wiederum in ‚epistolarische[r] Form') beigefügt ist, in dem Schiller einen Exkurs unternimmt; dass ein solcher „Brief im Brief" eine mikrostrukturelle Variation darstellt, liegt auf der Hand.

Schiller stellt darüber hinaus in den *Augustenburger Briefen* explizite Reflexionen über die ‚epistolarische Form' und ihre Funktionen an. Zentral ist dabei der scheinbare Kontrast zwischen Form („das leichte Gewand eines Briefs") und Inhalt („Materien von dieser ungeschmeidigen Natur" [NA 26, 268]), wobei die Wahl der Briefform – und hier geht Schiller weit über den Aspekt der Höflichkeit gegenüber seinem Briefpartner hinaus – als geradezu notwendig herausgearbeitet wird. Mit eindringlichen Metaphern stellt er in diesem Zusammenhang den „Fesseln eines dogmatischen Vortrags" im Stil der „mehresten Schüler Kants" die von ihm gewählte „Freiheit des Vortrags" gegenüber (NA 26, 257 f.). Was genau er darunter versteht, geht aus dem „Einschluß" in den Brief vom 21. November hervor: „Wenn der dogmatische Vortrag in geraden Linien und harten Ecken mit mathematischer Steifigkeit fortschreittet, so windet sich der schöne Vortrag in einer freyen Wellenbewegung fort, ändert in jedem Punkt unmerklich seine Richtung, und kehrt eben so unmerklich zu derselben zurück. Der *dogmatische* Lehrer, könnte man sagen, zwingt uns seine Begriffe auf, der *sokratische* lockt sie aus uns heraus, der Redner und Dichter gibt uns Gelegenheit, sie mit scheinbarer Freiheit aus uns selbst zu erzeugen" (NA 26, 321).

Nach diesem Verständnis ist die ‚epistolarische Form' das ideale Medium des „schöne[n] Vortrag[s]": Dessen metaphorische Charakterisierung als eine „freye Wellenbewegung" ist somit eine Umschreibung der „freieren Form" des Briefes. In dieser Weise betrachtet, stehen Form und Inhalt in den *Augustenburger Briefen* keineswegs in Kontrast zueinander, sondern vielmehr in Übereinstimmung. Schon hier gilt: „ohne Form keine Materie, ohne Materie keine Form".

Zu der geplanten Publikation der *Augustenburger Briefe* in Buchform ist es jedoch nie gekommen: Als Schiller sich nach dem Schlossbrand auf Veranlassung des Prinzen wieder mit ihnen beschäftigte, entschloss er sich dazu, sie grundsätzlich zu überarbeiten, woraus dann die *Ästhetischen Briefe* hervorgingen, bzw. genauer: deren erste, nach ihrer Publikation in Schillers Zeitschrift *Die Horen* sogenannte *Horen*-Fassung. In ihr hat sich im Vergleich zu den *Augustenburger Briefen* vieles verändert, nicht zuletzt die Funktionen der ‚epistolarischen Form'.[1]

2.2.2 Im „engen vertraulichen Zirkel": *Ästhetische Briefe* (*Horen*-Fassung)

Schiller veränderte bei dieser Überarbeitung die Makrostruktur der Schrift, indem er ihren Umfang deutlich erweiterte (von sechs auf 27 Briefe), anders als ursprünglich geplant die Antwortbriefe des Prinzen wegließ und so aus dem Briefwechsel eine Brieffolge machte. Darüber hinaus anonymisierte er den Briefempfänger. Schiller unterzog seine Schrift also einer partiellen „Ent-Epistolarisierung", aber eben nur einer partiellen; in ihren Grundzügen blieb die ‚epistolarische Form' erhalten. Trotzdem hatte dieser Schritt erheblich Auswirkungen auf Semantik und Systematik der Schrift: Die *Ästhetischen Briefe* sind einerseits kein Fürstenspiegel mehr, womit auch ihre politische und poetologische Bedeutungsdimension abgeschwächt wurde. Durch den Verzicht auf die Gegenbriefe wurde zudem die Dialogizität der Schrift verringert. Andererseits wurde der Effekt der Rezipienten-Bindung durch die Anonymisierung des Briefempfängers zugleich verstärkt: Anders als die *Augustenburger Briefe* beginnt die *Horen*-Fassung mit dem Satz „Sie wollen es mir also vergönnen, Ihnen die Resultate meiner Untersuchungen *über das Schöne und die Kunst* in einer Reihe von Briefen vorzulegen" (FA 8, 556). Hier wie schon in den *Briefen über Don Karlos*

---

[1] Bekanntlich sind die *Ästhetischen Briefe* nach der *Horen*-Fassung noch in einer weiteren Fassung erschienen: der so genannten *Schriften*-Fassung, die 1801 im dritten Band der *Kleineren prosaischen Schriften* enthalten war. Bei dieser Fassung sind die Funktionen der „epistolarischen Form" im Vergleich zur *Horen*-Fassung reduziert (u. a. weil Schiller das Motto und die Anmerkung zum Titel gestrichen hat); insofern kann sie hier unberücksichtigt bleiben.

konnten sich die Rezipienten bereits vom ersten Wort der Schrift an indirekt angesprochen fühlen und wurden auf diese Weise in den Diskurs förmlich hineingezogen. Zugleich bewirkte die Anonymisierung des Briefempfängers eine Abstraktion des in der Schrift geführten Diskurses, der auf diese Weise gleichsam aus den Niederungen der Alltagswelt in die höheren Regionen der Philosophie entrückt wurde.

Wie schon diese Aspekte zeigen, ist die partielle Ent-Epistolarisierung demnach als ein von Schiller gezielt eingesetzter Kunstgriff anzusehen: Nichts hat er hier dem Zufall überlassen.

Dies gilt auch für die Tatsache, dass er – gegenläufig zu der Ent-Epistolarisierung – die Epistolarität der Schrift paratextuell besonders hervorhob, indem er die Formel „in einer Reihe von Briefen" aus seinem Brief an den Prinzen vom 9. Februar 1793 aufgriff und sie in den Titel der Schrift aufnahm, wodurch diese eindeutig als eine Schrift in Briefform markiert war. Damit aber noch nicht genug: Wie eingangs erwähnt, entstammt das Motto der *Nouvelle Héloïse*, einem der berühmtesten Briefromane des 18. Jahrhunderts. Darüber hinaus ergänzt Schiller eine folgende Anmerkung zum Titel: „Diese Briefe sind wirklich geschrieben; an *Wen?* tut hier nichts zur Sache, und wird dem Leser vielleicht zu seiner Zeit bekannt gemacht werden. Da man alles, was darin eine lokale Beziehung hatte, für nötig fand zu unterdrücken, und doch nicht gern etwas anders an die Stelle setzen mochte, so haben sie von der epistolarischen Form fast nichts als die äußere Abteilung beibehalten; eine Unschicklichkeit, welche leicht zu vermeiden war, wenn man es mit ihrer Echtheit weniger streng nehmen wollte" (FA 8, 556, Anm.).

Diese Anmerkung ist erklärungsbedürftig. Zum einen muss man sich fragen, warum Schiller überhaupt die Aufmerksamkeit der Rezipienten auf die Epistolarität seiner Schrift gelenkt hat, wo von ihr angeblich doch „fast nichts als die äußere Abtheilung beybehalten" worden war. Darauf eigens hinzuweisen, wäre durchaus nicht nötig gewesen. Die Antwort liegt auf der Hand: Schiller hat dies getan, weil es ihm, wie schon bei den *Augustenburger Briefen*, auch bei der *Horen*-Fassung auf die Tatsache ankam, dass sie in Briefen abgefasst war. Er wollte, dass dies den Rezipienten trotz der Ent-Epistolarisierung der Schrift keinesfalls entging, was eng mit dem Verhältnis von Form und Inhalt zusammenhängt, das er – wie eingangs zitiert – in der Schrift selbst als ein sich wechselseitig bedingendes bestimmt.

Zum anderen muss man sich fragen, warum Schiller es zwar einerseits für erwähnenswert hielt, dass die Briefe „wirklich geschrieben" worden waren, andererseits jedoch die Identität des Briefempfängers verschwieg. Bei dem Versuch, diese Frage zu beantworten, muss man bedenken, dass solche Mystifikationen ein in der Briefliteratur häufig eingesetzter Kunstgriff waren. Natürlich werden sich die Rezipienten auch in diesem Fall gefragt haben, wer der ursprüngliche Briefempfänger gewesen sein mochte; und die Tatsache, dass ihnen die Enthüllung seiner Identität zu einem späteren Zeitpunkt in Aussicht gestellt wurde, dürfte ihre Neugierde noch verstärkt haben.

In diesem Fall hat die Mystifikation aber noch eine weitere Funktion. Um sie bemerken zu können, muss man den Kontext berücksichtigen, in dem die *Ästhetischen Briefe* bei ihrem Erstdruck standen: Im ersten „Stück" der *Horen*, in dem die ersten neun Briefe veröffentlicht wurden, waren auch weitere Beiträge enthalten. Am Anfang steht die so genannte *Horen*-Ankündigung, in der Schiller das Programm der Zeitschrift formuliert. In diesem Text ist immer wieder von einer „Unterhaltung" bzw. einem „Gespräch" die Rede, das innerhalb der „Gesellschaft" geführt werde, die – so die Überschrift der Ankündigung – die *Horen* „verfaßt" habe (FA 8, 1001). In gewisser Weise wurde die Zeitschrift somit als das Produkt einer kollektiven Autorschaft inszeniert, an der Schiller als namentlich genannter Herausgeber und – wie es später in der Ankündigung heißt – „Sprecher" (FA 8, 1004) einen zwar privilegierten, aber eben keineswegs alleinigen Anteil hatte. Zu dieser Inszenierung trug auch das in der Ankündigung beschriebene redaktionelle Prinzip bei, „bei den einzelnen Aufsätzen die Namen ihrer Verfasser, bis zum Ablauf eines jeden Jahrgangs [zu] verschweigen" (FA 8, 1005). Auch hierdurch wurde die individuelle Autorschaft der einzelnen Beiträger zugunsten der kollektiven Autorschaft der „achtungswürdigen Gesellschaft" (FA 8, 1004) zurückgestellt.

Diese Inszenierung muss bei den Rezipienten der *Ästhetischen Briefe* jedoch den Eindruck erweckt haben, dass nicht nur der Verfasser, sondern auch der ursprüngliche Empfänger der Briefe ein Mitglied dieser „Gesellschaft" gewesen war (und somit einer aus der illustren Reihe von Autoren, die in der Ankündigung beim Namen genannt wurden: darunter – neben Schiller – Fichte, Goethe, Herder, Humboldt und Jacobi), dass sein Name den redaktionellen Prinzipien der Zeitschrift gemäß jedoch anonymisiert worden sei. Die *Ästhetischen Briefe* erschienen damit als eine Art Dokumentation eines der „im engen vertraulichen Zirkel" (FA 8, 1002) der „achtungswürdigen Gesellschaft" geführten „Gespräche". Dass in Wahrheit der Prinz von Augustenburg der Empfänger der Briefe gewesen war, konnte außer den wenigen Eingeweihten niemand wissen.

Den *Ästhetischen Briefen* ging bei ihrem Erstdruck in den *Horen* aber noch ein weiterer Text voran: Die *Erste Epistel* Goethes (der den redaktionellen Prinzipien entsprechend als Verfasser aber ebenfalls nicht genannt wurde). Dieser Text beginnt wie folgt:

> Jetzt da jeglicher liest und viele Leser das Buch nur
> Ungeduldig durchblättern und, selbst die Feder ergreifend,
> Auf das Büchlein ein Buch mit seltner Fertigkeit pfropfen,

Soll auch ich, du willst es mein Freund, dir über das Schreiben
Schreibend, die Menge vermehren und meine Meinung verkünden,
Daß auch andre wieder darüber meynen und immer
So ins Unendliche fort die schwankende Woge sich wälze.
[...]. (Goethe 1987, 479)

Auch hier wird also ein „Gespräch" geführt, und zwar ebenfalls eines in ‚epistolarische[r] Form': Beteiligt sind das Dichter-Ich sowie dessen „Freund", der das Dichter-Ich zuvor offenbar aufgefordert hatte, einen Text zu schreiben (wodurch den Rezipienten suggeriert wurde, der anonym bleibende „Freund" sei der Herausgeber der *Horen*, also Schiller). Bereits der erste Beitrag des ersten *Horen*-„Stücks" dokumentierte also gleichsam ein Briefgespräch zweier Mitglieder der „achtungswürdigen Gesellschaft".

Wer im Anschluss an seine Lektüre dieses Beitrags damit begann, die *Ästhetischen Briefe* zu lesen, stieß folglich wiederum auf ein Briefgespräch: Hier war es der ebenfalls nicht genannte Autor der *Ästhetischen Briefe*, der ein solches mit einem anonymen Gegenüber führte. Das aber heißt, dass der *Horen*-Herausgeber Schiller im ersten „Stück" der Zeitschrift ein fortgesetztes Briefgespräch zwischen verschiedenen Mitgliedern der „Gesellschaft", deren „Sprecher" er war, inszenierte, wobei die Identität dieser Mitglieder nie genau angegeben wurde (als informierter Zeitgenosse konnte man sie sich teilweise allerdings erschließen).

Durch diese Inszenierung erreichte Schiller zweierlei: Erstens konnte er dem Publikum auf diese Weise die Diskurskultur der von ihm zwar erhofften, tatsächlich aber nur in Ansätzen existierenden „achtungswürdigen Gesellschaft" exemplarisch vorführen, und zweitens konnte er die *Ästhetischen Briefe* (wie auch Goethes *Erste Epistel*) so als eine erste Realisierung des in der *Horen*-Ankündigung entwickelten Programms präsentieren.

Damit ist aber immer noch nicht alles gesagt zu den Funktionen der ‚epistolarischen Form' in der *Horen*-Fassung: So muss zum Beispiel auch erwähnt werden, dass Schiller die Freiheit der Briefform im Hinblick auf den „Bau" der einzelnen Briefe noch intensiver nutzte als in den *Augustenburger Briefen*. Mikrostrukturell ist die *Horen*-Fassung deutlich variabler, was sich bereits zeigt, wenn man die ersten, noch auf den *Augustenburger Briefen* basierenden neun Briefe mit den darauf folgenden vergleicht, in denen Schiller von der empirischen Argumentation zur Deduktion „nach dem Vorbild der Kantischen Transzendentalphilosophie" übergeht (Schiller 2009, 173).

Nicht zuletzt stellt Schiller auch in der *Horen*-Fassung wieder Reflexionen über die ‚epistolarische Form' und ihre Funktionen im Text selbst an. Das in den *Augustenburger Briefen* Entwickelte wird allerdings wesentlich erweitert: Oschmann hat darauf hingewiesen, dass „es kaum einen dieser 27 Briefe [gibt], in dem

Schiller nicht auf das Problem der Form zu sprechen käme." Das Hauptproblem besteht darin, „dass und wie verschiedene Formen die Dinge verschieden zu erkennen geben und dass die Darstellung letztlich nicht vom Dargestellten abgelöst werden darf, ja dass jede Darstellung notwendig auf das Dargestellte übergreift". Schillers eigenes, daraus abgeleitetes Darstellungsziel besteht – so Oschmann – in einer „synthetisierenden, ganzheitlichen und zugleich den ganzen Menschen ansprechenden schönen Repräsentation" (Oschmann 2017, 199 und 200). Das entspricht genau dem Programm, das Schiller in der *Horen*-Ankündigung entworfen hatte.

Wie immer man die Frage beantworten mag, ob Schiller dieses Ziel mit den *Ästhetischen Briefen* erreicht hat oder nicht: Sicher ist, dass er selbst davon überzeugt war, es erreicht zu haben. Ansonsten hätte er die *Ästhetischen Briefe* nicht als „das beßte" bezeichnet, „was ich in meinem Leben gemacht habe" (NA 27, 92). Wie diese Äußerung zeigt, war Schiller sich bewusst, dass er mit seiner Schrift Maßstäbe gesetzt hatte, und dies auch im Hinblick auf die ‚epistolarische Form'. Dies geht jedenfalls aus seinem Konzept eines Briefes an Fichte hervor, das er am 23. Juni 1795 – die letzten Briefe der *Horen*-Fassung waren damals gerade erschienen – als Reaktion auf die von Fichte als Beitrag für die *Horen* eingereichte Schrift *Ueber Geist und Buchstab in der Philosophie* aufsetzte. Hier heißt es: „Was erhalte ich nun, und was muthen Sie mir zu, dem Publikum vorzulegen? Die alte, von mir noch nicht einmal ganz geendigte Materie, sogar in der alten schon von mir gewählten Briefform" (NA 27, 202). Neben der Wahl des Themas warf er Fichte also vor, für seine Schrift eine Form gewählt zu haben, die er selbst doch gerade mustergültig verwendet hatte. Aus Schillers Sicht gab es hier nichts mehr hinzuzufügen.

Literatur

Berghahn, Klaus L. 1998: [Art.] Schillers philosophischer Stil, in: Helmut Koopmann (Hrsg.), Schiller-Handbuch, Stuttgart, 289–302.
Goethe, Johann Wolfgang 1987: Gedichte 1756–1799, hrsg. von Karl Eibl, Frankfurt/M.
Hinderer, Walter 2013: Versuch über die Schreibweise der offenen Denkform. Anmerkungen zu Schillers *Philosophischen Briefen* und *Kallias, oder über die Schönheit*, in: Jörg Robert (Hrsg.), „Ein Aggregat von Bruchstücken". Fragment und Fragmentarismus im Werk Friedrich Schillers, Würzburg, 161–181.
Nicolai, Friedrich 1997: Gesammelte Werke, hrsg. von Bernhard Fabian und Marie-Luise Spieckermann, Hildesheim u. a.
Oschmann, Dirk 2017: Zwischen Theorie und Performanz: Schillers Begriff der „Form", in: Zeitschrift für deutsche Philologie 136/2017, Heft 2, 187–204.

Peil, Dietmar 1997: [Art.] Fürstenspiegel, in: Reallexikon der deutschen Literaturwissenschaft. Neubearbeitung des Reallexikons der deutschen Literaturgeschichte, gemeinsam mit Harald Fricke, Klaus Grubmüller und Jan-Dirk Müller hrsg. von Klaus Weimar, Berlin, Bd. 1, 640–642.
Schiller, Friedrich 2009: Über die ästhetische Erziehung des Menschen in einer Reihe von Briefen. Kommentar von Stefan Matuschek, Frankfurt/M.
Schöne, Albrecht 2015: Der Briefschreiber Goethe, München.
Vellusig, Robert 2000: Schriftliche Gespräche. Briefkultur im 18. Jahrhundert, Wien u. a.
Zelle, Carsten 2005: Über die ästhetische Erziehung des Menschen in einer Reihe von Briefen [1795], in: Matthias Luserke-Jaqui (Hrsg.), Schiller-Handbuch. Leben – Werk – Wirkung, Stuttgart/Weimar, 409–445.

I Briefe 1 bis 10

Achim Vesper
3 Durch Schönheit zur Freiheit? Schillers Auseinandersetzung mit Kant

(Brief 1 und die Folgen)

Mit Blick auf die Gesamtargumentation der *Briefe über die Ästhetische Erziehung des Menschen* hat der erste Brief vorbereitenden Charakter. Er macht aber nicht nur mit Stil und Darstellungsweise der *Briefe* bekannt, sondern stellt auch den Gegenstand der Schrift und ihr übergeordnetes philosophisches Ziel vor. Dabei fällt auf, wie eng Schiller sein eigenes Projekt mit demjenigen Kants verbindet. Im ersten Brief führt Schiller aus, warum und auf welche Weise er an Kant anzuschließen beabsichtigt. Ausgehend vom ersten Brief soll im Folgenden Schillers Auseinandersetzung mit Kant in den *Briefen* in ihren Grundlinien dargestellt werden.

3.1 Der erste Brief: Das Schöne im Kontext der Moral

Zunächst nennt der erste Brief den Gegenstand der Beschäftigung. Mit dem ersten Satz kündigt Schiller an, die Resultate seiner „Untersuchungen *über das Schöne und die Kunst*" (570) darzulegen.[1] Schiller äußert sich auch dazu, warum dem Thema des Schönen philosophische Relevanz zukommt. Ihm zufolge genießt das Thema der Schönheit von Natur und Kunst eine besondere Bedeutung, weil das Schöne in einer engen Beziehung sowohl zur Glückseligkeit als auch zur Moral steht. Allerdings ist eine philosophische Beschäftigung mit dem Schönen nach Schiller mit Schwierigkeiten verbunden. Diese Schwierigkeiten resultieren daraus, dass man in der Untersuchung des Schönen „so oft genötigt ist, sich auf Gefühle als auf Grundsätze zu berufen" (570). Schiller geht mit Kant davon aus,

---

[1] Aus dem Entstehungskontext der *Briefe* geht hervor, dass man trotz der literarischen Form die von der Figur des Briefeschreibers geäußerten Meinungen Schiller als Autor zuschreiben darf. Bekanntlich sind die 1795 publizierten *Briefe* eine überarbeitete Fassung der Briefe Schillers an seinen Förderer Friedrich Christian von Augustenburg. Schiller entschloss sich zu der Neufassung, nachdem die Briefe an den Herzog von Augustenburg zum Teil einem Brand zum Opfer fielen. Zur Entstehungsgeschichte der *Briefe* vgl. den Beitrag von Frieder von Ammon in diesem Band.

dass die Aufgabe der Philosophie in der Erforschung der durch ihre rationalen Fähigkeiten gegebenen Grundsätze besteht, von denen Menschen im Erkennen und Handeln geleitet sind. Für das Aufsuchen eines Grundsatzes bei der Betrachtung des Schönen stellt es jedoch ein Problem dar, dass das Gefühl die zentrale Rolle für die Beurteilung des Schönen innezuhaben scheint. Wie Kant im ersten Paragraphen der *Kritik der Urteilskraft* von 1790 geht Schiller im ersten Brief von der Frage aus, wie sich die auf dem Gefühl basierende Seite des Schönen zu seiner auf Rationalität beruhenden Seite verhält.

Zur Gegenüberstellung von Gefühlen und Grundsätzen kommt im zweiten Absatz eine weitere, den ersten Brief strukturierende begriffliche Opposition hinzu – die von Schule und Selbstdenken. Schiller begründet den Verzicht auf den „Gebrauche schulgerechter Formen" (570) damit, dass seine Meinungen nicht auf der durch Schultradition vermittelten Autorität anderer, sondern auf dem „einförmigen Umgange mit mir selbst" (570) beruhen. Man kann diese Äußerung Schillers als eine Distanzierung von der Schulphilosophie des Wolffianismus einschließlich seiner in der Ableitung aus Definitionen und Axiomen bestehenden Form der Darstellung verstehen. Schiller folgt aber auch der in der Philosophie der Neuzeit verbreiteten Vorstellung, dass auf eigener Überlegung und Erfahrung beruhenden Meinungen ein höherer Wert als von anderen übernommenen Meinungen zukommt. Da seine Ausführungen auf Selbstdenken statt auf Schulmeinungen basieren, sieht er sich vom Zwang zu einer schulgemäßen Darstellung befreit (so auch im Augustenburger Brief vom 13. Juli 1793; vgl. Schiller 2000, 132). Schiller wählt die briefliche Darstellungsweise, weil er sie aufgrund ihrer von Schultraditionen freien Form für eine auf Selbstdenken basierende Untersuchung für angemessen hält.

Überraschenderweise führt Schiller dennoch eine philosophische Autorität an, der er mit den *Briefen* zu folgen beabsichtigt. Im dritten Absatz legt er offen, „daß es größtenteils Kantische Grundsätze sind, auf denen die nachfolgenden Behauptungen ruhen werden" (570). Der vierte Absatz wiederum legt nahe, dass er sich damit nicht primär auf Kants Prinzip des Schönen, sondern auf sein Moralprinzip bezieht. An dieser Stelle bietet Schiller eine Erklärung dafür, wieso der Anspruch auf eigene Überlegung und Erfahrung mit der Berufung auf Kant verträglich ist. Seiner Auffassung nach stimmt eine auf Selbstdenken beruhende Untersuchung in ihren Resultaten nicht zufällig mit den grundlegenden Meinungen Kants in der praktischen Philosophie überein. Der Grund besteht seiner Ansicht nach darin, dass Kants basale Überzeugungen in der praktischen Philosophie denjenigen Überzeugungen entsprechen, über die alle Menschen auch ohne philosophische Überlegung verfügen:

> Über diejenigen Ideen, welche in dem praktischen Teil des Kantischen Systems die herrschenden sind, sind nur die Philosophen entzweit, aber die Menschen, ich getraue mir es zu beweisen, von jeher einig gewesen. Man befreie sie von ihrer technischen Form, und sie werden als die verjährten Ansprüche der gemeinen Vernunft und als Tatsachen des moralischen Instinktes erscheinen, den die weise Natur dem Menschen zum Vormund setzte, bis die helle Einsicht ihn mündig macht. (571)

Mit diesen Worten verhält sich Schiller in außerordentlicher Weise ehrend gegenüber Kant. Nach Schiller hat Kant diejenigen moralischen Vorstellungen expliziert, die alle Menschen sowohl aufgrund ihrer Vernunft als auch aufgrund ihrer natürlichen Einstellungen besitzen. Schiller zufolge steht Kant außerhalb der Schulen, weil er diejenigen moralischen Überzeugungen ausdrücklich macht, die allen Menschen zumindest auf intransparente Weise zueigen sind. Seine Ehradresse gegenüber Kant verbindet Schiller jedoch mit einem Bedauern. Obgleich die moralischen Grundüberzeugungen der Menschen in ihrem Gehalt mit denen Kants übereinkommen, können sich die Menschen in Kants Aussagen nicht wiedererkennen. Nach Schiller stellt es ein Übel dar, dass die Menschen zwar die Grundüberzeugungen Kants auf unreflektierte Weise teilen, ihrer reflektierten Darstellung aber die Zustimmung verweigern. Ein Übel bildet die anhaltende Meinungsverschiedenheit zwischen Kant und dem Publikum im Bereich der Moralphilosophie, weil sie der moralischen Verbesserung im Wege steht.

Dass die gemeine Vernunft bereits im Besitz des Prinzips moralischer Bewertung ist, behauptet auch Kant selbst. In der *Grundlegung zur Metaphysik der Sitten* von 1785 stellt er klar, dass sich der kategorische Imperativ als Moralprinzip nicht revisionär zu den allgemein geteilten Überzeugungen verhält: „So sind wir denn in der moralischen Erkenntniß der gemeinen Menschenvernunft bis zu ihrem Princip gelangt, welches sie sich zwar freilich nicht so in einer allgemeinen Form abgesondert denkt, aber doch jederzeit wirklich vor Augen hat und zum Richtmaße ihrer Beurtheilung braucht." (AA IV, 403) Nach Kant verfügt die gemeine Menschenvernunft über das Moralprinzip und ist im günstigen Fall auch in der Lage, es als Kompass zur Unterscheidung von pflichtmäßigem und pflichtwidrigem Handeln anzuwenden (vgl. ebd., 404). Wie Schiller ist auch Kant selbst der Auffassung, dass sich die Menschen des Moralprinzips dunkel bewusst sind; anders als nach Schiller wird das Moralprinzip laut Kant aber lediglich durch dunkle Vorstellungen der Vernunft und nicht durch das Gefühl repräsentiert: „[K]ein moralisches Princip gründet sich [...] auf irgend einem Gefühl, sondern ist wirklich nichts anders, als dunkel gedachte Metaphysik, die jedem Menschen in seiner Vernunftanlage beiwohnt" (AA VI, 376). Auch wenn die gemeine Vernunft bereits eine dunkle Vorstellung des Moralprinzips besitzt, bildet seine philosophische Feststellung Kant zufolge eine notwendige Bedingung für die moralische Verbesserung. In diesem Sinn schreibt Kant in der Vorrede der *Grundlegung*, dass eine Metaphysik der Sitten deshalb „unentbehrlich nothwendig" (AA IV, 389) ist, „weil die Sitten selber allerlei Verderbniß unterworfen bleiben, so lange jener Leitfaden und oberste Norm ihrer richtigen Beurtheilung fehlt." (AA IV, 390) Der Aufklärung des Moralprinzips durch die Philosophie kommt nach Kant ein unverzichtbarer Nutzen zu, weil nur sie dem Moralprinzip „Eingang und Dauerhaftigkeit" (AA IV, 405) verschaffen kann. Akteure ohne klare Vorstellung des Moralprinzips sind der Verführung zu pflichtwidrigem Handeln durch die Macht der Neigungen ausgesetzt und genießen keine Sicherheit im moralischen Urteilen und Handeln.

Schiller hat die Meinung Kants, dass die Menschen zwar dunkel über das Moralprinzip verfügen, sich für moralische Verbesserung aber seine deutliche Formulierung aneignen müssen, vermutlich durch die *Kritik der praktischen Vernunft* (1788) kennen gelernt.[2] Nimmt man Schillers Aussage über die in der praktischen Philosophie Kants „herrschenden Ideen" ernst, so besteht das Beweisziel der *Briefe* darin, eine Kohärenz zwischen der Moralphilosophie Kants und den allgemein verbreiteten moralischen Überzeugungen und Einstellungen aufzuzeigen und auf diese Weise dem Moralgesetz allgemeines Gehör zu verschaffen.

Gleichwohl kann es befremdlich erscheinen, in Schiller einen Verfechter der kantischen Moralphilosophie zu sehen. Bekannt sind Äußerungen Schillers aus anderen Schriften, in denen er Zweifel an Kants Verständnis von moralischem Wert artikuliert. Nach Kant beruht der moralische Wert einer Handlung darauf, dass sie nicht nur in Übereinstimmung mit der Pflicht, sondern auch aus dem Bewusstsein der Pflicht und nicht aufgrund von Neigung ausgeführt wird (vgl. bes. AA IV, 397–399, AA V, 145f.). Eine besondere Bekanntheit hat Schillers Distichon *Gewissensskrupel* aus den zusammen mit Goethe verfassten *Xenien* erlangt, in dem die Vorstellung getadelt wird, dass jemand nicht als tugendhaft betrachtet werden kann, der einem Hilfsbedürftigen aus Freundschaft hilft: „Gerne dien' ich den Freunden, doch tu ich es leider mit Neigung, / Und so wurmt es mir oft, daß ich nicht tugendhaft bin." (SW I, 299) Anhand dieses Beispiels soll die Auffassung kritisiert werden, dass eine der Pflicht entsprechende Handlung ihren moralischen Wert verliert, wenn sie aus Neigung ausgeführt wird. Allerdings ist Kant nicht der Meinung, dass ein Handeln, das einer Pflicht wie der Hilfspflicht gegenüber Notleidenden entspricht, seinen moralischen Wert einbüßt, wenn es zusätzlich zur moralischen Gesinnung auch mit Neigung erfolgt. Stattdessen

---

[2] Schillers Studium der *Kritik der praktischen Vernunft* ist bekannt. Auch in ihr behauptet Kant, dass sich zwar der „gemeinste Verstand ohne Unterweisung" (AA V, 27) des Moralgesetzes auf inexplizite Weise bewusst ist, der „Empirism der praktischen Vernunft" (AA V, 71) aber nur durch den kategorischen Imperativ als ausdrückliche Regel verhindert werden kann. Zur praktischen Intention von *Grundlegung* und *Kritik der praktischen Vernunft* vgl. Höffe 2012, 73–80.

behauptet Kant, dass sich der moralische Wert einer Handlung in solchen Fällen besser feststellen lässt, in denen ein Akteur einer Pflicht gegen seine Neigungen nachkommt (so auch Guyer 1993). Neben dem Distichon finden sich bei Schiller aber auch ausführlichere Überlegungen dazu, was Personen und ihren Handlungen moralischen Wert verleiht (zu Schillers Kritik an Kants Gegenüberstellung von Pflicht und Neigung vgl. u. a. Beiser 2005, 167–190, Guyer 1993, 351–356, Höffe 2012, 187–197). Bei näherer Betrachtung wird dabei deutlich, dass Schiller im Verlauf der Jahre 1793 bis 1795 in *Über Anmut und Würde*, den *Augustenburger Briefen* und den *Briefen über die ästhetische Erziehung* verschiedene und kaum vereinbare Konzeptionen vertritt:

(1) Eine breiter ausgeführte Kritik an Kants Konzeption von moralischem Wert stellt Schiller in *Über Anmut und Würde* von 1793 vor (vgl. SW V, bes. 463–468). Zwar rühmt er Kant als „den unsterblichen Verfasser der Kritik" (ebd., 463) dafür, „das fremde und doch wieder so bekannte Moralgesetz" (ebd., 466) vorgestellt zu haben; er tadelt ihn aber für ein mangelndes Verständnis davon, worauf der moralische Wert einer Person in ihrem Charakter beruht. Laut Schiller lässt sich lediglich der moralische Wert der Handlung einer untugendhaften und von moralwidrigen Neigungen beherrschten Person daran feststellen, dass sie nicht aus Neigung erfolgt, weil eine tugendhafte Person eine Neigung zur Pflichterfüllung ausgebildet hat. Ihm zufolge sind Personen nur dann im Besitz der Tugend, wenn sie das Pflichtbewusstsein internalisiert haben und ihre Neigungen nicht durch „eine rühmlichere Art von Knechtschaft" (SW V, 466, wahrscheinlich mit Bezug auf die Rede vom knechtischen Charakter der Neigung in der *Kritik der praktischen Vernunft*, AA V, 118) der Pflicht unterwerfen müssen. Entsprechend befindet sich die „schöne Seele" im Zustand sittlicher Vollkommenheit, weil sie durch ihre Affekte geleitet der Vernunft folgt (vgl. SW V, 468f.). Anders als Kant erkennt Schiller in *Über Anmut und Würde* ein moralisches Ideal darin, dass eine Person aus Neigung zur Pflichtbefolgung handelt.

(2) Überraschenderweise revidiert Schiller seine Auffassung über das moralische Ideal noch im selben Jahr und legt ein weiter reichendes Bekenntnis zu Kants Ansicht vom moralischen Wert ab. Im Augustenburger Brief vom 3. Dezember 1793 schreibt er: „Ich bekenne gleich vorläufig, daß ich im Hauptpunct der Sittenlehre vollkommen *Kantisch* denke. Ich glaube nemlich und bin überzeugt, daß nur diejenigen unsrer Handlungen *sittlich* heißen, zu denen uns bloß die Achtung für das Gesetz der Vernunft und nicht Antriebe bestimmten, wie verfeinert diese seyen, und welch imposante Nahmen sie auch führen." (Schiller 2000, 177) Dennoch möchte Schiller auch hier Kants Moralphilosophie um einen seiner Ansicht nach wichtigen Aspekt ergänzen. Dabei bezieht er sich auf die von Kant im dritten Hauptstück der *Kritik der praktischen Vernunft* eingeführte Unterscheidung von Legalität und Moralität:

> Das Wesentliche alles sittlichen Werths der Handlungen kommt darauf an, daß das moralische Gesetz unmittelbar den Willen bestimme. Geschieht die Willensbestimmung zwar gemäß dem moralischen Gesetze, aber nur vermittelst eines Gefühls, welcher Art es auch sei, das vorausgesetzt werden muß, damit jenes ein hinreichender Bestimmungsgrund des Willens werde, mithin nicht um des Gesetzes willen: so wird die Handlung zwar Legalität, aber nicht Moralität enthalten. (AA V, 71)

Im selben Abschnitt fügt Kant hinzu, dass der Pflichtbegriff objektiv die Übereinstimmung einer Handlung mit dem Gesetz und subjektiv die Bestimmung des Willens durch Achtung vor dem Gesetz erfordert, wobei ein Handeln mit einem durch Neigungen bestimmten Willen der Legalität entsprechen kann, aber nur ein Handeln mit einem durch die Achtung vor dem Gesetz bestimmten Willen der Moralität entspricht (vgl. AA V, 81). Schiller weicht von Kant darin ab, dass er Legalität und Moralität gemeinsam als „Grade von Moralität" (Schiller 2000, 179) auffasst und Handlungen, die mit dem Gesetz übereinstimmen, wenngleich nicht aus Achtung vor ihm ausgeführt werden, den moralischen Wert nicht vollständig abspricht. Dahinter steht die Überzeugung, dass eine Gesellschaft, deren Mitglieder moralkonform handeln, ohne von der Achtung vor dem Gesetz geleitet zu sein, immer noch moralisch besser ist als eine Gesellschaft ohne jedes moralkonforme Verhalten ihrer Mitglieder. Schiller geht davon aus, dass die Einhaltung moralischer Normen auch ohne Akzeptanz der Norm als Handlungsgrund gesellschaftlich befriedend wirkt. Seine Rehabilitierung der Legalität ist durch die Furcht motiviert, dass das Bewusstsein von moralischer Verpflichtung eine zu schwache Ressource für die Normbefolgung bildet und keinen Rückfall in Anarchie verhindern kann:

> Wenn wir deswegen, weil sie keinen moralischen Werth hat, für die Legalität unsers Betragens keine Anstalten treffen wollten, so könnten alle Bande der Gesellschaft zerrissen seyn, ehe wir mit unsern Grundsätzen fertig würden. Je zufälliger aber unsre Moralität, um desto nothwendiger ist es, Vorkehrungen für die Legalität zu treffen, und eine leichtsinnige oder stolze Versäumniß der letztern würde uns moralisch zu gerechnet werden können. (Schiller 2000, 187)

In diesem Zusammenhang kommt dem Geschmack in der Beurteilung des Schönen nach Schiller eine zentrale Funktion zu, weil er „der Legalität unsers Betragens im höchsten Grade beförderlich" (Schiller 2000, 185) und zugleich der Moralität nicht abträglich ist. Ihm zufolge trägt der Geschmack einen unterschätzten zivilisatorischen Wert, da er von der Begierde bestimmte Subjekte vom Instinkt entfernt und ihre Einstellungen durch den ästhetischen Gemeinsinn den normativen Orientierungen anderer angleicht. Wie das Zitat belegt, gibt es nach Schiller sogar eine moralische Pflicht, für die Entwicklung des Geschmacks zu sorgen, weil der Geschmack die Legalität befördert. Allerdings bietet er keine

Erklärung dafür, wieso eine Übernahme gesellschaftlich etablierter Normen nicht auch zu moralwidrigem Verhalten führen kann.

(3) In den *Briefen* folgt Schiller einer erneut veränderten Linie in der Auseinandersetzung mit Kant. Mit ihnen kommt eine kleine öffentliche Kontroverse zwischen Kant und Schiller zum Abschluss, in der Schiller am Ende der Position Kants zustimmt. Zunächst antwortet Kant auf die Kritik Schillers aus *Anmut und Würde* in einer Schiller gewidmeten Fußnote zur zweiten Auflage seiner Religionsschrift von 1794 (vgl. AA VI, 23, Anm.). Dort betont Kant, dass der Begriff der Pflicht aufgrund seines imperativen Charakters nicht mit Anmut im Sinne einer Erfüllung der Pflicht aus Neigung vereinbar ist. Ungeachtet ihrer moralischen Eigenschaften zeichnet sich die Tugend nach Kant aber dadurch aus, dass bei ihr eine schätzenswerte ästhetische Eigenschaft hinzukommt. Die tugendhafte Person macht es aus, dass sie ohne „sklavische Gemüthsstimmung" der Pflicht nachkommt, wobei „das fröhliche Herz in Befolgung seiner Pflicht" eine positive ästhetische Wertschätzung verdient (AA VI, 24).[3] Im 23. Brief schließt sich Schiller dann der Meinung Kants an, dass es einen Menschen in seiner Würde „erniedrigt und schändet, dasjenige aus sinnlichem Antriebe zu tun, wozu er sich aus reinen Motiven der Pflicht bestimmt haben sollte" (644). In einer direkt auf Kant bezogenen Fußnote bekennt sich Schiller auch zu Kants Überzeugung, dass eine zum Befolgen der Pflicht hinzukommende Neigung lediglich ästhetisch schätzenswert ist (vgl. 644 f., ähnlich Schiller 2000, 184). Damit ergreift Schiller ausdrücklich für Kants Auffassung Partei und betrachtet das Handeln aus Pflichtbewusstsein für den moralischen Wert als ausschlaggebend.

Zwar kommt der öffentliche Dissens zwischen Schiller und Kant über den moralischen Wert von Personen und ihren Handlungen 1795 zum Erliegen, in einem anderen Punkt geht Schiller in den *Briefen* gleichwohl über Kant hinaus. Nach Schiller sind die Bedingungen für moralischen Fortschritt noch nicht dadurch erfüllt, dass den Menschen das Prinzip moralischer Bewertung in seiner Klarheit zu Bewusstsein gebracht wird. Ihm zufolge kann die Meinungsverschiedenheit zwischen Kant und der Öffentlichkeit nicht durch intellektuelle

---

[3] Eine andere Lesart findet sich bei Guyer 2006. Aus Kants Zugeständnis an Schiller, „dass das fröhliche Herz in Befolgung seiner Pflichten [...] ein Zeichen der Ächtheit tugendhafter Gesinnung" (AA VI, 23) ist, schließt Guyer: „For Kant [...] *morality itself* demands a complete harmony between principle and inclination, because any tension between them is a sign that one's commitment to the principle of morality is not yet complete" (Guyer 2006, 194). Kant behauptet jedoch nicht, dass die Übereinstimmung zwischen Pflicht und Neigung moralisch gefordert ist. Auch wenn das fröhliche Herz bei der Befolgung der Pflicht anzeigt, dass den Handlungen einer Person moralischer Wert zukommt, basiert ihr sittlicher Wert nicht darauf, dass sie mit fröhlichem Herzen ausgeführt werden.

Aufklärung aufgelöst werden, weil sie eine tiefere Quelle hat. Wie er im zweiten Teil des vierten Absatzes des ersten Briefs darlegt, hat die Philosophie allgemein das Schicksal, dass sie sich zum normalen Selbstverständnis entfremdend verhält. Seiner Ansicht nach tragen philosophische Untersuchungen aufgrund ihrer Begriffsbezogenheit ein Defizit:

> Aber eben diese technische Form, welche die Wahrheit dem Verstande versichtbart, verbirgt sie wieder dem Gefühl; denn leider muß der Verstand das Objekt des innern Sinns erst zerstören, wenn er es *sich* zu eigen machen will. Wie der Scheidekünstler, so findet auch der Philosoph nur durch Auflösung die Verbindung, und nur durch die Marter der Kunst das Werk der freiwilligen Natur. Um die flüchtige Erscheinung zu haschen, muß er sie in die Fesseln der Regel schlagen, ihren schönen Körper in Begriffe zerfleischen und in einem dürftigen Wortgerippe ihren lebendigen Geist aufbewahren. Ist es ein Wunder, wenn sich das natürliche Gefühl in einem solchen Abbild nicht wiederfindet und die Wahrheit in dem Berichte des Analysten als ein Paradoxon erscheint? (571)

Laut Schiller trägt die Philosophie ein Defizit, weil sie Phänomene nicht in ihrer Lebendigkeit präsentiert. Ihm zufolge fragmentiert die Philosophie durch ihren Gebrauch von Begriffen die Gegenstände, die durch das Gefühl in ihrer Ganzheit erfahren werden. Damit scheint er mit Autoren des 20. Jahrhunderts in der Meinung übereinzukommen, dass die Philosophie aufgrund ihres begrifflichen Charakters einen Mangel besitzt. Anders als zum Beispiel Adorno plädiert Schiller jedoch nicht für eine alternative philosophische Darstellungsweise, die ihren begrifflichen Charakter durchkreuzt. In der zitierten Textpassage gibt er stattdessen eine Erklärung dafür, weshalb die meisten Menschen nicht zu einer Einsicht in die Wahrheit philosophischer Urteile gelangen. Nach Schiller ist die Philosophie nicht imstande, auf die Überzeugungen der Menschen einzuwirken, weil sie vom Verstand geleitet ist, während die Mehrheit der Menschen ihre Meinungen auf der Grundlage des Gefühls bildet.

Schiller ist hier mit der Frage beschäftigt, warum die Revolution in der Philosophie nicht zu Überzeugungsänderungen im öffentlichen Bewusstsein führt. Wie vor allem aus dem zweiten Brief deutlich wird, nimmt Schiller insbesondere angesichts der Französischen Revolution und ihres Umschlags in die Herrschaft des Terrors eine pessimistische Perspektive auf die Aufklärungsfähigkeit der Menschen ein. Weil das Moralprinzip zwar gefunden ist, aber von den Menschen nicht anerkannt und befolgt wird, erscheint Schiller der moralische Pessimismus als ernsthafte Gefahr. Entsprechend fragt er im achten Brief, warum es „diese noch so allgemeine Herrschaft der Vorurteile und diese Verfinsterung der Köpfe" (591) gibt, obgleich das Zeitalter aufgeklärt ist und die zur Berichtigung der praktischen Grundsätze hinreichenden Kenntnisse gefunden und öffentlich gemacht sind. Nach seiner Antwort muss „in den Gemütern der Menschen etwas vorhanden sein, was der Aufnahme der Wahrheit [...] im Wege steht" (591). Weil die Gemüter für die „Aufklärung des Verstandes" (592) verschlossen sind, bedarf es seiner Ansicht nach eines Prozesses, in dem sie umgebildet werden. Nach Schillers pessimistischer Diagnose gibt es generell keinen durch Aufklärung geleiteten direkten Übergang vom natürlichen zum sittlichen Charakter, sodass es gemäß dem dritten Brief darauf ankommt, „einen dritten Charakter zu erzeugen, der [...] von der Herrschaft bloßer Kräfte zu der Herrschaft der Gesetze einen Übergang bahnte" (576). Ein solcher dritter Charakter sollte die natürlichen Einstellungen mit den Forderungen der Sittlichkeit vermitteln – erwerben lässt er sich laut Schiller durch den Umgang mit dem Schönen.

Zusammengefasst geht aus dem ersten Brief in Verbindung mit den anderen Briefen des ersten Teils des *Horen*-Abdrucks hervor, dass die Menschen nach Schiller nur durch eine Entwicklung zu moralischen Akteuren werden, die sie über einen Zwischenschritt von der sinnlichen zur vernünftigen Orientierung führt. Ihm zufolge kann moralischer Fortschritt nur dann eintreten, wenn sich die Menschen schon auf der Basis ihrer Sinnlichkeit ihrer moralischen Freiheit bewusst werden. Dabei scheint er mit Kant davon auszugehen, dass moralische Freiheit negativ in der Unabhängigkeit von der Sinnlichkeit und positiv in der Autonomie des Willens besteht (vgl. AA V, 33). Das Schöne eröffnet seiner Meinung nach einen Ausweg aus dem moralischen Pessimismus, weil die Menschen in der Betrachtung des Schönen – vor allem der Kunst – ohne ihre Sinnlichkeit zu unterdrücken positiv auf die sie als Vernunftwesen auszeichnende Freiheit reagieren. In diesem Rahmen lassen sich die *Briefe* als eine Ausarbeitung der These verstehen, dass das Schöne zur moralischen Entwicklung beitragen kann, weil die Wertschätzung des Schönen auf der Wertschätzung von Freiheit als Autonomie basiert. Mit Rücksicht auf Schillers Parteinahme für Kants Moralphilosophie erschließt sich auch seine Behauptung am Ende des politischen Problemen gewidmeten zweiten Briefs, wonach es „die Schönheit ist, durch welche man zu der Freiheit wandert" (573). Schiller behauptet, dass politische Autonomie im Sinne von Volkssouveränität die moralische Autonomie des Individuums zur Abwehr einer Despotie von Seiten des Volkes voraussetzt und die Erfahrung des Schönen für den Wert von individueller Autonomie empfänglich macht. In anderen Worten möchte Schiller mit den *Briefen* aufzeigen, dass den Menschen durch die Erfahrung des Schönen der Wert von Freiheit und Autonomie zu Bewusstsein gebracht werden kann und der moralische Pessimismus nicht das letzte Wort haben muss.

3.2 Das Faktum der Schönheit

Anhand des ersten der *Augustenburger-Briefe* und weiterer Teile der *Briefe* lässt sich Schillers Auseinandersetzung mit Kant weiter nachzeichnen. Auch im Augustenburger Brief vom 9. Februar 1793 äußert Schiller die Absicht, Kants philosophische Revolution fortzusetzen; anders als im ersten der *Briefe* kommt Schiller hier aber auch auf Kants Ästhetik zu sprechen:

> Die Revolution in der philosophischen Welt hat den Grund, auf dem die Aesthetick aufgeführt war, erschüttert, und das bisherige System derselben, wenn man ihn anders diesen Namen geben kann, über den Haufen geworfen. Kant hat schon [...] in seiner Critik der aesthetischen Urtheilskraft angefangen, die Grundsätze der kritischen Philosophie auch auf den Geschmack anzuwenden und zu einer Kunsttheorie die Fundamente, wo nicht gegeben, doch vorbereitet. Aber so wie es jetzt in der philosophischen Welt aussieht, dürfte die Reihe wohl zuletzt an die Aesthetik kommen, eine Regeneration zu erfahren. (Schiller 2000, 128)

Schiller stellt sich in die Reihe derjenigen, die Kants Revolution in den Einzeldisziplinen der Philosophie weiterführen. Sein Anspruch besteht darin, die Kunstphilosophie auf eine Grundlage zu stellen, die Kant mit dem ersten Teil der *Kritik der Urteilskraft* seiner Meinung nach zumindest vorbereitet hat. Während sich Schiller im ersten Brief der *Briefe* affirmativ zu Kants Moralphilosophie verhält, äußert er sich im ersten Brief der *Augustenburger Briefe* jedoch in einem zentralen Aspekt kritisch gegenüber Kants Ästhetik. Schiller gibt zu verstehen, dass Kant im Bereich der Ästhetik und insbesondere der Kunstphilosophie von Voraussetzungen der kritischen Philosophie abgekommen ist. Dem gibt Schiller in einer Passage Ausdruck, in der er wie im ersten Brief der *Briefe* auf die Rolle des Gefühls in der Beurteilung von Schönheit zu sprechen kommt:

> Wenn ich der Verbindung nachdenke, in der das Gefühl des Schönen und Großen mit dem edelsten Theil unsres Wesens steht, so kann ich sie unmöglich für ein bloßes subjecktives Spiel der Empfindungskraft halten, welches keiner andern als empirischer Regeln fähig ist. Auch die Schönheit, dünckt mir, muß wie die Wahrheit und das Recht auf ewigen Fundamenten ruhn, und die ursprünglichen Gesetze der Vernunft müssen auch die Gesetze des Geschmacks seyn. Der Umstand freilich daß wir die Schönheit *fühlen* und nicht erkennen, scheint alle Hofnung, einen allgemein geltenden Grundsatz für sie zu finden, niederzuschlagen, weil alles Urtheil aus dieser Quelle bloß ein Erfahrungsurteil ist. Gewöhnlich hält man eine Erklärung des Schönen nur darum für gegründet, weil sie mit dem Ausspruch des Gefühls in einzelnen Fällen übereinstimmend ist, anstatt daß man, wenn es wirklich eine Erkenntniß des Schönen aus Principien gäbe, den Ausspruch des Gefühls nur deswegen trauen sollte, weil er mit der Erklärung des Schönen übereinstimmend ist. Anstatt seine Gefühle nach Grundsätzen zu prüfen und zu berichtigen prüft man die ästhetischen Grundsätze nach seinen Gefühlen. (Schiller 2000, 129)

Die Passage mündet in eine deutliche Abgrenzung gegenüber Kant: „Dies ist der Knoten, dessen Auflösung leider selbst Kant für unmöglich hält" (ebd.). Schiller stellt hier eine Argumentation vor, mit der er bereits Grundzüge seiner Ästhetik präsentiert. Ihm zufolge spricht die moralische Bedeutung des Schönen dagegen, dass Schönheitsurteile allein auf Empfindungen beruhen. Weil das Urteil über das Schöne eine moralische Bedeutung besitzt, muss es seiner Meinung nach auf der Anwendung eines Vernunftgesetzes beruhen, das über die Schönheit eines Gegenstandes anhand seiner Eigenschaften entscheidet. Ihm zufolge kann es auch nur dann ein Vernunftprinzip für Urteile über das Schöne geben, wenn die Gefühlsreaktionen auf einen Gegenstand durch das Vernunftprinzip auf ihre Angemessenheit geprüft und gegebenenfalls korrigiert werden. Die Aufgabe der Philosophie besteht ihm zufolge darin, ein solches objektives Prinzip für Schönheitsurteile herauszufinden. Kant ist seiner Meinung nach bei der Suche nach einem Prinzip für Schönheitsurteile gescheitert, weil er Urteile über das Schöne nicht auf einen objektiven Grundsatz, sondern lediglich auf das durch das Gefühl beurteilbare formale Prinzip der Zweckmäßigkeit zurückführt.

Nach Kant sind Geschmacksurteile erklärungsbedürftig, weil sie sich auf das Gefühl der Lust beziehen und dennoch mit einem Anspruch auf allgemeine Zustimmung vertreten werden. Ihr allgemeiner Geltungsanspruch ist nach Kant berechtigt, weil die Lust am Schönen durch einen allgemein mitteilbaren Gemütszustand zustande kommt. Dieser mitteilbare Gemütszustand besteht in der Harmonie der Erkenntnisvermögen, bei der sich die Erkenntnisvermögen von Einbildungskraft und Verstand im „Zustand eines *freien Spiels*" (AA V, 217) befinden. In der Harmonie der Erkenntniskräfte stehen Einbildungskraft und Verstand im passenden Verhältnis für „*Erkenntniß überhaupt*" (ebd.), obgleich „kein bestimmter Begriff sie auf eine besondere Erkenntnißregel einschränkt" (ebd.). Trotz ihrer Unbegrifflichkeit geht die Harmonie der Erkenntnisvermögen aber auch über Erkenntnis hinaus, weil sie die Gesetzmäßigkeit des Verstandes mit der Freiheit der Einbildungskraft in ihrer unabsichtlichen Ausübung vereinbart. Außerdem erläutert Kant, warum die Harmonie der Erkenntnisvermögen eine Lust hervorruft: „[D]a diese Zusammenstimmung des Gegenstandes mit den Vermögen des Subjects zufällig ist, so bewirkt sie die Vorstellung einer Zweckmäßigkeit desselben in Ansehung der Erkenntnißvermögen des Subjects" (ebd. 190). Die Harmonie der Erkenntnisvermögen wird durch ein Lustgefühl positiv erfahren, weil sie auf der Zweckmäßigkeit der Natur für die Erkenntnisvermögen beruht.

Schiller gibt sich mit Kants Erklärung von Geschmacksurteilen nicht zufrieden, weil er die Theorie des Schönen mit einem bestimmten Ziel verknüpft. Während das Schöne nach Kant einen durch die Lust vermittelten Hinweis auf die Angemessenheit der empirischen Natur für die Erkenntnisvermögen des Menschen gibt, soll es nach Schiller beweisen, dass Freiheit nicht illusionär ist und Menschen aus Selbstgesetzgebung handeln können. In diesem Rahmen nimmt Schiller seine Definition aus den *Kallias-Briefen* wieder auf, nach der Schönheit in der „Freiheit in der Erscheinung" (644, Anm.) besteht. Auf der Seite des Objekts wird Freiheit durch solche künstlerische Hervorbringungen zur Erscheinung gebracht, die laut 22. Brief aufgrund ihrer Form ihren Stoff vergessen lassen oder laut 26. Brief einen illusionären Schein besitzen. Auf der Seite des Subjekts bezieht sich Schiller auf handlungswirksame Triebe und nicht wie Kant auf Erkenntnisvermögen. Laut 20. und 21. Brief wird Freiheit erfahren, weil der auf Sinnlichkeit basierende Sachtrieb und der auf Vernunft basierende Formtrieb im ästhetischen Zustand beide besonders stark ausgeprägt sind und sich gegenseitig aufheben, so dass sich das Subjekt spielerisch als frei vom nötigenden Zwang der Triebe erlebt.

Schiller erklärt den Zustand des Subjekts aber nicht nur anhand einer negativen, sondern auch anhand einer positiven Freiheitserfahrung. In den letzten beiden Absätzen des 25. Briefs wendet sich Schiller gegen Kants Lehre vom Faktum der Vernunft, nach der sich aus dem Bewusstsein des moralischen Sollens ableiten lässt, dass Akteure aus moralischem Bewusstsein handeln können (vgl. AA V, 30f.). Wörtlich kritisiert er, dass „die Analysten keinen bessern Beweis für die Ausführbarkeit reiner Vernunft in der Menschheit anzuführen wissen, als den, daß sie geboten ist" (654). Dagegen schreibt es sich Schiller als Verdienst zu, das eigentliche Faktum entdeckt zu haben, durch das Zweifel an der Wirklichkeit der Moral entkräftet werden können. Nach seiner Meinung gibt es ein „Faktum der Schönheit" (655), das „zu einem siegenden Beweis" (654) dafür dienen kann, dass „durch die notwendige physische Abhängigkeit des Menschen seine moralische Freiheit keineswegs aufgehoben werde." (654) Nach Schiller beweist lediglich das Faktum der Schönheit, dass Menschen als vernünftige und zugleich sinnliche Wesen aus moralischer Freiheit handeln können.

Für die Erklärung des Faktums der Schönheit lehnt sich Schiller teilweise an Kant an. In seiner Theorie des Geschmacksurteils unterscheidet Kant zwei Stufen, wobei auf der ersten Stufe die Reflexion auf einen Gegenstand ein Lustgefühl kausal hervorbringt und auf der zweiten Stufe die empfundene Lust anhand ihrer Interesselosigkeit auf ihre Ursache in der Reflexion zurückgeführt wird (vgl. Guyer 1997, u. a. 7f.). Dieses Bild modifiziert Schiller, indem er das Empfindungsvermögen und die Vorstellung von Schönheit „wechselseitig als Effekt und Ursache" (653) ansieht. Seines Erachtens zeichnet die Schönheit eine wechselseitige Kausalität aus, bei der einerseits die Reflexion für die Lustempfindung und andererseits die Lustempfindung für das Schönheitsurteil kausal verantwortlich ist (vgl. 653f.). Auch wenn es unklar bleibt, warum das Lustempfinden das Geschmacksurteil als Urteil über die Lust am Schönen hervorbringen sollte, ist für Schiller die Annahme einer – mit dem Begriff Fichtes – „Wechselwirkung" (611) zwischen Sinnlichkeit und Vernunft in der Betrachtung des Schönen zentral. Weil im ästhetischen Zustand ihm zufolge die sinnliche auf die vernünftige wie die vernünftige auf die sinnliche Natur des Menschen einwirkt, soll die Schönheit „die *Vereinbarkeit* beider Naturen" (654) zeigen. Ein moralisch wichtiges Faktum stellt die Schönheit deshalb dar, weil ihre Betrachter als unter dem Einfluss der Sinnlichkeit stehende Wesen der Einwirkung der Vernunft auf die Sinnlichkeit gewahr werden. Dabei ist Schiller wie Kant der Meinung, dass die Lust am Schönen im Unterschied zu der am Angenehmen einer Reflexion entstammt; anders als Kant behauptet er aber, dass die Verursachung einer Lust durch Reflexion vom Subjekt bewusst erfahren und als Zustand von Freiheit erlebt wird.

Im Schönen glaubt Schiller, den gesuchten „Übergang von der sinnlichen Abhängigkeit zu der moralischen Freiheit" (654) als Ausweg aus dem moralischen Pessimismus gefunden zu haben. Der „Aufschluß zu der ganzen Geschichte der menschlichen Freiheit" (632) besteht dem 20. Brief zufolge darin, dass die Menschen gattungs- wie individualgeschichtlich eine Entwicklung von der Herrschaft des auf Materie bezogenen sinnlichen Triebs zur Herrschaft des auf Form bezogenen vernünftigen Triebs durchlaufen. Am Endpunkt ihrer Entwicklung hat die Willensbestimmung nach der Gesetzesform einen Vorrang vor der materialen Willensbestimmung gewonnen. Nach Schiller gelangen die Menschen jedoch ohne das Schöne nicht zu einem Bewusstsein ihrer moralischen Freiheit, „weil nur aus dem ästhetischen nicht aber aus dem physischen Zustand der moralische sich entwickeln kann" (643). Die Erfahrung des Schönen bietet nach Schiller die Option zur moralischen Entwicklung, weil sich Menschen in ihr einerseits als zugleich sinnliche und vernünftige Wesen erfahren und andererseits auf die Einwirkung der Vernunft auf die Sinnlichkeit aufmerksam werden. Die Beweislast für seine These vom Faktum der Schönheit hält Schiller vermutlich deshalb nicht für zu groß, weil der ästhetische Zustand seiner Meinung nach einen Bezugspunkt in den Eigenschaften des Gegenstands besitzt. Zwar erfährt sich das Subjekt als frei, diese Erfahrung wird ihm aber erst durch den Freiheit zur Erscheinung bringenden schönen Gegenstand ermöglicht. Nach Schiller gibt es Gegenstände, die aufgrund ihrer formalen Beschaffenheit den Betrachter auf die Einwirkung der Vernunft auf die Sinnlichkeit aufmerksam werden lassen.

3.3 Das Schöne als Symbol oder Erscheinung von Freiheit

Allerdings spricht auch die *Kritik der Urteilskraft* dem Schönen mehrfach moralische Bedeutung zu (vgl. u. a. Recki 2001, Guyer 2005). Da laut § 59 das Schöne ein Symbol des Sittlichguten ist und der Geschmack „den Übergang vom Sinnenreiz zum habituellen moralischen Interesse, ohne einen zu gewaltsamen Sprung, möglich [macht]" (AA V, 354), kann die Übereinstimmung zwischen Kant und Schiller sogar als besonders groß erscheinen. Bei näherem Hinsehen sind die Unterschiede jedoch greifbar.

Symbolisch dargestellt wird ein Begriff laut Kant durch eine Analogie als „Übertragung der Reflexion über einen Gegenstand der Anschauung auf einen ganz andern Begriff, dem vielleicht nie eine Anschauung direct correspondiren kann" (ebd., 352 f.). Man darf dabei davon ausgehen, dass der nicht direkt in der Anschauung exemplifizierbare, aber durch das Schöne indirekt darstellbare Begriff derjenige von Freiheit als Autonomie ist (vgl. Recki 2001, 155–177). Nach Kant kann das Schöne den Begriff der Freiheit indirekt in der Anschauung darstellen, weil eine Analogie zwischen den Vermögen der ästhetischen Urteilskraft und der reinen praktischen Vernunft besteht:

> In diesem Vermögen sieht sich die Urtheilskraft nicht, wie sonst in empirischer Beurtheilung einer Heteronomie der Erfahrungsgesetze unterworfen: sie giebt in Ansehung der Gegenstände eines so reinen Wohlgefallens ihr selbst das Gesetz, so wie die Vernunft es in Ansehung des Begehrungsvermögens thut. (AA V, 353)

Die Gemeinsamkeit beider Vermögen liegt darin, dass die ästhetische Urteilskraft unabhängig von empirischen Begriffen mit der Gesetzmäßigkeit des Verstandes übereinstimmt, während die reine praktische Vernunft den Willen unabhängig vom sinnlichen Begehren nach einem allgemeinen Gesetz bestimmt. Die Übereinstimmung von Freiheit und Gesetzmäßigkeit hebt Kant auch mit Blick auf die mit der Urteilskraft verbundene Einbildungskraft hervor:

> Die Freiheit der Einbildungskraft (also der Sinnlichkeit unseres Vermögens) wird in der Beurtheilung des Schönen mit der Gesetzmäßigkeit des Verstandes als einstimmig vorgestellt (im moralischen Urtheile wird die Freiheit des Willens als Zusammenstimmung des letzteren mit sich selbst nach allgemeinen Vernunftgesetzen gedacht). (AA V, 354)

Demnach symbolisiert das Schöne Freiheit als Autonomie, weil Einbildungskraft und Urteilskraft in der ästhetischen Beurteilung wie die Vernunft in der moralischen Willensbildung Freiheit und Gesetzmäßigkeit vereinen (vgl. Guyer 2005, bes. 233). Damit teilt Kant die Auffassung Schillers, dass der moralische Wert des Schönen nicht didaktisch in der Darstellung moralischer Inhalte begründet ist. Dennoch ist deutlich, dass Kant das Schöne auf andere Weise als Schiller mit dem moralisch Guten verbindet. Während Freiheit nach Schiller im Schönen zur Erscheinung kommt, wird sie nach Kant durch das Schöne lediglich anhand einer Analogie indirekt dargestellt (vgl. Frank 1989, bes. 106–113). Nach Schiller verkörpert die schöne Kunst Freiheit, wohingegen das Schöne nach Kant lediglich in einer Repräsentationsbeziehung zum moralisch Guten steht.[4]

Darüber hinaus ist Kant die Ansicht fremd, dass nur das Schöne zur moralischen Entwicklung beitragen kann. Auch wenn das Schöne laut § 59 den Übergang vom sinnlichen zum moralischen Interesse möglich macht, spricht Kant diese Funktion nicht exklusiv dem Schönen zu.[5] Dagegen hält Schiller die ästhetische Erziehung für den Erwerb moralischer Freiheit sowohl für notwendig als auch für hinreichend, wie er im 23. Brief noch einmal wiederholt:

> Der Übergang von dem leidenden Zustande des Empfindens zu dem tätigen des Denkens und Wollens geschieht also nicht anders als durch einen mittleren Zustand ästhetischer Freiheit, und obgleich dieser Zustand an sich selbst weder für unsere Einsichten noch Gesinnungen etwas entscheidet, mithin unsern intellektuellen und moralischen Wert ganz und gar problematisch läßt, so ist er doch die notwendige Bedingung, unter welcher allein wir zu einer Einsicht und zu einer Gesinnung gelangen können. Mit einem Wort: es gibt keinen andern Weg, den sinnlichen Menschen vernünftig zu machen, als daß man denselben zuvor ästhetisch macht. (641)

Trotz seiner Parteinahme für Kants Konzeption von moralischem Wert unterscheidet sich Schiller von ihm in der Auffassung, wie sich Individuen zu moralischen Akteuren entwickeln können. Schiller zufolge kann jemand nur dann zu einem moralischen Akteur werden, wenn er zuvor eine ästhetische Erziehung durchläuft. Auch wenn die *Briefe* unterschiedlich interpretiert und etwa als Schritt zwischen Kant und Hegel (so Henrich) oder als frühe Diagnose einer Entzweiungsstruktur der Moderne (so Habermas) betrachtet wurden, sollte die zentrale These Schillers nicht aus dem Blick geraten: Nach Schiller kann das Schöne bewirken, dass das von Kant formulierte Moralprinzip allgemein befolgt wird. Allerdings stützt sich Schiller dabei auf ein Verständnis des Schönen, das mit dem Kants nicht zu vereinbaren ist.

---

4 Ein Hindernis für diese Interpretation ist nur vordergründig: Nach den *Kallias-Briefen* besitzt das Schöne nur nach einer Analogie Freiheit, wobei es „bloß darauf ankommt, daß ein Gegenstand frei erscheine, nicht wirklich ist" (SW V, 400). Dennoch glaubt Schiller, ein objektives Prinzip des Schönen vorgestellt und Freiheit in den erfahrbaren Eigenschaften des Objekts verankert zu haben (vgl. ebd., 403). Als Lösung schwebt ihm eine Irrtumstheorie vor, nach der wir Gegenstände als selbstbestimmt wahrzunehmen gezwungen sind, die in Wirklichkeit nicht selbstbestimmt sind. In den *Briefen* dagegen bereinigt Schiller seine Position und geht davon aus, dass die schöne Kunst eine sinnlich wahrnehmbare Instantiierung und keine Projektion von Freiheit darstellt.

5 In der Methodenlehre der *Kritik der praktischen Vernunft* etwa bezieht sich Kant auf historische Beispiele als Mittel der moralischen Erziehung (vgl. AA V, bes. 152–157).

Literatur

Beiser, Frederick 2005: Schiller as Philosopher. A Re-examination, Oxford/New York.
Frank, Manfred 1989: Einführung in die frühromantische Ästhetik. Vorlesungen, Frankfurt/M.
Guyer, Paul 1993: Duty and Inclination, in: ders., Kant and the Experience of Freedom, Cambridge/New York, 335–393.
— 1997: Kant and the Claims of Taste. 2nd Edition, Cambridge/New York.
— 2005: The Symbols of Freedom in Kant's Aesthetics, in: ders., Values of Beauty. Historical Essays in Aesthetics, Cambridge/New York, 222–241.
— 2006: The Ideal of Beauty and the Necessity of Grace. Kant and Schiller on Ethics and Aesthetics, in: Walter Hinderer (Hrsg.), Friedrich Schiller und der Weg in die Moderne, Würzburg, 187–204.
Höffe, Otfried 2012: Kants Kritik der praktischen Vernunft. Eine Philosophie der Freiheit. München.
Recki, Birgit 2001: Ästhetik der Sitten. Die Affinität von ästhetischem Gefühl und praktischer Vernunft bei Kant, Frankfurt/M.
Schiller, Friedrich 2000: Briefe an den Prinzen Friedrich Christian von Schleswig-Holstein-Sonderburg-Augustenburg (Februar bis Dezember 1793), in: ders., Über die ästhetische Erziehung des Menschen, hrsg. von Klaus L. Berghahn, Stuttgart, 125–192.

Gideon Stiening
4 „Der Versuch eines mündig gewordenen Volks". Schillers allgemeine und besondere Revolutionstheorie

(Briefe 2 und 3)

4.1 ‚Unzeitgemäße Betrachtungen' zur Französischen Revolution

Nach der im 1. Brief vorgestellten Thematik des Ganzen, nämlich einer „Untersuchung über das *Schöne und die Kunst*" und dem Bekenntnis zur Grundlegung der Abhandlung in kantischen Prinzipien, sowie vor dem Beginn der Ausführungen zu den eigenen anthropologischen Grundlagen ab dem 4. Brief, scheint Schiller im 2. Brief ein Legitimationsproblem bei der Beschäftigung mit seinem Gegenstand, der Ästhetik, zu bedrängen:

> Ist es nicht wenigstens außer der Zeit, sich nach einem Grundbuch für die ästhetische Welt umzusehen, da die Angelegenheiten der moralischen ein soviel näheres Interesse darbieten und der philosophische Untersuchungsgeist durch die Zeitrumstände so nachdrücklich aufgefordert wird, sich mit dem vollkommensten aller Kunstwerke, mit dem Bau einer wahren politischen Freiheit zu beschäftigen? (571f.)

Im Jahre 1794, fünf Jahre nach dem Ausbruch der Französischen Revolution, und damit im Jahre II nach neuerer französischer Zählung,[1] scheint eine wissenschaftliche Beschäftigung mit den Gesetzen und den Regeln des Schönen und der Kunst unzeitgemäß, wenigstens aber einer gesonderten Begründung zu bedürfen. Das Ziel des ‚Baues an der wahren politischen Freiheit' scheint alle Musen zum Schweigen zu bringen. Schiller verschärft das Problem noch, indem er es erweitert: Keineswegs ist sein ausschließlicher Bezug auf die unmittelbaren „Zeitumstände", nämlich auf die Ereignisse in Frankreich nach 1789 gerichtet. Vielmehr erstreckt sich diese Zeit, auf die der einzelne als „Zeitbürger" durch „Pflicht" verbunden sein sollte, auf das ganze Jahrhundert – und damit jenes Zeitalter, das

---

[1] Siehe hierzu Furet/Ozouf 1996, II, 754–768.

Kant 1783 als ein solches der Aufklärung, wenn auch nicht als ein aufgeklärtes bestimmt hatte.²

Die „Zeitbürger", jene Personen also, die sich mit ihrem Zeitalter auseinandersetzen, reflektieren nach Schiller aus politischer Pflicht auf Bedürfnis und Geschmack des Jahrhunderts, und zwar im Rahmen ihrer alltäglichen Beschäftigungen. Diese Bedürfnisse und jener Geschmack des Zeitalters (der Aufklärung) können aber „der Kunst" nicht eben wohlgesonnen sein. Dabei ist allerdings zu berücksichtigen, dass sich Schiller schon an dieser Stelle nicht auf jede schöne Kunst bezieht, sondern eine ihrer spezifischen Ausprägung meint: „Der Lauf der Begebenheiten hat dem Genius der Zeit eine Richtung gegeben, die sich je mehr und mehr von der *Kunst des Ideals* zu entfernen droht" (572; Hvhb. von mir).

Allerdings ist die Formel von der ‚Kunst des Ideals' nicht leicht zu entschlüsseln; meint Schiller eine Kunst als intellektuelle teché, sich erkennend und handelnd an Idealen auszurichten, oder meint er jene Form idealistischer Kunst, die Büchner einige Jahrzehnte später als zwar typisch schillersch, gleichwohl als unmenschlich verwerfen wird, weil für den Vormärz-Dichter die Kunst den Menschen nicht zeigen dürfe, wie er sein soll, sondern wie er ist.³ Schiller führt jedoch im unmittelbaren Anschluss selber aus:

> Diese [d. i. die Kunst des Ideals] muß die Wirklichkeit verlassen, und sich mit anständiger Kühnheit über das Bedürfnis erheben; denn die Kunst ist eine Tochter der Freiheit, und von der Notwendigkeit der Geister nicht von der Notdurft der Materie will sie ihre Vorschrift empfangen. (572)

Tatsächlich geht es dem Autor also um eine Kunst als ars, die sich nicht an der Wirklichkeit, sondern an einer aus der Freiheit gewonnenen praktischen Vernunft, jener „Notwendigkeit der Geister", orientiert und entwickelt. Es ist aber diese an den Idealen der praktischen Vernunft ausgerichtete Kunst, nach Schiller *die* Kunst überhaupt, die durch das ‚Bedürfnis und den Geschmack des Zeitalters' der Aufklärung gefährdet ist:

> Jetzt aber herrscht das Bedürfnis und beugt die gesunkene Menschheit unter sein tyrannisches Joch. Der *Nutzen* ist das große Idol der Zeit, dem alle Kräfte fronen und alle Talente huldigen sollen. Auf dieser groben Waage hat das geistige Verdienst der Kunst kein Gewicht, und, aller Aufmunterung beraubt, verschwindet sie von dem lärmenden Markt des Jahrhunderts. Selbst der philosophische Untersuchungsgeist entreißt der Einbildungskraft eine Provinz nach der andern, und die Grenzen der Kunst verengen sich, je mehr die Wissenschaft ihre Schranken erweitert. (572)

---

2 Kant, Was ist Aufklärung, AA VIII, 40.
3 Brief an die Eltern vom 28. Juli 1835, in: Büchner 1994/99, II, 410.

Zwei Tendenzen des Zeitalters macht Schiller dafür verantwortlich, dass die Kunst des Ideals an Geltung und Bedeutung verliert: Die Verallgemeinerung des Nutzenkalküls und die Ausweitung der Wissenschaften, kurz: Ökonomisierung und Rationalisierung der modernen Lebenswelten. Tatsächlich spricht Schiller anschließend vom „Weltmann" und vom „Philosophen" als Symbol- und Leitfiguren dieser Entwicklung.

Deren Interessen, schon grundsätzlich nicht der Kunst zugetan, richten sich in der Gegenwart der 1790er Jahre aber verstärkt auf den „politischen Schauplatz", also nach Paris. Ausdrücklich hält der Briefschreiber fest, dass dieses Interesse vollkommen zu Recht verfolgt wird, würde auf diesem Schauplatz doch das Schicksal der Menschheit entschieden, was jeden „Menschen" und jeden „Selbstdenker" interessieren müsse:

> So nahe dieser große Rechtshandel, seines Inhalts und seiner Folgen wegen, jeden, der sich Mensch nennt, angeht, so sehr muß er, seiner Behandlungsart wegen, jeden Selbstdenker insbesondere interessieren. Eine Frage, welche sonst nur durch das blinde Recht des Stärkern beantwortet wurde, ist nun, wie es scheint, vor dem Richterstuhl reiner Vernunft anhängig gemacht, und wer nur immer fähig ist, sich in das Zentrum des Ganzen zu versetzen und sein Individuum zur Gattung zu steigern, darf sich als einen Beisitzer jenes Vernunftgerichts betrachten, sowie er als Mensch und Weltbürger zugleich Partei ist und näher oder entfernter in den Erfolg sich verwickelt sieht. Es ist also nicht bloß seine eigene Sache, die in diesem großen Rechtshandel zur Entscheidung kommt; es soll auch nach Gesetzen gesprochen werden, die er als vernünftiger Geist selbst zu diktieren fähig und berechtigt ist. (572f.)

Zweimal bezeichnet Schiller die politischen Vorgänge in Frankreich als „großen Rechtshandel", also als ein Gerichtsverfahren, das allerdings wegen seiner historischen Bedeutung und wegen der „Verfahrensart" als ein besonderes ausgewiesen wird, weshalb es jeden Selbstdenker, also jeden Aufklärer,[4] unmittelbar angehen müsse.[5] Denn anders als in den bisherigen politischen Rechtshändeln der Menschheit – die Schiller als Historiker gut kannte – ist nicht die Natur und deren „Recht des Stärkeren" (573) Richterin und Gesetzgeberin, sondern es ist der „Richterstuhl reiner Vernunft", der über die politische Kontroverse entscheidet. Weil also keineswegs die formelle Auctoritas der Stärke, sondern die materiale Veritas der praktischen Vernunft in diesem politischen Rechtshandel die Entscheidungsinstanz ausmacht, kann *jedes* – und nicht nur das stärkere – Individuum, sobald es sich durch die Verwendung seiner Vernunft als Gattungswesen realisiert, an diesem „Prozess" als „Beisitzer" teilhaben. Zugleich ist jeder ver-

---
4 Vgl. hierzu Kant, Was heißt: Sich im Denken orientieren?, AA VIII, 146.
5 So auch Nilges 2012, 171.

nünftige Einzelne als Mensch und Weltbürger nach Schiller „Partei" – für die „politische Freiheit", d. h. für den bürgerlichen Verfassungsstaat – und kann diese eigenen Interessen mit den Mitteln der praktischen Vernunft vertreten.

Schillers zugleich rechtspolitische und metaphorisierte Bezugnahme auf die Ereignisse in Frankreich ist durchaus bemerkenswert, gilt er doch ob der Erfahrungen der Terreur als strikter Gegner der Revolution.[6] Die Verwirklichung eines Staates der Vernunft, nach Schiller – wie sich zeigen wird – ein solcher, der nicht nur rechtlich fundiert ist, sondern auch für die moralische Gesinnung seiner Untertanen Sorge trägt, scheint ihm auch noch im November 1794,[7] also einige Monate nach Beendigung der Terrorherrschaft im Juli 1794, zumindest das Ziel der Bestrebungen in Frankreich. Auch wenn er die *Mittel* der politischen Revolution ablehnt, so bleibt doch das *Ziel* der politischen Prozesse in Frankreich, die Freiheit, für Schiller gültig.[8]

Erst vor dem Hintergrund dieser Position des Briefschreibers wird ersichtlich, warum er bekundet, dass es eine große Versuchung für ihn darstelle, mit dem als „geistreichen Denker" und „liberalen Weltbürger" bezeichneten Adressaten über einen politischen „Gegenstand" zu debattieren. Ausdrücklich hält Schiller aber fest, dass er dieser verlockenden Aussicht auf einen unmittelbar politischen Diskurs widersteht, weil er einen notwendigen Umweg über die Ästhetik zu wählen beabsichtigt, der nicht *allein* dem Eigeninteresse des Künstlers geschuldet sei, sondern *auch* guten, nämlich ‚grundsätzlichen' Argumenten:

> Daß ich dieser reizenden Versuchung widerstehe und die Schönheit der Freiheit vorangehen lasse, glaube ich nicht bloß mit meiner Neigung entschuldigen, sondern durch Grundsätze rechtfertigen zu können. Ich hoffe, Sie zu überzeugen, daß diese Materie weit weniger dem Bedürfnis als dem Geschmack des Zeitalters fremd ist; ja, daß man, um jenes politische Problem in der Erfahrung zu lösen, durch das ästhetische den Weg nehmen muß, weil es die Schönheit ist, durch welche man zu der Freiheit wandert. (573)

Schiller führt an dieser berühmten Passage aus – keineswegs begründet er schon tatsächlich –, dass es nicht allein die subjektive Neigung des Künstlers, sondern dass es vor allem ein objektives Bedürfnis des Zeitalter sei, das zu einer grundsätzlichen Beschäftigung mit dem Schönen führe. Dabei deutet er an, dass dieses Bedürfnis des Zeitalters (der Aufklärung) darin bestünde, einen Vernunftstaat der Freiheit auch tatsächlich zu verwirklichen; nach Schillers eigentümlicher, an Kant

---

[6] Vgl. hierzu u. a Müller-Seidel 2009, 9 ff.
[7] Zur Datierung von Niederschrift und Publikation vgl. die anschaulichen Ausführungen bei Zelle 2011, 443 f.
[8] Zu Schillers Verständnis von Freiheit, die sich keineswegs kohärent auf den Begriff bringen lassen, vgl. Cassirer 1975, 284 f.

mehr angelehnter als diesem entsprechender Terminologie: „das politische Problem in der Erfahrung zu lösen". Die entscheidende These lautet dabei, dass dieses politische Problem letztlich nur mithilfe einer spezifischen Beschäftigung mit dem Schönen zu lösen sei. Den Freistaat erreicht der Mensch nur auf dem Umweg über eine Ausprägung seines Sinnes für das Schöne. Vor dem Hintergrund dieser mehr für einen heutigen Leser als für einen mit den unterschiedlichsten praktischen Zielen der Kunst vertrauten Zeitgenossen des 18. Jahrhunderts wird auch verständlich, dass sich der Briefschreiber keineswegs unmittelbar mit den politischen Begebenheiten und Bedingungen der Zeit, also der Französischen Revolution, beschäftigen will.

Eine Reflexion auf die Schönheit und deren Bedeutung für die Errichtung eines Freistaates ist nach Schiller *politisch* überzeugender als jeder unmittelbare Aktionismus. Erkennbar ist diese Revolutionskritik subtiler als die Friedrich Gentzens,[9] aber Schillers Haltung bleibt gegenüber den revolutionären Verfahren der Durchsetzung eines Vernunftstaates kritisch.[10]

Schiller deutet in diesem zweiten Brief nur an, dass seine „Untersuchung über das Schöne und die Kunst" aus seiner Sicht tief in die die frühen 1790er Jahren europaweit dominierenden Debatten über die politischen Vorgänge in Frankreich eingebunden ist. Es soll keineswegs der Eskapismus des Literaten, es soll der Pragmatismus des vernünftigen Politikers sein, der zu einer ästhetischen Untersuchung drängt.[11] Dass er dabei den sozio- und ideenpolitischen Bedingungen und tatsächlichen Vorgängen im Paris der 1790er Jahre[12] nicht gerecht wird, bedarf kaum der Erwähnung.

Um dieses Bedingungsverhältnis von Schönheit und Politik näherhin begründen zu können, muss Schiller zunächst die vernünftigen Grundsätze einer politischen Gesetzgebung, d. h. seiner politischen Theorie, skizzieren; diese Skizze soll der 3. Brief ausführen.

---

9 Vgl. Gentz 1793, II, 183: „Der Philosoph formt Systeme, der Pöbel schmiedet Mordgewehre daraus. Es kann kein schrecklicher Schwerdth in den Händen eines ungebildeten Menschen geben, als ein allgemeine Princip."
10 Deutlicher hat Schiller seine auch affektive Abneigung gegen die Vorgänge in Frankreich in den 1793 verfassten ‚Briefen an den Augustenburger' zum Ausdruck gebracht, wenn er schreibt: „Der Versuch des Französischen Volks, sich in seine heiligen Menschenrechte einzusetzen, und eine politische Freiheit zu erringen, hat bloß das Unvermögen und die Unwürdigkeit desselben an den Tag gebracht, und nicht nur dieses unglückliche Volk, sondern mit ihm einen Teil Europens, und ein ganzes Jahrhundert, in Barbarey und Knechtschaft zurückgeschleudert" (Schiller 2000, 137).
11 Insofern ist gerade an dieser Stelle der Argumentation von einer Grundlegung der Autonomieästhetik nichts zu entdecken.
12 Vgl. hierzu nur Israel 2017.

4.2 Vom Naturstaat zum sittlichen Staat

Um die politische Konzeption dieses anschließenden Grundlegungsbriefs zu verstehen, muss man erkennen, dass Schiller weitgehend konsequent zwischen Natur und Freiheit, zwischen Mensch und Staat sowie zwischen Naturstaat bzw. „Notstaat" und sittlichem Staat unterscheidet. Diese Distinktionen bemüht Schiller, um die Genealogie einer mehrstufigen Staatlichkeit des Menschen zu entwerfen, wobei Staat und Gesellschaft nicht – wie etwa bei Kant – unterschieden werden.

Schiller entwirft in der Folge mithilfe dieser begrifflichen Unterscheidungen eine – nun allerdings an Kants geschichtsphilosophische Überlegungen aus dem *Muthmasslichen Anfang der Menschheitsgeschichte* in eigentümlicher Weise angelehnte – Entwicklungsgeschichte des Menschen von einer natürlichen zu einer freien Existenz:

> Die Natur fängt mit dem Menschen nicht besser an als mit ihren übrigen Werken: Sie handelt für ihn, wo er als freie Intelligenz noch nicht selbst handeln kann. Aber eben das macht ihn zum Menschen, daß er bei dem nicht stillsteht, was die bloße Natur aus ihm machte, sondern die Fähigkeit besitzt, die Schritte, welche jene mit ihm antizipierte, durch Vernunft wieder rückwärts zu tun, das Werk der Not in ein Werk seiner freien Wahl umzuschaffen und die physische Notwendigkeit zu einer moralischen zu erheben. (573 f.)

Wie für Kant entwickelt sich der Mensch auch für Schiller notwendig aus dem ihm zum Überleben zunächst erforderlichen „Gängelwagen des Instinkts zur Leitung der Vernunft",[13] zur Freiheit der Entscheidung. Dieser Vorgang ist für Schiller aber keineswegs – wie für Kant – eine jubelnde Fortschrittsgeschichte, er ist vielmehr als Rückschritt *und* Fortschritt gedacht, weil zunächst die durch Naturnotwendigkeit hervorgegangenen Errungenschaften des Menschen rückgängig gemacht werden müssen, um ihm ein Handeln aus Freiheit zu ermöglichen.

Diese Schiller eigentümliche Vorstellung von Natur und Freiheit als sich streng ausschließenden und zugleich handlungsleitenden Instanzen des Menschen zielt vor allem auf seine im Folgenden entwickelten Ansichten von der menschlichen Vergemeinschaftung. Denn noch bevor der Mensch aus seinem „sinnlichen Schlummer", jenem ‚Gängelwagen des Instinkts' erwacht, ist es für ihn notwendig, sich zu vergemeinschaften. Schiller führt diese Notwendigkeit nicht aus; entscheidend ist allerdings, dass er mit seinem Bild von dem zu seiner freien Intelligenz erwachenden Menschen sowohl phylogenetische als auch ontogenetische Implikationen verbindet: Sowohl der einzelne Mensch als auch

---

13 AA VIII, 115.

die Menschheit erwachen zu einem bestimmten Zeitpunkt notwendig aus ihrem sinnlichen Schlummer und finden sich unter gleichsam naturwüchsig gesellschaftlichen Lebensbedingungen:

> Er kommt zu sich aus seinem sinnlichen Schlummer, erkennt sich als Mensch, blickt um sich her und findet sich – in dem Staat. Der Zwang der Bedürfnisse warf ihn hinein, ehe er in seiner Freiheit diesen Stand wählen konnte; die Not richtete denselben nach bloßen Naturgesetzen ein, ehe er es nach Vernunftgesetzen konnte. (573)

Diese natürliche Vorgängigkeit der menschlichen Vergemeinschaftung vor dem Erwachen seiner Rationalität und Freiheit gilt aber für den einzelnen Menschen ebenso wie für die mit einem appetitus societatis ausgestattete Menschheit. Menschen sind also je schon und damit vor aller freien Intelligenz Untertanen eines Staates. Schiller sieht diese natürliche Staatlichkeit verursacht im „Zwang des Bedürfnisses" oder in der „Not [...] nach bloßen Naturgesetzen" zu leben. Die Frage also, wie dieser Staat organisiert ist, entzieht sich grundsätzlich der freien Entscheidung des Einzelnen und der Menschheit, weil er von der blinden Notwendigkeit der Natur, mithin der *natürlichen* Selbsterhaltung und der – für Schiller offenbar daraus folgenden – *natürlichen* Geselligkeit konstituiert wurde.[14] An dieser Stelle der Argumentation wirkt sich schon deutlich Schillers Anthropologie aus, nach der der Mensch gleichzeitig und doch streng getrennt durch Natur und durch Freiheit geprägt wird:

> Aber mit diesem Notstaat, der nur aus seiner Naturbestimmung hervorgegangen und auch nur auf diese berechnet war, konnte und kann er als moralische Person nicht zufrieden sein [...]. Er verläßt also, mit demselben Rechte, womit er Mensch ist, die Herrschaft einer blinden Notwendigkeit, wie er in so vielen andern Stücken durch seine Freiheit von ihr scheidet, wie er, um nur ein Beispiel zu geben, den gemeinen Charakter, den das Bedürfnis der Geschlechtsliebe aufdrückte, durch Sittlichkeit auslöscht und durch Schönheit veredelt. (574)

Nach Schiller hat der Mensch also nicht nur die Möglichkeit, bzw. eine allgemein praktische Notwendigkeit, er hat sogar das „Recht", den Zustand natürlicher Vergemeinschaftung zu verlassen, um sie durch eine nach den Gesetzen der Freiheit organisierte Societas zu ersetzen. Dieses Recht kommt dem Menschen als einer „moralischen Person" zu, also einer solchen, die nach Freiheitsgesetzen

---

14 Damit wird Geselligkeit – ganz stoisch – als Moment der Selbsterhaltung interpretiert, vgl. hierzu auch Cicero 1995, 22 f.

handeln kann.¹⁵ Aufschlussreich ist in diesem Zusammenhang Schillers Beispiel der Ehe, weil nicht nur deutlich wird, dass er zwischen unvollkommenen und vollkommenen Gemeinschaften nicht unterscheidet, sondern auch, was er unter einer Gemeinschaft aus Freiheit versteht: Denn die durch freie Wahl und eine legitimierende Instanz realisierte eheliche Gemeinschaft kann den „gemeinen" und d. h. hier den des Menschen als freies Wesen unwürdigen Charakter der Sexualität als tierischer Begierde aufheben. Die eheliche Gemeinschaft zwischen Mann und Frau beendet also nicht deren Sexualität, sie hebt allerdings deren rein natürlichen Status auf. Bemerkenswert ist Schillers Ergänzung, dass diese Gemeinschaft durch Schönheit veredelt würde, was auf der Grundlage der bisherigen Argumentation nur schwer zu erläutern ist: Schiller meint wohl, dass durch das Verständnis von Schönheit, die, wie sich im Folgenden zeigen wird, mehr der Frau als dem Mann zuzuschreiben ist, jede Sexualität zwischen den Ehepartner nobilitiert, d. h. der rein natürlichen, subjektiven Bedürfnisbefriedung entzogen würde. Im Hintergrund dieser These steht das schon in *Anmut und Würde* entworfene, in den *Briefen* aber erst an späterer Stelle dargelegte Verständnis Schillers von der Anmut bzw. der bewegenden Schönheit als Ausdruck moralischer Gesinnung. Wird solche Schönheit aber begehrt, so zielt diese Begierde nicht auf die – nach Schiller – tierische Körperlichkeit, sondern auf den in ihr verkörperten moralischen Charakter.

Das von Schiller also konstatierte Recht auf das Verlassen des Not- bzw. Naturstaates realisiert sich zunächst in dem Entwurf einer Naturzustandstheorie, die den Zweck staatlicher Vergemeinschaftung gemäß der erwachten und somit auch erkannten Freiheit des Menschen neu formuliert:

> So [...] bildet er sich einen Naturstand in der Idee, der ihm zwar durch keine Erfahrung gegeben, aber durch seine Vernunftbestimmung notwendig gesetzt ist, leiht sich in diesem idealischen Stand einen Endzweck, den er in seinem wirklichen Naturstand nicht kannte, und eine Wahl, deren er damals nicht fähig war, und verfährt nun nicht anders, als ob er von vorn anfinge und den Stand der Unabhängigkeit aus heller Einsicht und freiem Entschluss mit dem Stand der Verträge vertauschte. (574)

Schiller stellt sich, anders als Wieland, Rousseau oder Herder, in die Tradition der seit Hobbes geltenden Theorie eines Naturzustands als einer rechtslogischen Fiktion, als „ideal des Hobbes", wie Kant festhielt.¹⁶ Die Entstehung dieser

---

15 Insofern ist der Prozess des Übergangs vom Not- zum Vernunftstaat keineswegs ein *natürlicher* und notwendiger Gang der Menschheitsgeschichte.
16 Vgl. AA XIX, 99 f.

Theorie hält er gar für ein notwendiges Element der menschlichen Bemühungen, den natürlichen, d. h. vorvernünftigen Naturstaat zu überwinden. Denn den nur gedachten Naturzustand der „Unabhängigkeit" von staatlichem Zwang soll der Mensch durch Erkenntnis und freien Willen verlassen und in einen Gesellschaftszustand, mit Pufendorf: in einen „Stand der Verträge" übertreten.[17]

Das exeundum e statu naturali, der Ausgang aus jener rechtslogischen Fiktion eines Naturzustandes, ist bei Schiller also ein überzeugendes Gedankenspiel der freien Intelligenz des Menschen zur Formulierung vernünftiger Staatszwecke und damit keine absolute Rechtspflicht, wie für Kant.[18] Für Schiller kommt dem Menschen vielmehr ein absolutes Recht zu, einen nach den Rechten des Stärkeren entstandenen Naturstaat durch einen aus Freiheit gewählten und organisierten sittlichen Staat zu ersetzen. Damit hat Schiller – anders als Kant – durchaus eine grundlegende Staatsumwälzung legitimiert, und zwar als ein Recht des seiner Natur nach freien Menschen:

> Auf diese Art entsteht und rechtfertigt sich der Versuch eines mündig gewordenen Volks, seinen Naturstaat in einen sittlichen umzuformen. (574)

4.3 Anarchie als Gefahr des Übergangs

Der für den Menschen legitime Übergang vom absolutistischen Naturstaat zum bürgerlichen Vernunftstaat ist nach Schiller allerdings mit einem erheblichen Problem behaftet, dessen Exposition wie folgt formuliert wird:

> Dieser Naturstaat (wie jeder politische Körper heißen kann, der seine Einrichtung ursprünglich von Kräften, nicht von Gesetzen ableitet) widerspricht nun zwar dem moralischen Menschen, dem die bloße Gesetzmäßigkeit zum Gesetz dienen soll; aber er ist doch gerade hinreichend für den physischen Menschen, der sich nur darum Gesetze gibt, um sich mit Kräften abzufinden. Nun ist aber der physische Mensch wirklich, und der sittliche nur problematisch. Hebt also die Vernunft den Naturstaat auf, wie sie notwendig muß, wenn sie den ihrigen an die Stelle setzen will, so wagt sie den physischen und wirklichen Menschen an den problematischen sittlichen, so wagt sie die Existenz der Gesellschaft an ein bloß mögliches (wenn gleich moralisch notwendiges) Ideal von Gesellschaft. (575)

---

17 Insofern unterscheidet Schiller keineswegs einen „wirklichen" von einen „Naturzustand in der Idee", sondern einen realen Naturstaat von einer Naturzustandsfiktion, die als Theorie eine Funktion in der Erkenntnis des Vernunftstaates innehat.
18 Vgl. AA XIX, 99f.

Zunächst sei noch einmal darauf hingewiesen, dass für Schiller das Verbleiben im Naturzustand nicht etwa – wie für Hobbes oder Kant[19] – einen Widerspruch bedeutet, sondern das Leben des moralischen Menschen im Natur*staat* (nicht im Naturzustand), d. h. in jenem, den er nicht frei gewählt hat, widersprüchlich ist. Darüber hinaus wird ersichtlich, dass Schiller diesen Staat als Produkt kausaler Naturkräfte begreift, der folglich jeder Normativität entbehren muss. Zugleich referiert Schiller erneut auf die Instanz eines physischen Menschen, der eines Staates überhaupt, mithin im wenigsten eines Naturstaates bedarf, um sich der Kräfte der Natur zu erwehren, d. h. überleben zu können. Erneut ist zu erkennen, dass Schiller den Staat als Inbegriff aller Vergemeinschaftung schon zu den Eigenschaften des natürlichen Menschen rechnet.

Erst jetzt aber stößt der Briefeschreiber endlich zum eigentlich Problem seiner politischen Theorie vor: Denn unter einer eigenwilligen Anwendung der Distinktionen zur Modalität der Urteile aus der *Kritik der reinen Vernunft*[20] zeichnet er nicht etwa ein Urteil über, sondern den physischen Menschen selbst als *wirklich* und den moralischen Menschen als nur *problematisch*, d. h. als nur möglich aus. Für Schiller ist folglich die aus der Natur entstandene, aus kausalen Kräften erwachsene Vergemeinschaftung *wirklich*, sie umgibt den Schreiber in seiner politischen Wirklichkeit. Der Vernunftstaat der Freiheit dagegen ist in dieser Situation nur *möglich*, auch wenn der Mensch als freie Intelligenz berechtigt und verpflichtet ist, dessen Wirklichkeit anzustreben.

Das entscheidende Problem ergibt sich allererst aus den Bedingungen jenes Ersetzungsprozesses: Denn um den sittlichen Staat als Bedingung der Möglichkeit des sittlichen Menschen wirklich werden zu lassen, muss er den Naturstaat ‚aufheben', wie Schiller sagt, d. h. seine Existenz beenden. Im Moment aber dieses Übergangs vom Naturstaat zum sittlichen Staat – Schiller denkt hier an Formen revolutionärer Umschwünge – ist Staatlichkeit überhaupt gefährdet. In der erneut sichtbaren Ununterschiedenheit von Staat und Gesellschaft spricht der Autor von der Gefährdung der „Existenz der Gesellschaft" durch ein „Ideal von Gesellschaft". Zwar betont er nochmals ausdrücklich, dass dieses Ideal moralisch, d. h. hier vernunftpraktisch, notwendig sei; zugleich besteht die Gefahr, in einen Status extra societatem zu verfallen, der für Schiller mit Anarchie gleichzusetzen ist.[21] Mit diesem Modell von gefahrenvoller Transformation von Staat bzw. Gesellschaft liefert Schiller seine Interpretation der Französischen Revolution, wobei

---

19 Vgl. hierzu Hobbes 2017, 68 f./69 f. und AA VIII, 289.
20 KrV B 100: „Problematische Urteile, wo man das Bejahen oder verneinen als bloß möglich (beliebig) annimmt. Assertorische, da es als wirklich (wahr) betrachtet wird."
21 Auch für Kant ist diese Gefahr des „Zustands einer völligen Gesetzlosigkeit" (AA VIII, 301) das entscheidende Argument für sein Verbot jeder Revolution.

er deutlich signalisiert – und auch später noch mit Nachdruck darauf verweist[22] –, dass solcherart Anarchie gefährlicher sei als das Verbleiben im Naturstaat.[23] Denn im Zustand der Anarchie sinkt der Mensch noch unter den Status der „Tierheit", weil er sich selbst der natürlichen Instrumente der Selbsterhaltung benähme und weil in diesem Zustand auch jegliche moralische Gesinnung zerstört wäre. Mit einem berühmt gewordenen Bild hält er diese Problemlage fest:

> Ehe er Zeit gehabt hätte, sich mit seinem Willen an dem Gesetz festzuhalten, hätte sie unter seinen Füßen die Leiter der Natur weggezogen. (575)

Mit diesem zugleich allgemeinen und doch zeitgenössisch kontextualisierten Problemaufriss hat Schiller aber zugleich einen Lösungsweg ermöglicht, der eine Transformation des Naturstaates in den Vernunftstaat Wirklichkeit werden lassen soll, ohne die Menschheit der Gefahr anarchistischer Zustände auszusetzen:

> Das große Bedenken also ist, daß die physische Gesellschaft in der Zeit keinen Augenblick aufhören darf, indem die moralische in der Idee sich bildet, daß um der Würde des Menschen willen seine Existenz nicht in Gefahr geraten darf. Wenn der Künstler an einem Uhrwerk zu bessern hat, so läßt er die Räder ablaufen; aber das lebendige Uhrwerk des Staats muß gebessert werden, indem es schlägt, und hier gilt es, das rollende Rad während seines Umschwunges auszutauschen. Man muß also für die Fortdauer der Gesellschaft eine Stütze aufsuchen, die sie von dem Naturstaat, den man auflösen will, unabhängig macht. (575)

Alle Versuche also einer dem Menschen als Pflicht aufgegebenen Transformation des Naturstaates in den Vernunftstaat durch politische Aufhebung des ersteren, d. h. durch politische Revolution, müssen nach Schiller zur Vermeidung der Anarchie unterlassen werden. Der Naturstaat darf „keinen Augenblick aufhören", d. h. jede Absetzung oder Vertreibung staatlicher Institutionen und deren Amtsinhaber, für Schiller zumeist identisch mit dem Gesetzgeber,[24] durch Volksmassen und deren Vertreter muss verhindert werden, um die Existenz von Staat bzw. Gesellschaft und damit des einzelnen Menschen nicht zu gefährden.

Anders als für Kant, der jede Revolution dann für legitim hält, wenn sie erfolgreich in der Neukonstitution staatlich garantierter Herrschaft des Rechts ausfällt,[25] ist nach Schiller – bei allem Interesse an den Zielen der Politik in

---

22 Gemeint ist hiermit natürlich das „Lied von der Glocke" (I, 429–442, spez. 435 ff.).
23 Dass auch und vor allem diese Interpretation der staatsrechtlichen Vorgänge in Frankreich den Realitäten nicht gerecht wird, lässt sich nachlesen bei Israel 2017, 88 ff. und 395 ff.
24 Die stete Identifizierung von Herrscher und Gesetzgeber weist darauf hin, dass es in Schillers politischer Theorie keine ausgeführte Gewaltenteilung gibt.
25 AA VII, 85.

Frankreich nach 1789 – jede revolutionäre Umwälzung deshalb zu verurteilen, weil sie Mensch und Gesellschaft in ihrer Existenz gefährdet.

4.4 Kunst als Brücke – Reformen statt Revolutionen

Dennoch hält Schiller an der moralisch-praktischen Notwendigkeit der Errichtung eines Vernunftstaaten für jeden Menschen fest, sodass zunächst das Dilemma zu entstehen scheint, dass der Mensch die Gesellschaft ändern muss, und dies doch in einer revolutionären Form nicht darf, um sich selbst physisch und moralisch nicht zu gefährden. In Abgrenzung zum Mechaniker, der die Räder einer Uhr nur bearbeiten kann, wenn sie still stehen, muss der Mensch – und er muss es unbedingt – den Naturstaat in einen Vernunftstaat transformieren, ohne dessen Prozesse und Wirksamkeiten zu beenden. Schiller bedient sich für die Lösung dieses Problems des Bildes einer „Stütze", die zweierlei bewirken können soll: Zum einen lässt sie den Naturstaat in seiner Existenz unangetastet; zum anderen aber schränkt sie dessen Wirksamkeit ein, ja macht den Menschen gar von ihm „unabhängig".

Diese Unabhängigkeit stellt sich Schiller offenbar so vor, dass sie den Menschen weder in seiner physischen noch und vor allem in seiner moralischen Existenz gefährdet, weil er sich mithilfe jener bezeichneten „Stütze" von der Macht und Wirksamkeit des Naturstaates zu lösen vermag, ohne selbst seine „Tierheit" zu verlieren, also physisch und moralisch gesichert und stabil bleibt. Für diesen Transformationsvorgang vom Naturstaat in den Vernunftstaat ohne die Gefährdungen der Anarchie bedarf es nach Schiller aber eines besonderen Menschen, der weder nur auf seine tatsächlich physischen noch nur auf seine möglichen moralischen Befähigungen zurückgreift, es bedarf vielmehr eines Dritten:

> Diese Stütze findet sich nicht in dem natürlichen Charakter des Menschen, der, selbstsüchtig und gewalttätig, vielmehr auf Zerstörung als auf Erhaltung der Gesellschaft zielt; sie findet sich eben so wenig in seinem sittlichen Charakter, der, nach der Voraussetzung, erst gebildet werden soll, und auf den, weil er frei ist, und weil er nie erscheint, von dem Gesetzgeber nie gewirkt und nie mit Sicherheit gerechnet werden könnte. Es käme also darauf an, [...] einen dritten Charakter zu erzeugen, der, mit jenen beiden verwandt, von der Herrschaft bloßer Kräfte zu der Herrschaft der Gesetze einen Übergang bahnte und, ohne den moralischen Charakter an seiner Entwicklung zu verhindern, vielmehr zu einem sinnlichen Pfand der unsichtbaren Sittlichkeit diente. (575 f.)

Mit der unmerklich, d. h. hier nicht explizit begründeten Transformation des physischen und moralischen Menschen in „Charaktere", d. h. dominante Maximen der Handlungsausrichtung an Natur oder Freiheit, wird es für Schiller möglich, einen dritten Charakter zu postulieren – ohne eine tatsächlich dritte Seite am und damit einen neuen Menschen zu entwerfen. Dieser dritte Charakter soll eine Sinnlichkeit kultivieren, die nicht allein den Naturgesetzen der Selbsterhaltung ausgeliefert ist, und diese doch berücksichtigt. Mit der Einführung dieses dritten Charakters, der in der Natur, d. h. hier der Sinnlichkeit des Menschen, Bedingungen der Freiheit dergestalt schafft, dass die Ausprägung eines moralischen Charakters, also eines solchen, der sich nach den Gesetzen der Freiheit verhält, nicht nur nicht behindert, sondern gar befördert wird, sucht Schiller *einerseits* die Zwei-Reiche-Lehre Kants zu überwinden, ohne dieses Feld eines Dritten in seinem Geltungsstatus auf eine reflektierende Urteilskraft einzuschränken; tatsächlich sucht Schiller nach einer *Objektivität* des Schönen.[26] *Andererseits* bereitet er die Einführung dieser Schönheit und der Kunst in den Argumentationsgang vor,[27] die Schillers hier entworfene politische Anthropologie allererst vollendet.[28] Denn es soll die die Sinnlichkeit des Menschen affizierende, weil selbst sinnliche Kunst des Ideals sein,[29] die den physischen Menschen, d. h. seine Natur, so kultiviert, dass schon diese selbst dessen „moralischen Charakter" vorbereitet.

Schiller auferlegt damit der Kunst eine enorme Bürde; im Rahmen seiner Entstehungs- und Entwicklungsgeschichte des Staates, der zunächst gleichsam naturwüchsig die Selbsterhaltung garantiert, dabei aber die Einrichtung eines Vernunftstaates der Freiheit notwendig behindert, soll die Kunst einen Menschen „erziehen", der den Übergang in den Staat der Freiheit als eine Pflicht begreift, die die Gefahren eines Rückfalls in die Anarchie deshalb bannt, weil sie eine abrupte, revolutionäre Aufhebung des Naturstaates überflüssig macht.

Nicht nur die Geschichte von Staat, Gesellschaft und Kunst des 19. und 20. Jahrhunderts wird zeigen, dass die Kunst dieser Bürde nicht gewachsen ist; schon Schiller selber scheint spätestens nach dem 17. Brief zu der Überzeugung gelangt zu sein, dass der von ihm entworfene „ästhetische Staat" (667f.) jene Funktion, die er ihm für den Übergang vom Natur- in den Vernunftstaat hier zuschreibt, nicht zu erfüllen vermag.

---

26 Vgl. hierzu schon Henrich 1957, 535 ff.
27 Dass hier der „Keim von Schillers Ästhetik" zu finden ist, lässt sich nachlesen bei Höffe 2006.
28 Zur politischen Anthropologie Schillers vgl. Riedel 2013.
29 Siehe hierzu auch Beiser 2005, 62 ff.

Literatur

Beiser, Frederick 2005: Schiller as Philosopher. A Re-examination, Oxford/New York.
Büchner, Georg 1992/1999: Sämtliche Werke, Briefe und Dokumente, hrsg. von Henri Poschmann, 2 Bde., Frankfurt/M.
Cassirer, Ernst 1975: Freiheit und Form. Studien zur deutschen Geistesgeschichte. Darmstadt.
Cicero, Marcus Tullius 1995: De officiis. Vom pflichtgemäßen Handeln. Lateinisch und deutsch, übersetzt, kommentiert und hrsg. von Heinz Gunermann, Stuttgart.
Furet, François u. Mona Ozouf (Hrsg.) 1996: Kritisches Wörterbuch der Französischen Revolution, 2 Bde., Frankfurt/M.
Gentz, Friedrich 1793: Betrachtungen über die Französische Revolution. Nach dem Englischen des Herrn Burke neu bearbeitet mit einer Einleitung, Anmerkungen, politischen Abhandlungen, 2 Bde., Berlin.
Habermas, Jürgen 1985: Der philosophische Diskurs der Moderne, Frankfurt/M.
Henrich, Dieter 1957: Der Begriff der Schönheit in Schillers Ästhetik, in: Zeitschrift für philosophische Forschung 11, 527–547.
Höffe, Otfried 2006: „Gerne dien ich den Freunden, doch tue ich es leider mit Neigung ..." – Überwindet Schillers Gedanke der schönen Seele Kants Gegensatz von Pflicht und Neigung?, in: Zeitschrift für philosophische Forschung 60, 1–20.
Israel, Jonathan 2017: Die Französische Revolution. Ideen machen Politik, Stuttgart.
Müller-Seidel, Walter 2009: Friedrich Schiller und die Politik, München.
Riedel, Wolfgang 2013: Philosophie des Schönen als politische Anthropologie. Schillers Augustenburger Briefe und die Briefe über die ästhetische Erziehung des Menschen, in: Philosophical Readings 5, 118–171.
Schiller, Friedrich 2000: Briefe an den Prinzen Friedrich Christian von Schleswig-Holstein-Sonderburg-Augustenburg (Februar bis Dezember 1793), in: ders., Über die ästhetische Erziehung des Menschen, hrsg. von Klaus L. Berghahn, Stuttgart, 125–192.

Oliver Bach
5 Natur – Mensch – Staat. Zu Schillers ‚politischer Theorie'

(Briefe 4 bis 7)

5.1 Einleitung

Nachdem Schiller in den Briefen 1 bis 3 das Ziel des Übergangs vom „Notstaat" in den „Staat der Freiheit" entwickelt hat, stellt er in den Briefen 4 bis 7 Überlegungen über die Möglichkeiten an, dieses Ziel zu erreichen. Dabei geht es ihm nicht nur um die erforderlichen Mittel, sondern auch um die Bedingungen dieser Möglichkeit, mithin um Voraussetzungen des Menschen, diese Mittel aufbringen zu können. Da diese Möglichkeitsbedingungen nicht nur anthropologischer und historischer Natur sind, ist das Hauptanliegen der Briefe 4 bis 7 die Skizze einer politischen Theorie, die mit seiner ästhetischen Theorie, damit aber auch mit seiner Kulturkritik sowie seiner Sozial- und Geschichtsphilosophie in enger Verbindung steht.

Im *vierten Brief* entwickelt Schiller seine Vorstellung eines Menschen, der die Freiheit seines moralischen Wollens mit der Determination seiner Triebnatur harmonisiert, und zugleich die Idee eines Staates, der aufgrund dieser Harmonie auf äußeren Zwang verzichten kann. Daran anschließend vollzieht Schiller im *fünften Brief* eine Analyse seiner politischen Gegenwart, in deren Rahmen er das revolutionäre Frankreich zwar für seinen Impuls lobt, der Freiheit zur Geltung verhelfen zu wollen, es aber für die Überstürzung kritisiert, in welcher der ‚Notstaat' abgeschafft wurde. Im Anschluss stellt Schiller im *sechsten Brief* anhand der griechischen Antike anthropologische Überlegungen über die dem Menschen als Gattung zwar notwendige, ihm als Individuum jedoch abträgliche Ausdifferenzierung von Vernunft und Gefühl, theoretischer und praktischer Vernunft sowie über die Arbeitsteilung an. Im *siebten Brief* schlussfolgert Schiller, dass die Kluft zwischen theoretischer und praktischer Vernunft zum Zwecke der Harmonisierung des Menschen mit sich und der Gesellschaft nur durch eine Instanz geschlossen werden kann, die beide Felder synthetisiert und so die Freiheit mit der Notwendigkeit vermittelt.

5.2 Mensch und Staat – Mensch als Staat (Vierter Brief)

Im vierten Brief arbeitet Schiller für den Übergang vom Notstaat in den Staat der Freiheit substanziell praktische Probleme heraus. Denn „[b]ei der Aufstellung eines moralischen Staats wird auf das Sittengesetz als auf eine wirkende Kraft gerechnet, und der freie Wille wird in das Reich der Ursachen gezogen, wo alles mit strenger Notwendigkeit und Stetigkeit aneinanderhängt" (576). Schiller re-aktualisiert dasjenige Problem, das Kant mit der Einsicht in die Indifferenz inneren moralischen Wollens für das äußere rechtliche Handeln beseitigt hatte (Geismann 1982, 164): Die moralischen Einzelwillen müssen zur Erreichung des gemeinsamen „Endzwecks" in jener Weise übereinstimmen, wie sie der Entscheidungsfreiheit des Menschen unangemessen scheint. Es zeichnet sich folglich ein Widerspruch ab: Die Entscheidungsfreiheit ist notwendige Bedingung von Moralität überhaupt und zugleich soll der moralische Staat auf einem Sittengesetz gründen, dessen Bestimmungen eine Geltungsgewissheit für sich beanspruchen sollen, wie sie eigentlich nur im Feld der physischen Gesellschaft Geltung hat. Schiller weiß, dass an dieser Stelle seiner *Ästhetischen Erziehung* die moralische Gesellschaft ihren entscheidenden Unterschied zur physischen zu verlieren, sein moralischer Staat zu einer Not-*socialitas* zu werden droht, wie sie schon Samuel Pufendorf entworfen hatte.

Schiller muss folglich untersuchen, worin eine Gesetzmäßigkeit der Moral bestehen muss, um im Unterschied zur Willkür Notwendigkeit beanspruchen zu können, und zugleich im Unterschied zum Naturgesetz die Freiheit des Wollens nicht zu negieren. Schiller geht davon aus, dass der ursprüngliche Staat gleichsam durch Naturkausalität entstanden ist, die sich von der Moralität des freien Wollens seiner Untertanen substanziell unterscheidet (vgl. Dritter Brief, 574). Die entscheidende Voraussetzung aber für das Gelingen eines Übergangs und die Stabilität des Staats der Freiheit sieht Schiller in der gleichsam selbstverständlichen Ausrichtung des individuellen Wollens und Handelns am Sittengesetz. Kant dagegen hatte das Funktionieren des Staates als rechtlichen Zusammenhang zu begreifen versucht, der von moralischer Individualität unabhängig ist.

Schillers Auffassung führt ihn zu einer Auflösung jenes oben aufgerufenen praktischen Widerspruchs, die an Kants Auflösung der dritten Antinomie in der *Kritik der reinen Vernunft* erinnert: Solange „im Reich der Erscheinung" unentscheidbar ist, ob vermehrt natürlich-kausale oder persönlich-intentionale Ursachen das bewirken, was nach dem Sittengesetz bewirkt werden soll, ist notwendiger Weise die Wirkung *beider* anzunehmen, weil keine von beiden mit Notwendigkeit ausgeschlossen werden kann (576; vgl. KrV B 559 f.). Während Kant allerdings ein theoretisches Problem lösen will, ist es Schiller um ein gesellschaftspolitisch-praktisches zu tun – das Problem nämlich, dass der Mensch frei und notwendig handeln muss, um den Notstaat in einen moralischen Staat zu verwandeln – ohne eine Anarchie zu riskieren. Die Antwort besteht allerdings darin, dass die Gesellschaft funktioniert, solange die erforderlichen Ordnungsprinzipien wirken – seien sie determiniert, seien sie frei intendiert. Anstatt allerdings hieraus den Schluss auf die Indifferenz moralischer Individualität und rechtlicher Personalität zu ziehen – denn als solche begreift Schiller das äußere Zusammenleben schließlich nicht, sondern eben als Naturkausalität –, sucht er die Übereinstimmung jenes gleichsam naturgesetzlichen Instinkthandelns des Menschen mit seinem freien Wollen durch *Internalisierung* zu erzielen: Die nach einem äußeren Gesetz „verursachten" Handlungen des Menschen geraten genau dann mit seinem freien Wollen nicht in Konflikt, wenn er sie „frei" will – oder aber wenn er den durch Freiheit zu erlangenden Staat der Sittlichkeit natürlich anstrebt. Die Übereinstimmung von Sollen und Sein ist im Menschen als natürliches Potenzial angelegt: „Jeder Mensch, kann man sagen, trägt, der Anlage und Bestimmung nach, einen reinen idealischen Menschen in sich" (577). Das Verhältnis zwischen dem idealischen und dem empirischen Menschen, dem Menschen in der Idee und dem Menschen in der Zeit kann sich nach Schiller in zweierlei Weise realisieren: Entweder unterdrückt der reine Mensch den empirischen, was auf ein Ansehen subjektiver Interessen und Bedürfnisse für staatliche Zwecke hinausliefe, oder der Mensch in der Zeit erhebt sich zum Menschen in der Idee, was auf vergleichbare Phänomene hinausliefe, die allerdings freiwillig erfolgten.

Der reine Mensch wird folglich „repräsentiert durch den *Staat*" (577); der Idee nach sind sie also identisch. Der Staat ist in diesem Sinne „die objektive und gleichsam kanonische Form, in der sich die Mannigfaltigkeit der Subjekte zu vereinigen trachtet" (577). Damit wird die prästabilierte Disharmonie subjektiver Rechte nicht wie in der Tradition des *Contrat social* durch den *Begriff* der Freiheit aufgelöst, sodass jene *als* subjektive Rechte allererst Geltung erhielten (vgl. Geismann 1982, 174); vielmehr werden die subjektiven Rechte in einem objektiven Recht aufgehoben, durch das die prästabilierte Harmonie des „reinen Menschen" (wieder)hergestellt werden soll. Schiller beruft sich ausdrücklich auf die *Vorlesungen über die Bestimmung des Gelehrten* Johann Gottlieb Fichtes (577), in denen dieser das Übereinstimmen individueller Willen durch das Aufgehen ihrer subjektiven Rechte in *einem* objektiven Recht zu begründen suchte (FW VI, 299–306); 1813 wird Fichte in seiner *Staatslehre*, wie Schiller 20 Jahre zuvor, dieses Übereinstimmen gerade „durch die Kraft der allgemeinen Bildung" gewährleistet sehen (FW IV, 598). Weder Fichte noch Schiller möchten ihren moralischen Staat als äußere Diktatur verstanden wissen, die die Einzelinteressen unter ein gesetztes objektives Recht zwingt; vielmehr zielen sie auf die Vorstellung einer

Konfliktfreiheit dadurch ab, dass die Einzelnen je schon wollen, was sie sollen: Ihre *dem Begriffe nach* pluralen, weil freien subjektiven Rechte *sind in der Sache* mit dem unikalen objektiven Recht identisch. Die vormoderne Prämisse prästabilierter Harmonie wird damit nicht allein rehabilitiert, nachdem sie von Hobbes, Rousseau und Kant widerlegt worden war (Geismann 1982), sondern sogar noch verstärkt: Indem nämlich nicht „der Staat die Individuen aufhebt", sondern „das Individuum Staat *wird*" (577), kann auf eine äußere Diktatur zum Preis einer inneren verzichtet werden.

Für Schillers Projekt einer Erziehung des Menschen hat dies zur Folge, dass, wann immer der Mensch nur seiner vernünftigen Einsicht folgend entscheidet, recht zu handeln, ohne es dabei auch mit tiefem Gefühl zu wollen, dies ein Zeugnis „mangelhafter Bildung" ist, weil Sittengesetz und natürlicher Trieb noch nicht übereinstimmen (577). Obgleich Schillers empfindsame Phase seit 1785 als beendet gilt, besitzt die seitdem an Ansehen gewinnende Vernunft dennoch nur unter der Bedingung des Gefühls normative Geltung.

Durch ebendiese Identität von menschlicher Natur und politischem Ziel unterscheidet sich der von Schiller so genannte „pädagogische und politische Künstler" vom „mechanischen" ebenso wie vom „schönen Künstler": Während diese ihre Materie „gewaltsam", d. h. gegen ihre Natur verändern, um ihr die bezweckte Form zu geben, führt der pädagogisch-politische Künstler seinen Gegenstand, den Menschen, allererst zu seinem ihm natürlichen Zweck: „Hier kehrt der Zweck in den Stoff zurück" (578). Schiller liefert hier eine methodische Analogie zwischen dem Verhältnis des Künstler zu seinem Stoff und des Staates zu seinen Untertanen; damit bereitet er eine systematische Analogie zwischen Mensch und Staat vor, die er in der Folge ausführt. Bezeichnend für Schillers Selbstwahrnehmung, „kantisch" zu argumentieren, ist seine Auffassung, den Staat als Selbstzweck bestimmt zu haben, als „eine Organisation [...], die sich durch sich selbst und für sich selbst bildet" (578). Nun wäre es in der Tat kantisch, den Staat nicht durch äußere Zwecke zu bestimmen, sondern durch die Gewährleistung der Freiheit des Einzelnen mit der Freiheit jedes Anderen nach einem allgemeinen Prinzip. Schon im dritten Brief hatte Schiller allerdings auch von einem gemeinsamen „Endzweck" *des Menschen* gesprochen. Es ist aber die im vierten Brief entwickelte Identifikation des reinen Menschen mit dem Staate, die es Schiller ermöglicht, von diesem Endzweck des Menschen als dem Selbstzweck des Staates zu sprechen; und es ist allererst die metaphysische Anthropologie vom inneren und empirischen Menschen, die Schiller jene berühmte Analogie zwischen dem Verhältnis des Menschen zu sich und des Staates zu seinen Untertanen ermöglicht, die in einem zweiten Schritt zu einem Bedingungsverhältnis erweitert wird:

> Ist der innere Mensch mit sich einig, so wird er auch bei der höchsten Universalisierung seines Betragens seine Eigentümlichkeit retten, und der Staat wird bloß der Ausleger seines schönen Instinkts, die deutlichere Formel seiner innern Gesetzgebung sein. (578)

Erst dieser scheinbar beiläufige Übergang von der Analogie zum Bedingungsverhältnis ermöglicht es Schiller in der Folge, die politische These zu vertreten, erst der einzelne Mensch müsse sich ändern, bevor der Übergang in den Staat der Freiheit gewagt werden könne; und erst diese politische Annahme erwirkt die geschichtsphilosophische Bedeutung der Kunst, denn nur sie kann den „innere[n] Mensch mit sich einig" machen.

Solange aber diese Bedingung des mit sich einigen inneren Menschen nicht erfüllt ist, ist der Staat nicht nur berechtigt, sondern auch verpflichtet, den „strengen Ernst des Gesetzes" durchzusetzen und sich gegen feindselige – d. h. auf ihre subjektiven Bedürfnisse ohne Rücksicht auf die geltende Gesetzeslage agierende – Individuen durchzusetzen. Schiller wird hier drastisch: Er spricht davon, dass auch der Not-Staat solcherart Individualität „darniedertreten müsse" (579). Schon hier deutet sich an, dass Schiller nichts mehr fürchtet als jene aufständischen Volksmassen, deren weiblichem Teil er noch in *Die Glocke* ein Denkmal des Schreckens setzte (I, 429–442, spez. 435 ff.).

Solcherart feindselige Individualität aber könne in zwei Formen auftreten, und zwar im Wilden und im Barbaren. Erneut zeigt sich die anthropologische Fundierung der schillerschen Politik, bestehen doch diese Verfehlungen der Einigkeit des inneren Menschen mit sich in einem je spezifischen Verhältnis von Geist und Natur. Einerseits lässt der Wilde seiner Natur freien Lauf und verfehlt damit sein Menschsein als moralisches Wesen; andererseits unterdrückt der Barbar seine Natur, wird damit aber umso mehr deren Untertan, weil auch er nie wahrhaft autonom handelt, sondern sein Handeln stets – wenn auch ex negativo – an der Natur ausrichtet. Weder die äußere noch die innere Natur lässt sich nach Schiller unterdrücken. Man kann den Einfluss dieser Passagen zum „Wilden" und zum „Barbar" auf die zeitgenössische Diskussionen kaum unterschätzen: Hölderlin hat zentrale Passagen eines Romans danach gestaltet (Stiening 2005, 372, Anm. 211).

Weder der vormoderne Wilde noch der moderne Barbar sind mithin in der Lage, die menschheitsgeschichtliche Aufgabe, eine gefahrenfreie Überführung des physischen Staates in den moralischen Staat, zu vollziehen. Nur eine die Mannigfaltigkeit der Natur berücksichtigende, zugleich uneingeschränkt moralische Gesinnung, mithin die „Totalität des Charakters" hat nach Schiller die Berechtigung ebenso wie die Möglichkeit, den „Staat der Not in den Staat der Freiheit" (579) zu überführen.

5.3 „Unverlierbare Rechte" – unbedingte Rechte? (Fünfter Brief)

Nach den expositiven Bestimmungen der ersten vier Briefe wendet sich Schiller im fünften Brief einer kulturkritisch fundierten Analyse seiner politischen Gegenwart zu. Das „jetzige Zeitalter" soll auf seinen Entwicklungsstand zwischen physischer und moralischer Gesellschaft hin untersucht werden.

Schiller hält der politischen Gegenwart – und das meint vor allem diejenige des revolutionären Frankreich – durchaus zugute, den ersten Schritt jenes Übergangs getan zu haben, wie er ihn im dritten Brief bestimmt hatte, nämlich „von dem physischen Charakter die Willkür abzusondern" (576); zur Gegenwart heißt es:

> Wahr ist es, das Ansehen der Meinung ist gefallen, die Willkür ist entlarvt, und, obgleich noch mit Macht bewaffnet, erschleicht sie doch keine Würde mehr; der Mensch ist aus seiner langen Indolenz und Selbsttäuschung aufgewacht, und mit nachdrücklicher Stimmenmehrheit fodert er die Wiederherstellung in seine unverlierbaren Rechte. (579)

Bereits dieser Absatz ist in mehrerlei Hinsicht bemerkenswert, nicht zuletzt, weil Brüche gegenüber dem vierten Brief vorzuliegen scheinen. Der „Willkür" der Monarchen wird *politisch* zwar die „nachdrückliche Stimmenmehrheit" entgegengehalten; *rechtlich* wird dieser Willkür gleichwohl etwas anderes entgegengesetzt: In seiner Rede vom fallenden Ansehen der „Meinung" wendet Schiller tatsächlich kantische Distinktionen an, nämlich die epistemologische Differenzierung von *Meinen* als subjektiv wie objektiv unzureichendem Fürwahrhalten vom *Wissen* als sowohl subjektiv als auch objektiv zureichendem Fürwahrhalten (KrV B 850). Rechtlich also ist der Willkür Weniger, die über den Status bloßer Meinung nicht hinauskommt, *vernünftiges Wissen* entgegengesetzt. Durch dieses ist das Recht der Menschen zu bestimmen: Die „Stimmenmehrheit" soll dieses Recht nur politisch realisieren, es selbst bestimmen soll sie nicht. Die Willkür Weniger soll nicht durch die Willkür Vieler abgelöst werden; sie wäre nicht weniger arbiträr und machte deren Meinung folglich um nichts mehr zum Wissen, fügte ihrem Positivismus an vernünftigem Recht nichts hinzu. Die an Kant orientierte Unterscheidung der Meinung vom Wissen als dem rechtlichen Antipoden der Willkür führt Schiller folglich zu einer der wichtigsten Distinktionen des *Contrat Social* Jean-Jacques Rousseaus: Denn der Unterscheidung zwischen dem mehrheitlichen Willen als unzureichendem und dem vernünftigen Wissen als zureichendem Grund des Rechts entspricht diejenige Differenzierung Rousseaus von *volonté des tous* und *volonté générale*. Gerade im Hinblick auf die „unverlierbaren Rechte" des Menschen ist die historisch-empirische und insofern kontingente *volonté des tous* keine angemessene Bestimmungsinstanz. Dank ihres rein vernünftigen Charakters sind die Rechte des Menschen unverlierbar. *Sie* sind Ausdruck der *volonté générale* und sie können nicht, wie Schiller im vierten Brief postuliert hatte, „ohne Achtung darniedergetreten" werden (579).

Zu einem modernen Begriff von Recht kann Schiller jedoch auch hier nicht gelangen, da er die teleologische – und damit vormoderne – Bestimmung von Recht beibehält (Geismann 1982, 173), und dies *obwohl* er im fünften Brief eigentlich „wahre Freiheit zur Grundlage der politischen Verbindung zu machen" versucht (580). Insofern diese fundamentale Freiheit selbst teleologisch bestimmt ist, fehlt für die tatsächlich praktische Bestimmung des Rechts die systematisch erforderliche Bedingung. Jene „wahre Freiheit" ist nicht wie bei Rousseau und Kant *apriorisch* bestimmt (als Freiheit von Zwang), sondern als Stand der Glückseligkeit des Menschen *empirisch und also aposteriorisch*. Wenn Schiller daher im fünften Brief zu einer fulminanten Kritik an der französischen Lage, mithin an der Politik des Jakobinismus ausholt, so steht auch diese Kritik weniger unter vernunftrechtlichen als vielmehr den anthropologisch-teleologischen Vorzeichen seiner normativen Geschichtsphilosophie.

Besonders mit Blick auf die „niedern und zahlreichen Klassen" erweise sich der getane Schritt weg von der physischen Gesellschaft, d. h. weg vom Notstaat, als verfrüht (580). Denn nach seiner Auflösung entpuppen sich die Angehörigen dieser Klassen als noch nicht hinreichend moralisch. Sie sind noch nicht in der Lage, Ordnung zu realisieren – bei ihnen scheinen weder Vernunft noch Gefühl vorhanden, nur „rohe gesetzlose Triebe" (580). Im Hinblick auf die Funktion, die auch der Notstaat erfüllt, lautet Schillers Schluss konsequent. „Es mag also sein, daß die objektive Menschheit Ursache gehabt hätte, sich über den Staat zu beklagen; die subjektive muß seine Anstalten ehren" (580). Aufschlussreich ist Schillers Terminologie: Obgleich er der Sache nach vom idealen und empirischen Menschen handelt, spricht er von ihm als dem objektiven und subjektiven Menschen. Entsprechend den Bestimmungen des vierten Briefes setzt sich im Frankreich des Jahres 1793 „der subjektive Mensch dem objektiven [...] kontradiktorisch entgegen" (578). Allerdings – und das ist Schillers entscheidende Volte im fünften Brief – sind die Zustände dergestalt von den „zahlreichern Klassen" bestimmt, dass noch gar nicht daran zu denken ist, durch „die Unterdrückung" des subjektiven Menschen dem objektiven „den Sieg zu verschaffen" (578 f.). Nicht nur fehlen für den Fortschritt vom Notstaat zum moralischen Staat die politischen Bedingungen; sondern die durch die Revolution hervorgebrachten Zustände fallen darüber hinaus hinter den Notstaat zurück. Das durch seinen Änderungsversuch zum ‚Vorbild' aufgerückte revolutionäre Frankreich ist in Schillers Augen tatsächlich vom moralischen Staat weiter entfernt als das Frankreich des Ancien

Régime: „Die losgebundene Gesellschaft, anstatt aufwärts in das organische Leben zu eilen, fällt in das Elementarreich zurück" (580).

Diese geschichtsphilosophischen Überlegungen münden in einen politischen Pragmatismus: „Darf man ihn [den Notstaat] tadeln, daß er die Würde der menschlichen Natur aus den Augen setzte, solange es noch galt, ihre Existenz zu verteidigen?" (580). Schillers Rede von „Tadel" zeigt sogleich, dass dieser Pragmatismus nicht für sich steht, sondern den Notstaat in seiner Existenz legitimiert, und zwar auch dazu, diejenigen Rechte außer Kraft zu setzen, die Schiller selbst noch zu Beginn dieses Briefes als „unverlierbar" bezeichnet hatte. Man sieht: „unverlierbare Rechte" meint bei Schiller nicht „unbedingte Rechte". Sie werden allererst realisiert und erworben mit Erreichen der moralischen Gesellschaft, in der allein sie unverlierbar sein werden. Sie gelten folglich nicht unbedingt, sondern gerade erst unter der Bedingung, eine Gesellschaft erreicht zu haben, die als Ziel der menschlichen „Anlage und Bestimmung" innewohnt (577).

So sehr Schillers Revolutionskritik im Hinblick auf die „niedern Klassen" eine Affekt- und Triebkritik ist, so sehr ist sie im Hinblick auf die „zivilisiertern Klassen" eine Vernunftkritik. Denn was diese Klassen dazu unfähig machte, auf die „tierische Natur" der Unterschicht mäßigenden Einfluss auszuüben, ist ihr vollkommen fehlender Sinn für Natur überhaupt. Zwischen den Natur-Menschen der „niedern" und den Vernunft-Menschen der „zivilisiertern Klassen" hat sich nach Schiller eine Kluft aufgetan, durch die das gemeinsame politische Handeln und dessen Ziel kaum mehr kommunikabel zu sein scheinen. Deshalb befinden sich auch die zivilisierteren Klassen keineswegs auf dem richtigen Wege: Insofern nämlich seit dem vierten Brief die praktische Vernunft ihre Moralität nur unter der Bedingung eines hinzutretenden Gefühls erhält, ist die zivilisiertere Klasse ebenso von der moralischen Gesellschaft entfernt. Sie verfällt in eine „Verderbnis der Maximen", ihre Angehörigen „verleugnen die Natur auf ihrem rechtmäßigen Felde" (580).

Dies wirft die Frage auf, ob Schiller den Tugendterror des Jakobinismus als Terror der Vernunft interpretiert. Die Antwort hierauf ist komplex. Es ist nämlich nicht etwa die Tyrannei der Vernunft, die auf dem moralischen Felde eingeführt worden wäre, sondern im Gegenteil die Tyrannei der Natur. Jene Bedingtheit der praktischen Vernunft durch das Gefühl führt für Schiller offensichtlich zu einer Dialektik der Moral: „[I]ndem wir ihren [i. e. der Natur] Eindrücken widerstreben, nehmen wir unsre Grundsätze von ihr an" (580). Eine praktische Vernunft, die sich mit der Natur, mit den rechtmäßigen Affekten des Menschen nicht abstimmt, unterwirft sich nicht moralischen Maximen, sondern allein solchen, die nicht natur*rechtlicher*, sondern natur*gesetzlicher* Art sind. Ihre Sätze sind somit nicht moralisch und ihre bloße Orientierung an Kausalitäten verschafft nur wieder natürlichen Notwendigkeiten Geltung, nicht aber der Freiheit. Schiller sieht die fatalen praktischen Folgen eines Materialismus Bahn brechen: „Die affektierte Dezenz unsrer Sitten verweigert ihr [der Natur] die verzeihliche *erste* Stimme, um ihr, in unsrer materialistischen Sittenlehre, die entscheidende *letzte* einzuräumen" (581). Obgleich nicht alle Materialisten wie Julien Offray de la Mettrie die Moralphilosophie ganz verabschiedeten (Glinka 2012, 291–296), nivellierte der Materialismus doch den Unterschied von theoretischer und praktischer Vernunft durch die Apriorisierung ersterer zum Preis der Eigenständigkeit letzterer. Dies führte etwa bei d'Holbach zu einer Privilegierung des Gefühls als Grund der Moral, deren Begründung aufgrund des Monismus des materialistischen Systems in einem vitiösen Zirkel mündete: „Moralität bedürfe sittlicher Vergesellschaftungsformen, und Vergesellschaftungsformen führten das Signum der Sittlichkeit, weil ihre Partizipanten moralisch handelten" (Glinka 2012, 321). Demgegenüber klagt Schiller den eigenständigen Status der praktischen Vernunft nicht als solcher ein, nicht also *als* Vernunft, die ihre Imperative aus dem Begriff der Freiheit ableitet, sondern er anerkennt die Eigenständigkeit der Vernunft nur durch ihr Zusammenwirken mit dem natürlichen Gefühl. Mithin ist es ein ausdifferenzierter Naturbegriff, der Schiller zwischen theoretischer und praktischer Vernunft unterscheiden lässt: Während in das Feld der theoretischen die *Triebnatur* fällt, wird die *Gefühlsnatur* der praktischen Vernunft zugeordnet. Wo zwischen der negativ konnotierten Triebnatur und der positiv konnotierten Gefühlsnatur die Grenze verläuft, wie die Immoralität der einen und die Moralität der anderen festgestellt werden kann – und durch wen –, bleibt indessen unbeantwortet. Für Schiller steht gleichwohl fest: Wo die praktische Vernunft es nicht vermag, die Triebnatur zu mäßigen, wird diese zur „bloßen Natur"; wo sie meint, die Gefühlsnatur vernachlässigen zu können, wird die praktische Vernunft selbst zur „Unnatur" (581). Zwischen diesen beiden Extremen befindet sich der Zeitgeist im Frankreich des Jahres 1793 „und es ist bloß das Gleichgewicht des Schlimmen, was ihm zuweilen noch Grenzen setzt" (581).

5.4 Vereinende Natur, trennender Verstand: Philosophiegeschichte als Geschichtsphilosophie (Sechster Brief)

Nach der systematischen Analyse der politischen Gegenwart im fünften Brief unternimmt Schiller im umfangreichen sechsten Brief ihren Vergleich mit „der ehemaligen, besonders der griechischen Menschheit" (582). Dem komparatistischen Vorhaben geht eine abermalige Schärfung der systematischen Begriffe voraus: Während im fünften Brief die Vernunft insofern abgewertet wurde, als sie ohne das hinzutretende Gefühl für die moralische Gesellschaft unzureichend sei, verschiebt Schiller hier seine Semantik: Ebenjenes Zusammenwirken von Vernunft und Gefühl nennt er jetzt selbst *Vernunft*, wohingegen ihr Auseinanderfallen als *Vernünftelei* bezeichnet wird (581). Mit diesen Termini reflektiert Schiller sein eigenes Zeit-„Gemälde" und dessen teleologische Anlage: „Dieses Gemälde [...] gleicht überhaupt allen Völkern, die in der Kultur begriffen sind, weil alle ohne Unterschied durch Vernünftelei von der Natur abfallen müssen, ehe sie durch Vernunft zu ihr zurückkehren können" (581).

Der griechischen Menschheit hält Schiller in diesem Sinne zugute, sich der Vernunft bedient zu haben, *ohne* durch Abwertung des Gefühls die gesuchte Freiheit verloren zu haben und so „das Opfer" der Vernunft geworden zu sein (582). Diese historische Konstellation führt Schiller auf kultur- und wissensgeschichtliche Differenzen zurück, die die griechische Vergangenheit von der französischen Gegenwart trennen:

> Damals, bei jenem schönen Erwachen der Geisteskräfte, hatten die Sinne und der Geist noch kein strenge geschiedenes Eigentum; denn noch hatte kein Zwiespalt sie gereizt, miteinander feindselig abzuurteilen und die Markung zu bestimmen. Die Poesie hatte noch nicht mit dem Witze gebuhlt und die Spekulation sich noch nicht durch Spitzfindigkeit geschändet. (582)

Ästhetische Kunst und philosophische Wissenschaft teilten dereinst nicht allein ihre Gegenstände, sondern auch ihre Verfahren. Schiller bezieht sich hierbei sichtlich auf Johann Christoph Gottscheds Bestimmung des Witzes „als eine Gemüths-Krafft, welche die Aehnlichkeit der Dinge leicht wahrnehmen und also eine Vergleichung zwischen ihnen anstellen kann" (Gottsched 1730, 86). Weil sich der Witz dabei „die Scharfsinnigkeit zum Grunde" setzt (ebd.), ist er als Vermögen der Sinne von der Spitzfindigkeit als einem Vermögen der reinen Vernunft eigentlich grundverschieden. Dieser Unterschied wird von Schiller jedoch historisiert: Bei den Griechen war die Poesie nicht allein ästhetische, sondern auch theoretische Kunst, die Spekulation nicht allein theoretische, sondern auch ästhetische Wissenschaft. Bereits Johann Joachim Winckelmann würdigte die Griechen 1756 in seinen *Gedanken über die Nachahmung der Griechischen Werke* in diesem Sinne, und zwar ausdrücklich die „Schriften aus Socrates Schule" (Winckelmann 1756, 24). Tatsächlich lässt Schillers Würdigung an Platon und dessen Art und Weise denken, seine Philosophie in Dialogen literarisch zu vermitteln. Indem Schiller allerdings diesen Schreibstil vom pädagogischen zum systematischen Verfahren erhebt, schreibt er Platon zu, dichterisch philosophiert und philosophisch gedichtet zu haben, distanziert sich damit jedoch von den Wissenschaftslehren Platons. Denn es geht Schiller selbst keineswegs um eine bloß komparatistische Annäherung von Dichtung und Philosophie. Er behauptet vielmehr ihre historische Indifferenz in der griechischen Epoche: Sinn und Geist, Dichtung und Spekulation stimmten in ihren Kompetenzen überein, und zwar *ohne* dafür den Grad an Gewissheit preiszugeben, um den es Schiller auch hier zu tun ist.

Gleichwohl unterscheidet sich Schillers Ästhetik wesentlich von derjenigen Alexander Gottlieb Baumgartens: Der Begründer der philosophischen Ästhetik der Aufklärung schreibt der sinnlichen Erkenntnis zwar die Möglichkeit der Annäherung an begriffliche Deutlichkeit zu, der verstandesmäßigen Erkenntnis jedoch nicht die Möglichkeit anschaulicher Klarheit (Schwaiger 2011, 48). Für Schiller ist das Verhältnis von Vernunft und Gefühl nicht einseitig gradualisiert. Die Forschung verweist daher zu Recht auf Winckelmann, aber auch auf Schillers Lektüre von und Bemerkungen zu Wilhelm von Humboldts *Über das Studium des Altertums und des griechischen insbesondere.* Winckelmann entnimmt Schiller den affirmativen Bezug auf die „edle Einfalt" und „stille Größe" der Griechen (Winckelmann 1756, 21). Die Kritik und den Wunsch, über den Zustand der Griechen hinauszugehen, entnimmt er hingegen Humboldt und notiert 1795:

> Sollte nicht von dem Fortschritt der menschlichen Kultur ohngefähr eben das gelten, was wir bei jeder Erfahrung zu bemerken Gelegenheit haben. Hier aber bemerkt man 3 Momente. 1. Der Gegenstand steht ganz vor uns, aber verworren und ineinanderfließend. 2. Wir trennen einzelne Merkmale und unterscheiden. Unsere Erkenntnis ist *deutlich*, aber vereinzelt und borniert. 3. Wir verbinden das Getrennte, und das Ganze steht abermals vor uns, aber jetzt nicht mehr verworren, sondern von allen Seiten beleuchtet. In der ersten Periode waren die Griechen. In der zweiten wir. Die dritte ist also noch zu hoffen, und dann wird man die Griechen auch nicht mehr zurückwünschen. (1042)

Humboldt verbindet seine bildungsgeschichtliche Betrachtung mit einer modernen Epistemologie dergestalt, dass er den Griechen eben *nur* diejenige Erkenntnisfähigkeit zutraut, die Hegel später als die genannte „sinnliche Gewissheit" bezeichnen wird wie auch Humboldt und Schiller im zehnten Brief.[1]

Schiller arbeitet die ästhetischen und epistemologischen Impulse Humboldts aus. Auch für Schiller behält die Prävalenz des begründeten Wissens vor dem unbegründeten Meinen ihre systematische Geltung; d. h. auch für die Griechen. Ihr entspricht jedoch nicht eine notwendige Ausdifferenzierung von Begründungswissenschaft und Wahrnehmungskunst. Schiller historisiert seinem Anspruch nach nicht den Wissensbegriff, sondern dessen Aufgehen in heterogene Disziplinen mit spezifischen Begründungsleistungen und -vermögen. Der historische kognitiv-epistemische Zustand der Griechen bei Schiller ist nicht jenes „verworrene Vor-uns-Stehen" des Gegenstandes wie bei Humboldt, sondern ein Zustand, in dem Sinn und Geist „ihre Markung" noch nicht bestimmt hatten,

---

[1] Vgl. den Beitrag von Marion Heinz.

konnten sie dennoch „die Wahrheit ehren" (582): Wahrheit muss folglich nicht in ihrem Status *als* begründetes Wissen gewusst und reflektiert werden, um dennoch dieselbe kognitive Valenz zu besitzen. Das Wissen über einen Gegenstand kann auch ohne die Herleitung aus seinen Ursachen komplexes und umfassendes Wissen sein. Schiller versucht zudem, diese zugleich erkenntnistheoretische und ästhetische These über ihre bei Winckelmann bloß negative Abgrenzung gegen den traditionellen Wissensbegriff hinaus zu einer positiven Bestimmung dessen weiterzuentwickeln, wie diese Einheit von Sinn und Geist, Poesie und Spekulation zu denken sei: Die Vernunft der Griechen

> zerlegte zwar die menschliche Natur und warf sie in ihrem herrlichen Götterkreis vergrößert auseinander, aber nicht dadurch, daß sie sie in Stücken riß, sondern dadurch, daß sie sie verschiedentlich mischte, denn die ganze Menschheit fehlte in keinem einzelnen Gott. Wie ganz anders bei uns Neuern! Auch bei uns ist das Bild der Gattung in den Individuen vergrößert auseinandergeworfen – aber in Bruchstücken, nicht in veränderten Mischungen, daß man von Individuum zu Individuum herumfragen muß, um die Totalität der Gattung zusammenzulesen. (582)

Schillers Kritik an der so genannten „Vernünftelei" stellt zunächst auf deren ausschließlich analytisches Verfahren ab. Daher macht sie den „neuern Menschen" notwendig defizitär, denn als bloß analytisch denkendes Individuum kann er unmöglich die Menschheit vertreten. Repräsentation wird mithin als synthetische Kompetenz verstanden: „Warum qualifizierte sich der einzelne Grieche zum Repräsentanten seiner Zeit, und warum darf dies der einzelne Neuere nicht wagen? Weil jenem die vereinende Natur, diesem der alles trennende Verstand seine Formen erteilen" (582).

Durch ihre gemeinsame anthropologische Perspektive sind Philosophiegeschichte und Geschichtsphilosophie bei Schiller eins. Dank dieser Identität reicht deren Geschichte wiederum in die politische Theorie: Der analytisch denkende Mensch ist unfähig, jenen nur als synthetische Ganzheit möglichen „idealischen Menschen" in sich zu erkennen und den physischen Notstaat, auf den die pufendorfsche *socialitas* ausschließlich abzielte, zu überwinden. Gleichwohl lässt die angebliche Methode der Griechen, die menschliche Natur zu „zerlegen" und ihre „Stücke" anschließend wieder zu „mischen" (582), ausgerechnet an die resolutiv-kompositive Methode Pufendorfs denken.

Schiller muss allerdings seine ideengeschichtliche Überzeichnung aufrechterhalten, um seinen pädagogischen und politischen Zweck mit umso größerer Zielstrebigkeit verfolgen zu können. Die Desensualisierung der Spekulation sowie die Aposteriorisierung der Sinne und damit die Ausdifferenzierung der Wissenschaften gingen Hand in Hand mit der zunehmenden politischen Institutionalisierung und der „strengen Absonderung der Stände und Geschäfte" (583). Besonders durch diese Stratifizierung „zerriß auch der innere Bund der menschlichen Natur, und ein verderblicher Streit entzweite ihre harmonischen Kräfte" (583). Die Einheit von Vernunft und Natur ist als einzig adäquater Zugang zur Welt nicht nur von epistemologischem Belang, sondern, insofern diese Einheit dem Menschen allein anthropologisch angemessen ist, ist sie auch von politischer und moralischer Relevanz. Schiller übt Kritik an dem von Platon eingeführten und von Aegidius Romanus erneuerten organologischen Staatsmodell, das jeden Bürger als einzelnes Funktionselement mit spezifischen Zuständigkeiten betrachtet. Damit manifestierte sich die Vernachlässigung und Verkümmerung derjenigen „übrigen Anlagen des Gemüts" (584), die für die jeweilige Funktion unerheblich sind. Dem im vierten Brief entwickelten Repräsentationsverhältnis von Mensch und Staat entsprechend kritisiert Schiller ebenso die Ausdifferenzierungen des Gemeinwesens: „Auseinander gerissen wurden jetzt der Staat und die Kirche, die Gesetze und die Sitten; der Genuß wurde von der Arbeit, das Mittel vom Zweck, die Anstrengung von der Belohnung geschieden" (584). Bei der hier artikulierten Kritik der Arbeit handelt es sich noch nicht um eine Kritik an der Arbeitsteilung, sondern am Begriff der Arbeit überhaupt: Durch einen zunehmenden Zweckrationalismus wurde Arbeit zum Mittel eines dem Menschen äußeren Zwecks.

Was dabei Ursache ist, was Wirkung, ob eine (eigenartig überpersonale) Ausdifferenzierung von Wissenschaft und Gesellschaft der Spezialisierung und Verkümmerung des Menschen vorangingen, oder ob umgekehrt die Ausdifferenzierung von Vernunft und Gefühl durch den einzelnen Menschen seine Verkümmerung und damit auch die des Staates verursacht: diese Frage stellt Schiller nicht. Allemal gilt für ihn als ausgemacht, dass dem Staat durch die irreduzible Differenz seiner Individuen eine gute Regierung a priori unmöglich ist: „Und so wird denn allmählich das einzelne konkrete Leben vertilgt, damit das Abstrakt des Ganzen sein dürftiges Dasein friste, und ewig bleibt der Staat seinen Bürgern fremd, weil ihn das Gefühl nirgends findet" (585). Gute Regierung kann sich nur auf den reinen Menschen gründen und nur auf diesen beziehen. Hier kommen die Folgen der Indifferenz von Recht und Moral bei Schiller zum Tragen: Wenn nämlich Recht nur dort herrschen kann, wo die Einheit von Vernunft und Gefühl, also die Moral herrscht, dann herrscht dort Unrecht und ist dort keine Regelung äußerer Konflikte mehr möglich, wo ein inneres moralisches Übereinkommen fehlt. Dagegen ist nicht Institutionalisierung, sondern allein Moralisierung das angemessene Mittel. In den gegenwärtigen Staaten wird nicht etwa nur Unrecht begangen, sondern es herrscht notwendig Unrecht durch eine seit den Griechen prästabilierte Disharmonie *im* Staat:

> Endlich überdrüssig, ein Band zu unterhalten, das ihr von dem Staate so wenig erleichtert wird, fällt die positive Gesellschaft (wie schon längst das Schicksal der meisten europäischen

Staaten ist) in einen moralischen Naturstand auseinander, wo die öffentliche Macht nur eine Partei *mehr* ist, gehaßt und hintergangen von dem, der sie nötig macht, und nur von dem, der sie entbehren kann, geachtet. (585)

Im Gegensatz also zu Hobbes, aber auch zu Pufendorf ist bei Schiller der *status civilis* nicht mehr der Gegenbegriff zum Naturzustand. Der Gegenbegriff zum *status naturalis* ist für Schiller der *status moralis*. Infolgedessen betont Schiller den geschichtsphilosophischen Charakter seiner historischen Betrachtungen: In diesen „moralischen Naturstand" mussten die Menschen mit Notwendigkeit fallen, sobald sich in ihrer „Vernünftelei" die Vernunft vom Gefühl distanzierte und damit demoralisierte (585).

Dabei ist „Vernünftelei" nicht allein in ihren praktischen Folgen böse, sondern auch theoretisch falsch: „Der abstrakte Denker hat daher oft ein *kaltes* Herz, weil er die Eindrücke zergliedert, die doch nur als ein Ganzes die Seele rühren" (586). Auch diese Stelle ist für das angemessene Verständnis von Schillers Theorie-Praxis-Konzept von großer Bedeutung: Es wäre ein Missverständnis zu meinen, Schiller verteidige die Praxis gegen *alle* Theorie; er verteidigt vielmehr die Theorie dagegen, sie von der Praxis zu entkoppeln und damit zu falscher Theorie zu machen. Dies gibt Schiller den Anlass zu einer Kritik der Arbeitsteilung: Denn genauso wie dem „abstrakten Denker" Blick und Gefühl für das Besondere der Praxis fehlen, so fehlen dem „Geschäftsgeist" bzw. dem „Geschäftsmann" (584 f.) nicht nur Blick und Gefühl für das Allgemeine, sondern auch für die je anderen Teile der Praxis, „weil seine Einbildungskraft, in den einförmigen Kreis seines Berufs eingeschlossen, sich zu fremder Vorstellungsart nicht erweitern kann" (585). Einerseits nimmt Schiller damit eine Beobachtung Christian Garves auf (vgl. Garve 1779, 123 f.); andererseits befindet er anders als Garve und anders auch als Adam Smith die Spezialisierung nicht für quantitativ bedingt durch das „Ausmaß des Marktes" (Smith 1963, 26 ff.; vgl. Garve 1779, 125), sondern für qualitativ begründet durch die Bestimmung von Arbeit als Produktion überhaupt: Ihre oben erläuterte äußere statt innere Zweckmäßigkeit bedingt für Schiller eine Selbstentfremdung des Menschen wie auch des Staates. Auch an Smiths Herleitung der Arbeitsteilung aus einer Neigung, nämlich derjenigen zum Tausch (Smith 1963, 19 ff.), knüpft Schiller nicht an und kann auch nicht an sie anknüpfen: Als unmittelbarer Effekt einer Neigung wäre Arbeitsteilung von je her, d. h. absolut notwendig; Schillers Überzeugung hingegen ist, dass Arbeitsteilung zwar notwendiger Effekt eines bestimmten Entwicklungsstadiums des Menschen ist, aber mit Beendigung dieses Stadiums eben auch die Bedingung ihrer Notwendigkeit verliert.

Wenn Schiller jedoch in diesem Sinne den seit den Griechen sich vollziehenden Prozess eines Abstiegs vom reinen zum individuellen Menschen, von der moralischen zur physischen Gesellschaft als *notwendig* erachtet, so muss er plausibilisieren, inwiefern diese Notwendigkeit und zugleich diejenige des Aufstiegs statthaben können, die in der „Anlage und Bestimmung" jedes Menschen anthropologisch begründet worden war (577). Schiller ist sich bewusst, dass ohne diese Plausibilisierung seine Geschichtsphilosophie widersprüchlich und seine historische Betrachtung wertlos wären. Diese Plausibilisierung unternimmt er folglich mittels einer Dialektik von Individuum und Gattung, von Teil und Ganzem: „Gerne will ich Ihnen eingestehen, daß, so wenig es auch den Individuen bei dieser Zerstückelung ihres Wesens wohl werden kann, doch die Gattung auf keine andere Art hätte Fortschritte machen können" (586).

Die „griechische Menschheit" war nur „*ein* Maximum", m. a. W. ein *bedingtes* Maximum: Zwar waren die Verstandeskenntnisse der Griechen durch ihre Abstammung aus Vernunft und Gefühl in ihrem Umfang vollkommen. Jedoch konnte *erstens* dieser Umfang nicht erweitert werden ohne eine Komplexitätssteigerung, die nur in der Ausdifferenzierung von „Empfindung und Anschauung" bestehen konnte. *Zweitens* kann damit eine solche Komplexitätssteigerung nur in einem „Streben nach Deutlichkeit" bestehen (586). Schiller relativiert folglich auch seine vormalige Anerkennung präreflexiven Wissens: Die Griechen mochten Wissen besessen haben, *ohne* stets dessen Status als begründetes Wissen reflektiert zu haben; die Einheit von Vernunft und Gefühl hatte bei den Griechen intuitive Ursachen und war zweifellos von hohem Rang. Auf ihren höchsten Rang kann diese Einheit jedoch nur dadurch gehoben werden, dass die Vernunft ihre ganz spezifischen Kompetenzen ausbildet und dennoch mit dem Gefühl kooperiert (Heinz 2001, 129):

> Dadurch allein, daß in dem Menschen einzelne Kräfte sich isolieren und einer ausschließenden Gesetzgebung anmaßen, geraten sie in Widerstreit mit der Wahrheit der Dinge und nötigen den Gemeinsinn, der sonst mit träger Genügsamkeit auf der äußern Erscheinung ruht, in die Tiefen der Objekte zu dringen. (587)

Schiller vertritt also eine Position, nach der eine Ausdifferenzierung wohl die Subsysteme in Konkurrenz zueinander führen kann, nie aber das Systemganze: „Einseitigkeit in Übung der Kräfte führt zwar das Individuum unausbleiblich zum Irrtum, aber die Gattung zur Wahrheit" (587). So sehr auch das Individuum unter seiner epistemischen Spezialisierung verarmen, unter seiner politischen Elementarisierung leiden mag: die Gemeinschaft der Menschen profitiert wissenschaftlich und politisch.

Gleichwohl ist Schiller nicht darauf aus, Moral- in Sozialtheorie umschlagen zu lassen, denn: „Wieviel also auch für das Ganze der Welt durch diese getrennte Ausbildung der Kräfte gewonnen werden mag, so ist nicht zu leugnen, daß die

Individuen, welche sie trifft, unter dem Fluch dieses Weltzweckes leiden" (588). Am Ausgang dieser Überlegungen stellt Schiller seine eigene teleologische Anthropologie infrage: „Kann aber wohl der Mensch dazu bestimmt sein, über irgendeinem Zwecke sich selbst zu versäumen?" (588). Schiller schließt den sechsten Brief ab, indem er nicht nur eine theoretische Lösung dieses Problems postuliert, sondern auch auf seine praktische Auflösung drängt, nämlich in der Kunst: „[W]enn auch das Gesetz der Natur noch so sehr dahin strebte, so muß es bei uns stehen, diese Totalität in unsrer Natur, welche die Kunst zerstört hat, durch eine höhere Kunst wiederherzustellen" (588).

5.5 Voraussetzungen, die der Staat selbst nicht garantieren kann: Praktische Ästhetik (Siebter Brief)

Die Notwendigkeit, diese Aufgabe der Kunst und der ästhetischen Erziehung zu überantworten, folgert Schiller aus der Unmöglichkeit, diese Vollendung mit anderen Mitteln, insbesondere politisch zu erreichen:

> Das ist nicht möglich, denn der Staat, wie er jetzt beschaffen ist, hat das Übel veranlaßt, und der Staat, wie ihn die Vernunft in der Idee sich aufgibt, anstatt diese bessere Menschheit begründen zu können, müßte selbst erst darauf begründet werden. (588)

Insofern der geforderte Staat mit der moralischen Gesellschaft identisch ist, die als *Ziel* der Perfektion angestrebt wird, kann er unmöglich zugleich selbst schon *Mittel* sein, dieses Ziel zu erreichen. Weil Schiller Freiheit als Telos menschlich-moralischen Handelns sowie zwischenmenschlich-rechtlichen Umgangs ansieht und daher nicht moralisch-praktisch, sondern eudämonistisch bestimmt, kann sie nicht realisiert werden durch einen Staat, der zugleich durch sie selbst verwirklicht werden soll. Es ist dieses anthropologische, an die Idee des Gemeinwohls geknüpfte Freiheitsverständnis, vor dessen Hintergrund Recht und Staat als bloße Mittel erscheinen und das damit eine Tradition der Rechts- und Staatsphilosophie fortschreibt, die noch bis heute wirksam ist und in deren Augen „[d]er freiheitliche, säkularisierte Staat [...] von Voraussetzungen [lebt], die er selbst nicht garantieren kann" (Böckenförde 1976, 60).

Gleichwohl bekundet Schiller auch im siebten Brief nochmals die Absicht, seine politische Theorie nicht ganz im Gemeinwohlzweck aufgehen zu lassen. Zwar verabschiedet sich Schiller auch nach seiner eigenen Teleologiekritik im sechsten Brief nicht vom Gemeinwohlzweckgedanken, denn: „Das Geschenk liberaler Grundsätze wird Verräterei an dem Ganzen, wenn es sich zu einer gärenden Kraft gesellt und einer schon übermächtigen Natur Verstärkung zusendet" (589). Wo aber die äußeren empirischen Bedingungen gegeben sind, hat Freiheit schlechterdings nicht mehr die Möglichkeit, dissoziativ zu wirken. Diese sind eben die Bedingungen der moralischen Gesellschaft und des moralischen Staates, die von ihnen selbst nicht geschaffen werden können.

Diese Bedingungen sind auf anderem Wege als dem politischen realisierbar, so dass die Freiheit aus den eigentlich unnatürlichen Banden entlassen werden kann. Diese Bedingungen zu schaffen, ist zum einen „eine Aufgabe für mehr als *ein* Jahrhundert" (590). Zum anderen lässt es Schiller nicht bei dieser quantitativen Schätzung bewenden, sondern erhöht den Problemdruck noch, indem er zum Schluss des Briefes auf das qualitative Moment des menschheitsgeschichtlichen Dilemmas zurückkommt: Die Kluft zwischen dem Notstaat, mit dem sich die Pufendorfschule keineswegs aus der *theoretischen Vernunft* hervorbewegt habe, und dem moralischen Staat, mit dem man der *praktischen Vernunft* allererst gerecht würde, ist so lange nicht zu überwinden, wie die Kluft zwischen theoretischer und praktischer Vernunft selbst nicht überwunden wird: „Die Usurpation wird sich auf die Schwachheit der menschlichen Natur, die Insurrektion auf die Würde derselben berufen" (590).

Der resümierende Blick auf Schillers Postulat einer Harmonisierung der Vernunftnatur mit der Triebnatur im vierten Brief, auf seine philosophiegeschichtlichen Betrachtungen im fünften Brief sowie auf die geschichtsphilosophischen und anthropologischen Überlegungen im sechsten Brief verdeutlichen jedoch, dass diese im siebten Brief projektierte Überwindung der Kluft zwischen theoretischer und praktischer Vernunft weder mit den Mitteln jener noch mit den Mitteln dieser erfolgen kann, ohne nur wieder zu einem unangemessenen Primat der einen vor der anderen zu gelangen. Im neunten Brief wird Schiller endgültig „die schöne Kunst" als „Werkzeug" dieser Überwindung bestimmen (593).[2] Damit sucht er Anschluss an Aristoteles' Bestimmung einer poietischen Philosophie als der gemeinsamen Grundlage von theoretischer und praktischer Philosophie und damit als dasjenige Wissen, das diese Überwindung leisten zu können beansprucht. Indem Schiller jedoch anders als Aristoteles nicht jedwedes artifizielle Können, sondern allein künstlerisches Schaffen als dieses Wissen bestimmt, nimmt seine politische Theorie ihren eigentümlichen, von Aristoteles ebenso wie von Pufendorf unterschiedenen Charakter an. Wie der moralische Staat von Voraussetzungen lebt, die er selbst nicht gewährleisten kann, lebt auch die moralische Staatstheorie und damit alle praktische Vernunft bei Schiller von Be-

---

2 Vgl. den Beitrag von Marion Heinz im vorliegenden Band.

dingungen, die sie selbst nicht begründen kann. Indem Schiller diese Begründungsleistung aller praktischen Philosophie allein der schönen Kunst überantwortet, gehen seine politische und ästhetische Theorie in einer praktischen Ästhetik auf.

Literatur

Böckenförde, Ernst-Wolfgang 1976: Die Entstehung des Staates als Vorgang der Säkularisation, in: Staat, Gesellschaft, Freiheit. Studien zur Verfassungstheorie und zum Verfassungsrecht, Frankfurt/M., 42–64.

Garve, Christian 1779: Betrachtung einiger Verschiedenheiten in den Werken der ältesten und neuen Schriftsteller, besonders der Dichter, in: ders.: Sammlung einiger Abhandlungen. Leipzig, 116–197.

Geismann, Georg 1982: Kant als Vollender von Hobbes und Rousseau, in: Der Staat 21, 161–189.

Glinka, Holger 2012: Zur Genese autonomer Moral. Eine Problemgeschichte des Verhältnisses von Naturrecht und Religion in der frühen Neuzeit und der Aufklärung, Hamburg.

Gottsched, Johann Christoph 1730: Versuch einer Critischen Dichtkunst vor die Deutschen, Leipzig.

Heinz, Marion 2001: Schönheit als Bedingung der Menschheit: Ästhetik und Anthropologie in Schillers ästhetischen Briefen, in: Transzendenz und Existenz. Idealistische Grundlagen und moderne Perspektiven des transzendentalen Gedankens, hrsg. von Manfred Baum und Klaus Hammacher, Amsterdam, 121–135.

Schwaiger, Clemens 2011: Alexander Gottlieb Baumgarten – ein intellektuelles Porträt. Studien zur Metaphysik und Ethik von Kants Leitautor. Stuttgart-Bad Cannstatt.

Smith, Adam 1963: The nature and causes of the wealth of nations. Book 1, in: ders.: The Works, ed. by Dugald Stewart. Aalen, vol. 2.

Stiening, Gideon 2005: Epistolare Subjektivität. Das Erzählsystem in Friedrich Hölderlins Briefroman *Hyperion oder der Eremit in Griechenland*, Tübingen.

Winckelmann, Johann Joachim 1756: Gedanken über die Nachahmung der Griechischen Werke in der Malerey und Bildhauerkunst, Leipzig.

Marion Heinz
6 Kulturkritik und Kunst

(Briefe 8 bis 10)

6.1 Einleitung

Der „Charakter, den uns das jetzige Zeitalter, den die gegenwärtigen Ereignisse zeigen" (579), wurde in den Briefen fünf bis sieben beschrieben und mit den Mitteln einer an Rousseau orientierten Kulturkritik als moralische Depravation und Entfremdung der Menschheit interpretiert.[1] Die Leitidee der *Ästhetischen Briefe*, um das „politische Problem in der Erfahrung zu lösen, [sei] durch das ästhetische de[r] Weg [zu] nehmen [...], weil es die Schönheit ist, durch welche man zur Freyheit wandert" (573), bedenkt Schiller im Licht jener Erfahrung der Fehlformen soziopolitischer Realität. Zu fragen ist, ob die Kunst – von Schiller als Sachwalterin des Schönen angesetzt – nicht selbst vom Niedergang politischer Freiheit und moralischer Gesinnung einer Wirklichkeit betroffen ist, zu der sie selbst gehört und als deren Teil sie sich begreifen muss. Damit aber wird zweifelhaft, aufgrund welcher Potentiale sie überhaupt korrigierend oder heilend auf die festgestellten Missstände einzuwirken vermag. Es bedarf daher besonderer Anstrengungen, um zu begründen, dass die „höhere" (588) oder schöne Kunst in der Lage ist, den durch Kultur verursachten Fehlentwicklungen entgegenzuwirken: der Entzweiung von Verstand und Sinnlichkeit in den Individuen ebenso wie ihren durch die arbeitsteilige Gesellschaft bedingten Fragmentierungen, in denen sich auch das Auseinanderfallen von Individuum und Gattung, von einzelnem und allgemeinem Menschen manifestiert. Aber nicht nur die Tauglichkeit der Kunst als Mittel zu einer solchen Wende steht zur Diskussion; der Zweck selbst, die Notwendigkeit dieser Veränderung, wird der nun leitenden Perspektive auf die faktischen Verhältnisse der Zeit entsprechend nicht mehr aus der Diskrepanz zwischen gesolltem Vernunftstaat und wirklichem Not- oder Naturstaat einsichtig gemacht, sondern aus der inneren Dynamik des Kulturzustands selbst begründet. Denn in dieser Betrachtung wird deutlich, dass philosophische Prinzipien realgeschichtlich als Instrumente im Dienste gesellschaftlicher Kräfte und ihrer Interessen verwendet werden. Gesellschaftliche Antagonismen, vor allem die zuvor

---

[1] Bollenbeck 2007.

als die entscheidende Differenz zwischen der niederen und der „civilisierten" Klasse beschriebenen Erscheinungen von Rohigkeit oder Erschlaffung[2], bringen die Gefahr mit sich, dass inmitten des Kulturzustands der Naturzustand durchbricht, indem „die große Beherrscherin aller menschlichen Dinge, die blinde Stärke, dazwischen tritt, und den vorgeblichen Streit der Principien wie einen gemeinen Faustkampf entscheidet" (590).

So wenden die Briefe 8 bis 11 das kulturkritische Instrumentarium konsequent auf das in den ersten Briefen erarbeitete politische Problem und seine in Aussicht genommene Lösung in der Wirklichkeit vermittelst der Kunst als der Gewaltlosigkeit versprechenden Alternative zur Revolution an. In der Absicht zu klären, welche Potenziale der Rettung auf dem zeitgenössischen Stand kultureller Entwicklung überhaupt zur Verfügung stehen, handelt der achte Brief zunächst von dem Verhältnis zwischen philosophischer Theorie und politischer Praxis. Der neunte Brief empfiehlt die „schöne Kunst" (593) als das „Werkzeug", das einen Ausweg verspricht und stellt erste – zeitgenössische philosophische Konzeptionen von Aufklärung und Kunst reflektierende – Überlegungen zu ihrer besonderen Tauglichkeit dazu an, die auf das für die Kunst charakteristische Verhältnis von Ideal und Wirklichkeit konzentriert sind. Der zehnte Brief leitet aufgrund des im vorherigen Brief herausgestellten Zirkels zwischen den Bedingungen gelingender ästhetischer Erziehung und denen politischer Freiheit die Wende von der empirisch-kulturkritischen Beschäftigung mit dem Schönen und der Kunst zur Bestimmung des „reine[n] *Vernunftbegriff*[s] der Schönheit" (600) ein, der nur auf dem „transcendentale[n] Weg" (ebd.) erreicht werden kann.

6.2 Philosophie und Kunst

Aus der fundamentalen Kritik der Gegenwart, in der die „Herrschaft der Formen nach jeder anderen Richtung erweitert" ist, der Vernunftstaat aber, „das wichtigste aller Güter aber dem gestaltlosen Zufall Preis gegeben" (590) zu sein scheint, entsteht für die Philosophie die Gefahr resignativen Rückzugs aus allen Versuchen einer Verbesserung der politischen Konstitution des Gemeinwesens: „Soll sich also die Philosophie, mutlos und ohne Hoffnung, aus diesem Gebiete zurückziehen?" (590). Die Antwort darauf wird durch miteinander verschränkte vermögenspsychologische, ontologische und vertiefte zeit- bzw. kulturkritische

---

[2] Vgl. fünfter und zehnter Brief. Die im vierten Brief beschriebenen Weisen der Entgegensetzung im Menschen, die zwischen Wildem und Barbar werden damit auf die Klassen der Gesellschaft angewendet.

Überlegungen möglich. Durch sie wird zunächst ein Rangunterschied zwischen Philosophie und Kunst begründet, aus dem schließlich einsichtig zu machen sein soll, dass nur die Kunst als Retterin und Befreierin der Menschheit in Frage kommt. Psychologisch geht es um das Verhältnis von theoretischen und praktischen Vermögen, das Schiller wie Reinhold[3] und anders als Kant bestimmt. Die Vernunft ist ein Vermögen, das bloß die Prinzipien des Handelns anzugeben vermag, das aber selbst nicht praktisch ist, dem also keine eigene, freie Kausalität zukommt. „Die Vernunft hat geleistet, was sie leisten kann, wenn sie das Gesetz findet und aufstellt; vollstrecken muß es der muthige Wille, und das lebendige Gefühl" (590 f.). Schiller stellt den Willen als praktisches der Vernunft als theoretischem Vermögen entgegen und definiert dieses obere ebenso wie das durch Sinnlichkeit bestimmte untere Begehrungsvermögen als Trieb.[4] Die „Wahrheit" muss „erst zur *Kraft* werden, und zu ihrem Sachführer im Reich der Erscheinung einen *Trieb* aufstellen; denn Triebe sind die einzigen bewegenden Kräfte in der empfindenden Welt" (591). Mit dieser Konzeption der seelischen Vermögen, in der der theoretischen Vernunft zwei einander entgegengesetzte Triebe an die Seite gestellt sind, denen die Realisierung oder Verhinderung der Vernunftprinzipien geschuldet ist und die *beide* als Ursachen im „Reich der Erscheinungen" gedacht werden, lehnt sich Schiller an Karl Leonhard Reinholds im zweiten Band seiner *Briefe über die Kantische Philosophie* gebotenen praktischen Philosophie an.[5] Für Schiller verhält es sich demnach so, dass Erkenntnisse – seien es die a priori gewonnenen von Vernunftprinzipien oder die empirischen von Dingen – praktisch wirksam werden, indem sie zu Zwecken gemacht und durch Kräfte verwirklicht werden. Diese Kräfte sind als Ursachen der Verwirklichung von Zwecken, d. h. in der durch die Zeit bestimmten Welt der Empfindungen gegebene Ursachen, Erscheinungen – ungeachtet dessen, dass der vernünftige Trieb eine a priori, durch die Vernunft gewonnene „Wahrheit" zur Grundlage hat.

Im Licht dieser Unterscheidungen von Vernunft und Trieben in Verbindung mit der von noumenaler Welt der Vernunft und phänomenaler Welt der Empfin-

---

3 Vgl. dazu Reinhold 1792, 51 ff.
4 Vgl. dazu die Anmerkung zum zwölften Brief, die in der zweiten Fassung gestrichen wurde (Berghahn 2000, 226 f.); vgl. Reinhold 1792, 53 ff.
5 Vgl. Röhr 2003. Nur in der ersten veröffentlichten Fassung der *Briefe* definiert Schiller Trieb als ein Strebevermögen, das entweder nach der Befolgung des reinen praktischen Vernunftgesetzes oder nach der Befriedigung eines Bedürfnisses strebt, (vgl. Berghahn 2000, 226). Das obere Strebevermögen werde zum Trieb, indem die reine Vernunftidee der Sittlichkeit „in die Schranken der Zeit" gesetzt wird und indem sie „auf etwas Bestimmtes und Wirkliches bezogen" werde, (ebd.). Diese eigenständige genetische Definition des vernünftigen Triebes als jenes Begehren, das durch ein die reine Vernunftidee der Sittlichkeit exemplifizierendes Objekt bestimmt ist, findet sich nicht mehr in der zweiten Fassung.

dung bzw. deren Teilen, Dingen an sich bzw. Erscheinungen, reflektiert Schiller die auch von seinen Zeitgenossen bedachte[6] Diskrepanz zwischen theoretischer und praktischer Aufklärung. Der „Aufklärung des Verstandes" (592) ist Erfolg zu attestieren, aber ihre praktische Umsetzung steht noch aus: „[D]ie Kenntnisse sind gefunden und öffentlich preisgegeben, welche hinreichen würden, wenigstens unsre praktischen Grundsätze zu berichtigen" (591). Über die Gründe dieser Verzögerung ist zu vermuten: „in den Gemüthern der Menschen" liegt etwas, „das der Annahme" der Wahrheit „im Wege steht"[7] (591). Um Gerechtigkeit walten zu lassen, ist verlangt, über diese Widerstände differenziert nach den gesellschaftlichen Klassen zu urteilen. Der „zahlreichere Theil der Menschen wird durch den Kampf mit der Noth viel zu sehr ermüdet und abgespannt, als daß er sich zu einem neuen und härtern Kampf mit dem Irrthum aufraffen sollte" (591f.). Während dieser Teil der Menschheit Mitleid verdient, ist dies bei den im Wohlstand lebenden überfeinerten Menschen unangebracht. Sie ziehen nämlich aus rein egoistischen Gründen der Maximierung ihres Glücks jene dunklen Phantasiegebilde „den Strahlen der Wahrheit" (592) vor, die ihnen starke Sensationen verschaffen. Not oder Dekadenz sind die den beiden Klassen zugeordneten Gründe dafür, dass die Wahrheit nicht angenommen, d. h. praktisch nicht relevant wird, sodass „wir" in dieser Hinsicht „noch immer Barbaren" (591) sind. Dieses negative Urteil zur gespaltenen Aufklärung untermauert Schiller durch ein allgemeines Räsonnement über den Primat von theoretischem oder praktischem Fortschritt der Menschheit. Die Aufklärung des Verstandes ist zwar conditio sine qua non der praktischen,[8] ihrem Wert nach aber ist jene durch diese bedingt; sie ist also nur Mittel zur Erreichung dieser. Und das heißt, dass sie „nur insoferne Achtung verdient, als sie auf den Charakter zurückfließt" (592), um dadurch eine Änderung der Praxis zu bewirken. Der hier in Rede stehende empirische Charakter wird von Schiller als die psychische Ursache in Ansatz gebracht, die die Handlungsweise eines Menschen bestimmt. Aber nicht nur bedarf es eines nach den Prinzipien der Vernunft gebildeten Charakters, um diese politisch realisieren zu können; es gilt ebenso das Umgekehrte: Die weitere „Aufklärung des Verstandes [...] geht auch

---

6 Vgl. z. B. KU, AA V, 433 f.; Moses Mendelssohn 1784.
7 Vgl. *Augustenburger Briefe*, hier insbesondere den Brief vom 11. November 1793 (NA 26, 294–313).
8 Auch hierin ist Schiller Reinhold näher als Kant; vgl. Reinhold 1790, 371 ff. Nach Reinhold stellt es sich so dar, dass Kants Philosophie die zuvor bloß dem Gefühl präsente Natur des Menschen erfasst und die Einheit von Sinnlichem und Sittlichem in der Lehre vom höchsten Gut als Endzweck der menschlichen Vernunft ausweist. Durch diese Selbsterfassung der Vernunft wird der Mensch erst fähig, seine Vernunftnatur durch sich selbst in der Welt zu verwirklichen. Vgl. Heinz 2007.

gewissermaßen von dem Charakter aus, weil der Weg zu dem Kopf durch das Herz muß geöffnet werden" (592). Aus diesen Überlegungen folgt für Schiller, dass nicht die Ausbildung des Verstandes, sondern die des „Empfindungsvermögens" – worunter hier das Vermögen des Gefühls der Lust und Unlust im kantischen Sinne zu verstehen ist – „das dringendere Bedürfniß der Zeit" ist (592).[9]

Im Hinblick auf die Ausgangsproblematik, einen die Gefahr des Rückfalls in den Naturzustand vermeidenden Weg zur politischen Freiheit zu bahnen, ist die Untersuchung damit allerdings in einen doppelten Zirkel geraten: Nicht nur sind theoretische und praktische Kultur wechselseitig voneinander abhängig; gravierender ist, dass die Einrichtung der politischen Freiheit als Bedingung und Folge der Bildung des Charakters zugleich in Ansatz gebracht ist (592f.). Eine gelingende Charakterbildung ist nur in einem freien Staatswesen möglich, dessen Einrichtung seinerseits diese zur Voraussetzung hat.[10] Um einen Ausweg aus dieser Problematik zu finden, ist verlangt, „ein Werkzeug auf[zu]suchen, welches der Staat nicht hergiebt, und Quellen dazu [zu] eröffnen, die sich bey aller politischen Verderbniß rein und lauter erhalten" (593). Das ist der Einsatzpunkt, an dem die Grundidee der *Ästhetischen Briefe*, dass nämlich „[d]ieses Werkzeug [...] die schöne Kunst" (ebd.) ist, erneut zur Sprache kommt. Mit dieser Aufgabenstellung sind bereits die Kriterien benannt, nach denen die Tauglichkeit dieses Werkzeugs – im neunten Brief und im ersten Teil des zehnten Briefes – beurteilt werden soll.

Im ersten Schritt werden Philosophie und Kunst mit ihren Domänen Wahrheit und Schönheit unter dem Gesichtspunkt ihrer Abhängigkeit bzw. Unabhängigkeit von der „Willkühr" (593) politischer Gesetzgeber geprüft. Beide sind gleichermaßen autonom, d. h. sie unterstehen ihren eigenen Gesetzen oder Regeln und sind daher von fremden – politischen – Gesetzen unabhängig. Die für sie konstitutiven Gesetze bzw. Prinzipien stehen außerhalb aller „Konventionen" (593): Weder verhält es sich bei ihnen wie bei den konstitutiven Gesetzen des Staates so, dass sie auf einen Vertrag gegründet sind, noch können sie sich dem Beschluss von Gesetzen politischer Machthaber verdanken. Die Prinzipien des Wahren und Schönen, auf denen die Möglichkeit von Philosophie und Kunst beruht, sind notwendige, dem Wandel der Zeit enthobene Grundsätze, deren Bestehen von idealen oder realen Willensakten unabhängig ist.

---

9 Während Kant die auf die ästhetischen Gefühle bezogene Charakterbildung in Hinsicht auf den moralischen Fortschritt der Menschheit würdigt, (vgl. Kant 1790, § 83, A 388/B 392f.), ist es Herder, der die Interdependenz sinnlicher und intellektueller Kultivierung oder metaphorisch gesprochen die „Ehe [...] zwischen *Empfinden* und *Denken*" lehrt (vgl. *Vom Erkennen und Empfinden der menschlichen Seele*; Zweiter Versuch, SWS VIII, 233).
10 Fichte hat Schiller wegen dieser Zirkelproblematik kritisiert; vgl. Fichte 1795, 158.

So gesehen ist ihre innere Verfasstheit grundsätzlich nicht von äußeren Beeinträchtigungen durch politische Gesetzgeber betreffbar; im Zuge des hier maßgeblichen kulturkritischen Ansatzes reicht diese prinzipientheoretische Reflexion auf die Autonomie von Kunst und Philosophie indessen nicht aus, um ihren Wert als Mittel zur Lösung der grundsätzlichen Problematik einer friedlichen Staatsumwandlung abschätzen zu können. Es kommt darauf an, sie als wirkliche Einrichtungen dieser Kultur und ihres vielfach verderbten Zustandes in den Blick zu nehmen. Und in dieser Perspektive zeigen sich Philosophie und Kunst durchaus in ihrer eigenen gesellschaftlichen und geschichtlichen Bedingtheit als vielseitig korrumpierbare Institutionen, die „dem Geist des Zeitalters huldigen" (593) und sich durch Anpassungen an den wechselnden Zeitgeschmack von ihren genuinen Bestimmungen entfremden. So will die Wissenschaft in Zeiten der „Erschlaffung" des Charakters gefallen, und die Kunst sucht zu vergnügen (ebd.). Damit sind Ideen Herders aufgerufen: Die Idee der Verzeitlichung, wonach *alles* – Natur und Kunst – der Macht der Zeit[11] unterworfen ist und in seiner zeitlich-räumlichen Gestalt zum Gegenstand der Untersuchung gemacht werden muss, ebenso wie der komplementäre Gedanke, dass jede Zeit durch einen besonderen „Geist" geprägt ist.[12] Schiller trägt einen normativen Gesichtspunkt in die weiteren Betrachtungen zum Verhältnis der Kunst zu ihrer Zeit, wenn er von der Bestimmung der Kunst ausgeht. Der Zweck von Kunst bestehe keineswegs darin, ihre Zeit zu „erfreuen", sondern sie zu „reinigen" (593) – das ist die Maxime, die emphatisch, verstärkt durch den literarischen Beistand Homerischer Figuren,[13] propagiert wird. Und um als ein solches Kathartikon wirken zu können, muss sich die Kunst – ungeachtet ihrer Konstitution als eines auf notwendigen, zeitlosen Gesetzen beruhenden Gebildes – auf ihre Zeit einlassen. Dieses ambivalente Wesen der Kunst soll von ihrer Ursache, also vom Künstler her, in ihrem spezifischen Charakter als eines Hergestellten weiter aufgehellt werden.[14] „Den Stoff zwar wird er [der Künstler] von der Gegenwart nehmen, aber die Form von einer edleren Zeit, ja jenseits aller Zeit, von der absoluten unwandelbaren Einheit

---

11 Vgl. Herder 1967; zu dem von Schiller verwendeten Begriff „Geist des Zeitalters" vgl. Herders Exposition in den *Humanitätsbriefen:* „Geist der Zeiten heißt [...] die Summe der Gedanken, Gesinnungen, Anstrebungen, und lebendiger Kräfte, die sich in einem bestimmten Fortlauf der Dinge mit gegebenen Ursachen und Wirkungen äußern." (FHA VII, 764; vgl. auch die veröffentlichte Fassung ebd. 85 ff.).
12 Zur Einheit und Verschiedenheit dieses „Geistes der Zeiten" sowie zum Geist „*unsrer* Zeit" vgl. ebd., 88 ff. und 764 ff.
13 Vgl. dazu Berghahn 2000, 223.
14 Winckelmann 1964, 8.

seines Wesens entlehnen" (593). Schiller bedient sich der Begriffe Stoff und Form aus der aristotelischen Philosophie,[15] die auch in der auf der Grundlage kritischen Denkens erarbeiteten Ästhetik Kants von zentraler Bedeutung sind.[16] Das Kunstwerk ist wie jedes Produkt der Kunst ein Ganzes aus Form und Materie; und wie in der Tradition ist auch für Schiller die Form das beständige bestimmende Prinzip einer Sache, das losgelöst von der Materie in der Seele des Künstlers als Begriff oder Idee ist und als solches keinem Wandel unterliegt. In Schillers Überlegungen zum Wesen der Kunst geht es nicht um bestimmte Begriffe von einzelnen schönen Gegenständen, sondern um die Form, die das Schöne zum Schönen bestimmt. Diese Form des schönen Gegenstandes als solchem ist nach Schiller „von einer edleren Zeit, ja jenseits aller Zeit, von der absoluten unwandelbaren Einheit seines [des Künstlers] Wesens" (593) zu entlehnen. Es ist der „Äther seiner [des Künstlers] dämonischen Natur" (ebd.), woraus der Quell der Schönheit fließt. D. h. der wahre Künstler zeichnet sich durch ein begeistertes Wesen aus, das ihn in die Lage versetzt, in seinem eigenen Geist die Urbilder des aller Veränderung entzogenen, der Natur überlegenen Vollkommenen zu entwerfen. Damit ist eine Winckelmann nahe Auffassung von Kunst zur Diskussion gestellt. Das Schöne der Kunst ist nach ihm ein Vollkommenes oder Ideales, das in der Seele des Künstlers seinen Grund hat. Der Künstler geht nach der Auffassung Winckelmanns den „Weg zum allgemeinen Schönen und zu Idealischen Bildern desselben", indem er das in der Natur zerstreute Schöne „in eins vereiniget" oder „in eins" bringt (Winckelmann 2013, 21f.). Der Künstler müsse – so heißt es weiter – „sich selbst zu[r] Regel werden" (Winckelmann 2013, 21f.), wenn ihm die Erzeugung des Idealen durch seine Seele gelingen soll. Indessen ist die Seele des Künstlers dazu selbst erst der Bildung – vorzüglich durch das Studium der Griechen – bedürftig, und d. h. sie formt sich erst zum Original, zum Regel gebenden Grund der Urbilder des Schönen.[17]

Die Herstellung eines Kunstwerks ist damit von der Seite der Formgebung geklärt; und die Erzeugung des schönen Gegenstandes wird nun begreifbar als Hervorbringung dieser Urbilder in einer Materie,[18] die nicht dem Geist des Künstlers entspringt, sondern aus dem, was seine Zeit ihm bietet, aufgenommen werden muss. Als solche sind die Gegenstände schöner Kunst doppelsinnig: Sie

---

15 Vgl. Physik I, 5 188b 25 ff.; in Bezug auf das Hervorbringen vgl. Metaphysik IX, 1049 a ff.; zu Kant vgl. Kant 1790, § 11, § 23.
16 Vgl. Kant 1790 § 11, § 15.
17 Winckelmann 2013, 21f.
18 Vgl. dazu ebd. 16 f.: Die griechischen Künstler fingen an, „sich gewisse allgemeine Begriffe von Schönheiten [...] zu bilden, die sich über die Natur selbst erheben sollten; ihr Urbild war eine blos im Verstande entworfene geistige Natur."

sind zufolge ihrer Materie in der Zeit und durch die Zeit bedingt und sie sind zufolge ihrer idealen Form der Zeit enthoben. Dieser Doppelnatur verdankt es sich, dass materielle Gebilde wie Bildsäulen und Tempel das Ideale, das Menschliche des Menschen ebenso wie das ihm wesensgleiche Göttliche (vgl. 11. Brief) im Wandel der Zeit unversehrt zu bewahren vermögen, auch wenn es in der geschichtlich-politischen Realität durch Willkür und Wahnsinn von Herrschern – wie etwa Nero – zerstört worden ist (vgl. 594). Und weil das Ideale, verstanden als das in der Materie zur Geltung gebrachte „unwandelbare" Muster der Vollkommenheit durch den Kunstgegenstand selbst in die Welt der Erscheinungen eintritt, kann der schöne Gegenstand als Nachbild des Urbilds qua Ideal auch zur Wiederherstellung des Urbildes, nun aber mit Winckelmann verstanden als das zuerst bei den Griechen geschichtlich verwirklichte Ideal des Menschen, beitragen. „Die Menschheit hat ihre Würde verloren, aber die Kunst hat sie gerettet und aufbewahrt in bedeutenden Steinen; die Wahrheit lebt in der Täuschung fort, und aus dem Nachbilde wird das Urbild wieder hergestellt werden." (594) „Täuschung" meint hier den im 26. Brief näher erläuterten ästhetischen Schein, der anders als der logische nicht Irrtum bedeutet, sondern Erscheinen der Idee.

Den schönen Gegenständen kommt mithin eine eigentümliche Zeitlichkeit zu: Sie sind *nachzeitig und vorzeitig* in einem; sie überleben das geschichtlich Verlorene, die bei den Griechen in unreflektierter Form gelebte Einheit und Ganzheit des Menschen, und sie können dieses Vollkommene für die Zukunft zu neuem Leben erwecken.[19] Damit dies möglich wird, muss der schaffende Künstler für seine eigene Zeit unzeitgemäß sein. In der Linie platonischer Kunstkritik[20] verlangt Schiller vom Künstler die aktive Distanzierung von den Bindungen an seine Zeit: Er soll das „Urteil" (594) seiner Zeit verachten, nicht „niederwärts nach dem Glück und nach dem Bedürfniß blicken", sondern „aufwärts nach seiner Würde und dem Gesetz" (ebd.). Diese negative Freiheit des Künstlers von den kontingenten Inhalten des Glücksstrebens und dem dadurch geleiteten Urteil seiner Zeitgenossen, damit einhergehend seine Bereitschaft zum Verzicht auf „den

---

[19] Zur Zeitlichkeit der Kunst und des Kunstgenusses bei Schiller vgl. Janke 1967. Freilich geht es in den hier verhandelten Briefen noch nicht um den Augenblick als jene Zeit, die der im Schönen liegenden Vollendung allein gemäß sein kann, sondern es geht um geschichtliche – dem Selbstverständnis des Menschen Horizonte von Vergangenheit und Zukunft aufspannende – Zeitlichkeit.

[20] Zur Bedeutung Platons für Schillers Ästhetik vgl. Janke 1999. Verwiesen wird auf die von Kant und Reinhold beeinflusste Darstellung der platonischen Philosophie durch Tennemanns *System der Platonischen Philosophie* (1792–1794) als Quelle für Schiller, vgl. ebd., 76.

Ruhm [...] bei der Menge"[21] sind die Bedingungen für die Möglichkeit seiner Orientierung an der idealischen, überzeitlichen Schönheit.

6.3 Erste Begründung des Kunstprogramms

Nach dem Befund der ersten Überlegungen zur Tauglichkeit von Philosophie und Kunst als Mittel der Lösung des politischen Problems stimmen der schöne und der durch moralische Triebe bestimmte politische Künstler darin überein, dass sie das Ideale in ihrer Zeit zur Verwirklichung bringen. Es bedarf daher eines weiteren Schrittes zur Begründung dafür, worin die Überlegenheit der Kunst besteht und warum es überhaupt der Charakterbildung durch die Kunst bedarf, anstatt die theoretische Aufklärung geradlinig in der praktischen fortzusetzen, wie es in der von Schiller geschätzten Philosophie der Geschichte von Karl Leonhard Reinhold vorgesehen ist.[22] Danach kann die über sich selbst theoretisch aufgeklärte Menschheit die von ihr erkannten Prinzipien – vermittelst des durch die Gesetze praktischer Vernunft bestimmten moralischen Triebs – unmittelbar in der politischen Praxis verwirklichen.[23] Eine solche Konzeption des Fortschritts problematisiert Schiller mit der Frage, warum die der menschlichen Form entbehrende „moralische Welt", also die soziopolitische Realität, nicht selbst und unmittelbar der „formlose Stoff" sein könne, der gestaltet wird. Es sind vernunftkritische Überlegungen einer selbstreflexiv gewordenen Aufklärung, die Schiller gegen die Versuche der durch den moralischen Trieb bestimmten Menschen, die auf die unmittelbare Veränderung der politischen Verhältnisse wie in der Französischen Revolution zielen, ins Feld führt. Zur Vorbereitung dienen Reflexionen auf die Macht der Zeit und auf das Verhältnis des schönen Künstlers zu ihr. Indem dieser mit „schöpferische[r] Ruhe und [...] geduldige[m] Sinn" (594) das Ideale dem „verschwiegenen Stein" oder dem „nüchterne[n] Wort" einzuprägen sucht und ihm so in Gestalt eines materialisierten Dinges Eingang in die Welt der Erscheinungen verschafft, vertraut er das Ideale den „treuen Händen der Zeit" (594) an oder, wie es an anderer Stelle heißt, er führt es in den „ruhigen Rhythmus der Zeit" (595) ein. Im Kontrast dazu „stürzt sich der göttliche Bildungstrieb oft unmittelbar auf die Gegenwart und auf das handelnde Leben, und unternimmt, den formlosen Stoff der moralischen Welt umzubilden" (594). Für den dabei leitenden moralischen Trieb „giebt es keine Zeit, und die Zukunft wird ihm zur Gegenwart, sobald

---

21 Vgl. Platon, Politeia 605a.
22 Heinz 2007.
23 Vgl. Anm. 12; vgl. Heinz/Stolz 2008.

sie sich aus der Gegenwart nothwendig entwickeln muß" (594). Schiller kritisiert einen solchen sich über die Zeit als die Bedingung seines eigenen Wirkens hinwegsetzenden und daher nur vermeintlich „göttlich" zu nennenden „Bildungstrieb" und diagnostiziert gekränkte Selbstliebe als die wahre Quelle solcher Versuche unmittelbaren Eingreifens. In Wahrheit verleugnet eine von Selbstliebe bestimmte menschliche Vernunft damit den einzigen, aber eben den essentiellen Unterschied zwischen Mensch und Gott, wie er dann im elften Brief genauer entfaltet wird.[24] Die Ohnmacht der menschlichen Vernunft besteht in nichts anderem, so heißt es dort, als darin, dass sich diese als ein reines Vermögen der Form qua Gesetzlichkeit nur in der Zeit, die dem Menschen Inhalte darbietet, die zu formen sind, realisieren kann.[25] Oder anders gesagt: Eine über sich selbst aufgeklärte Vernunft erkennt an, dass ihr Vermögen auf die Erkenntnis der formalen Prinzipien restringiert ist und dass sie auf Verwirklichung in der Zeit und vermittelst der in der Zeit gegebenen Materie angewiesen ist. Diese wahrhaft aufgeklärte Vernunft kann die Diskrepanz zwischen Ideal und Wirklichkeit hinnehmen, ohne mit der Kränkung ihrer Selbstliebe zu reagieren, die durch jene eingebildete Göttlichkeit unmittelbaren Zugriffs auf das Wirkliche zu kompensieren versucht wird, die das Wirkliche als Wirkliches sowohl seiner Form der Zeit nach als auch seiner Materie, den in der Zeit agierenden Menschen nach, verleugnet oder missachtet. Der Künstler distanziert sich „von dem ungeduldigen Schwärmergeist, der auf die dürftige Geburt der Zeit den Maßstab des Unbedingten anwendet" (594) und überlässt „dem Verstande, der hier einheimisch ist, die Sphäre des Wirklichen" (594).

Diese Kritik an einer aus der Selbstüberhebung menschlicher Vernunft erwachsenden Konzeption der Umsetzung vernünftiger Prinzipien in der politischen Praxis bereitet die Begründung für die Empfehlung der Kunst als eines Werkzeugs vor, das der Zeit als Prinzip menschlichen Wirkens Rechnung zu tragen und gleichwohl den Prinzipien der Vernunft entsprechende Veränderungen der soziopolitischen Realität einzuleiten vermag. Dem Künstler und dem Philosophen wird angeraten, sich zu bescheiden und nicht *mehr* zu beabsichtigen, als der Welt, auf die er wirkt, „die *Richtung* zum Guten" (595) zu geben, indem sie in der Zeit das ideale Ziel zukünftiger Entwicklung der Menschheit zur Geltung bringen, dessen Realisierung aber dem „ruhigen Rhythmus der Zeit" (ebd.) selber überlassen. Die Zeit ist hier nicht negativ als Schranke der auf das Unbedingte zielenden Vernunft verstanden, sondern als Prinzip des Werdens, das das in sie

---

24 Vgl. dazu Heinz 2001.
25 Vgl. zu Schillers Auffassung von der Zeit vgl. Janke 1967.

Gesetzte in seinen Folgen zur Entfaltung bringt.[26] Auf welche Weise diese Einflussnahme auf die gesamte Richtung zukünftiger Veränderungen als ein Handeln in der Zeit geschehen kann,[27] deutet Schiller im Neunten Brief nur an: Während der Freund der Wahrheit – der Philosoph also – durch Erziehung auf das Innere der Gemüter einzuwirken sucht (vgl. 595), um die „Richtung zum Guten" einzuschlagen, ist der Weg, auf dem die Schönheitsfreunde eben diese Zielsetzung verfolgen können, durch eine eigentümliche Dialektik von Innerem und Äußerem gekennzeichnet. Dazu heißt es in den Anweisungen an den Künstler: „In der schamhaften Stille deines Gemüts erziehe die siegende Wahrheit, stelle sie aus dir heraus in der Schönheit, daß nicht bloß der Gedanke ihr huldige, sondern auch der Sinn ihre Erscheinung liebend ergreife." (Ebd.) Indem das im eigenen Inneren erfasste Ideale mit „schöpferische[r] Ruhe und [...] große[m] geduldige[n] Sinn" (594) im Äußeren, dem Stoff, zur Darstellung gebracht wird, entspricht das Äußere, der schöne Gegenstand als Einheit von Idee und Stoff, von Vernünftigem und Sinnlichem, der Idee der Vollkommenheit und der Verfasstheit des schaffenden Künstlers als Individuum zugleich: Die Idee ist in concreto realisiert; und diese Darstellung des Allgemeinen ist zugleich Ausdruck der Realisierung des Idealen im Individuum, in der Seele und dem Charakter des Künstlers, der sich selbst nach Ideen gebildet hat. Der so aus der „Einheit seines [des Künstlers] Wesens" in einem doppelten Sinne als Mensch und als Individuum bestimmte äußere Gegenstand wird auf andere Menschen so wirken, dass sie selbst zu dem in ihm symbolisierten „Vortrefflichen" (596) gebildet werden.

Philosophie und Kunst genügen also – zumindest der Idee nach – den eingangs formulierten Kriterien für das gesuchte Werkzeug, das zur Herbeiführung der politischen Freiheit in der Realität taugt: Sie sind ihren eigenen Gesetzen der Wahrheit und Schönheit verpflichtet und stehen so außerhalb des Staates; und sie wirken auf unterschiedlichen Wegen auf den inneren Menschen, um ihn in seinem Charakter zur Ganzheit des Menschen zu bilden. Auch der Philosoph strebt danach, „lehrend ihre [der Menschen] Gedanken zum Nothwendigen und Ewigen [zu] erheb[en]" (595) und dieses „Ewige in einen Gegenstand ihrer Triebe" zu

---

[26] Der Künstler, so heißt es auch, „werfe [den schönen Gegenstand] schweigend in die unendliche Zeit" (594). „Schweigend" heißt wohl im Vertrauen darauf, dass eben diese Werke selbst „sprechen", und d. h. in der Zeit wirken. Eine derartige Zuversicht gegenüber der Zeit als einer Kraft, die die Potentiale von Dingen zu entwickeln vermag, kommt Herders Auffassung nahe, der daher vom „ewigblühenden Garten der Zeit" sprechen kann, vgl. *Gott*, SWS XVI, 565.
[27] Implizit ist damit eine der Teleologie der *Kritik der Urteilskraft* vergleichbare Problemstellung angesprochen: Wenn der Welt die Richtung zum Guten gegeben werden soll und die Ordnung der Welt als eine Folge von Zwecken vorgestellt wird, stellt sich die Frage, wodurch als Endzweck oder als höchstes Gut die gesamte Folge bedingt ist.

verwandeln (ebd.). Aber nur der Kunst gelingt es, dem Ideal gegenständliche Realität zu geben, unabhängig davon, ob es „in dem inneren" oder „äußeren Menschen" realisiert ist. Daher sind es die der Zeit anvertrauten Werke der Kunst, von denen in geschichtsphilosophischer Perspektive die entscheidende Wende einer sich emanzipierenden Menschheit erwartet werden kann: Eigenständigen Akteuren vergleichbar tun sie ihre reinigende Wirkung, bis schließlich „der Schein die Wirklichkeit und die Kunst die Natur überwindet" (596).

6.4 Übergang zum Vernunftbegriff der Schönheit

Dieser Optimismus verliert sich indessen, wenn die antagonistische Verfasstheit der durch Kunst zu verändernden Gesellschaft berücksichtigt wird; denn daraus erwächst das Bedenken, wie die „schöne Kultur beiden entgegen gesetzten Gebrechen [Rohigkeit und Erschlaffung] zugleich begegnen" (596) können soll. Um die Frage, „wie kann ein so großer Effekt, als die Ausbildung der Menschheit [...] vernünftigerweise von ihr erwartet werden?" (ebd.) zu beantworten, hält sich der zehnte Brief an die Erfahrung, zu deren Gegenständen hier auch die verschiedenen Meinungen über ihre Wirkungen gerechnet werden. Könnte ein derartiger „Effekt" der Kunst als wirklich dargetan und durch die übereinstimmenden Urteile ausgewiesen werden, so wäre durch diese gut bestätigte Wirklichkeit auch die Möglichkeit gesichert. Aber schon die Dramaturgie dieser auf der Grundlage der rousseauschen Kulturkritik vollzogenen Untersuchung, die beiden Parteien der Kulturoptimisten und -pessimisten[28] gegeneinander antreten zu lassen, deutet darauf hin, dass auf diesem Weg keine Lösung des Problems zu erwarten ist. Es ergibt sich keine die Gegensätze überwindende einheitliche Auffassung, sondern jeder beharrt auf seinem Standpunkt: Während die einen behaupten, ästhetische Kultur diene der Verbesserung der Moral, konstatieren die anderen das Gegenteil:

> In der That muß es Nachdenken erregen, daß man beynahe in jeder Epoche der Geschichte, wo die Künste blühen und der Geschmack regiert, die Menschheit gesunken findet, und auch nicht ein einziges Beyspiel aufweisen kann, daß ein hoher Grad und eine große Allgemeinheit ästhetischer Kultur bey einem Volke mit politischer Freyheit, und bürgerlicher Tugend, daß schöne Sitten mit guten Sitten, und Politur des Betragens mit Wahrheit desselben Hand in Hand gegangen wäre. (598f.)

Zu diesem – Winckelmann widersprechenden – Resultat führen zwei Stränge von Überlegungen, die einerseits die verbreiteten Meinungen und andererseits die

---

28 Vgl. Janke 1999.

geschichtlichen Tatsachen in den Blick nehmen. Weder die gängigen Verweise auf die „alltägliche Erfahrung" (596), die mit einem gebildeten Geschmack gesittetes Betragen verbunden sieht, noch die Berufung der Gebildeten auf das Beispiel der „gesittetsten aller Nationen des Alterthums" (597) – die Griechen –, bei der das Schönheitsgefühl seine höchste Entwicklung erreichte, halten der Überprüfung stand. Die gegen beide Vorurteile gerichteten Einwände der „denkenden Köpfe", die „entweder das Factum [...] läugnen, oder doch die Rechtmäßigkeit der daraus gezogenen Schlüsse [...] bezweifeln" (ebd.), sind nicht von der Hand zu weisen.[29] Nach ihnen hängt die Wirkung der Schönheit von der Verfasstheit der wahrnehmenden Subjekte ab. In „guten Händen" wirkt sie zu „löblichen Zwecken"; es ist indessen kein Widerspruch zu ihrem Wesen, in „schlimmen Händen gerade das Gegentheil zu thun, und ihre seelenfressende Kraft für Irrtum und Unrecht zu verwenden" (598). Individualpsychologische und kulturkritische Überlegungen verbindend erklärt Schiller, es sei eben die Autonomie der Kunst, die weder an die Gesetze des Wahren und Guten, noch an die einschränkenden Bedingungen der Wirklichkeit gebunden ist, die dazu verführen könne, dass sich die Menschen von schwachem Verstand in den schönen, aber oberflächlichen Erscheinungen der Phantasie und des äußeren Eindrucks verlieren; und es verhalte sich „jetzt" in der Tat so, dass „der äußere Eindruck die Achtung entscheidet, die nur an das Verdienst gefesselt seyn sollte" (ebd.). Schiller bestreitet also – die „denkenden Köpfe" verteidigend – nicht nur die Meinung, ästhetische Kultur führe von selbst zur Moralisierung der Menschheit, sondern er urteilt wie Rousseau, Kultivierung – auch die ästhetische – korrumpiere Tugend und Moral.

Für den zunächst als selbstverständlich erscheinenden Zusammenhang zwischen der Blüte ästhetischer Kultur und politischer Freiheit bietet nicht nur die eigene Gegenwart kein Beispiel, auch keine einzige der durchmusterten Epochen der Menschheitsgeschichte kann zur Bestätigung dafür dienen. Selbst bei den vielgerühmten Griechen verhält es sich so, dass die Zeiten wohlgeordneter politischer Verfasstheit für Kunst und Geschmack Zeiten ihrer Unreife oder Kindheit darstellten[30] (vgl. 599). Das Resümee dieses zweiten Überlegungsstranges lautet also: Auch in der vergangenen Welt „finden wir, daß Geschmack und Freyheit einander fliehen, und daß die Schönheit nur auf den Untergang heroischer Tugenden ihre Herrschaft gründet" (ebd.).

---

29 Nur die von „Menschen ohne Form" (597), die keinen Zugang zum Schönen haben, vorgebrachten subjektiven Gründe sind zu ignorieren, denn hinter ihnen stehen in Wahrheit Neid und Missgunst gegenüber den „Günstlingen der Grazien"; die objektiven Gründe der „achtungswürdige[n] Stimmen" müssen ernst genommen werden.
30 Es ist evident, dass damit Winckelmanns Preis der „Menschlichkeit der Griechen" und „ihrer blühenden Freyheit" widersprochen wird, vgl. Winckelmann 1968, 34.

Die bisher durchgeführte empirisch-kulturkritische Untersuchung über die Tauglichkeit der Kunst als Werkzeug zur Lösung des politischen Problems hat damit zu einem negativen Ergebnis geführt: Durch Kunst kann die politische Freiheit nicht nur nicht hervorgebracht werden, sie wird durch die Kunst geradezu verhindert. Denn Kunst bewirkt jene Verfeinerung, die die „Energie des Charakters" zerstört, die jedoch „die wirksamste Feder alles Großen und Trefflichen im Menschen [ist], deren Mangel kein anderer wenn auch noch so großer Vorzug ersetzen kann" (599 f.). Mit diesem Bescheid ist der in Aussicht genommene dritte, der ästhetische Weg zur Einführung eines freien und vernünftigen Gemeinwesens gleichwohl nicht endgültig verstellt. Freilich bedarf es einer grundlegenden Revision des Ansatzes, damit diese Idee philosophisch zu überzeugen vermag. An die Stelle des kulturkritischen, von der Erfahrung geleiteten Vorgehens hat eine transzendentale Untersuchung zu treten, die den „reine[n] *Vernunftbegriff* der Schönheit" (600) erarbeitet, an dem jedwedes Urteil über die Kunst und ihre Potentiale zur Verbesserung des Staates sich zu orientieren hat. Unter „transcendental" ist hier nicht der kantische Sinn einer apriorischen Erkenntnis von Erkenntnissen, sofern sie a priori möglich sind oder aus apriorischen Lehren folgen, zu verstehen; Schiller meint den Weg der Abstraktion, auf dem man nach der vorkantischen Philosophie zu den Transzendentalien als den abstraktesten Begriffen überhaupt gelangt. Die Verluste eines solchen Vorgehens, Distanz zu allem Vertrauten und Preisgabe lebendiger Fülle sind hinzunehmen, wenn es darum geht, ein fundamentum inconcussum, einen „festen Grund der Erkenntniß [zu gewinnen], den nichts mehr erschüttern soll." (600) Und mit diesem Wandel der Methode deutet sich zugleich die entscheidende Korrektur in der bisherigen Reflexion auf die Kunst an: Die Kunst ist kein bloßes Mittel, dessen Nützlichkeit zur Einrichtung eines vernünftigen Staates nach technisch-praktischen Gesetzen zu erkennen wäre, denn sie ist selbst als Ideales, als Darstellung der Vollkommenheit des Menschseins zu würdigen.

Literatur

Berghahn, Klaus L. (Hrsg.) 2000: Friedrich Schiller. Über die ästhetische Erziehung des Menschen in einer Reihe von Briefen, Stuttgart.
Bollenbeck, Georg 2007: Eine Geschichte der Kulturkritik. Von J. J. Rousseau bis G. Anders, München.
Fichte, Johann Gottlieb 1795: Über Geist und Buchstab in der Philosophie, in: Von den Pflichten der Gelehrten. Jenaer Vorlesungen 1794/95, hrsg. R. Lauth, Hamburg 1971.
Heinz, Marion 2001: Schönheit als Bedingung der Menschheit: Ästhetik und Anthropologie in Schillers ästhetischen Briefen, in: Manfred Baum und Klaus Hammacher (Hrsg.),

Transzendenz und Existenz. Idealistische Grundlagen und moderne Perspektiven des transzendentalen Gedankens, Amsterdam, 121–135.
— 2007: „Die Harmonie des Menschen mit der Gottheit" – Anthropologie und Geschichtsphilosophie bei Reinhold und Schiller, in: Georg Bollenbeck und Lothar Ehrlich (Hrsg.), Friedrich Schiller. Der unterschätzte Theoretiker, Köln, 27–37.
Heinz, Marion/Stolz, Violetta 2008: Vernunft und Geschichte: Von Kant zu Reinhold, in: Wolfgang Kersting u. Dirk Westerkamp (Hrsg.), Am Rande des Idealismus. Studien zur Philosophie Karl Leonhard Reinholds, Paderborn, 159–185.
— 2012: Immanuel Kant, in: Ralf Konersmann (Hrsg.), Handbuch Kulturphilosophie, Stuttgart, 70–77.
Herder, Johann Gottfried 1967: Von der Verschiedenheit des Geschmacks und der Denkart unter den Menschen, in: ders., Sämtliche Werke, hrsg. von Benrhard Suphan, Bd. 32, Hildesheim, 18–29 (SWS XXXII).
— 1991: Briefe zur Beförderung der Humanität, hrsg. von Hans Dietrich Irmscher, Frankfurt/M. (FHA VII).
Janke, Caroline 1999: Schiller und Plato. Vom Staate der Vernunft und dem Scheine der Kunst. Untersuchungen zur politiko-ästhetischen Antinomie. Fichte-Studien Supplementa Bd. 11, Amsterdam/Atlanta.
Janke, Wolfgang 1967: Die Zeit in der Zeit aufheben. Der transzendentale Weg in Schillers Philosophie der Schönheit, in: Kant-Studien 58, 433–476.
Mendelssohn, Moses 1784: Über die Frage: was heißt aufklären, in: Eherhard Bahr (Hrsg.), Was ist Aufklärung? Thesen und Definitionen, Stuttgart 1996 , 3–8.
Platon 1999: Politeia, in: Platon. Werke in acht Bänden, hrsg. v. Günther Eigler, Darmstadt.
Reinhold, Karl Leonhard 1790: Briefe über die kantische Philosophie. Erster Band, in: ders., Gesammelte Schriften, hrsg. von Martin Bondeli, Bd. 2/1, Basel 2007.
— 1792: Briefe über die kantische Philosophie. Zweyter Band, in: Karl Leonhard Reinhold: Gesammelte Schriften, hrsg. Von M. Bondeli, Bd. 2/2, Basel 2008.
Röhr, Sabine 2003: Freedom and Autonomy in Schiller, in: Journal of the History of Ideas 64 (1), 119–134.
Winckelmann, Johann Joachim 1964: Geschichte der Kunst des Altertums, hrsg. von Wilhelm Senff, Weimar.
— 1968: Kleine Schriften, Vorreden, Entwürfe, hrsg. von Walther Rehm mit einer Einleitung von Hellmut Sichtermann, Berlin.
— 2013: Gedancken über die Nachahmung der Griechischen Wercke in der Mahlerey und Bildhauer-Kunst. Sendschreiben. Erläuterung, hrsg. von Max Kunze, Stuttgart.

II Briefe 11 bis 16

Udo Thiel
7 „Person" und „Zustand". Grundbegriffe von Schillers „transzendentalem Weg" im Kontext

(Brief 11)

7.1 Der 11. Brief: Thema, Verortung und Struktur

Mit seinem 11. Brief betritt Schiller den von ihm selbst im letzten Absatz des 10. Briefes angekündigten „transzendentalen Weg" (600). Dieser Ausdruck stammt von Kant, der ihn in der *Kritik der reinen Vernunft* in dem Abschnitt benutzt, in dem er den Gedanken einer transzendentalen Deduktion der Kategorien einführt und ihn von dem einer empirischen Deduktion unterscheidet. Die „einzige Art einer möglichen Deduktion der reinen Erkenntnis a priori" sei die „auf dem transzendentalen Wege" (KrV A 87/B 119). Schillers transzendentaler Weg, der in den Briefen 11 bis 16 beschritten wird, bezieht sich offensichtlich nicht auf apriorische Formen des Denkens und die Frage nach deren objektiver Geltung, sondern auf den „reinen Vernunftbegriff der Schönheit". Auch im weiteren Verlauf folgt Schiller keineswegs streng Kant, obwohl die Begrifflichkeit oft an Kant gemahnt. Schiller scheint sein Projekt allerdings durchaus als ein transzendentalphilosophisches zu betrachten, das er deutlich von einem metaphysischen Vorhaben unterscheidet. Er betont, dass der Transzendentalphilosoph im Gegensatz zum Metaphysiker keineswegs beabsichtige, „die Möglichkeit der Dinge zu erklären", sondern sich vielmehr damit begnüge, „die Kenntnisse festzusetzen, aus welchen die Möglichkeit der Erfahrung begriffen wird" (19. Brief, 629). Ob Schiller in seiner Untersuchung diese Unterscheidung durchhält und konsistent nicht-metaphysisch argumentiert, muss sich noch erweisen. Kant hätte gewiss hinzugefügt, dass es in einer transzendentalen Untersuchung speziell um die *apriorischen* Bedingungen der Möglichkeit von Erfahrung gehe.

Genau genommen geht es auch Schiller um eine apriorische Bedingung. Denn es soll der „reine Vernunftbegriff der Schönheit" als „eine notwendige Bedingung der Menschheit" hergeleitet werden. Dieser reine Vernunftbegriff sei nicht aus der Erfahrung zu gewinnen, da er „aus keinem wirklichen Falle geschöpft werden" könne. Vielmehr solle er „unser Urteil über jeden wirklichen Fall" berichtigen und leiten (10. Brief, 600). Der Begriff müsse daher aus der Abstraktion und durch eine Reflexion über die „Möglichkeit der sinnlich-vernünftigen Natur gefolgert werden". Die sinnlich-vernünftige Natur ist aber die des Menschen oder der Menschheit. Daher, sagt Schiller, müsse man sich zwecks Herleitung des Schönheitsbegriffs zum „reinen Begriff der Menschheit" erheben, d. h., das „Absolute und Bleibende" am Menschen entdecken. Und auch dies sei nicht aus der Erfahrung zu gewinnen, denn diese gebe uns „nur einzelne Zustände einzelner Menschen" an die Hand, „aber niemals die Menschheit" (10. Brief, 600). Die reflektierende Abstraktion auf den Begriff der Menschheit führe uns letztlich auf den reinen Begriff der Schönheit als notwendiger Bedingung der Menschheit.

Die im letzten Absatz des 10. Briefes und im ersten Satz des 11. Briefes in Anschlag gebrachte *Abstraktion* als erstem Schritt auf dem transzendentalen Weg erinnert an den Anfang von Fichtes *Grundlage der gesammten Wissenschaftslehre* von 1794. Die Darstellung des absolut ersten Grundsatzes des Wissens bedürfe einer „Abstraction von allem, was nicht wirklich dazu gehört".[1] Ausgegangen werde von irgendeiner Tatsache des empirischen Bewusstseins, dann sei eine empirische Bestimmung nach der anderen von ihr abzusondern, bis dasjenige, was sich nicht wegdenken lässt und wovon man nichts weiter absondern kann, „rein zurückbleibt".[2] Ähnlich argumentiert Schiller, dass wir zu dem „reinen Begriff der Menschheit" gelangen, indem wir aus „individuellen und wandelbaren Erscheinungsarten das Absolute und Bleibende zu entdecken und durch Wegwerfung aller zufälligen Schranken uns der notwendigen Bedingungen ihres Daseins zu bemächtigen suchen" (10. Brief, 600).

Das Resultat dieser bis zur höchsten Stufe geführten Abstraktion, das die Grundlage für die folgende Argumentation bildet, wird gleich im ersten Satz des 11. Briefes festgehalten: man gelangt „zu zwei letzten Begriffen, bei denen sie [die Abstraktion] stille stehen und ihre Grenzen bekennen muss" (601). Diese beiden letzten Begriffe sind das Thema des 11. Briefes: Person und Zustand. Das, was im Menschen bleibt, persistiert, nennen wir „seine *Person*"; das, was „sich unaufhörlich verändert", oder „das Wechselnde" nennen wir „seinen *Zustand*" (601). Diese begriffliche Unterscheidung bezeichnet offensichtlich nur den Beginn des transzendentalen Weges. Und es mag zunächst nicht verständlich sein, was diese Reflexionen auf die Begriffe von Person und Zustand mit dem Begriff der Schönheit zu tun haben – ein Begriff, der im 11. Brief noch nicht wieder vorkommt. Dieser Zusammenhang kann erst mit den folgenden Briefen 12 bis 16 offenbar werden.

Mit der Fokussierung auf den Begriff der Person und auf die Frage nach ihrer Identität betritt Schiller im 11. Brief auch einen Themenbereich, der eine bis auf

---

[1] Grundlage der gesammten Wissenschaftslehre, in: FW I, 91.
[2] Ebd., 92.

die Antike zurückgehende Tradition hat, der sich aber im Rahmen der Frühen Neuzeit seit dem Ende des 17. Jahrhunderts auf neue Weise entwickelt hatte und kontrovers und lebhaft diskutiert wurde. Es ist unwahrscheinlich, dass Schiller die wichtigsten Schriften zu dieser Thematik aus eigener direkter Lektüre kannte, beispielsweise die Werke von Locke, Leibniz und Hume. Allerdings ist dieser philosophiehistorische Kontext in den Schiller durchaus bekannten Werken von Kant und Fichte und anderen präsent, wie wir noch sehen werden. In indirekter Weise ist also dieser größere Horizont auch für das Verständnis und die Verortung von Schillers Beitrag relevant. Es kann natürlich auch hier nicht darum gehen, Schillers Ausführungen auf Versatzstücke von Kant und/oder Fichte beziehungsweise der älteren Tradition zu reduzieren. Schiller weist bereits im ersten Brief darauf hin, dass bei aller Berufung auf „größtenteils Kantische Grundsätze" seine „Ideen, mehr aus dem einförmigen Umgang mit mir selbst als aus einer reichen Welterfahrung geschöpft oder durch Lektüre erworben" wurden (570). Zur Erläuterung und Würdigung von Schillers eigenem Beitrag zu dieser Debatte ist es jedoch erforderlich, diesen von anderen Beiträgen zu unterscheiden und ihn in Beziehung zu diesen zu setzen, insbesondere (aber nicht nur) hinsichtlich Kants und Fichtes, auf die sich Schiller an mehreren Stellen der *Briefe* beruft.

Wie man diesen Hinweisen bereits entnehmen kann, behandelt Schiller im 11. Brief auf engstem Raum grundlegende, überaus komplexe und historisch belastete Konzepte. Die Darstellung in neun Absätzen ist zwar sehr komprimiert, aber klar durchkomponiert. Während die ersten fünf Absätze das Begriffspaar Person-Zustand erläutern und schließlich auf den Begriff der menschlichen Person im Unterschied zu dem der „Person überhaupt" kommen, führen die Absätze sechs bis neun auf „zwei entgegensetzte Anforderungen an den Menschen" und leiten zum 12. Brief über, in denen diese „Anforderungen" mit Hilfe der Konzeptionen von Formtrieb und sinnlichem Trieb erläutert werden. Gleichzeitig schließt sich der Kreis zum Anfang des 11. Briefes, denn diese beiden „Aufgaben, in höchster Erfüllung gedacht, führen zu dem Begriff der Gottheit zurücke, von dem wir ausgegangen sind" (603). In der Tat hat Schiller gleich im zweiten Absatz, nach der ersten Einführung der Begriffe ‚Person' und ‚Zustand', den Begriff der Gottheit eingebracht. Hier wird dieser noch lediglich als Kontrast zum Begriff der menschlichen Person angeführt. Im siebten Absatz dagegen spricht Schiller nicht mehr nur von einem bloßen Gegensatz zwischen menschlicher und göttlicher Person, sondern er stellt auch eine positive Beziehung des Menschen zur Gottheit her, indem er eine „Tendenz" im Menschen hin zur Gottheit behauptet. Hier stellt sich die oben bereits angesprochene Frage, ob sich Schiller durchgängig einer transzendentalen Betrachtungsweise bedient oder nicht doch die Grenze zur Metaphysik überschreitet.

7.2 Absolutes Subjekt – Menschliche Person – „Person Überhaupt"

Im ersten Absatz bezieht Schiller die Abstraktionsleistung im Anschluss an den 10. Brief ganz auf den Menschen als endlichem Wesen, indem sie „in dem Menschen" etwas unterscheidet, das bleibt, und etwas, das wechselt. Im zweiten Absatz überträgt Schiller die Unterscheidung zwischen Bleibendem (der Person) und Wechselndem (dem Zustand) auch auf das unendliche Wesen, die Gottheit, von Schiller hier auch „absolutes Subjekt" genannt. Die Gegenüberstellung von Person und Zustand im Menschen einerseits und in der Gottheit andererseits scheint hier vor allem den Zweck zu erfüllen, die Bedeutung der Unterscheidung von Person und Zustand in Hinsicht auf den Menschen zu erläutern. Denn im absoluten Subjekt sind Person und Zustand, „das Selbst und seine Bestimmungen", nur „als eins und dasselbe" zu denken. Dies gilt aber nicht für den Menschen. Hier sind das „Selbst" (die Person) und seine „Bestimmungen" (Zustand) „ewig zwei". „Bei aller Beharrung der Person wechselt der Zustand, bei allem Wechsel des Zustands beharret die Person" (601). Diese hier eingeführte „ewige" Zweiheit von Person und Zustand im Menschen wird in der Folge noch signifikant sein, da hieraus schließlich die am Ende dieses Briefes benannten „zwei entgegengesetzten Anforderungen an den Menschen" (603) hervorgehen. Die Person im Menschen und alle ihre *wesentlichen* Bestimmungen, d. h. alles, „was unmittelbar aus *uns* folgt", persistiert und bleibt identisch. Das heißt, es gibt auch im Menschen einige Bestimmungen, die mit der Person „als eins und dasselbe zu denken" sind. Dies gilt aber nicht für *alle* seine Bestimmungen, und darin besteht der Unterschied zur Gottheit. Denn es gibt vieles im Menschen, das, wie im dritten Absatz argumentiert wird, von etwas abhängt, das „außer uns" ist. Schiller sagt hier noch nicht, was zu den wesentlichen Bestimmungen der Person im Menschen gehört. Im fünften Absatz wird darauf verwiesen, dass es sich bei der Person um „reine Intelligenz" handelt. Im Gegensatz zum Menschen fließen aber in der Gottheit, im absoluten Subjekt, *alle* Bestimmungen unmittelbar aus der Persönlichkeit. Daher beharren in der Gottheit (und nur in ihr) nicht nur einige Bestimmungen, sondern alle Bestimmungen mit der Persönlichkeit. Alle ihre Bestimmungen sind ihr wesentlich. „Alles, was die Gottheit ist, ist sie deswegen, *weil sie ist*" (601).

Der Begriff des absoluten Subjekts, den Schiller hier einführt, erinnert wiederum an Fichte. Schillers gerade zitierte Aussage, die Gottheit ist, „*weil sie ist*", scheint auf Fichtes „Ich bin schlechthin, weil ich bin" zu verweisen.³ Wenn Fichte von der „Erklärung des Ich, als absoluten Subjects" spricht, meint er das Ich, dessen Sein darin besteht, dass es sich als seiend setzt.⁴ Damit kann bei Fichte allerdings nicht ein im traditionellen Sinne als Substanz gedachter Gott gemeint sein.⁵ Darüber hinaus spricht Schiller im Gegensatz zu Fichte wie oben skizziert vor allem vom Menschen. Es geht Schiller von vornherein bei aller Betonung der Abstraktion als Teil der transzendentalen Methode nicht um ein abstraktes logisches Ich, sondern um den Menschen.⁶ Auch zu Kant tun sich Differenzen auf. Denn anders als dieser spricht Schiller in seinen Ausführungen zur Gottheit von dieser nicht etwa als einem „transzendentalen Ideal", für dessen Existenz es keine theoretisch-spekulativen Beweise gebe,⁷ sondern, so scheint es, als von einer gegebenen metaphysischen Realität.

Im dritten Absatz argumentiert Schiller, dass Person und Zustand im Menschen nicht nur voneinander zu unterscheiden seien, sondern auch nicht auseinander hervorgehen könnten. Schiller betont, dass wir denken, wollen, empfinden „nicht, weil wir sind", sondern „weil außer uns noch etwas anderes ist" (601). Dieses Andere, uns Äußere geht nicht aus dem Ich oder der Person hervor, sondern es ist, darauf deuten Schillers Formulierungen jedenfalls hin, eine Außenwelt, die den Stoff zum Denken und Empfinden bereitstellt. In der menschlichen Person, im endlichen Subjekt fließen demnach nicht alle Bestimmungen aus ihr selbst. Diese könnten gar nicht in der Person gründen, genauso wenig wie die Person auf die Bestimmungen zurückgeführt werden könne, andernfalls würde „entweder die Persönlichkeit oder die Endlichkeit aufhören" (601). Auch dieser Aspekt der Person-Zustand-Unterscheidung wird gelegentlich auf Fichte zurückgeführt, nämlich auf dessen Unterscheidung zwischen den Begriffen vom absoluten und vom teilbaren Ich.⁸ Man könnte jedoch meinen, dass Schillers Aussagen auf einen Gegensatz zu Fichte hinausliefen. Denn für diesen ist „das Nicht-Ich *im Ich* gesetzt".⁹ Allerdings ist Schillers Gedanke, wenn es um den Menschen geht, auch bei Fichte präsent. In der Vorlesung *Über die Bestimmung des Menschen an sich* (1794) heißt es über diesen: „Er ist, *weil* er ist. Dieser Charakter des absoluten Seyns [...] ist sein Charakter oder seine Bestimmung, insofern er bloss und lediglich als vernünftiges Wesen betrachtet wird [...] *Das, was* er ist,

---

3 Grundlage der gesammten Wissenschaftslehre, in: FW I, 98.
4 Ebd., 97.
5 Zum Verhältnis der Begriffe ‚absolutes Subjekt' und ‚Gottheit' bei Fichte vgl. Acosta 2011, 222.
6 Darauf hat schon Janke 1967, 434 hingewiesen; vgl. auch Heinz 2001, 123.
7 KrV A 571/B 599 ff.
8 Grundlage der gesammten Wissenschaftslehre, in: FW I, 110. Vgl. Acosta 2011, 24.
9 Grundlage der gesammten Wissenschaftslehre, in: FW I, 106.

ist er zunächst nicht darum, weil *er* ist; sondern darum, weil *etwas ausser ihm* ist".[10] Für die Position, dass unser Denken und Empfinden von einer Außenwelt abhängig ist, muss man aber offensichtlich nicht Fichte bemühen. In der Transzendentalphilosophie bietet sich Kants „Widerlegung des Idealismus" an. Hiernach setzen mentale Gehalte die Existenz einer von uns im Raume unterschiedenen Außenwelt voraus. Ohne diese Außenwelt hätten wir gar keinen Stoff zum Denken. Kant versucht zu zeigen, dass „das Bewußtsein meines eigenen Daseins [...] zugleich ein unmittelbares Bewußtsein des Daseins anderer Dinge außer mir" sei (KrV B 276) und dass „nur vermittelst" der äußeren Erfahrung innere Erfahrung möglich sei (KrV B 277). Freilich ist der Gedanke, dass wir denken und empfinden, „weil außer uns noch etwas anderes ist", gar nicht spezifisch transzendentalphilosophisch, sondern ein Gemeinplatz nicht nur in der empiristischen Tradition. Er ist beispielsweise bei Schillers Lehrer Jacob Friedrich Abel zu finden, für den erwiesen ist, „daß alle Vorstellungen von äusseren Gegenständen stammen".[11] Im sechsten Absatz spezifiziert Schiller das „außer uns" dann aber im Sinne Kants als ein ‚Außen' der Erscheinungen im Raume. „Die Materie der Tätigkeit also oder die Realität [...] muß der Mensch erst *empfangen*, und zwar empfängt er dieselbe als etwas außer ihm Befindliches im Raume und als etwas in ihm Wechselndes in der Zeit auf dem Wege der Wahrnehmung" (602). Schillers Ausführungen verweisen hier offensichtlich auf Kants Lehre von den Formen der äußeren und inneren Sinnlichkeit, Raum und Zeit, durch die allein, „uns Menschen wenigstens", Gegenstände gegeben seien (KrV B 33).

Der Begriff der Zeit wird bereits im vierten Absatz eingeführt. Da der Zustand einen Grund haben muss, aber, wie gezeigt, nicht in der Person gründen kann, muss er „erfolgen". Damit ist die Zeit als „die Bedingung alles abhängigen Seins oder Werdens" angegeben. Die wechselnden Bestimmungen der Person können nur unter der Bedingung der Zeit als, kantisch formuliert, deren Form gedacht werden. Da dagegen die Person nicht erfolgt, nicht auf den Zustand, auf die Bestimmungen zurückgeführt werden kann, müsse sie „ihr eigener Grund sein, denn das Bleibende kann nicht aus der Veränderung fließen" (601). Diese Idee des „in sich selbst gegründeten Seins" ist die der Freiheit. Damit sind mit Freiheit und Zeit den Begriffen Person und Zustand zwei weitere systematisch und historisch stark belastete Begriffe zugeordnet. Die Zeit wird wie angedeutet im sechsten Absatz

---

10 FW VI, 295 f.
11 Abel 1786, 10. Vgl. auch ebd., 12: „Nach diesen Grundsätzen sind also die Vorstellungen zuerst allein mittels des Körpers und der äußeren Sinne in die Seele getreten". Und: „Auch die Begriffe von unseren Seelenvermögen [...] nehmen zulezt aus den Sinnen ihren Ursprung" (ebd., 8).

wieder aufgegriffen und zusammen mit dem Raum als Bedingung der Erfahrung oder der „Realität" bezeichnet.

Der Begriff der Freiheit, wie Schiller ihn hier einführt, scheint zunächst rein theoretische Bedeutung zu haben. Aber die Verbindung von Freiheit und Person verweist durchaus auf die praktische Bedeutung des Person-Begriffes, auch wenn Schiller darauf im 11. Brief nicht eingeht. Die praktische Bedeutung des „in sich selbst gegründeten Seins" der Person, ihrer Autonomie, kommt schon in der Bestimmung der Person in *Über Anmut und Würde* zur Sprache:

> Der Mensch aber ist zugleich eine *Person*, ein Wesen also, welches *selbst* Ursache, und zwar absolut letzte Ursache seiner Zustände sein, welches sich nach Gründen, die es aus sich selbst nimmt, verändern kann. (SW 5, 444)

In den *Augustenburger Briefen* betont Schiller die praktische Bedeutung des Person-Begriffs, indem er den Begriff der Person mit dem der Sache konfrontiert und den Person-Begriff auf „die moralische Weltordnung", die Sache aber auf die Natur bezieht:

> Meine Vernunftbestimmung personifiziret mich, da die Natur mich bloß als eine *Sache*, und als ihr *Mittel* behandelt. Der Naturzweck mit mir geht durch mich hindurch und über mich hinaus; der Zweck der Vernunft mit mir steht bey meiner Persönlichkeit stille, und macht *mich* zu seinem Mittelpunckt.[12]

Dieser Gegensatz von Person/Vernunft einerseits und Natur/Sache andererseits gilt für den 11. Brief, auch wenn er nicht in exakt dieser Terminologie übernommen und nicht explizit formuliert wird.[13] Darüber hinaus verweist dieser Gegensatz wiederum auf eine entsprechende Unterscheidung bei Kant, die hier sowohl moralische als auch rechtliche Bedeutung hat. In der *Grundlegung zur Metaphysik der Sitten* heißt es, Sachen seien „vernunftlose Wesen", deren Dasein allein auf der Natur beruhe, während „vernünftige Wesen *Personen* genannt werden".[14] Allgemein ist für Kant die Person in rechtlicher und moralischer Hinsicht ein „Subjekt, dessen Handlungen einer Zurechnung fähig ist", während die Sache „ein Ding" sei, „was keiner Zurechnung fähig ist" und der „Freiheit ermangelt".[15]

Der kompositorisch und inhaltlich zentrale fünfte Absatz schließt die begrifflichen Unterscheidungen zwischen Person und Zustand vorläufig ab. Nun geht es darum, das Verhältnis zwischen beiden näher zu bestimmen, um

---

12 Schiller an F. Ch. v. Augustenburg, 11. Nov. 1793, in: NA XXVI, 309; Brief No. 208.
13 Vgl. hierzu schon Janke 1967, 440.
14 Grundlegung zur Metaphysik der Sitten, AA VI, 428.
15 Metaphysik der Sitten, AA VI, 223, 227; zur Unterscheidung bei Kant vgl. Baum 2003, 24, 27.

schließlich trotz dieses Gegensatzes zur „Einheit der menschlichen Natur" zu kommen (13. Brief, 607). Im 11. Brief führt dieses Thema zunächst auf die „zwei entgegengesetzte[n] Anforderungen an den Menschen" (603), die dann im 12. Brief behandelt werden.

Schiller unterstreicht zunächst noch einmal das Gegensätzliche, indem er feststellt, dass die „Person im ewig beharrenden ICH [...] nicht werden", nicht in der Zeit anfangen könne (5. Absatz, 602). Gegen diese Aussage, dass die *Person* nicht werden könne, betont Schiller, sei die Tatsache, „daß der *Mensch* erst wird" (Hervorhebung UT), also „in der Zeit" anfängt, „kein Einwurf" (602). Denn der Mensch ist nicht „bloß Person überhaupt", sondern „eine Person, die sich in einem bestimmten Zustand befindet". Diese Unterscheidung zwischen ‚Person überhaupt' und menschlicher, nicht ohne Zustand denkbarer Person ist offensichtlich grundlegend, wird aber erst in diesem Kontext spruchreif, da die Einheit von Person und Zustand im Menschen angegangen werden soll. Schon zu Anfang des 11. Briefes hat Schiller, wie wir sahen, die Unterscheidung Person-Zustand auf den Menschen bezogen: die Unterscheidung betrifft etwas „in dem Menschen", das heißt, sie betrifft etwas, das nur in der Gottheit von selbst zusammenfällt (2. Absatz, 601). Der Begriff der „Person überhaupt" muss also als Oberbegriff zu den Begriffen der Gottheit und der menschlichen Person gedacht werden. Beide Arten von Person haben Bestimmungen, nur ist das Verhältnis von Person und Zustand jeweils ein anderes, im Falle der Gottheit ist es eines der Identität, im Falle der menschlichen Person eines der Verschiedenheit.

Im fünften Absatz sucht Schiller das Verhältnis von Person und Zustand durch ein Beispiel zu illustrieren: „Indem wir sagen, die Blume blühet und verwelkt, machen wir die Blume zum Bleibenden in dieser Verwandlung und leihen ihr gleichsam eine Person, an der sich jene beiden Zustände offenbaren" (602). Die Blume ist natürlich keine Person, aber im Verhältnis zu ihren Zuständen ist sie wie die Person das Bleibende, sie ist dasjenige, an dem sich Änderungen vollziehen, ohne selbst Veränderung zu sein. Der Unterschied zwischen Person und Zustand wird damit als ein besonderer Fall der traditionellen Unterscheidung zwischen Substanz und Akzidens vorgestellt, auch wenn Schiller diese Termini im 11. Brief nicht verwendet.[16] Damit verweisen Schillers Überlegungen auf die Tradition der Begriffe Person-Mensch-Substanz, in Bezug auf welche sie nun verortet werden müssen.

---

[16] Vgl. Janke 1967, 441 und Heinz 2001, 125.

7.3 Mensch – Person – Substanz: Schillers Verhältnis zur Tradition

Die komplexe Tradition, auf welche Schillers Personenbegriff zu beziehen ist, geht bis auf die Antike zurück und kann hier nur grob skizziert werden.[17] In der Frühen Neuzeit bezieht sich der Terminus ‚Person' gewöhnlich auf den individuellen Menschen, aber in einigen philosophischen Diskussionen wird ‚Person' für einen besonderen Aspekt oder eine Eigenschaft oder Funktion des individuellen Menschen benutzt. Der lateinische Terminus ‚persona' stand zunächst für die Maske, durch die ein Schauspieler seine Rolle den Zuschauern kommunizierte. Dann konnte er für die Rolle und den Charakter selbst verwendet werden. Schließlich wurde diese Bedeutung vom Schauspiel auf die reale Welt übertragen: als Begriff für die Rolle oder die Funktion, die ein individueller Mensch im wirklichen Leben erfüllte oder einnahm. Cicero ist berühmt für seine Theorie von vier ‚Personen' oder Rollen, die für jeden individuellen Menschen gelten.[18]

Die im Verständnis von Person als Rolle implizierte begriffliche Unterscheidung zwischen Person und Mensch war bis in die Philosophie der Frühen Neuzeit wirksam. Beispielsweise bezieht sich Hobbes explizit darauf.[19] Die Bedeutung von ‚Person' als Rolle lässt sich auch mit dem Gebrauch des Terminus in moralischen und rechtlichen Kontexten verknüpfen. Die von Kant und Schiller betonte Unterscheidung zwischen Personen und Sachen geht auf das römische Recht zurück, wonach Personen von Sachen als zwei Gegenstände des Rechts voneinander zu unterscheiden sind. ‚Persona' bezieht sich dabei einfach auf den individuellen Menschen, insofern dieser in einer Beziehung zum Recht oder zu rechtlichen Angelegenheiten steht. Der Gedanke des individuellen Menschen oder der Person als Träger von Rechten und Pflichten ist zentral auch in der christlichen Tradition des Naturrechts. Daher überrascht es nicht, dass die Diskussionen in der Frühen Neuzeit zum Thema Person häufig auf moralische und rechtliche Fragen fokussiert waren. Eine Person wurde als eine Entität angesehen, die Rechte und Pflichten hat, der wir Handlungen zurechnen und die wir für diese Handlungen verantwortlich machen können.

Dieser praktische Begriff der Person war aber keineswegs an die Bedeutung von ‚Person' im Sinne von ‚Rolle' gebunden. Vielmehr wies die traditionelle christliche und scholastische Lehre das römische Verständnis von ‚Person' als

---

[17] Vgl. zum Folgenden ausführlicher Thiel 2014, bes. 26–30, 35–43, 54–60, 76–81, 106–109, 121–131, 291–294, 311–314, 383–388, 393–398, 423–430 und die dort angegebene Literatur.
[18] De Officiis I (Cicero 1995, 4–141); vgl. Fuhrmann 1979, 97–102 und Forschner 2001.
[19] Vgl. Leviathan. xvi, in: Hobbes 1968.

Rolle gerade zurück und ersetzte es mit einer Definition, wonach die Person eine individuelle Substanz von rationaler Natur ist. Dieser Personenbegriff ergab sich aus den christologischen und trinitarischen Debatten im frühen Christentum. Die klassische Definition in diesem Sinne geht auf Boethius zurück (ca. 500). Hier steht ‚persona' für eine aristotelische ‚erste' Substanz, deren Natur oder ‚Wesen' in Rationalität besteht.[20] Zum Menschen gehören zwar „Seele und Körper"; was Menschen zu Personen mache, sei aber nicht ihre Leiblichkeit, sondern ihre Rationalität.[21] Diese Auffassung von der Person als Substanz erwies sich als überaus einflussreich. Sie dominierte nicht nur das mittelalterliche scholastisches Denken, sondern auch die metaphysischen Dispute über die Person in der Frühen Neuzeit, auch dann, wenn ein Bezug zu christologischen und trinitarischen Debatten nicht mehr hergestellt wurde.[22]

Obwohl es Versuche insbesondere im Kontext der antischolastischen humanistischen Bewegung im 15. und 16. Jahrhundert gab, den Begriff der Person als Rolle oder Qualität oder Funktion zu rehabilitieren, blieb das scholastische Verständnis von Person bis ins 17. und 18. Jahrhundert wirkmächtig. Descartes gebraucht den Ausdruck ‚Person' nur selten und bezeichnet damit den individuellen Menschen in seiner leib-seelischen Einheit.[23] Dabei macht die Seele, also der rationale Teil, für ihn das Wesen der Person aus. Das essentielle Ich ist eine einfache, immaterielle Substanz; sein Körper und seine Gedanken mögen sich verändern, aber das Ich als „reine Substanz" bleibt dasselbe.[24] Schillers Konzeption ist zwar durch kantianische Überlegungen modifiziert, sie ist aber gewiss dem Traditionsstrang zuzurechnen, wonach die Person durch Substantialität und Rationalität ausgezeichnet ist.

Die neueren Entwicklungen in der Diskussion um den Personenbegriff, wie sie bei Locke und Hume vorliegen, hat Schiller nicht in seine Überlegungen des 11. Briefes aufgenommen. Dabei markiert John Locke gegen Ende des 17. Jahrhunderts einen folgenreichen Wendepunkt, indem er an die ältere Konzeption von Person als Rolle und besonders an die des von ihm hochgeschätzten Naturrechtstheoretikers Samuel Pufendorf anknüpft und diese Konzeptionen signifikant modifiziert. Für Pufendorf ist die Person nicht als Substanz, sondern modal

---

20 Liber contra Eutychen et Nestorium, in: Boethius 1973, 84f. und 90f.
21 De Trinitate, in: Boethius 1973, 10f.
22 Natürlich wurde der Personenbegriff auch weiterhin im trinitarischen Kontext diskutiert. Vgl. beispielsweise Robertson 1766.
23 Vgl. Descartes' Briefe an Prinzessin Elisabeth vom 28. Juni 1643 (Decartes 1964–1976, III, 694) und vom 15. September 1645 (ebd., IV, 293).
24 Vgl. die Synopsis in Meditationes (Descartes 1964–1976, VII, 14).

als eine moralische Entität aufzufassen.[25] Locke argumentiert in der zweiten Auflage seines *Essay Concerning Human Understanding* von 1694, dass man den Begriff der Person nicht nur vom Begriff der denkenden Substanz (der Seele), sondern auch von dem des Menschen unterscheiden müsse. Diese drei Begriffe, Person, seelische Substanz und Mensch, bezeichnen nach Locke jeweils unterschiedliche Aspekte, mit Rücksicht auf welche wir das menschliche Subjekt betrachten können.[26] Der Begriff des Menschen ist für Locke in diesem Zusammenhang der Begriff eines Wesens, das durch eine bestimmte Organisation materieller Teile charakterisiert ist.[27] Von der Seele, als Substanz, sagt Locke zwar, dass ihre Existenz unzweifelhaft gewiss sei,[28] dass wir aber (anders als Descartes es behauptet) die reale Essenz dieses Subjekts, dem wir Denkvermögen zuschreiben, nicht erkennen könnten. Im Gegensatz zu Scholastik und Cartesianismus, die das menschliche Subjekt – bei allen Unterschieden, die zwischen diesen Traditionen bestehen – als Substanz, auffassen, bestimmt Locke den Begriff der Person allein durch den des Bewusstseins von Gedanken und Handlungen.[29] Locke modifiziert die bei Pufendorf vorliegende Konzeption der Person als moralischer Entität, indem er das Handlungen und Gedanken vereinigende *Bewusstsein* als konstitutiv für das Ich als Person ansieht. Erst durch diese Zurechnungsleistung des Bewusstseins werde der Mensch zur Person.

David Hume radikalisiert Lockes Ansatz und argumentiert, dass wir von unserem Ich oder unserer ‚mind' oder ‚person' durch innere Erfahrung nur dies wüssten, dass Perzeptionen, Gedanken und Gefühle aufeinander folgen. Ein darüber hinaus gehendes beharrendes Ich, dem diese Perzeptionen angehören und wie es von Schiller offensichtlich angenommen wird, ist für Hume kein Gegenstand innerer Erfahrung. Schillers ‚Person' wäre hiernach eine Fiktion der Einbildungskraft.[30] Leibniz gesteht in seinen gegen Locke gerichteten *Nouveaux essais* zu, dass man die durch Bewusstsein konstituierte moralische Person von der denkenden Substanz unterscheiden müsse. Gegen Locke argumentiert er jedoch, dass es keine personale Identität ohne Identität der denkenden Substanz bzw. der Seele geben könne. Die für die Moralität erforderliche persönliche Identität könne nur durch metaphysische Identität des Ich als immaterieller Seele erhalten werden.[31]

---

25 Vgl. Pufendorf 1998, I.i.,2–6.
26 Locke 1975, II.xxvii.15.
27 Locke 1975, II.xxvii.8.
28 Locke 1975, IV.ix.3; IV.iii.6.
29 Locke 1975, II.xxvii.16f.
30 Hume 2000, I.iv.6.
31 Leibniz 1962, II.xxvii.

In der Schulphilosophie des 18. Jahrhunderts knüpft Christian Wolff an Leibniz an. Einige seiner Formulierungen scheinen jedoch an Locke zu gemahnen. Beispielsweise sagt Wolff, dass die Menschen (im Gegensatz zu den Tieren) Personen seien, weil sie sich bewusst seien, „daß sie eben diejenigen sind, die vorher in diesem oder jenem Zustande gewesen".[32] Durch dieses Identitätsbewusstsein sei der Mensch als Person ein „moralisches Individuum".[33] Trotz dieser Betonung von Bewusstsein und Erinnerung ist Wolffs Konzeption aber keineswegs diejenige Lockes. Für diesen konstituiert das Bewusstsein von Gedanken und Handlungen Personalität und persönliche Identität; für Wolff dagegen macht uns das Bewusstsein von diachroner Identität zu Personen. Letztlich ist Wolff wie Leibniz im Gegensatz zu Locke der Auffassung, dass die Identität der Seele als denkender Substanz (metaphysische Identität) für personale oder moralische Identität vorausgesetzt werden müsse. Diese Position war durch Wolff und seine zahlreichen Schüler in der deutschen Philosophie des 18. Jahrhunderts weit verbreitet.[34] Schiller berücksichtigt weder die lockesche noch die wolffische Konzeption. In seiner Bestimmung der Person im 11. Brief spielt nur das Dauerhafte, Beharrende eine Rolle, nicht das Bewusstsein von Gedanken und Handlungen (Locke) und nicht das Bewusstsein von diachroner Identität (Wolff). Die wolffsche Konzeption hätte Schiller aber durch Kant bekannt sein können. Denn auch dieser verwendet sie in seiner *Kritik der reinen Vernunft* bei der Zurückweisung der rationalen Psychologie. In seiner Darstellung des dritten Fehlschlusses der rationalen Seelenlehre schreibt Kant: „Was sich der numerischen Identität seiner Selbst in verschiedenen Zeiten bewußt ist, ist sofern eine *Person*" (KrV A 361). Freilich argumentiert Kant gegen die rationale Seelenlehre, dass wir uns zwar notwendiger Weise in der ganzen Zeit, in der wir uns bewusst sind, als identisch denken müssten (KrV A 364), wir aber aus dieser logischen Identität nicht die reale Personalität der Seele erschließen könnten (KrV A 363, A 365). Diese metaphysikkritischen Argumente Kants zum Thema Person und Substanz werden von Schiller in seinem 11. Brief zum Thema Person nicht aufgegriffen. Dies lässt sich vielleicht damit erklären, dass es Schiller nicht vornehmlich um die Seele oder die Person im theoretischen Sinne, sondern in praktischer Absicht geht, auch wenn er hier nicht von Moralität spricht. Denn andererseits knüpft Schiller offensichtlich an andere Lehrstücke Kants an. Dies geht besonders deutlich aus dem 5. Absatz des 11. Briefes hervor.

---

32 Wolff 1983, § 924, vgl. auch Wolff 1972, §§ 741, 743, 660f.
33 Wolff 1972, § 741.
34 Vgl. beispielsweise die einschlägigen philosophischen Nachschlagewerke aus dieser Zeit, in denen Wolffs Auffassung von der Person wiederholt wird, Meißner 1737, 431; Baumeister 1741, 158.

7.4 Person und Substantialität: Kant – Fichte – Schiller

Schiller spezifiziert im fünften Absatz des 11. Briefes die Unterscheidung zwischen Person und Zustand in Bezug auf den Menschen dahingehend, dass er die Person im Menschen als die „reine Intelligenz in ihm" und den Zustand als ihr Individuationsprinzip vorstellt. Die Person wird demnach auf die in diesem Brief bis hierher noch nicht erwähnte vernünftige Natur des Menschen bezogen. Im Menschen finden wir nun ein Zusammen und ein Wechselspiel von reiner Intelligenz und zeitlicher „Erscheinung". Dadurch, dass der Mensch nicht reine Intelligenz, sondern verzeitlichte Intelligenz ist, ist er überhaupt ein individuelles Etwas, eine konkrete „Erscheinung" oder ein „Phänomen". Nur durch seine Zeitlichkeit, sein Gewordensein, erhält der Mensch seine Individualität. Wäre er „bloß Person überhaupt", gäbe es gar keine konkrete „Persönlichkeit" des Menschen, sondern nur eine Anlage dazu, sie würde „nicht in der Tat existieren" und „nie ein bestimmtes Wesen sein" (602). Im Gegensatz zur „Person überhaupt" muss also der Mensch „einen Anfang nehmen" (ebd.). Das „beharrliche Ich" der Person muss verzeitlicht werden, damit es „sich selbst zur Erscheinung" bringen, d. h. zu einem bestimmten, konkreten individuellen Menschen werden kann. Diese Verzeitlichung manifestiert sich „durch die Folge seiner Vorstellungen" (ebd.). Die „Folge der Vorstellungen" wiederum, dies wird im nächsten, dem 6. Absatz deutlich, verweist auf den Gedanken aus dem 3. Absatz, dass „wir empfinden, denken und wollen", also eine Folge von Vorstellungen haben können, „weil außer uns noch etwas anderes ist" (601). Daran knüpft Schiller nun an, wenn er sagt, dass die Verzeitlichung des Ich auf ihm Äußeres, im Raum Gegebenes angewiesen sei. Der Mensch könne im Gegensatz zur Gottheit die „Materie der Tätigkeit" nicht aus sich selber schöpfen; vielmehr müsse er sie „*erst empfangen*". „Und zwar empfängt er dieselbe als etwas außer ihm Befindliches im Raume und als etwas in ihm Wechselndes in der Zeit auf dem Wege der Wahrnehmung" (602).

Terminologisch und inhaltlich verweisen Schillers Ausführungen zu Phänomen und Erscheinung gegenüber reiner Intelligenz, zu Werden gegenüber Freiheit, zu Raum und Zeit als Bereich der Phänomene etc., offensichtlich auf Kants Transzendentalen Idealismus mit der dazu gehörigen Unterscheidung zwischen Erscheinungen und Dingen an sich bzw. zwischen *phaenomena* und *noumena*.[35]

---

[35] KrV B 306–311. Kant sagt, er „verstehe aber unter dem *transzendentalen Idealism* [...] den Lehrbegriff, [...] demgemäß Zeit und Raum nur sinnliche Formen unserer Anschauung, nicht aber für sich gegebene Bestimmungen, oder Bedingungen der Objekte, als Dinge an sich selbst sind" (KrV A 369). Er weist dementsprechend darauf hin, dass er dieses Lehrstück bereits in der

Kant unterscheidet zwischen dem „Ding an sich selbst" und, in der von Schiller aufgegriffenen Terminologie, den „Bestimmungen, die bloß seinen Zustand ausmachen" (KrV A 360). Allerdings werden Kants Begründung des transzendentalen Idealismus und seine Differenzierungen nicht angeführt. So finden Kants wichtige Unterscheidung zwischen *noumena* im positiven und im negativen Sinne und das Argument, dass der Begriff von *noumena* nur im negativen Sinne, als „Grenzbegriff" (KrV B 311), zulässig ist (für einen Bereich, über den wir spekulativ-theoretisch nichts ausmachen können), keinen Eingang in Schillers Überlegungen. Allerdings beziehen sich diese auch nicht auf die Begriffe von *phaenomena* und *noumena* im Allgemeinen, sondern auf deren Anwendung auf das handelnde menschliche Subjekt, d. h. auf Kants Begriffe vom „empirischen" und „intelligiblen Charakter" (KrV B 567 ff.). Der intelligible Charakter kann auf Schillers „reine Intelligenz", der auch von „anderen Naturdingen" geltende empirische Charakter auf Schillers „Mensch, als Phänomen" bezogen werden. Denn Kant verknüpft den intelligiblen Charakter mit Vernunftbestimmtheit und Freiheit, also Merkmalen, die für Schillers Begriff der Person zentral sind, den empirischen Charakter aber mit „Erscheinungen der Sinnenwelt" (KrV B 574 f.).

Genau genommen unterscheidet Kant zwischen mehreren, aufeinander bezogenen Aspekten des Person- bzw. Ich-Begriffs, was Schiller im 11. Brief nicht reflektiert. Im empirischen Sinne spricht Kant vom Ich, wie es dem inneren Sinn zugänglich ist. Kant nennt es auch das „psychologische Ich".[36] Gleichzeitig sind wir uns als Lebewesen, „als Mensch", auch Gegenstand des äußeren Sinnes (KrV B 415). Beide Aspekte beziehen sich auf das, was Schiller „Mensch, als Phänomen" nennt und bei Kant zum „empirischen Charakter" gehört.[37] Wie erwähnt bezieht sich Kant auch auf den Personenbegriff der rationalen Psychologie, weist ihn aber zurück. Denn diese mache unbeweisbare Wissensansprüche über das Ich „an sich", indem sie „über die Sinnenwelt hinaus" geht, „in das Feld der *Noumenen*" tritt und vergeblich versucht, „a priori zu beweisen, daß alle denkenden Wesen an sich Substanzen sind, als solche also [...] Persönlichkeit unzertrennlich

---

Transzendentalen Ästhetik, wo es um Zeit und Raum als Formen der Anschauung geht, „hinreichend bewiesen" habe (KrV A 490/B 518). Vgl. in der Transzendentalen Ästhetik KrV B 42–44, B 49–52. In der Tat ergibt sich für Kant der Transzendentale Idealismus aus seiner Lehre von der Sinnlichkeit und von ihren apriorischen Formen Raum und Zeit. „Die Lehre von der Sinnlichkeit ist nun zugleich die Lehre [...] von Dingen, die der Verstand sich ohne diese Beziehung auf unsere Anschauungsart, mithin nicht bloß als Erscheinungen, sondern als Dinge an sich selbst denken muß" (KrV B 307).

36 Kant, Preisschrift über die Fortschritte der Metaphysik, AA XX, 270.
37 „Der Mensch ist eine von den Erscheinungen der Sinnenwelt, und insofern auch eine der Naturursachen, deren Kausalität unter empirischen Gesetzen stehen muß. Als eine solche muß er demnach auch einen empirischen Charakter haben, so wie alle anderen Naturdinge" (KrV B 574).

bei sich führen" (KrV B 409). Das denkende Wesen, oder die Seele, wie die rationale Psychologie es sich vorstellt, ist für Kant zwar eine notwendige Idee der Vernunft, aber kein möglicher Gegenstand der Erkenntnis. Sie kann nur als „regulative Idee" für das empirische Studium der Seele dienen.[38] Obwohl Kant argumentiert, dass das Ich oder die Person als *noumenon* für uns kein möglicher Erkenntnisgegenstand sei und „wir [...] davon nichts als bloß den allgemeinen Begriff desselben haben können" (KrV A 541/B569), spielt es doch im Kontext der praktischen Philosophie, näherhin im moralischen Sinne eine wichtige Rolle. Wenn wir uns als *noumenon* denken (was wir notwendiger Weise tun müssen), denken wir uns als unabhängig von den Bedingungen unserer Sinnlichkeit (Raum und Zeit). Wir denken uns demnach als unbeeinflusst von sinnlichen Bestimmungen und in diesem Sinne als „frei" (KrV A 539–541/B 567–569). Für Kant gilt zwar, dass die „objektive Realität" dieses Begriffs „auf keine Weise erkannt werden kann" (KrV B 310). Wir können keine gültigen synthetischen Aussagen über die Realität unserer Freiheit machen (KrV A 558/B 586). Da aber der Begriff meiner selbst als *noumenon* „keinen Widerspruch enthält" (KrV B 310) und die Analyse dieses Begriffs auf den der Freiheit führt, wird es Kant möglich, die Idee der *praktischen* Freiheit für die Moral zu entwickeln. Kant argumentiert, dass ich nur dadurch eine moralische Persönlichkeit sei, dass ich mich als ein Vernunftwesen und damit als frei denke. Ich bin demnach eine moralische Entität nur dadurch, dass ich mich „als eine Person" betrachte, das heißt, „als ein Subjekt der moralisch-praktischen Vernunft".[39] Das ist gemeint, wenn im moralisch-praktischen Kontext vom Ich als *homo noumenon* die Rede ist.[40] Und dies entspricht dem oben erwähnten Begriff des intelligiblen Charakters in der *Kritik der reinen Vernunft* sowie Schillers Begriff der Person als durch Freiheit gekennzeichneter „reiner Intelligenz". Für Kant ist der Begriff des *noumenon* aber nur unter diesem praktischen Aspekt in einem positiven Sinne zulässig. Diese Überlegungen Kants konstituieren nicht ein Zugeständnis an die rationale Psychologie (KrV B 431) oder an eine ‚ontologische Festlegung' auf einen metaphysischen Begriff von einer übersinnlichen Substanz.

Wir können dementsprechend mit Bezug auf Kant unterscheiden zwischen der Person im empirischen Sinne, in einem für ihn nicht zulässigen spekulativ-metaphysischem Sinne und im moralischen Sinne. In Schillers 11. Brief kommen

---

38 „Wir wollen [...] (in der Psychologie) alle Erscheinungen, Handlungen und Empfänglichkeit unseres Gemüts an dem Leitfaden der inneren Erfahrung so verknüpfen, *als ob* dasselbe eine einfache Substanz wäre, die, mit persönlicher Identität, beharrlich (wenigstens im Leben) existiert, indessen daß ihre Zustände [...] kontinuierlich wechseln" (KrV A 672/B 700).
39 Metaphysik der Sitten, AA VI, 434.
40 Ebd., 239. Vgl. auch ebd., 223, 418, 429.

alle drei Aspekte in modifizierter Form vor, mit der signifikanten Einschränkung, dass der spekulativ-metaphysische Begriff der Person von Schiller hier *nicht* zurückgewiesen wird. Auf einen weiteren, sehr wichtigen Unterschied zwischen Schillers Überlegungen und Kants Position ist noch hinzuweisen. Denn Kant unterscheidet von der Person in den erwähnten Hinsichten noch das Ich in einem vierten, logischen Sinne. Wenn Kant wie oben erwähnt davon spricht, dass wir unsere Identität denken müssen, damit wir Veränderung denken können, so meint er damit nicht die Identität einer Substanz, sondern die Identität des bloßen, inhaltsleeren Selbstbewusstseins, des „logischen Ich".[41] Dieses logische Ich gehört nach Kant zu den apriorischen Bedingungen der Personalität in psychologischer und moralischer Hinsicht und hat eine transzendentale Bedeutung.[42] Kant spricht von ihm als vom „transzendentalen Subjekte" (KrV A 350), da es eine apriorische Bedingung der Möglichkeit nicht nur von Personalität, sondern des Denkens überhaupt ist. Kant führt für es einen „Begriff der Persönlichkeit" ein, der „bloß transzendental" sei (KrV A 365). Mit diesem transzendentalen Begriff der Persönlichkeit ist also der Begriff des logischen Ich der reinen Apperzeption gemeint, und dieser ist für Kant nicht wie der Personenbegriff der rationalen Psychologie vom Schein betroffen und „kann [...] bleiben". Im Sinne des bloß transzendentalen Begriffs der Persönlichkeit, sagt Kant, ist „die Identität der Person [...] in meinem Bewusstsein unausbleiblich anzutreffen" (KrV A 362). Schiller ontologisiert diesen Gedanken Kants gewissermaßen, indem er Kants denknotwendige Identität in die einer Person als Substanz umformt, also das annimmt, was nach Kant die rationale Psychologie fälschlich zu beweisen sucht, indem sie „das beständige logische Subjekt des Denkens, für die Erkenntnis des realen Subjekts der Inhärenz ausgibt, von welchem wir nicht die mindeste Kenntnis haben, noch haben können" (KrV A 350).

Demnach lässt sich Schiller, wie oben bereits nahegelegt wurde, in den Traditionsstrang einordnen, wonach die Person als Substanz von rationaler Natur aufzufassen ist. Welcher Substanzbegriff liegt aber bei Schiller dieser Auffassung zu Grunde? Bisweilen wird argumentiert, dass es sich dabei um Fichtes Auffassung von Substantialität handele.[43] Dies scheint zumindest in Hinblick auf die anfänglichen begrifflichen Unterscheidungen zwischen dem „Selbst und seinen Bestimmungen", wobei das Selbst das Dauernde sei, nicht ganz unproblematisch zu sein. Denn Fichte bestimmt die Substanz gerade nicht als das Dauernde, sondern als das Allumfassende. In diesem Sinne wird auch das Ich als Substanz

---

41 Preisschrift über die Fortschritte der Metaphysik, AA XX, 270.
42 Vgl. Baum 2002, 109f.
43 Janke 1967, 441.

aufgefasst: „Insofern das Ich betrachtet wird, als den ganzen, schlechthin bestimmten Umkreis aller Realitäten umfassend, ist es *Substanz*". Vor allem gibt es für Fichte ursprünglich nur eine Substanz, das Ich. „In dieser Einen Substanz sind alle möglichen Accidenzen, also mögliche Realitäten gesetzt".[44] Darum „ist klar, dass durch die Substanz nicht das dauernde, sondern das allumfassende bezeichnet werde. Das Merkmal des dauernden kommt der Substanz nur in einer sehr abgeleiteten Bedeutung zu".[45]

Nur in Bezug auf das „absolute Subjekt", d.h. auf die Gottheit, kann bei Schiller von Substantialität in einem „allumfassenden" Sinne gesprochen werden, da bei der Gottheit „alle Bestimmungen *aus* der Persönlichkeit fließen" (2. Absatz, 601). Schillers Ausführungen zur menschlichen Person im 11. Brief knüpfen aber an einen traditionellen Substanzbegriff an, der sich auch bei Schillers Lehrer Jacob Friedrich Abel finden lässt. Abel weist Kants Kritik an der rationalen Seelenlehre zurück. „Niemals" zwar „können wir ihre [der Seele] innere Natur erforschen", aber die Einfachheit derselben, „die Beharrlichkeit derselben beym Wechel der Accidenzien" sei uns schon bekannt.[46] „Meine Seele, das Subject der Veränderungen, ist also unter dem Wechsel seiner Accidenzien fortdaurendes Wesen, der bleibende Siz meiner Veränderungen".[47]

7.5 Von Person und Zustand zu Formtrieb und sinnlichem Trieb

In der zweiten Hälfte des sechsten Absatzes wird in diesem Brief zum ersten Mal ein normatives Moment ins Spiel gebracht. Ging es bislang um eine Darstellung und Erläuterung des Verhältnisses von Person und Zustand, werden nun aus dieser „ewigen" Zweiheit bestimmte „Vorschriften", „Aufgaben" und „Anforderungen" für den Menschen hergeleitet. Diese Überlegungen leiten über zu der Erörterung von Formtrieb und sinnlichem Trieb im 12. Brief. Die „Vorschrift", die Schiller im sechsten Absatz anspricht, betrifft die „Einheit der Erkenntnis". Das Wechselnde, die bloß subjektiven „Wahrnehmungen" sollen durch das Denken zu

---

44 Grundlage der gesammten Wissenschaftslehre, FW I, 142.
45 Ebd., 194.
46 Abel 1787a, 141f.
47 Abel 1787a, 122. Vgl. auch Abel 1786. „Der Begriff der Ichheit und der Personalität [...] läßt sich [nicht] ohne Voraussetzung der Einfachheit begreifen" (3). „Das Denkende ist ein vom Körper unterschiedenes Wesen, eine eigene besondere Substanz, die Seele" (9). Vgl. auch Abel 1787b, 244–253, spez. 248.

empirischer Erkenntnis oder „Erfahrung" gebracht werden. Diese Vorschrift sei uns durch unsere „vernünftige Natur [...] gegeben" (602). Unsere Vernunft gibt uns vor, das bloß subjektiv Gegebene vermittelst des Denkens allgemeingültig bzw. objektiv zu machen. Dieser Gegensatz von Wahrnehmung und Erfahrung, von dem Schiller hier spricht, verweist terminologisch und inhaltlich auf Kants Analyse von Wahrnehmungs- und Erfahrungsurteilen, die er in den *Prolegomena zu einer jeden künftigen Metaphysik, die als Wissenschaft wird auftreten können* (1783) vornimmt.[48] Hiernach bedarf es, damit aus subjektiv-gültigen Wahrnehmungsurteilen allgemeingültige und objektive Erfahrungsurteile werden können, der Kategorien des reinen Verstandes. Um zu Erfahrungsurteilen zu kommen, wird verlangt, „daß über das Empirische und überhaupt über das der sinnlichen Anschauung Gegebene noch besondere Begriffe hinzukommen müssen, die ihren Ursprung gänzlich a priori im reinen Verstande haben, unter die jede Wahrnehmung allererst subsumiert und dann vermittelst derselben in Erfahrung kann verwandelt werden".[49]

Näherhin geht es Schiller jedoch nicht um die empirische Erkenntnis von Gegenständen. Im siebten Absatz folgt denn auch eine daran anknüpfende, aber darüberhinausgehende „Aufgabe", die aus unserer Doppelnatur herzuleiten sei. Schiller beginnt damit, auf den schon im zweiten Absatz eingeführten Gegensatz Gottheit, absolutes Subjekt oder „unendliches Wesen" einerseits und menschliche Person oder endliches, sinnlich-vernünftiges Subjekt andererseits zurückzukommen (602). Hier wird aber nicht mehr ein bloßer Vergleich zwischen unendlichem und endlichem Subjekt angestellt, sondern dem endlichen Subjekt eine bestimmte „Aufgabe" zugesprochen. Diese ergebe sich daraus, dass trotz aller Gegensätzlichkeit ein Element des Göttlichen im Menschen vorhanden sei. Dieses komme ihm dank seiner Persönlichkeit zu. Absolutes und endliches Subjekt haben hiernach das Person-sein gemeinsam. Im Gegensatz zur menschlichen Person sei es das „eigentlichste Merkmal der Gottheit", die „absolute Einheit des Erscheinens" und die „Wirklichkeit alles Möglichen" zu leisten (602). Wir haben es mit einer absoluten Einheit der Erscheinungen zu tun, da bei der Gottheit „alle ihre Bestimmungen [...] *aus* der Persönlichkeit fließen" (601). Dies sei beim endlichen Subjekt, dem Menschen, nicht der Fall, aber dank seines Person-seins könne man von einer göttlichen „Tendenz" im Menschen sprechen. „Die Anlage zu der Gottheit trägt der Mensch unwidersprechlich in seiner Persönlichkeit in sich", behauptet Schiller (603). Durch diese göttliche „Tendenz" sei dem Menschen als „unendliche Aufgabe" gegeben, die „absolute Einheit des Erscheinens"

---

48 AA IV, 297–302.
49 Ebd., 297.

selbst als Ziel zu verfolgen. Diese Aufgabe sei unendlich, da das Ziel niemals erreicht werden könne. Dennoch gelte es, den „Weg zur Gottheit" zu beschreiten.[50] Der Weg sei dem Menschen aufgetan durch das den Sinnen gegebene Material. Auf dieses sei die Persönlichkeit des Menschen angewiesen, ohne die Sinne wäre sie bloß „Form und leeres Vermögen" (603).

Schiller greift hier den bereits im fünften Absatz formulierten Gedanken über den Menschen auf, wonach die Person des Menschen ohne die Zeit „nicht in der Tat existieren" würde, dass es dazu der „Folge seiner Vorstellungen" bedürfe (602). Hier heißt es, dass in ihm die „Persönlichkeit, für sich allein und unabhängig von allem sinnlichen Stoffe betrachtet [...] bloß die Anlage zu einer möglichen unendlichen Äußerung" sei (603). Dem Gegensatz von reiner Intelligenz und Sinnlichkeit wird das traditionelle Begriffspaar Form und Materie zugeordnet. Dabei geht es letztlich darum, Einheit zu stiften, und zwar „die Einheit der menschlichen Natur [...], die durch diese ursprüngliche und radikale Entgegensetzung völlig aufgehoben scheint" (13. Brief, 607). Diese Einheit darf nicht als *Vereinigung* der Gegensätze verstanden werden, sondern ist als Wechselspiel nach dem Muster von Form und Materie aufzufassen. Während die Persönlichkeit „für sich allein" bloß Anlage, inhaltsleere Form sei, vermöge die „Sinnlichkeit, für sich allein und abgesondert von aller Selbsttätigkeit des Geistes betrachtet", nur dies, dass sie den Menschen „zur Materie macht" (603). „Materie" wird auch als die der Person entgegengesetzte „Welt" bezeichnet. Denn unter „Welt" sei „der formlose Inhalt der Zeit" zu verstehen (ebd.). „Um also nicht bloß Welt zu sein, muß er [der Mensch] der Materie Form erteilen; um nicht bloß Form zu sein, muß er der Anlage, die er in sich trägt, Wirklichkeit geben" (ebd.).[51]

Schiller interpretiert dieses Wechselspiel von Form und Materie gegen Ende des 11. Briefes im Sinne von zwei „entgegengesetzte[n] Anforderungen an den Menschen", die er sogleich als „zwei Fundamentalgesetze der sinnlich-vernünf-

---

50 Vgl. hierzu wieder Fichtes Vorlesung *Über die Bestimmung des Menschen an sich* (1794): „Alles vernunftlose sich zu unterwerfen, frei und nach seinem eigenen Gesetze es zu beherrschen, ist letzter Endzweck des Menschen; welcher letzte Endzweck völlig unerreichbar ist und ewig unerreichbar bleiben muss, wenn der Mensch nicht aufhören soll, Mensch zu seyn, und wenn er nicht Gott werden soll. Es liegt im Begriffe des Menschen, dass sein letztes Ziel unerreichbar, sein Weg zu demselben unendlich seyn muss. Mithin ist es nicht die Bestimmung des Menschen, dieses Ziel zu erreichen. Aber er kann und soll diesem Ziele immer näher kommen: und daher ist die *Annäherung ins unendliche zu diesem Ziele* seine wahre Bestimmung als *Mensch*, d. i. als vernünftiges, aber endliches, als sinnliches, aber freies Wesen" (FW VI, 299f.).
51 Bedauerlicher Weise fehlt im Text der SW hier das „nicht" zwischen „Um also" und „bloß Welt zu sein".

tigen Natur" bezeichnet (603).⁵² Die Aufgabe des Menschen besteht demnach darin, diesen beiden Anforderungen oder Fundamentalgesetzen seiner Natur nachzukommen. Es handelt sich um eine „doppelte Aufgabe" (12. Brief, 604), die dem Menschen aus seiner Doppelnatur erwächst. Das erste Fundamentalgesetz, das der ersten Anforderung entspricht, bezieht sich auf den Materie-Begriff. Es dringt auf „absolute *Realität*". Der Mensch „soll alles zur Welt machen, was bloß Form ist, und alle seine Anlagen zur Erscheinung bringen". Das zweite Fundamentalgesetz, das der zweiten Anforderung entspricht, „dringt auf absolute *Formalität*" (603). Er soll das bloß Weltliche in sich „vertilgen" und „Übereinstimmung in alle Veränderungen bringen". Schiller betont, dass diese Aufgabe „in ihrer höchsten Erfüllung" nur von der Gottheit geleistet werden könne (ebd.). Für den Menschen bleibe es eine unerfüllbare Aufgabe, deren Erfüllung wir dennoch anstreben sollten. Die Anwendung der Begriffe von Form und Materie auf den Menschen, wie sie im 11. Brief vorgenommen wird, wird im 12. Brief weitergeführt, wo Schiller behauptet, dass wir durch zwei „Kräfte" zur Erfüllung dieser Aufgabe gedrungen werden, die er *Formtrieb* und *sinnlichen Trieb* nennt (604). Von diesen wird er schließlich im 14. Brief sagen, dass sie im *Spieltrieb* „beide verbunden wirken" (613). Und dieser Begriff führt im 15. Brief auf den der „lebenden Gestalt" (614) und damit auf das Ziel des transzendentalen Weges, den Begriff des Schönen, das als Ideal in dem „*Gleichgewicht* der Realität und der Form wird zu suchen sein" (16. Brief, 619).

Literatur

Abel, Jacob Friedrich 1786: Einleitung in die Seelenlehre, Stuttgart.
— 1787a: Plan einer systematischen Metaphysik, Stuttgart.
— 1787b: Versuch über die Natur der speculativen Vernunft. Zur Prüfung des Kantischen Systems, Frankfurt/Leipzig.
Acosta, Emiliano 2011: Schiller versus Fichte. Schillers Begriff der Person in der Zeit und Fichtes Kategorie der Wechselbestimmung im Widerstreit, Amsterdam/New York.
Baum, Manfred 2002: Logisches und personales Ich bei Kant, in: Dietmar Heidemann (Hrsg.), Probleme der Subjektivität in Geschichte und Gegenwart, Stuttgart-Bad Cannstatt, 107–123.
— 2003: Der Mensch als Person. Person und Persönlichkeit bei Kant, in: Association Internationale des Professeurs de Philosophie (Hrsg.), Die geistige Einheit des Menschen.

---

52 Schiller verweist darauf, dass er seinen „Begriff der Wechselwirkung" Fichtes *Grundlage der gesammten Wissenschaftslehre* entnommen habe (13. Brief, 607). Fichte geht es dabei allerdings um das zeitlose Verhältnis „zwischen absolutem und bestimmten Subjekt", während bei Schiller der Mensch als endliches Vernunftwesen im Zentrum steht (Janke 1967, 434).

Internationaler Philosophiekongress vom 30. Oktober bis 3. November 2002, Bonn-Bad Godesberg, 19–33.

Baumeister, Friedrich Christian 1741: Philosophia recens controversa complexa definitiones theoremata et quaestiones nostra aetate in controversiam vocatas, Leipzig/Görlitz.

Boethius 1973: The Theological Tractates, ed. by H. F. Stewart, E. K. Rand, S. J. Tester, Cambridge.

Cicero, Marcus Tulius 1995: De officiis / Vom pflichtgemäßen Handeln. Lateinisch/Deutsch, übersetzt, kommentiert und hrsg. v. Heinz Gunermann, Stuttgart.

Descartes, René 1964–1976: Œuvres de Descartes, ed. par Charles Adam und Paul Tannery, 13 Bde., Paris.

Forschner, Maximilian 2001: Der Begriff der Person in der Stoa, in: Dieter Sturma (Hrsg.), Person. Philosophiegeschichte – Theoretische Philosophie – Praktische Philosophie, Paderborn, 37–57.

Fuhrmann, Manfred 1979: Persona, ein Römischer Rollenbegriff, in: Odo Marquard und Karlheinz Stierle (Hrsg.), Identität, München.

Heinz, Marion 2001: Schönheit als Bedingung der Menschheit: Ästhetik und Anthropologie in Schillers ästhetischen Briefen, in: Manfred Baum u. Klaus Hammacher (Hrsg.), Transzendenz und Existenz. Idealistische Grundlagen und moderne Perspektiven des transzendentalen Gedankens. Amsterdam/Atlanta, 121–135.

Hobbes, Thomas 1968: Leviathan [EA 1651], ed. by Crawford B. MacPherson, Harmondsworth.

Hume, David 2000: A Treatise of Human Nature [EA 1739–40], ed. by David F. and Mary J. Norton, Oxford.

Janke, Wolfgang 1967: Die Zeit in der Zeit aufheben. Der transzendentale Weg in Schillers Philosophie der Schönheit, in: Kant-Studien 58, 433–457.

Janke Wolfgang 1970: Fichte: Sein und Reflexion. Grundlagen der kritischen Vernunft, Berlin.

Leibniz, Gottfried Wilhelm 1962: Nouveaux essais sur l'entendement humain (EA 1704/1765), in: ders., Sämtliche Schriften u. Briefe, hrsg. v. der Deutschen Akademie der Wissenschaften zu Berlin, sechste Reihe, Bd. 6 (hrsg. v. André Robinet und Heinrich Schepers), Berlin.

Locke, John 1975: An Essay Concerning Human Understanding, ed. by Peter H. Nidditch, Oxford.

Meißner, Heinrich Adam 1737: Philosophisches Lexicon, darinnen die Erklärungen und Beschreibungen aus des [...] hochbrühmten Welt-Weisen Herrn Christian Wolffens sämmtlichen teutschen Schrifften seines Philosophischen Systematis sorgfältig zusammen getragen, Bayreuth und Hof, [ND hrsg. v. Lutz Geldsetzer, Düsseldorf 1970].

Pufendorf, Samuel 1998: De jure naturae et gentium [EA 1672], in: ders., Gesammelte Werke, hrsg. v. Wilhelm Schmidt-Biggemann, Teil 4, Bde. 1 u. 2 (hrsg. v. Frank Böhling), Berlin.

Robertson, William 1766: An Attempt to explain the Words Reason, Substance, Person, Creeds, Orthodoxy, Catholic-Church, Subscription, and Index Expurgatorius, London.

Thiel, Udo 2014: The Early Modern Subject. Self-consciousness and Personal Identity from Descartes to Hume, Oxford, 2. Aufl.

Wolff, Christian 1983: Vernünfftige Gedancken von Gott, der Welt und der Seele des Menschen, auch allen Dingen überhaupt, hrsg. von Charles A. Corr, ND der Auflage Halle 1751, Hildesheim.

Wolff, Christian 1972: Psychologia rationalis. ND der Auflage Frankfurt/M. 1740, Hildesheim.

Martin Bondeli

8 Sachtrieb, Formtrieb und die Suche nach einem harmonischen Verhältnis der beiden Grundtriebe. Schillers Triebkonzept im Ausgang von Reinholds Trieblehre

(Briefe 12 und 13)

Im Brennpunkt des 12. und 13. Briefes von Friedrich Schillers *Über die ästhetische Erziehung des Menschen* stehen anthropologisch-triebpsychologische Reflexionen. Gleich zu Beginn wird der Überzeugung Ausdruck verliehen, dass uns Menschen als vernunftfähigen Wesen alles daran liegt, „das Nothwendige *in uns* zur Wirklichkeit zu bringen und das Wirkliche *ausser uns* dem Gesetz der Nothwendigkeit zu unterwerfen", und dass hinter diesem umfassenden Interesse „zwei entgegengesetzte Kräfte" stehen, „die man, weil sie uns antreiben ihr Objekt zu verwirklichen, ganz schicklich Triebe nennt" (Ho II, 63 [604]). Der Autor unterscheidet daraufhin zwischen dem von der „sinnlichen Natur" des Menschen ausgehenden „*Sachtrieb*" (vgl. Ho II, 64) einerseits[1] und dem in der „vernünftigen Natur" des Menschen begründeten „*Formtrieb*" (vgl. Ho II, 66 [607]) andererseits und spricht über die Zwecke und Eigenschaften der beiden Grundtriebe. Offenkundig ist er darauf aus, die im 11. Brief analysierte Doppelnatur des Menschen als sowohl veränderliches, werdendes als auch unveränderliches, personales Wesen vor einem triebtheoretischen Hintergrund zu verdeutlichen und in ihrer Relevanz für die moralische und ästhetische Welt herauszustellen. Mit dem 13. Brief wird die Untersuchung aber noch in eine andere Richtung gelenkt. Der Autor versucht in Erfahrung zu bringen, in welcher Weise die beiden Grundtriebe entgegengesetzt sind und wie sie sich in ihrem Verhältnis zueinander produktiv machen lassen. Bedeutsam wird die Ansicht, dass es zu diesem Zwecke einer Harmonie

---

[1] In späteren Ausgaben der gesammelten Briefe ersetzt Schiller „Sachtrieb" (auf Anregung Christian Gottfried Körners) wahlweise durch „sinnlichen Trieb" oder „Stofftrieb". Der Ausdruck „Sachtrieb" als Antonym zu „Formtrieb" wirkt vor dem Hintergrund der im aristotelischen wie auch im kantischen Diskurs üblichen Gegenüberstellung von Materie und Form (bzw. Stoff und Form) eher ungewohnt, passt aber zu der von Schiller zuvor im 11. Brief erörterten Entgegensetzung von „Person" und „Zustand", „Formalität" und „Realität". Im Folgenden wird daher nach der *Horen*-Ausgabe mit dem Sigel Ho, Stück, Seite zitiert und ergänzend die Seitenzahl aus den SW angegeben.

oder Vermittlung des Entgegengesetzten bedarf. Dabei wird die Idee, dass ein „dritter *Grundtrieb*" existiert, der zwischen Sachtrieb und Formtrieb vermitteln könnte, verworfen (vgl. Ho II, 69 [606]). Aber auch die im 14. Brief ausgesprochene Auffassung, wonach ein dritter Trieb, der „Spieltrieb", als neu erweckter Trieb die im Bereich des Ästhetischen zu verortende Mitte der beiden Grundtriebe darstellt (vgl. Ho II, 79 [612]), ist noch nicht gegenwärtig. Es bleibt beim Versuch, eine befriedigende Lösung ausgehend von der dyadischen Triebkonstellation zu finden.

Schillers Gedankenführung im 12. und 13. Brief wirkt in ihrer Anlage kühn und entschlossen, im Hinblick auf ihr Ziel jedoch eher zurückhaltend und experimentell. Der Autor ringt um Einsichten, die er erst in den nachfolgenden Briefen zu artikulieren vermag. Zudem ist sie stark durch eine um Selbstvergewisserung bemühte Auseinandersetzung mit triebtheoretischen Resultaten aus dem kantischen und nachkantischen Umfeld geprägt. Im 13. Brief wird Fichte für dessen in der *Grundlage der gesamten Wissenschaftslehre* vortrefflich erörtertes Theorem der „Wechselwirkung" von Ich und Nicht-Ich gelobt (vgl. Ho II, 70, Anm. [607]). Es liegt demnach nahe, dass Schiller, bei allem Dissens mit Fichte in der Bewertung des ästhetischen Vermögens, von diesem Theorem profitiert hat, das im letzten Paragraphen der *Grundlage* als „Wechselbestimmung" von Ich und Nicht-Ich in der Form von drei „Haupttrieben des Ich" konzipiert wird (siehe GA I/2, 449). Nachdem es im 13. Brief eher beiläufig zur Sprache kommt, wird es zu Beginn des 14. Briefes als unentbehrlicher Baustein für den Fortgang der Reflexion betrachtet. Kant, dessen kritische Schriften Schiller damals seit längerem studiert, wird in den beiden Briefen zwar nicht erwähnt. Doch ist unverkennbar, dass Schiller sich in der Sache an vermögens- und triebtheoretische Ideen des Königsberger Philosophen anlehnt. Ohne Kants Lehre der drei Vermögen (Erkenntnis-, Begehrungsvermögen, Vermögen der Lust und Unlust) und ohne die in der *Kritik der Urteilkraft* unterbreitete psychologische Auslegung des Schönen im Sinne eines „freien Spiels der Vorstellungskräfte" (AA V, 217) hätte Schillers Triebkonzept wenn nicht grundsätzlich, so jedenfalls hinsichtlich der Ausformulierung des dritten Triebes eine andere Gestalt angenommen. Ebenfalls nicht erwähnt wird in den beiden Briefen der Kantianer Karl Leonhard Reinhold, von dem Schiller zu seiner ersten Kant-Rezeption angeregt worden ist.[2]

Dabei ist gerade auch in dieser Richtung auf einen signifikanten Zusammenhang hinzuweisen: Reinhold hat in dem 1789 erschienenen *Versuch einer neuen Theorie des menschlichen Vorstellungsvermögens* eine Theorie des Vorstellungsvermögens aufgestellt, an die sich als besondere Zweige eine Theorie des

---

2 Vgl. dazu Röhr 2003; Heinz 2007; Henrich 2007, 118f.

Erkenntnisvermögens sowie eine Theorie des Begehrungsvermögens anschließen. Interessanterweise wird im Rahmen der letzteren dem „Trieb" in der Bedeutung einer „Kraft" des Verwirklichens von Ideen und des Erfüllens moralischer Pflichten eine Schlüsselrolle zuerkannt. Näher besehen soll es sich um einen Trieb handeln, der in „zwey wesentlich verschiedene und wesentlich verknüpfte Grundtriebe", in „den *Trieb nach Stoff*, und den *Trieb nach Form* der Vorstellung", aufzuteilen ist (RGS 1, 356 [561]) und der sich auf dieser Basis gleichermaßen im Bereich der Sinnlichkeit – darunter auch einer Sinnlichkeit in der Bedeutung des ästhetischen Vergnügens – wie im Bereich der Vernunft zu vervielfältigen hat. Und ein weiteres zentrales Merkmal dieses Triebes soll darin bestehen, dass er sich auf der Stufe der sittlichen Vernunft als Postulat einer finalen kosmologischen und theologischen Idee der „*Wechselwirkung*" oder „*absoluten Gemeinschaft*" (vgl. RGS 1, 364 ff. [575 ff.]) Ausdruck verschafft.

In der Regel wird in Kommentaren, die sich mit der Herkunft von Schillers beiden Grundtrieben aus dem 12. und 13. Brief befassen, auf die Trieblehre aus Fichtes *Grundlage* hingewiesen.[3] Es spricht aber nicht wenig dafür, dass hier in erster Linie Reinholds Trieblehre aus der Theorie des Begehrungsvermögens – einer Theorie übrigens, die Fichte bei der Ausarbeitung des praktischen Teils seiner Wissenschaftslehre aufmerksam konsultiert hat – in Betracht zu ziehen ist. Auf jeden Fall setzt innerhalb des kantischen und nachkantischen Denkens die Reflexion zu Stoff- und Formtrieb sowie zu einem damit einhergehenden Verhältnis der Wechselwirkung mit dem vorstellungstheoretischen System Reinholds ein. Im Folgenden soll deshalb der Versuch unternommen werden, Schillers triebtheoretische Ausführungen aus dem 12. und 13. Brief vor dem Hintergrund von Reinholds Trieblehre zu lesen. Zu diesem Zweck wollen wir diese letztere in einem ersten Schritt näher betrachten. In einem zweiten Schritt wird darauf aufbauend Schillers Triebkonzept in den Blick genommen.

8.1 Reinholds Trieblehre aus der Theorie des Begehrungsvermögens

Reinhold verwendet den Ausdruck „Trieb" in dem als „Grundlinien der Theorie des Begehrungsvermögens" betitelten Schlussteil seines *Versuchs einer neuen Theorie des menschlichen Vorstellungsvermögens* in einem umfassenden Sinne. Er dient zur Bezeichnung grob- und feinsinnlicher, instinktgeleiteter, ästhetischer, geselliger, intellektueller, moralisch-vernünftiger, eigennütziger und uneigen-

---

3 So beispielsweise auch im betreffenden Kommentar SW V, 1149.

nütziger Impulse des Begehrens. Desgleichen steht er als Trieb schlechthin, als *„Trieb nach Vorstellung überhaupt"*, der sich erklärtermaßen in den zwei Grundtrieben, dem Stoff- und dem Formtrieb, manifestiert, für die Wurzel all dieser Impulse. Reinhold folgt in dieser Beziehung offenkundig seinem Leipziger Lehrer Ernst Platner, der im praktischen Teil seiner viel beachteten *Philosophischen Aphorismen* die These vertreten hat, dass es einen in der menschlichen Seele oder „Vorstellkraft" begründeten, sich in allem zweckhaften Handeln des Menschen äußernden und sich über alle sinnlichen und geistigen Vermögensbereiche erstreckenden Trieb schlechthin – auch „Trieb des Lebens" genannt – gibt (vgl. Platner 1782, §§ 31, 41, 73, 77 ff., 88 f.).

Was die Definition und die daran anschließenden systematischen Bestimmungen des Triebbegriffs betrifft, geht Reinhold allerdings andere Wege als Platner.[4] Der oberste Maßstab ist die Theorie des Vorstellungsvermögens, die ihrem Anspruch nach Kants Lehrgebäude der theoretischen und praktischen Vernunftkritik in seinem Fundament festigt und zu einem Gesamtsystem vereinheitlicht (vgl. Bondeli 1995, 41–107). Im Kernbereich dieser Theorie wird das als „Vorstellung überhaupt" oder „Bewußtseyn" bezeichnete Verhältnis von vorstellendem Subjekt, vorgestelltem Objekt und Vorstellung als Unterscheidungs- und Verbindungsglied von Subjekt und Objekt an die Spitze gestellt. Und davon ausgehend werden sukzessive die darunter subsumierten Verhältnisse von Form und Stoff, Spontaneität und Rezeptivität sowie Einheit und Mannigfaltigkeit hergeleitet. Es wird alles in allem eine definitorische Grundlage bereitgestellt, die für alle Hauptbegriffe und Begründungsschritte des Erkenntnis- und Begehrungsvermögens, und damit auch für den Triebbegriff, verbindlich ist.

Neben diesem Ausgang von der Vorstellungsbegrifflichkeit wird der Tatsache Rechnung getragen, dass der Triebbegriff zum Begehrungsvermögen gehört und deshalb gleichzeitig ausgehend von diesem besonderen Zweig des Vorstellungsvermögens definiert werden muss. In dieser Hinsicht gilt es Reinhold zufolge klarzustellen, dass das vorstellende Subjekt, dem im Falle des Erkenntnisvermögens eine Spontaneität im Sinne einer Einheits- und Syntheseleistung angesichts eines gegebenen Mannigfaltigen zukommt, sich in Anbetracht des Begehrungsvermögens durch eine Spontaneität im Sinne der Selbsttätigkeit auszeichnet. Analog dazu soll vergegenwärtigt werden, dass dem vorgestellten Objekt, dem in Bezug auf das Erkenntnisvermögen Realität im Sinne objektiv gültiger Erkenntnis eines Gegenstandes der Erfahrung zugesprochen werden

---

[4] Bei Platner finden sich kaum systematisch hergeleitete Einteilungen zum Triebbegriff. Bei der Definition von „Trieb" hält er sich zudem an ein vorkantisches Denkmuster: „Ein Zweck eines lebendigen Wesens, in wiefern es sich denselben zwar lebhaft jedoch undeutlich vorstellt, ist ein *Trieb*" (Platner 1782, § 41).

kann, im Falle des Begehrungsvermögens eine Realität im Sinne einer realisierten, zur Verwirklichung gebrachten möglichen Vorstellung zuzusprechen ist.

Mit diesen Voraussetzungen kann von einem Trieb nur unter der Bedingung die Rede sein, dass das vorstellende Subjekt als potentiell selbsttätiges Subjekt eine mögliche Vorstellung zur Verwirklichung bringt. Reinhold selbst spricht in diesem Kontext davon, dass das vorstellende Subjekt seine Kraft auf sein Vorstellungsvermögen bezieht und dadurch möglichen Vorstellungen Realität verschafft. Der Trieb schlechthin oder Trieb nach Vorstellung überhaupt wird deshalb als Verhältnis von Kraft und Vermögen definiert, in Reinholds eigenen Worten: „Das Verhältniß der vorstellenden Kraft zu der in ihrem Vermögen *a priori* bestimmten Möglichkeit der Vorstellung, das Verhältniß der Kraft zu ihrem Vermögen, des Grundes der Wirklichkeit zum Grunde der Möglichkeit der Vorstellung, oder zur Vorstellbarkeit, nenne ich den *Trieb* des vorstellenden Subjektes" (RGS 1, 355 [561]).

Was hierbei das Diktum einer „Möglichkeit der Vorstellung" anbelangt, versteht Reinhold darunter nicht nur eine von dem Subjekt selbst gesetzte und zur Realisierung aufgegebene Idee oder Zweckbestimmung, sondern auch eine von dem Subjekt an sich selbst gerichtete moralische Forderung. Der Trieb steht hier, wie angedeutet, sowohl in einem Zusammenhang des Verwirklichens als auch des Erfüllens. Zudem ist es für Reinhold evident, dass der Trieb nicht nur eine durch den äußeren Sinn wahrnehmbare Triebkraft, das Movens einer Sache oder Mittel eines Zwecks, darstellt, sondern auch eine im inneren Sinn erfahrbare Empfindung, ein Gefühl. Bei erfolgter Realisierung oder erfüllter Forderung stellt sich ein Gefühl der Zufriedenheit ein. Der Trieb trägt zur Verwirklichung oder Erfüllung von etwas bei und wird dadurch befriedigt.

Im Anschluss an die Definition des Triebes nach Vorstellung überhaupt geht Reinhold dazu über, den Triebbegriff anhand vorstellungstheoretischer Vorgaben zu bestimmen. In Anknüpfung an das vorstellungstheoretische Verhältnis von Stoff und Form wird der Trieb schlechthin in die erwähnten beiden Grundtriebe unterschieden. Bei der näheren Charakterisierung dieser beiden Grundtriebe wird eine Reihe weiterer aus der Vorstellungstheorie bekannter Verhältnisbestimmungen ins Spiel gebracht. Hat der Stofftrieb die Wirklichkeit dessen, was an der Vorstellung „*gegeben*" ist, zum Gegenstand, so der Formtrieb die Wirklichkeit dessen, was an der Vorstellung erzeugt oder „*hervorgebracht*" werden muss (vgl. RGS 1, 356 [561]). Der Stofftrieb entspringt dem „*Bedürfnisse* eines *Stoffes*", den das Subjekt nicht selber hervorbringen, jedoch durch das Vermögen einer „*Form der Receptivität*" in sich aufnehmen kann. Der Formtrieb dagegen entsteht aus der im Subjekt vorhandenen „*positiven Kraft*", verbunden mit dem Vermögen der „*Spontaneität*" (vgl. RGS 1, 356 [561 f.]). Bei dem Stofftrieb wird das dem Subjekt eigene Vermögen der Rezeptivität affiziert. Er ist insofern „*sinnlich* in weiterer

Bedeutung". Bei dem Formtrieb indessen strebt das Subjekt nach Äußerung seiner Spontaneität. Er ist insofern *„intellektuell* in weiterer Bedeutung" (RGS 1, 356 [562]). Angefügt wird in dieser Richtung schließlich eine Charakterisierung der beiden Grundtriebe, die mit einer eigens dem Begehrungsvermögen zukommenden Verhältnisbestimmung zu tun hat. Reinhold geht davon aus, dass der moralischen Vernunft das Prädikat der Uneigennützigkeit zuzuschreiben ist, den Formen einer pragmatischen Vernunft hingegen jenes der Eigennützigkeit. In diesem Sinne wird in Bezug auf den Stofftrieb konstatiert, dass er „durchs *Gegebenwerden* befriediget" wird und insofern *„eigennützig"* ist, in Bezug auf den Formtrieb, dass er „durch blosses *Handeln*" befriedigt wird und insofern *„uneigennützig"* ist (RGS 1, 356 [562]).

Auf diese Ausführungen zu den beiden Grundtrieben folgen Bestimmungen zum Triebbegriff, die sich am Verhältnis von Sinnlichkeit, Verstand und Vernunft orientieren (siehe RGS 1, 356–361 [562–570]). An dieser Stelle soll der Trieb schlechthin als eine Manifestation von Einzeltrieben begriffen werden. Reinhold unterscheidet in dieser Richtung grundsätzlich zwischen dem als *„sinnlich"* zu bezeichnenden Trieb, dessen Gegenstand die *„Empfindung"* im Sinne einer durch das Affiziertwerden bewirkten „Veränderung" des Gemütes ist, einerseits und dem als *„vernünftig"* zu bezeichnenden, durch „Selbstthätigkeit der Vernunft" motivierten Trieb andererseits. Der sinnliche Trieb wird weiter in den sinnlichen Trieb in *„engster"* und *„engerer* Bedeutung" untergliedert, der sinnliche Trieb in engster Bedeutung seinerseits anhand der Unterscheidung von „äußerer", räumlicher und zeitlicher, und „innerer", bloß zeitlicher, „Empfindung"[5] in den *„grobsinnlichen"* und *„feinsinnlichen"* Trieb aufgeteilt. Die Differenz zwischen sinnlichem Trieb in engster und in engerer Bedeutung wird daran festgemacht, dass bei letzterem eine Sinnlichkeit zur Geltung gelangt, bei der bereits eine Verbindung mit dem kategorialen Verstand vorliegt. Unter den sinnlichen Trieb in engerer Bedeutung fallen dementsprechend Triebe, die sich anhand des kantischen Kategoriensystems klassifizieren lassen. Im Falle der Kategorien der Qualität ergibt sich der Trieb nach *„starker* und *leichter* Beschäfftigung, *Vergnügen"*. Was den anderen grundsätzlichen Trieb, den Vernunfttrieb, angeht, ist dieser einerseits der *„vernünftig-sinnliche"*, dessen Objekt als eine durch Verstand und Vernunft modifizierte Empfindung in Erscheinung tritt und dessen Befriedigung von uns als *„Zustand"*, so beispielsweise als Zustand der Glückseligkeit oder Vergnüglichkeit, erfahren wird, andererseits der *„rein-vernünftige"*, der mit einer Handlungsweise der moralischen Vernunft einhergeht und der auch der *„moralische"* oder *„sittliche"* Trieb heißen kann. Ausgehend von der zuvor statuierten

---

5 Zu den Begriffen der äußeren und inneren Empfindung siehe auch RGS 1, 237–244 [365–377].

Unterscheidung von Stofftrieb als sinnlichem Trieb in weiterer Bedeutung und Formtrieb als intellektuellem Trieb in weiterer Bedeutung handelt es sich sowohl bei dem sinnlichen Trieb in engerer Bedeutung als auch bei dem vernünftig-sinnlichen Trieb offenkundig um hybride Formen. Sie sind sowohl dem Stofftrieb als auch dem Formtrieb zuzurechnen. Es deutet sich der Sache nach an, dass die Verbindung der beiden Grundtriebe mehr als nur äußerlich ist.

Die an diese Aufgliederung des sinnlichen und vernünftigen Triebes anschließenden Abschnitte der Theorie des Begehrungsvermögens (vgl. RGS 1, 359–366 [567–579]) befassen sich sodann mit den moralischen Begriffen des Willens und der Willensfreiheit und schließen mit einer theoretischen und praktischen Ideenlehre, in welcher die eingangs erwähnte kosmologische und theologische Idee der absoluten Gemeinschaft den Endpunkt bildet. Die Trieblehre kulminiert damit in einer aus der Sicht der höchsten Stufe des Formtriebes, des vernünftigen Triebes, geforderten Welt- und Gottesidee. Die Triebthematik im engeren Sinne bleibt hierbei insofern relevant, als mit dem Begriff der Willensfreiheit das Verhältnis von eigennützigem und uneigennützigem Trieb in den Fokus rückt.

Näher besehen ergreift Reinhold hier Partei für die Annahme, dass das wollende Subjekt sich zwar unweigerlich sowohl auf den eigennützigen, dem Sittengesetz widersprechenden, als auch auf den uneigennützigen, dem Sittengesetz konformen, Trieb bezieht, jedoch weder durch den einen noch durch den anderen Trieb determiniert wird. Das wollende Subjekt entscheidet sich somit in Konfrontation mit den beiden Trieben völlig autonom für den einen oder anderen. Nur unter dieser Annahme lässt sich Reinhold zufolge in einleuchtender Weise davon sprechen, dass das wollende Subjekt sich für oder gegen das Sittengesetz entscheiden kann. Und nur unter dieser Annahme ergibt sich ein sinnvoller, den Momenten der Zurechnung, Verantwortung und Gewissenhaftigkeit gerecht werdender Begriff von Willensfreiheit. Willensfreiheit im strengen Sinne ist kurzum nur denkbar, wenn der Wollende „weder durch die Vernunftgesetze noch durch die Forderungen der Sinnlichkeit gezwungen handelt" (RGS 1, 55 [90]). Wie hieraus unschwer zu ersehen ist, plädiert Reinhold für einen moralisch gehaltvollen Begriff der Willensfreiheit, bei dem es in erster Linie auf das Vermögen, sich für oder wider das Sittengesetz zu entscheiden, ankommt und erst in zweiter Linie auf die richtige Entscheidung, jene für das Sittengesetz.

In dem 1792 veröffentlichten zweiten Band der *Briefe über die Kantische Philosophie* expliziert Reinhold den Begriff des freien Willens auch dahingehend, dass das wollende Subjekt „sich selbst zur Befriedigung oder Nichtbefriedigung einer Forderung" des eigennützigen bzw. uneigennützigen Triebes „zu bestimmen" vermag (vgl. RGS 2/2, 202 [299 f.]), wobei der eigennützige Trieb der sinnliche und der uneigennützige Trieb der vernünftige sein soll. Reinhold betrachtet damit die betreffenden Triebe aus einer zweifachen Subjektperspektive. Diese sind einerseits die Triebe in mir, die an mich im Sinne einer Forderung herantreten, andererseits die Triebe in mir, die ich als Gefühl der Befriedigung oder Nichtbefriedigung erfahre. Der uneigennützige Trieb ist im ersten Falle nichts anderes als das fordernde Sittengesetz in mir, im zweiten Falle dasjenige, was mich geneigt macht, der Forderung des Sittengesetzes zu folgen. Hinzu kommt, dass mit der Auffassung von Willensfreiheit aus dem zweiten Band der *Briefe über die Kantische Philosophie* die Ausformulierung des Triebkonzepts mit einer Erweiterung des Systemrahmens der praktischen Vernunft einherläuft. Reinholds Darstellungsgang zufolge führt die Trieblehre an ihrem höchsten Punkt, dem rein vernünftigen, uneigennützigen Trieb, über sich selbst hinaus. Systematisch gesehen ist dies gleichbedeutend mit der Einsicht, wonach innerhalb der Theorie des Begehrungsvermögens der freie Wille an erster Stelle steht und erst an zweiter Stelle von dem rein vernünftigen, uneigennützigen Trieb, welcher der Stufe des Sittengesetzes entspricht, auszugehen ist. Dieses Übersteigen der Trieblehre steht und fällt dabei natürlich mit der Überzeugung, dass der Wille sich zwar auf den eigennützigen und uneigennützigen Trieb bezieht und somit durch diese beiden Triebe im Sinne von Forderungen oder Neigungen angeregt wird, dass der Wille jedoch, da er zwanglos entscheidet, nicht selbst auch als Trieb zu verstehen ist. Der freie Wille ist kein Freiheitstrieb. Aus dieser Sicht lässt sich der freie Wille zwar als eine dritte Instanz neben dem eigennützigen und uneigennützigen Trieb verstehen, jedoch nicht als ein dritter Trieb.

Soweit Reinholds Triebkonzept in der Theorie des Begehrungsvermögens. Was am Ende nicht übergangen werden darf, ist die Tatsache, dass Reinhold den innerhalb der Theorie des Begehrungsvermögens lediglich kursorisch erwähnten Trieb nach Vergnügen bereits in dem 1788 und 1789 publizierten Aufsatz *Ueber die Natur des Vergnügens* (RGS 5/1, 133–170) behandelt und hierbei auch darüber Aufschluss gegeben hat, welche Bedeutung ihm in Bezug auf Systemfragen zuzumessen ist. Reinhold setzt sich in diesem Aufsatz kritisch mit vorkantischen Erklärungsansätzen zum Begriff des Vergnügens auseinander und gibt zu erkennen, dass er auf dieser Basis eine eigene Theorie des Vergnügens zu entfalten gedenkt. Diese soll als ein Grundlagenbeitrag zu einer im Geiste Kants zu entwerfenden Theorie des Geschmackvermögens verstanden werden. Reinhold, der sich damals mit Kant brieflich über aktuelle Publikationspläne unterhält, nimmt deshalb auch an, mit dessen bald erscheinender Kritik des Geschmacksvermögens, schließlich *Kritik der Urteilskraft* genannt, „wenigstens zum Theil" übereinzustimmen (siehe Reinhold an Kant, 19. Januar 1788, AA X, 524). Kants nicht gerade schmeichelhafte Äußerungen in besagtem Werk zum Begriff des Vergnügens, einem Begriff, dem Kant zufolge die Aura des „Genießens" anhängt und der sich deswegen kaum mit der Vorstellung ästhetischen Urteilens vertragen dürfte (vgl. AA V, 207), werden Reinhold in seiner Annahme eines Besseren belehren. Von der Auffassung, dass der Begriff des Vergnügens in einer künftigen Theorie des Geschmackvermögens den Leitfaden bilden soll, lässt sich Reinhold aber nicht abbringen.

Man darf vor diesem Hintergrund behaupten, dass Reinhold im Rahmen seiner Trieblehre ebenfalls in nennenswerter Weise der Idee eines ästhetischen Triebes zum Durchbruch verholfen hat. Und nicht nur dies. Wie Reinholds 1788 veröffentlichter Aufsatz *Ueber den Einfluß des Geschmacks auf die Kultur der Wissenschaften und der Sitten* belegt, wird dabei gerade auch an eine ästhetische Empfindung des Vergnügen appelliert, die den für alle aufgeklärte Geisteskultur fatalen „Abstand" zwischen dem bloß „sinnlichen" und dem bloß „geistigen" Vergnügen zu überbrücken vermag (siehe RGS 5/1, 128), und jener ästhetische Genius beschworen, der „mit erheitertem und gestärktem Auge aus den Armen der Schönheit zur ernsten Wahrheit" zurückkehrt (RGS 5/1, 131). Reinhold gehört mit anderen Worten auch zu jenen, welche für das aufklärerische Programm einer ästhetischen Vereinigung von Vernunft und Sinnlichkeit eintreten und zu diesem Zwecke die Kultivierung des ästhetischen Empfindens postulieren.

Allerdings hat auch diese Forcierung der ästhetischen Seite des Triebkonzepts wiederum ihre Grenzen. Reinhold geht nicht dazu über, das ästhetische Empfinden zu einem dritten Trieb des Menschen zu erheben, sowenig er das Geschmacksvermögen als eigenständiges Vermögen neben dem Erkenntnis- und Begehrungsvermögen zu begreifen versucht. Das ästhetische oder Geschmacksvermögen hat als Teil des Begehrungsvermögens zu gelten und ist diesem subordiniert. Analog dazu muss der Trieb nach Vergnügen dem sittlichen Trieb „subordiniert" sein. Trieb nach Vergnügen und sittlicher Trieb widersprechen einander, wenn sie als „koordiniert" gedacht werden (siehe RGS 1, 363 [373]). Reinholds Meinung deckt sich hierin mit Kants aus dem Antinomienkapitel der *Kritik der praktischen Vernunft* stammender Schlussfolgerung, wonach die „ästhetische Bestimmung des Begehrungsvermögens" der rein praktischen Bestimmung unterzuordnen ist (vgl. AA V, 116).

8.2 Schillers Triebkonzept im Ausgang von Reinhold

Das Triebkonzept, das Schiller im 12. Brief entfaltet, erweckt den Eindruck einer entschlackten, ihrer strengen Systemgestalt entkleideten, da und dort präzisierten sowie mit neuen Facetten versehenen Version der reinholdschen Trieblehre aus der Theorie des Begehrungsvermögens. Wie Reinhold hält Schiller den Trieb seiner Hauptbedeutung nach für eine zur Verwirklichung drängende „Kraft".[6] Wie bei Reinhold soll der Ausdruck „Trieb" gleichermaßen bei der Verwirklichung einer Idee wie bei der Forderung von „Pflichten" und der „Befolgung eines Gesetzes" angebracht sein, gleichermaßen in einem objektiven Kraft- oder Gesetzeszusammenhang wie im subjektiven Zusammenhang der „Befriedigung eines Bedürfnisses" seine Berechtigung haben (vgl. Ho II, 63, Anm.). Wie Reinhold geht Schiller von dem Sach- bzw. Stofftrieb und Formtrieb als den beiden Grundtrieben aus.[7] Anders als Reinhold, der wie gesehen einen Trieb nach Vorstellung überhaupt sowohl begrifflicher als auch realer Art voraussetzt, scheint Schiller allerdings nicht der Ansicht zu sein, die beiden Grundtriebe seien Äußerungsweisen eines ursprünglichen Triebes. Seiner Meinung nach sind sie offenbar vielmehr so zu begreifen, dass sie in einem ursprünglichen Verhältnis zueinander stehen. Schiller hält sie zudem für einander entgegengesetzte, sich widerstreitende Triebe, während Reinhold sie, dem Subjekt-Objekt-Verhältnis korrespondierend, als in einem Verhältnis des Unterschieden- und Bezogenseins stehend begreift. Schillers Verhältnis der Triebe ist energischer als jenes Reinholds.

Umso auffallender sind die erneuten Affinitäten, die sich hinsichtlich der Charakterisierung der beiden Grundtriebe ergeben. Wie bei Reinhold der Stofftrieb geht bei Schiller der Sachtrieb von der „sinnlichen Natur" aus, richtet sich der Sachtrieb auf die „Materie", die der Mensch als freies Wesen „aufnimmt", bindet der Sachtrieb den Menschen an die „Zeit", fordert „Veränderung", schränkt den Menschen dahingehend ein, dass er die Dinge nur *„nach einander"* und dadurch nur unter jeweiligem Ausschluss des einen durch das andere aufnehmen kann (vgl. Ho II, 64 [604]). Dabei gehört gleichfalls bei Schiller die „Empfindung", die er in Anlehnung an Kants Kategorie und Schema der Realität als Zeitinhalt und Zustand der „erfüllten Zeit" umschreibt (vgl. Ho II, 64 [604]), zu den essentiellen sinnlichen Vorstellungen auf der Seite des Stofftriebs. Als bedeutsamer als Reinholds haarspalterisch wirkende Zerlegung der Empfindung in eine äußere

---

[6] Man beachte auch den bereits im 8. Brief explizierten Zusammenhang von „Kraft" und „Trieb". Dass Schiller in diesem Punkt an Fichte angeschlossen hat, ist eher unwahrscheinlich. Fichte versteht in der *Grundlage* den Trieb in allgemeinster Bedeutung als ein zur Bestimmung gelangendes selbstbezügliches Streben: „Ein sich selbst producirendes Streben aber, das festgesetzt, bestimmt, etwas gewisses ist, nennt man *einen Trieb*" (GA I/2, 418).

[7] Was in diesem Punkt den möglichen Einfluss Fichtes betrifft, ist festzustellen, dass es in dessen *Grundlage* wohl sinnverwandte Unterscheidungen gibt, dass jedoch eine gefestigte terminologische Unterscheidung von Stoff- und Formtrieb nicht vorliegt. Auch die Trieblehre aus Fichtes *Einige Vorlesungen über die Bestimmung des Gelehrten* von 1794 enthält zwar aufschlussreiche Reflexionen zu einem Trieb der Wechselwirkung, folgt aber mit den dort zur Diskussion gestellten Grundtrieben („Trieb nach Identität", „gesellschaftlicher Trieb") nicht dem Verhältnis von Stoff und Form.

und innere erachtet Schiller dabei aber die Unterscheidung von „*ausser sich seyn*" als Beherrschtwerden durch Empfindung und „*in sich gehen*, das heißt in sein Ich zurückkehren" (vgl. Ho II, 65, Anm. [604, Anm.]). Schiller macht hier, statt den Dingen in ihren weiteren Verästelungen nachzugehen, auf ein psychologisches Phänomen der Entfremdung aufmerksam. Die Unterdrückung der Empfindung ist seines Erachtens ebenso fatal wie jede bloße Hingabe an die Empfindung. Beides bedeutet seiner Meinung nach Ich-Verlust. Was im Weiteren den Formtrieb betrifft, geht dieser laut Schiller, den reinholdschen Beschreibungen nicht unähnlich, von der „vernünftigen Natur" oder dem „absoluten Daseyn" des Menschen aus und fordert „Freyheit", „untheilbare Einheit", Beharrlichkeit der Person, bringt „Harmonie in die Verschiedenheit" der Erscheinungsformen der Person (vgl. Ho II, 66 [605]). Stärker als bei Reinhold ist bei Schiller unter diesem Aspekt das Motiv der Negation des Zeitlichen ausgebildet. Schiller versteht darunter sowohl das Jenseits der Zeit, die „*Ewigkeit*", als auch die unendliche Zeit, den Fortgang einer „nie endenden Reyhe".[8] Auf der Stufe der Vernunftideen soll die besagte Negation überdies als Zeit „in uns", d. h. als unsere Zeitsetzung, begriffen werden (vgl. Ho II, 66, 68 [606]).

Eine bemerkenswerte Parallele zeichnet sich schließlich in Bezug auf die erwähnte Tatsache ab, dass Reinholds Trieblehre mit der Idee der absoluten Gemeinschaft endet. Unmittelbar nach der Charakterisierung der beiden Grundtriebe interpretiert Schiller den Formtrieb als Stifter eines theoretischen Gesetzes, das objektiv gültige Erkenntnis ermöglicht, eines praktischen Gesetzes, das uns den objektiven Bestimmungsgrund moralischen Handelns vorgibt, sowie schließlich einer diese Gesetze umspannenden „*Ideen-Einheit*" (vgl. Ho II, 67 [606]). Reinhold folgend macht also auch Schiller den Formtrieb zur Matrix eines totalisierenden Abschlusses der Vernunfterkenntnis.

Was bei Schiller augenscheinlich fehlt, ist die bei Reinhold nicht wegzudenkende Interpretation der Stoff-Form-Beziehung als Verhältnis von eigennützigem und uneigennützigem Trieb. Schiller stellt lediglich eine aus der Position des Formtriebes zu fordernde Freiheit allgemein – es ist jene Freiheit, die dem Menschen als intelligentes Wesen grundsätzlich zukommt – und keine mit dem Verhältnis von eigennützigem und uneigennützigem Trieb zusammenhängende Willensfreiheit zur Diskussion. Näher besehen darf diese Absenz keinesfalls dahingehend verstanden werden, dass Schiller Reinholds Verständnis von Willensfreiheit als Vermögen, sich für oder gegen das Sittengesetz zu entscheiden, ablehnt. Im Gegenteil scheint Schiller auch hier reinholdschen Spuren zu folgen.

---

[8] Auf eine Unterscheidung dieser Art ist zuvor Kant in der kleinen Schrift *Das Ende aller Dinge* eingegangen (siehe AA VIII, 327).

Der „Wille des Menschen", so liest man in Schillers 4. Brief, „steht aber vollkommen frey zwischen Pflicht und Neigung, und in dieses Majestätsrecht seiner Person kann und darf keine physische Nöthigung greifen. Soll er also dieses Vermögen der Wahl beybehalten [...], so kann dieß nur dadurch bewerkstelligt werden, daß die Wirkungen jener beyden Triebfedern im Reich der Erscheinungen vollkommen gleich ausfallen" (Ho I, 17 [576]). Im 8. Brief wird, im Geiste von Reinholds markanter Unterscheidung von sich autonom entscheidendem Willen und vorgegebenem Gesetz der praktischen Vernunft, an die Tatkraft des Willens appelliert. Der „muthige Wille" soll vollstrecken, was die „Vernunft" zuvor als „Gesetz findet und aufstellt" (Ho I, 39 [590 f.]). Und im 19. Brief wird dem Willen erneut attestiert, seine „vollkommene Freyheit" zwischen beiden Grundtrieben behaupten zu können (vgl. Ho VI, 58 [630]). Der Grund dafür, dass Schiller im 12. Brief das Thema der Willensfreiheit ausspart, dürfte damit zusammenhängen, dass er im Rahmen seines Triebkonzepts letztlich darauf abzielt, eine Freiheit ästhetischer und nicht mehr moralischer Natur zu propagieren. Die aus der Position des Formtriebs zu fordernde Freiheit soll letztlich in einer Freiheit, die sich mit dem dritten Trieb manifestiert, ihre Erfüllung finden.

Mit dem 13. Brief schlägt Schiller eine Thematik an, die nun zwar spontan eher an fichtesche Reflexionen über Entgegensetzung und Wechselbestimmung erinnert denn an Reinholds komplementäres Beziehungsgefüge der beiden Triebe. Genauer besehen bleibt der enge sachliche Bezug zu Reinhold aber ungebrochen, zumal Schiller an der Voraussetzung von zwei Trieben festhält und bei der Frage nach deren produktivem Verhältnis darauf aus ist, für eine kulturelle, das ästhetische Vermögen einbeziehende Aufgabe der Vermittlung beider Triebe Partei zu ergreifen.

Die Untersuchung richtet sich jetzt vor allem auf die Natur der Entgegensetzung der beiden Grundtriebe. Schiller konstatiert, dass die beiden Grundtriebe auf den ersten Blick einander radikal entgegengesetzt zu sein scheinen. Sie scheinen mit anderen Worten in einem konträren Widerspruch zu stehen, einem Widerspruch, der die Möglichkeit eines Dritten oder einer wie auch immer zu verstehenden „Einheit der menschlichen Natur" (Ho II, 69 [607]) ausschließt. Und doch besteht faktisch, so der unmittelbare Selbsteinwand Schillers, eine Koexistenz der beiden Grundtriebe. Diese existieren in der menschlichen Natur, ohne dass sie einander ausschließen. Der Widerspruch, so die in der Sache liegende Schlussfolgerung, ist somit anderer Art als zunächst angenommen. Ehe Schiller in dieser Sache ausdrücklich Stellung nimmt, ist zu beachten, dass er im vorliegenden Zusammenhang gleichfalls den Gedanken eines vermittelnden dritten Triebs in Erwägung zieht, aber dazu sogleich kategorisch behauptet, ein „dritter *Grundtrieb*" sei hier „schlechterdings ein undenkbarer Begriff" (Ho II, 69 [606 f.]), denn die menschliche Natur zeichne sich neben dem Sach- und Formtrieb durch keine weiteren Grundtriebe aus. Soll diese Äußerung auch im 14. Brief noch ihre Gültigkeit haben, ist der dort eingeführte Spieltrieb zwar als ein vermittelnder dritter Trieb, nicht jedoch als *Grund*trieb aufzufassen.[9] Dabei ist eine solche Annahme nicht ohne Rückhalt. Sie deckt sich mit dem Gedanken, dass der Spieltrieb nicht von Grund auf besteht, sondern erst auf der Basis einer bestimmten Konfiguration von Sach- und Formtrieb entdeckt oder erweckt wird. Allerdings besteht, wie wir noch genauer sehen werden, vor anderen Hintergrund Anlass, den Spieltrieb als neuen systematischen Anfang des gesamten Triebkonzepts auszulegen. So wie Schiller im 14. Brief die Dinge entwickelt, ist der Spieltrieb die als Selbstbeziehung gedachte Vereinigung von Sach- und Formtrieb.

Was nun Schiller zufolge die Wahrheit über den zunächst festgestellten Widerspruch angeht, zeichnen sich Sach- und Formtrieb zwar in der Tat durch „*Tendenzen*" aus, die sich „widersprechen". Da sich die beiden Triebe jedoch „nicht in *denselben Objekten*" widersprechen (vgl. Ho II, 69 [607]), kommt es nicht zu einem konträren Widerspruch und damit zum Ausschluss des einen Grundtriebes durch den anderen. Die beiden Triebe können, Kants Gesetz der „Wechselwirkung" oder „Gemeinschaft" (siehe KrV A 211 ff. / B 256 ff.) entsprechend, gleichzeitig zusammen, als Teile eines Ganzen, existieren. Sie können sich zudem, gemäß dem ästhetischen Prinzip „contraria juxta se posita magis elucescunt", kraft des Zusammenhaltens ihrer widersprüchlichen Tendenzen wechselseitig anregen und erhellen.

Die Bedingung dafür, dass auf dieser Grundlage ein produktives Verhältnis von Sach- und Formtrieb entsteht, ist, wie Schiller in der Folge wiederholt einschärft, das Respektieren der eigentümlichen Sphären der beiden Triebe, das Verhindern von Grenzüberschreitungen. Keiner der beiden Triebe darf sich des anderen bemächtigen, keiner darf ein Übergewicht über den anderen erlangen. Dabei soll es die „Aufgabe der *Kultur*" sein, für dieses Ziel zu sorgen. Näher besehen ist ihr Geschäft hier ein doppeltes: „*erstlich:* die Sinnlichkeit gegen die Eingriffe der Freiheit zu verwahren; *zweitens:* die Persönlichkeit gegen die Macht der Empfindungen sicher zu stellen" (Ho II, 71 [608]). Das Mittel, das die Kultur hierbei in Anschlag bringt, heißt „Ausbildung" und ist ebenfalls ein doppeltes: das erste Geschäft erreicht sie durch „Ausbildung des Gefühlsvermögens", das zweite durch „Ausbildung des Vernunftvermögens" (Ho II, 71 [608]). Eine Ausbildung dieser beiden Zweige unseres Vorstellungsvermögens, wobei das Ge-

---

9 Eine Deutung dieser Art favorisiert Meier 2015, 208 f. Seines Erachtens hat Schiller auch nach dem Einbezug des dritten oder Spieltriebes an der Auffassung festgehalten, die Vermittlung von Sinnlichkeit und Vernunft sei im Sinne einer Brückenfunktion zu verstehen. Der Spieltrieb werde demnach nicht als Grundtrieb, geschweige denn neuer erster Trieb konzipiert.

fühlsvermögen hier offenkundig als ästhetisches oder Geschmacksvermögen gefasst wird, soll demnach zur sicheren Begrenzung der beiden Triebe beitragen.

Im Weiteren unterlässt es Schiller nicht, darauf einzugehen, welchen pragmatischen Maximen man bei den Ausbildungen der beiden Vermögen zu folgen hat. Im Falle der Ausbildung des Gefühlsvermögens, die der Kultvierung des Sachtriebes entspricht, gilt es „größtmöglichste Veränderlichkeit und Extensität" anzustreben und dem „empfangenden Vermögen die vielfältigsten Berührungen mit der Welt zu verschaffen", dessen „Paßivität aufs höchste zu treiben" (Ho II, 71 f. [608]). Im Falle der Ausbildung des Vernunftvermögens, die der Kultvierung des Formtriebes entspricht, gilt es die „größtmöglichste Selbstständigkeit und Intensität" zu erreichen, soll es dem „bestimmenden Vermögen" vergönnt sein, „die höchste Unabhängigkeit von dem empfangenden zu erwerben" und die „Aktivität aufs höchste zu treiben" (Ho II, 72 [608]). Werden beide Richtungen vereinigt, wird der Mensch „mit der höchsten Fülle von Daseyn die höchste Selbstständigkeit und Freyheit verbinden, und, anstatt sich an die Welt zu verlieren, diese vielmehr mit der ganzen Unendlichkeit ihrer Erscheinung in sich ziehen und der Einheit seiner Vernunft unterwerfen." (Ho II, 72 [608])

Schiller operiert an dieser Stelle mit der Idee eines Gleichgewichts (man beachte zur Idee des Gleichgewichts auch den Beginn des 16. Briefes) der beidseitig zum möglichen Maximum gesteigerten Triebe und geht davon aus, dass ein solches Gleichgewicht die erforderliche Begrenzung der Triebe, da diese sich kräftemäßig in Schach halten können, begünstigt. Doch beschleichen ihn, wie sich aus dem letzten Abschnitt des 13. Briefes erschließen lässt, Zweifel, ob dieses Mittel der Triebbegrenzung allein ausreichend ist. Sollte die Begrenzung der beiden Triebe, damit sich diese als dauerhaft erweist, nicht auch auf einer mit Selbsterkenntnis einhergehenden Ausbildung der beiden Vermögen beruhen? Schiller gibt im letzten Abschnitt darauf eine Antwort, indem er zusätzlich auf die Idee eines energetischen Auf- und Abbaus der Triebe rekurriert. So gilt es seines Erachtens zu berücksichtigen, dass die beiden Triebe nicht jederzeit wirksam sind, dass sie Phasen der „Abspannung" kennen (vgl. Ho II, 76 f. [610]). Auf jede Anstrengung und Kraftentfaltung folgt eine Phase der Resilienz, die nicht etwa als Unvermögen oder Defekt missverstanden werden darf. Vor diesem Hintergrund lässt sich geltend machen, dass die Gefahr des Übergreifens des einen Triebes auf den anderen auch dadurch gebannt wird, dass bei beiden eine periodische Inaktivität des Kräftevermögens besteht.

Auf eine gleichfalls die Frage der Selbsterkenntnis berührende Behandlung des Problems der Triebbegrenzung verzichtet Schiller im Rahmen seiner weiteren Ratschläge zur Ausbildung des Gefühls- und Vernunftvermögens. Nicht hingegen auf erneute Einlassungen zu dem im 12. Brief angesprochenen Zustand der Entfremdung, der sich aus einer durch den Geist unterdrückten wie auch aus einer übermächtig wirkenden Empfindung ergibt. Beklagt wird, dass eine durch Vernunft domestizierte Sensualität zu einer kalten Vernunftmoral, einer Vernunftmoral ohne Vermögen der Empathie, führt, dass eine die Sinnlichkeit domestizierende Vernunft den Hang bestärkt, die Natur „teleologischen Urtheilen" zu unterwerfen und dadurch aller furchtbaren Naturforschung die Flügel zu stutzen. Die einseitige Vernunft ist verantwortlich dafür, dass „unsre Natur-Wissenschaften so langsame Schritte machen" (Ho II, 73, Anm. [609, Anm.]). Zudem warnt Schiller vor fatalen Vermischungen im Verhältnis der beiden Triebe. Wird das tätige als Teil des leidenden, das leidende als Teil des tätigen Vermögens angenommen, führt dies dazu, dass Sach- und Formtrieb wechselseitig einander vorgreifen. Die beiden Triebe werden demnach nicht ausreichend voneinander geschieden und deshalb in ihrer Autonomie verkannt. Der Mensch gelangt unter einer solchen Voraussetzung weder zum Selbstsein noch zum Anderssein, sondern bleibt ein Zwischending. Erreicht wird deshalb auch keine Harmonie, sondern allenfalls das „voreilige Streben nach Harmonie" (Ho II, 74, Anm. [609, Anm.]). Dies bedeutet, dass jede Reduktion, jedes Übergewicht im Verhältnis der beiden Triebe ebenso zu vermeiden ist wie ein Verhältnis der beide Triebe, in welchem diese isoliert bestehen, sich nicht wechselseitig aufeinander beziehen können. Weicht die Triebnatur des Menschen von dieser Regel ab, verfehlt der Mensch seine Bestimmung.

Doch ist es realistisch, davon auszugehen, dass ein Verhältnis der beiden Triebe ohne Übergewicht bestehen kann? Ist nicht, so im Falle der kantischen Moralphilosophie, ein Vorrang des vernünftigen vor dem sinnlichen Trieb unvermeidlich? Wir kommen damit nochmals zurück auf Schillers Klärung der Frage, wie sich die beiden Triebe in Wahrheit zueinander verhalten. Es war davon die Rede, dass die beiden Triebe, da sie sich zwar widersprechen, jedoch nicht in denselben Objekten widersprechen, als gleichzeitig existierende Teile eines Ganzen begriffen werden können. In der ersten Anmerkung des 13. Briefes verfolgt Schiller in dieser Sache noch einen anderen Gedanken. „Sobald man einen ursprünglichen, mithin nothwendigen Antagonism beyder Triebe behauptet", so hebt Schiller an, „ist freylich kein anderes Mittel die Einheit im Menschen zu erhalten, als daß man den sinnlichen Trieb dem vernünftigen unbedingt *unterordnet.*" (Ho II, 69 f., Anm. [607, Anm.]) Man hätte zwar auch in diesem Falle keinen konträren Widerspruch und somit keinen Ausschluss des einen Triebes durch den anderen. Denn man würde die beiden Triebe, nach dem Vorbild von Kants Aufhebung der Antinomie der praktischen Vernunft, so ins Verhältnis setzen, dass sowohl eine Wechselwirkung als auch eine Unterordnung besteht. Im Falle einer Unterordnung wäre allerdings, so gibt Schiller sogleich kritisch zu bedenken, eine harmonische Verbindung der Triebe nicht mehr möglich, es bestünde lediglich „Einförmigkeit" (vgl. Ho II, 70, Anm. [607, Anm.]). Außerdem, so

Schiller nach weiteren Denkspielräumen suchend, wäre im Falle der Unterordnung davon auszugehen, dass auch diese selbst noch wechselseitig sein kann. Es könnte nicht nur, dem kantischen Modell folgend, der Sachtrieb dem Formtrieb, es könnte auch, dem Geist des Epikureers folgend, der Formtrieb dem Sachtrieb untergeordnet sein. Das Ergebnis wäre eine Kombination von Subordination und Koordination. Die Triebe wären „einander also zugleich subordiniert und coordiniert." (Ho II, 70, Anm. [607, Anm.])

So wie Schiller an dieser Stelle argumentiert, wäre eine wechselseitige Unterordnung die bessere, dem Ziel der Harmonie dienlichere Triebkonfiguration als eine einseitige Unterordnung. Denn das Moment der Koordination käme dadurch stärker zur Geltung. Und genau auf diese Zielrichtung, auf die größtmögliche Ausbildung der Koordination, kommt es Schiller letztlich an. Er geht davon aus, dass der Antagonismus von Sach- und Formtrieb nicht ursprünglich besteht, sondern „erst geworden ist durch eine freye Uebertretung der Natur" (Ho II, 69 [607]). Demnach gibt das Triebverhältnis vor dem besagten Antagonismus den Maßstab vor, also ein Verhältnis der bloßen Koordination.

Schillers Antwort lautet demnach: Es ist nicht unrealistisch, von einem Verhältnis der beiden Triebe ohne Übergewicht auszugehen, wobei ein solches Verhältnis als ein dem bestehenden Antagonismus entgegengesetztes Ideal zu begreifen ist.[10] Je stärker im Verhältnis der Triebe das Moment der Koordination neben jenem der Subordination ausgebildet werden kann, desto fortgeschrittener ist die Annäherung an dieses Ideal. Der „Transcendental-Philosophie", welche das „Materielle" als „Hinderniß" zu denken gewohnt ist (vgl. Ho II, 71, Anm. [607f., Anm.]), die somit das Sinnliche einseitig dem Geistigen unterordnet, ist von daher kein gutes Zeugnis auszustellen. Sie müsste im Geiste einer Depotenzierung der Subordination und einer Annäherung an die Idee der Koordination fortgebildet werden. Die an der bestehenden Transzendentalphilosophie geübte Kritik trifft dabei natürlich Kant, Reinhold und Fichte in gleichem Maße.

Wenn nun aber ein Ideal der reinen Koordination unterstellt wird, lässt sich das Verhältnis von Sach- und Formtrieb nicht mehr, wie Schiller im 13. Brief noch versucht,[11] als Verhältnis von Relativem und Absolutem behaupten. Denn nicht mehr der Formtrieb, sondern das als Ideal angenommene Verhältnis von Sach-

---

10 In diesem Sinne spricht Schiller im 16. Brief von dem Gleichgewicht der Triebe, das „immer nur Idee" ist, „die von der Wirklichkeit nie ganz erreicht werden kann" (Ho II, 90 [619]).
11 Schiller betont in der ersten Anmerkung des 13. Briefes, weder sei das „Absolute" durch das Begrenzte, die „Schranken", noch dieses durch jenes zu begreifen (vgl. Ho II, 70. Anm. [607, Anm.]). In diesem Sinne bestehe eine Unabhängigkeit beider. Mit diesem Gedanken ist Schiller immer noch klar darauf aus, Sach- und Formtrieb als Verhältnis von Begrenztem und Absolutem zu denken.

trieb und Formtrieb ist demnach als das Absolute zu denken. Und die beiden Triebe erscheinen vor diesem Hintergrund als Momente des als Verhältnis gefassten Absoluten. Noch ist damit allerdings kein Grund ersichtlich, weshalb das Absolute hierbei als ein dritter Trieb zu verstehen sein soll. Dazu ist offenbar ein weiterer Denkschritt erforderlich, ein Denkschritt, den Schiller erst mit dem 14. Brief entwickelt.

Schiller erwägt und bejaht schließlich den Fall, dass wir die beiden Triebe nicht nur im Sinne von gleichzeitig miteinander existierenden gleichgewichtigen Teilen eines Ganzen erfahren, sondern auch als gleichzeitig in uns wirksame widersprüchliche Momente. Der Mensch macht eine Widerspruchserfahrung als „doppelte Erfahrung *zugleich*" (vgl. Ho II, 79 [612]). Er erfährt die beiden Triebe als eine Gleichzeitigkeit von Freiheitsbewusstsein und materieller oder Daseinsempfindung, von Spontaneität und Rezeptivität. Die Spontaneität des Formtriebs ist demnach gleichzeitig die Rezeptivität des Sachtriebes. Die Spontaneität des Formtriebs affiziert sich mit anderen Worten selber. Es wird demnach davon ausgegangen, dass die beiden Triebe nicht mehr als verschiedene, sondern als ein und derselbe Gegenstand aufzufassen sind. Unter dieser Voraussetzung sind die beiden Triebe Momente eines Verhältnisses, dem als Absolutes das Vermögen einer unmittelbaren Selbstbeziehung zukommt. Dieses Vermögen äußert sich als Kraft, als Trieb, so dass nun von einem weiteren Trieb, der systematisch gesehen am Anfang steht, gesprochen werden kann. Dieser Trieb ist freilich nichts anderes als das unter veränderter struktureller Bedingung gedachte Verhältnis von Sach- und Formtrieb.

Was die strukturelle Seite dieses Neuansatzes im 14. Brief betrifft, kommt als Vorbild nicht mehr Reinhold in Frage. Denn Reinhold hat zwar seit 1789 im Zusammenhang von Definitionen und Erörterungen zum inneren Stoff der Vorstellung sowie zum Selbstbewusstsein einen sich als richtungweisend herausstellenden Begriff eines Affiziertwerdens, welches „durch die Thätigkeit des Vorstellungsvermögens selbst geschehen" muss, entfaltet (vgl. RSG 1, 218 [335]), diesen jedoch nicht im Blick auf seine Trieblehre zur Anwendung gebracht. In Frage kommt nun vielmehr Fichte mit der von uns eingangs erwähnten Auffassung von Wechselbestimmung aus dem letzten Paragraphen der *Grundlage*. Fichte rekonstruiert dort die Wechselbestimmung von Ich und Nicht-Ich in der Weise, dass er drei Triebe des Ich annimmt und dabei am Ende einen „*Trieb nach Wechselbestimmung* des Ich durch sich selbst" an die Spitze stellt (vgl. GA I/2, 499). Das selbstbezügliche Ich wird hier gleichsam als Motor im Triebverhältnis von Ich und Nicht-Ich betrachtet. In Bezug auf die betont ästhetische Ausrichtung des Neueinsatzes im 14. Brief darf man hingegen ungebrochen von einem reinholdschen Erbe Schillers sprechen. Schiller folgt Reinholds Einsicht, dass nur das ästhetische oder Geschmacksvermögen die Vermittlung von Stoff- und Formtrieb zu leisten vermag. In diesem Sinn ist Schiller der festen Überzeugung, dass der dritte Trieb nur ästhetischer Natur sein kann.

Im 22. Brief wird Schiller behaupten, dass in einem „wahrhaft schönen Kunstwerk […] der Inhalt nichts, die Form aber alles thun" soll (Ho VI, 75 [639]). Und im 23. Brief wird er davon sprechen, dass der Zustand „ästhetischer Freyheit" die „nothwendige Bedingung" für moralische Freiheit und Vernunft (vgl. Ho VI, 78 [641]) und somit nicht, wie man erwarten würde, das höchste Ziel selbst ist. Man fragt sich, ob Schiller mit diesem Primat der Form nicht nur hinter seine Auffassung zum dritten Trieb aus dem 14. Brief, sondern auch hinter seine Vorstellung zu einem Gleichgewicht von Sach- und Formtrieb aus dem 13. Brief zurückfällt. Falls dem nicht so ist, ist davon auszugehen, dass Schiller seine Resultate aus dem 13. und 14. Brief mit restringiertem Anspruch vertreten hat. Was für die ästhetische Erziehung gilt, muss nicht auch oder in gleicher Weise für die Kunstproduktion gelten. Aus Aufklärungsgründen fordern, dass das ästhetische Vermögen zu seinem ungeschmälerten Recht kommen soll, widerspricht nicht der Ansicht, dass der letzte Zweck oder das höchste Interesse der Aufklärung die moralische Vernunft ist.

Literatur

Bondeli, Martin 1995: Das Anfangsproblem bei Karl Leonhard Reinhold. Eine systematische und entwicklungsgeschichtliche Untersuchung zur Philosophie Reinholds in der Zeit von 1789 bis 1803, Frankfurt/M.

Heinz, Marion 2007: „Die Harmonie des Menschen mit der Gottheit" – Anthropologie und Geschichtsphilosophie bei Reinhold und Schiller, in: Georg Bollenbeck und Lothar Ehrlich (Hrsg.), Friedrich Schiller. Der unterschätzte Theoretiker, Köln/Weimar/Wien, 27–37.

Henrich, Dieter 2007: Schillers Denken im Spannungsfeld der Jenaer Konstellation, in: Jürgen Bürger (Hrsg.), Friedrich Schiller. Denker und Dichter. Vor- und Gegenbild, Marbacher Schriften 2, Neue Folge, Göttingen, 116–135.

Meier, Lars 2015: Konzepte ästhetischer Erziehung bei Schiller und Hölderlin, Bielefeld.

Platner, Ernst 1782: Philosophische Aphorismen nebst einigen Anleitungen zur philosophischen Geschichte. Anderer Theil, Leipzig.

Röhr, Sabine 2003: Zum Einfluss K. L. Reinholds auf Schillers Kant-Rezeption, in: Martin Bondeli, Wolfgang H. Schrader (Hrsg.), Die Philosophie Karl Leonhard Reinholds, Amsterdam/New York, 105–121.

Schiller, Friedrich: Ueber die ästhetische Erziehung des Menschen in einer Reyhe von Briefen, in: Die Horen. Eine Monatsschrift herausgegeben von Schiller. Jg. 1795, Tübingen, 1. Stück, 7–48, 2. Stück, 51–94, 6. Stück, 45–124 (Ho I, II, VI.).

Christoph Binkelmann
9 Wechselwirkung im Spieltrieb. Schillers konfliktuöser Bezug auf Fichte

(Briefe 14 bis 16)

Im 13. *Brief über die ästhetische Erziehung des Menschen* bestimmt Schiller das Verhältnis der beiden menschlichen Grundtriebe, Form- und Stofftrieb, explizit unter Rückgriff auf die in Johann Gottlieb Fichtes *Grundlage der gesammten Wissenschaftslehre* (1794) entwickelte Kategorie der Wechselwirkung. In den darauf folgenden Briefen 14 und 15 stellt er diese Relation weiter durch den Begriff des Spieltriebs dar. Auch wenn Schillers Benennung der Triebe offensichtlich von Karl Leonhard Reinhold angeregt war,[1] verdanken sich doch zahlreiche inhaltliche Aspekte dieser Lehre ebenso Fichtes Verwendung des Triebbegriffes in den *Vorlesungen über die Bestimmung des Gelehrten* (1794), die Schiller schon im 4. Brief erwähnt.[2]

Die Verbindung der Wechselwirkung mit den Trieben führt in das Zentrum der Auseinandersetzung zwischen Schiller und Fichte, die nicht nur in den beiden genannten Schriften Fichtes ihr Vorspiel hat, sondern auch unmittelbar nach Veröffentlichung der *Briefe* ein noch interessanteres Nachspiel im so genannten ‚Horenstreit'. Eine Darstellung dieser drei Stationen des Konfliktes ermöglicht ein besseres Verständnis der philosophischen Bedeutung einer Wechselwirkung im Spieltrieb bei Schiller. Dabei wird schnell deutlich, dass es in dieser intellektuellen Auseinandersetzung nicht ausschließlich um die Bezeichnung und Einteilung menschlicher Triebe geht. Vielmehr steht dahinter eine Diskussion um Einheit und Dualität, Identität und Differenz in der menschlichen Natur, welche ihren Ausgang von den philosophischen Errungenschaften Immanuel Kants nimmt und ihre Kreise bis in die Spätphase des so genannten Deutschen Idealismus zieht.

---

[1] Vgl. hierzu den Beitrag von Martin Bondeli in diesem Band.
[2] Eine ausführliche Gegenüberstellung der *Briefe* Schillers mit diesen Schriften Fichtes bietet die verdienstvolle Monographie von Emiliano Acosta; insbesondere ist zu verweisen auf die Darstellung der bisherigen Interpretationen dieses Verhältnisses (Acosta 2011, 10 – 39); vgl. ferner Pott 1980; besonders zum Begriff der Wechselbestimmung vgl. Waibel 1997.

9.1 Das Vorspiel: Fichte und der Trieb nach Wechselwirkung

Der Begriff der Wechselwirkung tritt bei Fichte in der *Grundlage der gesammten Wissenschaftslehre* zunächst in einem rein theoretischen Rahmen ohne besondere Hervorhebung auf, so dass es verwundern muss, wenn Schiller ihm in seinen *Briefen* einen so großen Wert beimisst. Allerdings hat Fichte selbst in der Folgezeit in mehreren Vorlesungen die Einsicht Schillers in die Bedeutung der Wechselwirkung lobend hervorgehoben – ein Lob, das selbstverständlich auf ihn zurückfiel.[3]

Um die ganze Tragweite dieses Begriffs bei Fichte in den Blick zu bekommen, bedarf es zunächst einer Erörterung der Ausgangslage von Fichtes Unternehmen einer „Wissenschaftslehre" genannten Philosophie. Diese gründet bekanntlich in dem Ungenügen, das die Nachfolger Kants angesichts der fehlenden Einheit von dessen Philosophie, aber insbesondere angesichts der fehlenden Einheit *des Menschen* empfanden. Das ganze Werk des Königsberger Denkers durchzieht ein Graben, der zahlreiche Aspekte unvereinbar erscheinen lässt: Theoretische und praktische Philosophie (*Kritik der reinen Vernunft* und *Kritik der praktischen Vernunft*) sind ebenso getrennt wie Handeln und Wissen, Freiheit und Notwendigkeit, Verstand und Sinnlichkeit, Form (*eidos*) und Materie (*hyle*), intelligibles und phänomenales Wesen des Menschen. Erst in der Folge hat Kant die Notwendigkeit einer Vermittlung in der *Kritik der Urteilskraft* eingesehen und einen ästhetischen wie teleologischen Brückenschlag unternommen, der zwar im Deutschen Idealismus zum Ausgangspunkt genommen, aber als nicht hinreichend empfunden wird.

In dieser Situation fordert Fichte nicht nur, wie üblicherweise in der Forschung einseitig betont wird, ein *System* der Philosophie; er fordert vielmehr eine Philosophie des *ganzen Menschen*, die aus der Perspektive seiner gefühlten und selbstbewussten Einheit sämtliche Phänomenbereiche zu erklären vermag. Schiller selbst hat diese „anthropologische" Tendenz bei Fichte lobend erwähnt;[4]

---

3 In einer Kollegnachschrift (Eschen) der *Wissenschaftslehre nova methodo* vom WS 1796/97 heißt es: „Auf diese Wechselwirkung und durch sie auf alle Wechselwirkung kommt es in der Wissensch[aftslehre]. eigentlich an". Und am Rande findet sich der Verweis „Schillers Br[iefe]. über die aesth[etische]. Erziehung" (GA IV/3, 156). Vgl. auch ebd. 73, 372.

4 „Freylich muß sich auch über die Natur und über den aesthetischen Theil des Menschen etwas bestimmen laßen können, aber nach Ihren eigenen Grundsätzen nicht aus Vernunftprincipien. Sie gestehen dieß selbst in *Ihrem* Aufsatz [*Ueber Geist und Buchstab in der Philosophie*, C.B.], und *Ihre* öftern Appelle an fremde Urtheile in unserer gegenwärtigen Streitigkeit beweisen, daß Sie

sie zeigt sich ebenso deutlich in Fichtes Beschäftigung mit Ernst Platner wie in der bis 1798 ständig überarbeiteten und verbesserten Trieblehre.[5]

Gerade um diese Einheit angemessen darstellen zu können, steht für Fichte zu Beginn das systematische Anliegen im Zentrum seines Bemühens. Sämtliche Spielarten des kantischen Dualismus führt er daher auf ihre höchste, abstrakteste Form zurück: Alles, was ist, ist entweder Ich oder Nicht-Ich, A oder non A. Durch diesen Gegensatz ergeben sich zwei mögliche philosophische Systeme, die den Dualismus zu überwinden trachten: der transzendentale Idealismus oder der dogmatische Realismus nach Spinoza. Während dieser das Nicht-Ich, verstanden als Sein, zur einzig denkbaren Substanz ernennt, aus welcher alle Wirklichkeit hervorgeht, insistiert Fichte darauf, die Substanz als Ich aufzufassen. Die *causa sui* ist keine Selbstverursachung eines höchsten Seins, sondern die Selbst-Setzung des Ich: „*Dasjenige dessen Seyn (Wesen) blos darin besteht, daß es sich selbst als seyend, sezt, ist das Ich, als absolutes Subjekt. So wie es sich sezt, ist es; und so wie es ist, sezt es sich*" (GA I/2, 259 f.).

Mit dem so genannten „absoluten", da nur schlechthin durch sich hervorgebrachten Ich fördert Fichte aber nicht lediglich den höchsten spekulativen Einheitspunkt, den höchsten Grundsatz der Wissenschaftslehre, zutage, vielmehr hat dieser auch eine phänomenale Basis in dem menschlichen Einheitsgefühl des Selbstbewusstseins. Ebenso evident ist es jedoch, dass dem Menschen ein Nicht-Ich entgegensteht, dass er nicht alles ist und die gesamte Realität ausfüllt. Dieser im zweiten Grundsatz der Wissenschaftslehre formulierte Gedanke führt zu einem Widerspruch im Ich, nämlich einerseits so zu sein, wie es sich setzt, andererseits durch etwas anderes bestimmt zu sein. Dies ruft in einem dritten Grundsatz die Idee einer gegenseitigen Beschränkung (Limitation) von Ich und Nicht-Ich auf den Plan, worin sich beide gewissermaßen auf gleicher Ebene gegenüberstehen und um Realität ringen. Nun kann das so bestimmte Ich nicht mit dem absoluten Ich, als höchstem Einheitspunkt, gleichgesetzt werden: „Ich und Nicht-Ich, so wie sie durch den Begriff der gegenseitigen Einschränkbarkeit gleich und entgegengesetzt werden, sind selbst beide etwas (Accidenzen) im Ich, als theilbarer Substanz" (ebd. 279).

---

nicht die Vernunft sondern die Empfindung (oder beßer den ganzen Menschen) als aesthetischen Richter anerkennen." (Schiller an Fichte, Briefentwurf vom 3./4. August 1795; GA III/2, 363). Zu dieser anthropologischen Grundtendenz in Fichtes transzendentalem Idealismus vgl. Binkelmann 2007.

5 Vgl. GA II/4; die Trieblehre kulminiert gewissermaßen in Fichtes *System der Sittenlehre* (1798). Vgl. zu dieser Trieblehre und ihrem Zusammenhang mit der *Grundlage der gesammten Wissenschaftslehre* Binkelmann 2006.

Mittels der Kategorie der *Substantialität* deutet Fichte das Verhältnis von absolutem Ich (Substanz) sowie teilbarem Ich und Nicht-Ich (Akzidenzien), woraus in der Folge zwei weitere mögliche Verhältnisse im Bereich der Teilbarkeit, der quantitativen Realität, hervorgehen: Entweder bestimmt das Nicht-Ich das Ich oder das Ich das Nicht-Ich. Von der Substantialität gelangt Fichte daher zur *Kausalität* von Ich und Nicht-Ich, die einerseits als Unterscheidungskriterium für theoretische und praktische Philosophie gelten – dort ein Übergewicht der Bestimmung durch das Nicht-Ich, hier durch das Ich –, andererseits aber in beiden Disziplinen zusammen auftreten. Dieser Schritt führt Fichte zum zentralen Gedanken der *Wechselwirkung* oder Wechselbestimmung von Ich und Nicht-Ich.

Denn das Ich kann nur das Nicht-Ich bestimmen, d. h. ihm ein Leiden, eine Negation, zufügen, indem es sich selbst eine Tätigkeit, eine quantitativ *bestimmte* Realität, zuspricht; doch sich selbst diese Realität zuzusprechen, heißt zugleich, eine Negation in sich zu setzen und damit eine Realität in das Nicht-Ich zu setzen. Ein *Beschränken* des Anderen (Negation) ist immer zugleich ein *Begründen* seiner selbst, aber auch des Anderen (Realität) und damit ein Beschränken seiner selbst:

> Durch die Bestimmung der Realität oder Negation des Ich wird zugleich die Negation oder Realität des Nicht-Ich bestimmt; und umgekehrt. Ich kann ausgehen, von welchem der Entgegengesezten; wie ich nur will; und habe jedesmal durch eine Handlung des Bestimmens zugleich das andere bestimmt. Diese bestimmtere Bestimmung könnte man füglich Wechselbestimmung (nach der Analogie von Wechselwirkung,) nennen. Es ist das gleiche was bei Kant *Relation* heißt. (ebd. S. 290)

Fichte verweist in diesem Zusammenhang nicht nur auf Kant, weil dieser in der Kategorienklasse der Relation die Wechselwirkung neben der Substantialität und Kausalität als Kategorie fasst, sondern weil er in jener eine „Verbindung" der beiden anderen Kategorien sieht (KrV B 110). So deutet Fichte die Wechselbestimmung als eine höhere Synthese, welche den Widerspruch von Ich und Nicht-Ich, These und Antithese, Substantialität und Kausalität aufzulösen verspricht: Beide Seiten sind nur in der Einheit mit der anderen Seite, mithin widersprechen sie sich nicht, sondern begründen ihre Identität im absoluten Ich. Dabei wird sich in der Folge zeigen, dass die Wechselwirkung von teilbarem Ich und Nicht-Ich für Fichte lediglich ein Mittel zur Herstellung der Identität des absoluten Ich darstellt und nicht – wie bei Schiller – Selbstzweck ist.

In den *Vorlesungen über die Bestimmung des Gelehrten* wird nicht nur die praktische Bedeutung der Wechselwirkung, die Kant bereits als Kategorie der *Gemeinschaft* bezeichnet hatte, deutlich, sondern auch deren Verhältnis zur Identität, verstanden als „Übereinstimmung mit sich selbst". Dort begegnet Schiller auch erstmalig der Trieblehre Fichtes, deren Version aus der *Grundlage der gesammten Wissenschaftslehre* Schiller während der Abfassung der *Briefe* zumindest nicht in der veröffentlichten Form zur Verfügung stand; diese erschien erst im Juli 1795.

Im Ausgang von der Frage nach der „Bestimmung des Menschen" knüpft Fichte an die Überlegungen der Wissenschaftslehre an und unterscheidet im Menschen dessen absolutes Sein als Ich – „Er ist, *weil* er ist" (GA I/3, 29) – von dessen Bestimmtsein durch das Nicht-Ich – „er ist nicht bloß, sondern *er ist auch irgend etwas*" (ebd.). Dieser Widerspruch zwischen substantiellem Sein und akzidentellem Bestimmtsein fordert eine Synthese im absoluten Sein: „*Der Mensch soll seyn, was er ist, schlechthin darum, weil er ist*" (ebd.). Dieser Sollensforderung liegt Fichte zufolge der höchste Trieb im Menschen zugrunde, nämlich „der Trieb nach *Identität*, nach vollkommener Uebereinstimmung mit sich selbst" (ebd., 35). Die Identität erweist sich als „Form des reinen Ich" (ebd., 30) und ist letzter Endzweck des Menschen, der aber nur in unendlicher Annäherung, mithin niemals als ganzer, zu realisieren ist.

Wichtiges Werkzeug dieses Fortschreitens ist für Fichte die menschliche Kultur, worunter er die kausale Bearbeitung oder deutlicher: Unterwerfung der Natur zugunsten der menschlichen Zwecke versteht (ebd., 31). Eine höhere Bestimmung erfährt der Mensch in der Gesellschaft, in welcher er nicht mehr dem bloßen Nicht-Ich, sondern anderen Menschen, die auch Ich sind, begegnet. Dort schlägt die einseitige Kausalität auf die Natur in die „Wechselwirkung nach Begriffen" oder „durch Freiheit" (ebd., 37) um, was zu einer Fortbestimmung des Triebes nach Identität führt:

> Der Trieb geht auf *Wechselwirkung*, *gegenseitige* Einwirkung, *gegenseitiges* Geben und Nehmen, *gegenseitiges* Leiden und Thun: nicht auf blose Kausalität, nicht auf blose Thätigkeit, wogegen der andere sich nur leidend zu verhalten hätte. Der Trieb geht darauf aus, *freie vernünftige* Wesen ausser uns zu finden, und mit ihnen in Gemeinschaft zu treten; er geht nicht auf *Subordination*, wie in der Körperwelt, sondern er geht auf *Koordination* aus. (Ebd., 39)

Das Konzept der Wechselwirkung erhält somit erst in den *Vorlesungen* die konkrete Bedeutung einer Synthese, worin jeder Mensch durch freie Behandlung des anderen erst wahrhaft frei – d. h. ein absolutes Sein – sein kann, indem der andere Mensch ihn ebenso frei sein lässt. „Nur derjenige ist frei, der alles um sich herum frei machen will" (ebd., 39) – dies ist ein Ausdruck, den Schiller in den *Briefen* auf die „edle Seele" beziehen wird. Allerdings wird deutlich, dass für Fichte die Wechselwirkung nur ein Mittel zum Ziel der höchsten Identität, zur „Einigkeit und Einmüthigkeit" (ebd., 40), darstellt. Wäre dieses Ziel erreichbar, gäbe es nur noch ein absolutes Subjekt und dessen Wechselwirkung mit sich selbst. In diesem Sinne erweist sich im praktischen Teil der *Grundlage der gesammten Wissenschaftslehre* der Trieb nach Wechselwirkung mit dem Nicht-Ich in letzter normativ geforderter Konsequenz als „Trieb nach Wechselbestimmung des Ich durch sich selbst oder den Trieb nach absoluter Einheit, und Vollendung des Ich in sich selbst" (GA I/2, 449).

9.2 Das Spiel der Wechselwirkung: Schillers Konzeption in den Briefen

Schillers Vorgehen im transzendentalen Teil der *Briefe* (11–16) weist eine große Ähnlichkeit zu Fichtes Wissenschaftslehre auf: Durch die höchstmögliche Abstraktion gelangt Schiller zunächst zur Unterscheidung von Person und Zustand, wie Fichte zu Ich und Nicht-Ich. Des Weiteren liegt der aufeinander folgenden Bestimmung des Menschen durch die Begriffe Person und Zustand, Form- und Stofftrieb sowie Spieltrieb ein auf Substantialität, Kausalität und Wechselwirkung basierendes Verständnis zugrunde. Trotzdem zeigt sich häufig, wie z. B. in der Grundunterscheidung von Person und Zustand, dass Schiller Fichtes Überwindungstendenzen kantischer Dualismen nicht mitträgt und vielmehr dem Königsberger die Treue hält.

So weist die Unterscheidung von Person und Zustand auf Kants Trennung des noumenalen und phänomenalen Charakters des Menschen, der einerseits von Ewigkeit her ist, andererseits in der Zeit wird. Dennoch setzt Schiller beide Seiten mit Fichte in ein wechselbestimmendes Verhältnis, wonach die Person als das absolut beharrliche Sein des Menschen, das „ewig beharrende Ich" (602), nur in bestimmten Zuständen existiert, sowie bestimmte Zustände nur als solche einer Person existieren. Dabei vermeidet es Schiller jedoch, die Person als eine über den Dualismus greifende Identität zu fassen. Für Fichte ist das absolute Ich die beharrende Substanz, wohingegen teilbares Ich und Nicht-Ich die Akzidenzien darstellen; für Schiller ist die Person Substanz, ihre Zustände die Akzidenzien. Schließlich nutzt er die kantischen Reflexionsbegriffe von Form und Materie, um die Angewiesenheit beider Seiten aufeinander deutlicher hervorzuheben. Wie bei der Erkenntnis im Sinne Kants die Spontaneität und Rezeptivität des Ich zusammenwirken müssen, so ist der Mensch bei Schiller *grundsätzlich* durch zwei Grundtriebe, Form- und Stofftrieb bzw. sinnlicher Trieb, bestimmt, welche die Unterscheidung von Person (ewige Form) und Zustand (zeiterfüllende Materie) in eine kausale Begrifflichkeit übersetzen, welche die Entgegensetzung bzw. den Widerspruch auf die Spitze treibt. Einen dritten Grundtrieb, der die Einheit des Menschen verkörpert, kann es aber nach Schiller nicht geben, dennoch bedarf es einer Synthese, die Schiller wie Fichte im Begriff der Wechselwirkung ansetzen wird.

Die beiden Triebe lassen sich am besten durch ihre Doppelfunktion beschreiben, die sich zumindest implizit in den *Briefen* aufweisen lässt. Der sinnliche Trieb geht auf Empfindungen und Begierden (603), d. h. er drängt dahin, dass der Mensch ganz in der physischen Welt aufgeht, während der Formtrieb einerseits die Form, d. h. die in seiner Person gründende Einheit und Gesetzlichkeit, zu verwirklichen, andererseits die Materie zu formen sucht. Die jeweilige Doppelfunktion der Triebe beschreibt die praktische und theoretische Stoßrichtung, welche beiden Trieben eignet. Während Empfindung und Formung des Stoffs im erkennenden Zugang zur Welt zum Ausdruck kommen, spielen Begierde und Realisierung von Form (qua Sittengesetz) im praktischen eine zentrale Rolle. An dieser Stelle wird sichtbar, dass Schiller wie Fichte den *ganzen* Menschen in der Einheit von theoretischen und praktischen Weltbezügen zu verstehen trachtet. Dazu dienen nicht nur die dieser Unterscheidung gegenüber indifferenten Grundtriebe, sondern gerade auch die Idee einer wechselseitigen Verwiesenheit beider Grundtriebe aufeinander, die nur im Zusammenspiel den ganzen Menschen erschöpfen.

Um diesen Gedanken auszuformulieren, bedient sich Schiller am Ende des 13. und zu Beginn des 14. Briefes Fichtes Idee der Wechselwirkung, die er durch eine *zweifache Simultaneität* bestimmt sieht: das Zugleich von Sub- und Koordination der Triebe sowie das Zugleich von Begründung und Beschränkung. Der ersten Simultaneität gemäß besitzen beide Triebe ein gleiches Recht auf Entfaltung, keiner darf dem anderen „unbedingt", sondern nur relativ untergeordnet werden, d. h. sie müssen sich *gegenseitig* bestimmen: So sind sie jeweils Ursache der Wirkung am anderen Trieb, wie auch Wirkung aus der Verursachung durch den anderen Trieb. Und gerade durch diese wechselseitige Bestimmung erhalten sie das gleiche Recht. Man erkennt, wie Schiller Fichtes Idee von Sub- und Koordination, die dieser auf die Bereiche der Natur und der Gesellschaft verteilt, zusammen denkt. Statt einer vollständigen Subordination der Natur bei gleichzeitiger Koordination der freien Menschen fordert er die Koordination von Geistigkeit und Natürlichkeit.[6]

Diesen Aspekt verdeutlicht Schiller mit der zweiten Simultaneität, die sich als solche auch bei Fichte findet, nämlich von Begründung und Beschränkung: Person und Zustand sowie Form und Materie sind Reflexionsbegriffe, die nur *durcheinander* existieren. Die jeweils eigene Realität ist eine bestimmte und

---

[6] Besonders deutlich wird dies an der fast identischen Bestimmung des freien Menschen bei Fichte und der edlen Seele bei Schiller. Während es für Fichte Kennzeichen des freien Menschen ist, dass er alles, d. h. alle Menschen, um sich frei machen will, gilt für Schiller: „Ein edler Geist begnügt sich nicht damit, selbst frei zu sein, er muß alles andere um sich her, auch das Leblose in Freiheit setzen." (23. Brief, 644, Anm.).

schließt damit Negation ein, welche auf eine andere bestimmte Realität verweist: *omnis determinatio est negatio*. Diesen komplexen Zusammenhang von Begründung und Beschränkung fasst Schiller in erschöpfender Häufigkeit durch die Konjugation des „Weil" zusammen: Der Mensch „soll sich eine Welt gegenüberstellen, weil er Person ist, und soll Person sein, weil ihm eine Welt gegenübersteht. Er soll empfinden, weil er sich bewußt ist, und soll sich bewußt sein, weil er empfindet" (612).

Mit der Formulierung dieses Verhältnisses als eines *Sollens* kennzeichnet Schiller die normative Bedeutung der Wechselwirkung, wonach sie erstens als solche nicht real ist, sondern bewusst hervorgebracht werden muss, zweitens im menschlichen Leben niemals als solche realisierbar ist, vielmehr eine bloße Idee der Menschheit (ebd.) zum Ausdruck bringt, die wie bei Fichte nur durch unendliche Annäherung zu erreichen ist. Ohne auf Erfahrung rekurrieren zu müssen, liegt bereits ein logischer Grund für die Unrealisierbarkeit in der Idee der Simultaneität der Wechselwirkung, die im Widerspruch zur Zeitlichkeit der Realität und Erfahrung menschlichen Lebens steht. Will man nicht die gegenseitige Begründung und Beschränkung missachtend eine Seite der anderen unterordnen, muss man darauf hinweisen und dafür Sorge tragen, dass die beiden Triebe des Menschen auf unterschiedliche Objekte drängen – auf Person oder Zustand, auf Geistigkeit oder Natur. Dass sich beide in einem einzelnen Objekt realisieren, ist daher nicht nur unmöglich, sondern auch gar nicht erwünscht und durch Kultur zu verhindern. Da es in der Erfahrung unmöglich ist, zwei durch unterschiedliche Sphären getrennte Objekte zugleich zu haben, scheint eine absolut simultane Erfahrung aussichtslos. Noch deutlicher wird diese Unmöglichkeit, wenn man bedenkt, dass der sinnliche Trieb den Menschen zum Objekt (Materie) *machen* will, während der Formtrieb die Materie zum Objekt *haben* will. Die Einheit einer vollkommen gleichberechtigten Wechselwirkung lässt sich unter diesen (zeitlichen) Umständen nur im Sinne eines permanenten Schwankens, einer rasanten oder zumindest gleichgewichtigen Abwechslung realisieren; damit bleibt die Simultaneität (wie auch die Menschheit) indes eine unerfahrbare, bloße Idee und konterkariert auf frappierende Weise dasjenige, was sie selbst repräsentiert, nämlich die völlige Gleichberechtigung von Form (*eidos, idea*) und Materie, Idee und Erfahrung.

Die „vollständige Anschauung seiner Menschheit" (612) bedeutet für den Menschen mithin in Schillers Theorie keineswegs eine zusätzliche Erleichterung beim Verständnis der Idee, vielmehr geht es um nicht weniger als die Rettung der ganzen Theorie selbst. Ewigkeit und Zeitlichkeit dürfen nicht nur ihre Vereinbarung in der Idee einer „Allheit der Zeit" (ebd.), der man sich durch Durchlaufen der ganzen Zeit immer mehr annähert, finden. Entsprechend einer Wechselwirkung von Ewigkeit und Zeit darf Zeitlichkeit nicht nur in die Ewigkeit aufgenommen werden, vielmehr muss auch die Ewigkeit in die Zeitlichkeit aufgenommen werden und dort erfahrbar sein. Darin müssten allerdings Form und Stoff, Einheit und Mannigfaltigkeit, Aktivität und Passivität auf eine Weise vereinigt sein, die in der „normalen" Erfahrung niemals möglich ist. Gemäß der kantischen Definition bezeichnet Schiller eine derartige Anschauung (der Idee der Menschheit) ein *Symbol* und denjenigen Trieb, der auf ein derartiges Objekt aus ist, als „Spieltrieb" (ebd.).

Der damalige (und auch der heutige) Leser muss angesichts beider Bezeichnungen unweigerlich an Kant und dessen *Kritik der Urteilskraft* denken. Legt es bereits die systematische Grundintention dieser Schrift nahe, darin nach Vermittlungen der dualistischen Grundstrukturen menschlicher Existenz zu suchen, so weist Kants Auszeichnung der Schönheit als „Symbol der Sittlichkeit" (§ 59) auf den konkreten Bezugspunkt. Das Schöne erweckt im Menschen ein „interesseloses" Wohlgefallen, das gleichermaßen die Begierden und den sittlichen Willen, das Angenehme und das Gute, suspendiert. Beide Begehrungsvermögen gleichen sich darin, dass sie ein Interesse an der *Existenz* des Objekts, seien es Empfindungen oder gute Handlungen, nehmen; während das Schöne von dem Streben, das (schöne) Objekt besitzen zu wollen, befreit und dadurch einen freien spielerischen Umgang eröffnet. In eben dieser Freiheit liegt für Kant die Analogie zur menschlichen Sittlichkeit, die Schiller in den *Briefen* zur Forderung nach einer ästhetischen Erziehung führt. Neben dieser praktischen Bedeutung des Schönen zwischen dem Angenehmen und dem Guten steht die theoretische Hinsicht, in welcher Kant den Begriff des Spiels einführt. Beim Anblick des Schönen befinden sich die dabei beteiligten menschlichen Erkenntnisvermögen, Einbildungskraft bzw. Sinnlichkeit und Verstand, in freier, harmonischer Bewegung, die weder in die regellose Assoziation von Empfindungen noch in eine begriffliche Bestimmung abdriftet.

Schiller führt den Spieltrieb zunächst hypothetisch ein und entwickelt unter dieser Voraussetzung seine charakteristischen Merkmale als „Vereinbarung" (613) von Gegensätzen, die vor allem durch die Aufhebung der „Zeit *in der Zeit*" (ebd.) zu bezeichnen ist (vgl. Janke 1967). Dem Spieltrieb eignet eine Doppelfunktion, die sowohl aus seiner Analogie zu den Grundtrieben als auch aus seiner Entgegensetzung gegen beide hervorgeht. Er ist rezeptiv wie der Stofftrieb und die theoretische Ausrichtung beider Grundtriebe als auch produktiv wie der Formtrieb und die praktische Ausrichtung beider Grundtriebe;[7] er besitzt folglich die

---

[7] Begierde und sittlicher Wille gehen *zunächst* vom Subjekt aus, Empfindung und Erkenntnis vom Objekt. Daher kann man jene produktiv nennen, da sie etwas in die Welt bringen, obzwar die Begierde eher durch eine Hingabe an die Welt, mithin als rezeptiv, zu charakterisieren ist. Glei-

Eigenschaften von Stoff- und Formtrieb wie auch deren interne Differenzierung, indem er darauf drängt, „so zu empfangen, wie er selbst hervorgebracht hätte, und so hervorzubringen, wie der Sinn zu empfangen trachtet" (613). Diese Simultaneität von Rezeptivität und Produktivität hatte schon Kant sowohl im Natur- als auch Kunstschönen beobachtet: „Die Natur war schön, wenn sie zugleich als Kunst aussah; und die Kunst kann nur schön genannt werden, wenn wir uns bewußt sind, sie sei Kunst, und sie uns doch als Natur aussieht" (AA V, 306).

Wie das gewöhnliche Spiel im Leben eine Ausnahmesituation darstellt, worin der Ernst des Lebens, der Kampf um die Existenz und Präsenz der Objekte, suspendiert ist, um sich im Müßiggang einer freien Bewegung hinzugeben, sorgt der Spieltrieb für die Aufhebung zweier Notwendigkeiten, die aus sinnlichem und Formtrieb hervorgehen. Sowohl das Naturgesetz als auch das Sittengesetz macht der Spieltrieb zufällig, indem er gleichsam die Tendenz beider Triebe nach Akzidenzialisierung der Gegenseite aufnimmt. Dem sinnlichen Trieb ist es ebenso „egal", ob der Mensch durch sein Streben nach Glückseligkeit vollkommener wird, wie es dem Formtrieb nicht darauf ankommt, dass der vollkommene Mensch auch glückselig ist. Diese Indifferenz der jeweils anderen Seite gegenüber vervollständigt der Spieltrieb zu einer *vollkommenen Indifferenz*[8], die es mit beiden Seiten nicht ernst nimmt, und so einer einseitigen Präferenz entkommt, mit ihnen stattdessen nur spielt und daher beide zugleich zu erfüllen vermag. Die Unentschiedenheit aus der Suspension des Ernstes führt zu der dem Spieltrieb wesentlichen Gleich-Gültigkeit, welche die alten Griechen ihren Göttern zuschrieben (618). Von Ernst und Arbeit des Lebens, dem Kampf um Existenz befreit, hausen diese auf dem hohen Olymp und geben sich dem Spiel hin. Auch in den künstlerischen Götterdarstellungen, wie der *Juno Ludovisi*, lässt sich diese „Seligkeit" als Gleichgültigkeit gegenüber Anmut und Würde, Neigung und Achtung erkennen, die beides zufällig macht, sie als „egal" betrachtet, und dadurch zugleich annimmt, ihnen gleiche Gültigkeit (Egalität) zuweist.

Diese Indifferenzierung in der spielerischen Wechselwirkung, die in einem Subordination als auch Koordination aufweist, erkennt Schiller auch in der Liebe, wodurch klar wird, wie groß die Reichweite des Spieltriebs anzusetzen ist. Jemanden zu lieben, bedeutet weder sich ihm aus Neigung hinzugeben (sich zum

---

chermaßen ist die Erkenntnis zunächst rezeptiv, auch wenn ihr Ziel in der Verarbeitung und Formung der Empfindungsdaten, mithin in Produktivität, besteht.

[8] Der Begriff der Indifferenz findet sich in dieser Bedeutung nicht bei Schiller, sondern wird erst in der Folge vor allem bei Friedrich Schlegel und Friedrich Wilhelm Joseph Schelling profiliert. Dennoch bieten seine Gehalte wie Unentschiedenheit, Differenzlosigkeit und Gleichgültigkeit, worin beide Seiten nicht ernst genommen und ihnen gleiche Gültigkeit zugesprochen wird, ein hohes Erklärungspotential für Schillers Theorie.

Objekt zu machen) noch ihn lediglich als achtungswürdigen Gegenüber zu haben, sondern „zugleich mit unsrer Neigung und mit unsrer Achtung zu spielen" (613). Auf diese Weise erlangt die Liebe eine herausragende Stellung in der „sozialen" Realisierung des Spieltriebs. In seinem früheren Aufsatz *Über Anmut und Würde* wurde dieses Zusammentreffen in der Gestalt der schönen Seele thematisiert (SW V, 468 f.).

Eine weiterführende Bestimmung des Objekts für den Spieltrieb liefert der Anfang des 15. Briefes. Anders als zuvor beschreibt Schiller die Gegenstände von Stoff- und Formtrieb als *Leben* bzw. *Gestalt*. Unter Leben versteht er dabei in einem allgemeinen Sinne das *empfundene* „materiale Sein", das einen hohen Grad an immanenter, d. h. nicht von der Person hervorgebrachter Bewegtheit, ein rastloses Werden, aufweist. Dagegen bereitet der Gestaltbegriff größere Probleme, insofern er zugleich in „uneigentlicher und eigentlicher Bedeutung" (614) aufzufassen ist. Gemäß letzterer ist Gestalt die (äußere) Form, das *eidos* eines Dinges, die aber nach Schillers und Kants Auffassung vom Formtrieb, genauer: von der „Gestaltung" der Materie durch das Ich konstituiert wird. Diesen Aspekt nimmt die uneigentliche, „figürliche" Bedeutung auf, indem sie Gestalt im Sinne des *corpus parastaticum*, eines Scheinkörpers, im Gegensatz zum Organischen, also zum Leben, bestimmt. Wie das griechische *eidolon* ist die Gestalt ein (Schatten-)Bild, eine Form ohne wahren Körper (Adelung 1796, 634), die bei Schiller daher auch den zeitlos-ewigen Sinn der platonischen Idee (*idea*) zu übernehmen vermag, wie er im Gedicht „Das Ideal und das Leben" (1795) schreibt:

> Nur der Körper eignet jenen Mächten,
> Die das dunkle Schicksal flechten,
> Aber frei von jeder Zeitgewalt,
> Die Gespielin seliger Naturen
> Wandelt oben in des Lichtes Fluren,
> Göttlich unter Göttern, die *Gestalt*. (SW I, 201)

Denkt man Leben und Gestalt in einer Einheit, gelangt man zur Vorstellung einer „lebenden Gestalt", einer körperlosen Körperlichkeit, die für Schiller im substantiellen Schein der Schönheit erfüllt ist. In einem schönen Objekt durchdringen sich Stoff und Form, so dass der Stoff nur durch seine Gestaltung, die Gestalt nur durch ihre körperliche Präsenz gefällt. Anders als Kant, der das Schöne (fast) ausschließlich in der Form und bildlichen Vorstellung eines Objekts, damit in der Subjektivität und nicht in diesem selbst, verortet, pocht Schiller ebenso auf die gleichgewichtige Präsenz der Gegenseite. Jedoch sollen beide nicht für sich selbst stehen, sondern durch das andere zur Geltung gelangen. Am Kunstschönen wie an einem geliebten Menschen macht Schiller diese Einheit deutlich. An letzterem ist es keineswegs der Körper noch der Geist, der ein Wohlgefallen des Angenehmen oder Guten erregt, vielmehr der körperlich manifeste Geist und das geistig durchdrungene Leben.

Mit dieser Verbindung von Leben und Gestalt vollzieht Schiller explizit eine Zusammenführung von empiristischen und rationalistischen Ästhetiken. Edmund Burke als Vertreter eines sensualistischen Empirismus hatte das Leben und die Empfindung zur Grundlage des Schönen und Erhabenen gemacht, indem er beide Phänomene auf die menschliche Selbsterhaltung und natürliche Liebe bezog. Dagegen betonte der Rationalismus – Schiller nennt an dieser Stelle nur den Künstler Raphael Mengs, man könnte aber auch an Alexander Baumgarten denken – lediglich die Gestalt oder Form als Merkmal der Schönheit. Lässt der Empirismus das Schöne im natürlichen Leben und dem Streben nach Glückseligkeit aufgehen, verschwindet es im Rationalismus als bloßer Vorläufer des Verstandes und der Vollkommenheit. Beide werden dadurch der Sonder- und Mittelstellung des Schönen nicht gerecht. Erst der Kritizismus hat nach Schiller diesen Mittelweg eröffnet (616), auch wenn Kant immer noch der Form einen Vorrang vor der Empfindung einräumt. Die rationalistische Hinwendung zur Form ist kühl und distanziert, wie die empiristische Hingabe unkontrolliert und selbstaufgebend ist – beides sind Eigenschaften, die allein für sich genommen auch in der Liebe unangebracht sind.

Zwar liefert das Schöne in Natur, Kunst und Liebe ein Beispiel dafür, dass sich der ganze Mensch angesprochen fühlt und/oder mit allen Aspekten seines Wesens beteiligt ist, indes lässt sich nach Schiller nicht weiter erklären, wie es zustande kommt. Darin schwingt nicht nur ein Schweigen angesichts des Wunders des Schönen mit, vielmehr auch eine Selbstbescheidung der Transzendentalphilosophie und das Ende von Schillers eigenem „transzendentalen Weg". So bleibt die Wechselwirkung im Schönen wie in der Idee der Menschheit unerklärlich: „*Wie* aber eine Schönheit sein kann, und *wie* eine Menschheit möglich ist, kann uns weder Vernunft noch Erfahrung lehren" (615). Zwar lehrt uns die Erfahrung die Faktizität des Schönen, aber nicht dessen Genese; ebenso lehrt die Vernunft die normative Forderung einer Einheit in Schönheit oder Menschheit, *dass* diese sein sollen, aber nicht deren reales Zustandekommen. Hier markiert Schiller die Grenzen des transzendentalen Zugangs zum Thema auf immanente Weise. Da der Begriff der Wechselwirkung ein ausgeglichenes Verhältnis von Idee und Erfahrung fordert, kann die Wechselwirkung selbst auf eine vollständige Weise nicht begrifflich erklärt werden.

In dieser Hinsicht bleibt neben der ideellen Forderung allein eine einzige Erfahrung als empirischer „Bestätigung" dieser Idee, nämlich das Spiel: „Denn, um es endlich auf einmal herauszusagen, der Mensch spielt nur, wo er in voller Bedeutung des Worts Mensch ist, und er ist nur da ganz Mensch, wo er spielt" (618). In diesem berühmten Doppelsatz zeigt sich gewissermaßen die Wechselwirkung als Wesen des Menschen in ihrer höchsten Ausprägung von Begründung und Beschränkung: Denn das Spiel bietet mit der einzig möglichen vollständigen Aktualisierung des menschlichen Wesen und symbolischen Veranschaulichung der Idee der Menschheit eine Begründung dieser Idee, wie auch diese Idee die ästhetische Erfahrung im Spiel begründet; der Mensch kann sich im Spiel nur als Mensch begreifen, da er neben der Erfahrung auch die Idee in sich trägt, wobei sich nur in der Erfahrung die Idee manifestiert. Dieser Gedanke impliziert bereits die gegenseitige Einschränkung, wonach im Spiel zugleich das permanente Scheitern einer anderen vollständigen Realisierung der Menschheitsidee aufscheint, wie in der Idee klar wird, dass das Spiel nicht die *wahre* Realisierung der Menschheit, sondern nur deren *virtuelle* Realisierung im Spiel erbringt. Idee der Menschheit und reales Spiel bleiben in einem gegenseitig beschränkenden und begründenden Verhältnis, das jedoch nicht im eigentlichen Sinne von Wechselwirkung in eine Simultaneität zu bringen ist.

Auch wenn der folgende 16. Brief den konsequenten Übergang von der Transzendentalphilosophie zur Empirie darstellt, überrascht er doch mit der Einsicht, dass das in den vorherigen Briefen lediglich gedanklich, also als Idee entfaltete Schöne in der Erfahrung niemals als solches präsent ist. Mithin muss man schließen, dass zwar die vollständige Vereinbarung, das „Gleichgewicht" von Sub- und Koordination in der Idee einer spielerischen Wechselwirkung liegt, aber in der Erfahrung eine Form von Subordination vorherrschend ist:

> Die Schönheit in der Idee ist also ewig nur eine unteilbare einzige, weil es nur ein einziges Gleichgewicht geben kann; die Schönheit in der Erfahrung hingegen wird ewig eine doppelte sein, weil bei einer Schwankung das Gleichgewicht auf eine doppelte Art, nämlich diesseits und jenseits übertreten werden kann. (619)

Durch diese Überlegung gelangt Schiller zur Unterscheidung einer energischen und einer schmelzenden Schönheit, die beide jeweils ein Übergewicht von Aktivität oder Passivität hervorbringen (620). Damit spannt er einen Bogen zur Erörterung über Schönheit vor den transzendentalen Überlegungen, worin er sich mit einer Kritik an der Schönheit als Erziehungsmittel zur Freiheit auseinandersetzte. Durch die Unterscheidung von Idee und Empirie der Schönheit wird klar, dass die Kritik zwar die empirischen Erscheinungen, nicht aber die Idee treffen, deren Umsetzung in der Erziehung zur Aufgabe wird. Die Erziehung soll dahin führen, dass statt einseitiger schmelzender oder energischer Schönheiten die Schönheit als Idee erfahren wird. Die Aufgabe der ästhetischen Erziehung ist „aus Schönheiten Schönheit zu machen" (620). Dadurch wird zudem klar, dass im Gegensatz zur Idee der Menschheit die Idee der Schönheit in einer einzelnen Erfahrung realisiert werden kann, obgleich sie faktisch bislang möglicherweise noch nicht realisiert worden ist. Darüber hinaus bietet das einseitige Übergewicht im realen Schönen für Schiller auch eine pädagogische Möglichkeit, da in der Realität stets ein Übergewicht von Stoff- oder Formtrieb, Wildheit oder Barbarei, vorherrscht, mithin die Schönheit zur Herstellung eines Gleichgewichts eine Seite mehr betonen muss.

9.3 Nachspiel: Der Horenstreit um die Triebe

Der eigentliche Streit zwischen Schiller und Fichte um die Bestimmung der Triebe und die Bedeutung der Wechselwirkung setzt erst nach Erscheinen der *Briefe* ein (vgl. Wildenburg 1997). Den Anlass dafür bietet Fichtes kleine Schrift *Ueber Geist und Buchstab in der Philosophie. In einer Reihe von Briefen.* Fichte hatte Schiller diese Schrift im Juni 1795 zugeschickt, damit dieser sie in den *Horen* als offensichtliche Reaktion und Weiterführung des Themas aus Schillers *Briefen* veröffentliche. Schillers ablehnende Antwort, die lediglich in Form von Briefentwürfen vorliegt, kann inhaltlich in drei Punkten festgehalten werden: Fichtes Trieblehre fehle es am „Einteilungsgrund", d. h. die Einteilung erscheint willkürlich, der sinnliche Trieb komme nicht vor und Funktion wie Reichweite des ästhetischen Triebs bleiben unverständlich (GA III/2, 334).

In besagter Schrift unterscheidet Fichte im Gegensatz zu früheren Versionen und in gewisser Analogie zu Schiller drei Triebe im Menschen: den Erkenntnistrieb, den praktischen Trieb und den ästhetischen Trieb. Den Erkenntnistrieb, als Streben nach Vorstellung, also Formung des empfundenen Materials, behandelt Fichte dabei, „als ob er ein besondrer *Grund-Trieb* wäre – welches er doch nicht ist; sondern er, und alle besondern Triebe und Kräfte, die wir noch so nennen dürften, sind lediglich besondre Anwendungen der einzigen untheilbaren GrundKraft im Menschen" (GA I/6, 341). Bereits durch diese Aussage wird klar, dass sich Fichte einem Dualismus der Grundtriebe nach Schiller verschließt und von einer Identität im Menschen ausgeht, die sich in mehreren Trieben auswirkt. Demgemäß dient auch der praktische Trieb der Herstellung einer Harmonie zwischen Vorstellung und Ding, er nimmt lediglich einen gegenteiligen Ausgang (ebd., 342). Beide Triebe hatte Schiller im Formtrieb zusammengefasst, der theoretisch-praktischer Natur ist.

Das Einteilungsprinzip der Triebe bei Fichte basiert deutlich auf der Einteilung der *Grundlage der gesammten Wissenschaftslehre* in eine theoretische und eine praktische Disziplin, die beide aus dem Grundprinzip des absoluten Ich sowie der Wechselwirkung von Ich und Nicht-Ich abgeleitet werden. Allerdings betont Fichte die regulative Funktion der Unterscheidung von Trieben („als ob"), die deutlich macht, dass die transzendentale Analyse der absoluten Identität keinen Anspruch auf einen *ontischen* Status der Triebe erheben darf, da es sich lediglich um perspektivische Ansichten des einen Grundtriebes handelt. Dies könnte nahe legen, dass Schiller im Gegenzug von einer Grundlegung der Triebe in der menschlichen Natur ausging und sie folglich als seiende Kräfte behandelt wissen wollte. In diesem Fall wäre eine permanente Neuansetzung von Trieben, eine ständige Veränderung von deren Sphären etc. kein legitimes Vorgehen oder höchstens als Revision der Vorgängerversionen zu deuten.

Die Vorherrschaft des Formtriebs in Erkenntnistrieb und praktischem Trieb bei Fichte hat Schiller richtig bemerkt. Schon in den *Vorlesungen über die Bestimmung des Gelehrten* betont Fichte, dass der Trieb Grund menschlicher Selbsttätigkeit sei (GA I/3, 340), wodurch ein Trieb nach Passivität in dieser Konzeption grundsätzlich ausgeschlossen sein muss. Selbst in seiner späteren Idee eines Naturtriebs aus dem *System der Sittenlehre* (1798) liefert dieser zwar die Materie, ist aber schon der Einheit der moralischen Intention subordiniert. Einen reinen Stofftrieb kann und darf es bei Fichte ebenso wenig geben wie eine Wechselwirkung, die nicht der Identität des absoluten Ich zu dienen hat. Erst Schillers Ansatz macht „ernst" mit der Idee der Wechselwirkung, wobei auch er das Gleichgewicht häufig nicht zu halten vermag.

In dieser Hinsicht ist es folgerichtig, dass Fichte, darin folgt er Kant, den ästhetischen Trieb bloß auf die Vorstellung als solche bezieht, die im Unterschied zu den anderen Trieben gerade nicht in Wechselbestimmung mit dem Objekte stehe (GA I/6, 342) und so auch keine wechselseitige Harmonie hervorzubringen imstande ist. Er befördert den Weg zum Geistigen auf seine Weise, doch leistet er keine Vorreiterrolle als vermittelnder Übergang wie bei Schiller, sondern setzt die Befriedigung der beiden anderen Triebe, mithin Erkenntnis und Freiheit voraus:

> Daher sind die Zeitalter, und Länderstriche der Knechtschaft zugleich die der Geschmacklosigkeit; und wenn es von der einen Seite nicht rathsam ist, die Menschen frei zu lassen, ehe ihr ästhetischer Sinn entwickelt ist, so ist es von der andern Seite unmöglich, diesen zu entwickeln, ehe sie frei sind; und die Idee durch ästhetische Erziehung die Menschen zur Würdigkeit der Freiheit, und mit ihr zur Freiheit selbst zu erheben, führt uns in einem Kreise herum, wenn wir nicht vorher ein Mittel finden, in Einzelnen von der großen Menge den Muth zu erwecken, Niemandes Herren und Niemandes Knechte zu seyn. (GA I/6, 348)

In einer späteren Vorlesung spricht Fichte dem Ästhetischen dann doch eine Vermittlung zu; doch diese betrifft den Übergang vom Leben zur Spekulation (GA IV/2, 266). Dabei erteilt er der Idee einer „*Wechselwirkung* zwischen Bild und Begriff" (GA III/2, 334f.), von Theorie und Ästhetik, eine Absage, der Schiller in den *Briefen* die Treue hält und die er bei Fichte schmerzlich vermisst. Denn die bildlichen Beispiele sind für jenen integraler Bestandteil der Theorie selbst und nicht wie für Fichte bloßes Beiwerk.[9] Diese inhaltliche Divergenz drückt sich schließlich in der scheinbar nur formalen Kritik Schillers an der Abstraktheit von Fichtes Abhandlung aus. Fichte hingegen versteht die Schillers Ausführungen bis in die formale Gestaltung hinein zugrunde liegende Idee der Wechselwirkung nicht, wenn er schreibt: „Bei mir steht das Bild nicht *an der Stelle* des Begriffs, sondern vor und nach dem Begriffe, als Gleichniß [...]. Ich muß alles von Ihnen erst übersetzen, ehe ich es verstehe; und so geht es andern auch" (GA III/2, 339). Schiller entgegnet konsequent der Idee des ganzen Menschen folgend: „Meine beständige Tendenz ist, neben der Untersuchung selbst, das Ensemble der Gemüthskräfte zu beschäftigen, und soviel möglich auf alle zugleich zu wirken. Ich will also nicht bloß meine Gedanken andern deutlich machen, sondern ihm zugleich meine ganze Seele übergeben, und auf seine sinnlichen Kräfte wie auf seine geistigen wirken." (ebd., 360 f.)

Literatur

Acosta, Emiliano 2011: Schiller versus Fichte. Schillers Begriff der Person in der Zeit und Fichtes Kategorie der Wechselbestimmung im Widerstreit (Fichte-Studien Supplementa 27), Amsterdam/New York.
Adelung, Johann Christoph 1796: Grammatisch-kritisches Wörterbuch der Hochdeutschen Mundart, mit beständiger Vergleichung der übrigen Mundarten, besonders aber der Oberdeutschen. Zweiter Theil, F bis L, Leipzig.
Binkelmann, Christoph 2006: Phänomenologie der Freiheit. Die Trieblehre Fichtes im *System der Sittenlehre* von 1798, in: Fichte-Studien 27, 5–21
—— 2007: Personales Handeln nach der Vernunft. Die anthropologische Transformation des transzendentalen Idealismus Fichtes im 20. Jahrhundert, in: Christoph Asmuth (Hrsg.), Transzendentalphilosophie und Person: Leiblichkeit – Interpersonalität – Anerkennung, Bielefeld, 477–501.
Janke, Wolfgang 1967: Die Zeit in der Zeit aufheben. Der transzendentale Weg in Schillers Philosophie der Schönheit, in: Kant-Studien 58, 433–457.
Pott, Hans-Georg 1980: Die schöne Freiheit. Eine Interpretation zu Schillers Schrift *Über die ästhetische Erziehung des Menschen in einer Reihe von Briefen*, München.
Waibel, Violetta 1997: Wechselbestimmung. Zum Verhältnis von Hölderlin, Schiller und Fichte in Jena, in: Fichte-Studien 12, 43–69.
Wildenburg, Dorothea 1997: ‚Aneinander vorbei'. Zum Horenstreit zwischen Fichte und Schiller, in: Fichte-Studien 12, 27–41.

---

[9] Damit können Schillers *Briefe* grundsätzlich nicht an der Systematizität der fichteschen Wissenschaftslehre gemessen werden, wie es Hans-Georg Pott tut (Pott 1980, 21).

III Briefe 17 bis 27

Stefan Klingner
10 Die Idee der Schönheit und das Problem ihrer Realisierung

(Briefe 17 und 18)

Obwohl die Briefe 17 und 18 nur wenige Seiten umfassen und ihnen lediglich eine Zwischenstellung im Argumentationsgang von Schillers philosophischem Hauptwerk zuzukommen scheint, darf ihnen eine besondere Bedeutung zugesprochen werden. Denn neben dem Übergang von der spekulativen Entwicklung der Idee der Schönheit zu einer transzendental-psychologischen Theorie ästhetischer Erfahrung finden sich in ihnen zwei für Schillers gesamte philosophische Ästhetik relevante Kennzeichnungen des Schönheitsbegriffs sowie eine prägnante Kritik an dessen zeitgenössischen Bestimmungen. Die für Schillers gesamte philosophische Ästhetik relevanten Kennzeichnungen betreffen einerseits die Hinwendung der ästhetischen Reflexion zum „Menschen *in einem bestimmten Zustand*" (622) und andererseits die mit ihr verbundene Qualifikation der „Schönheit als ein Mittel" (624). Insofern sie anthropologische Bestimmungen berücksichtigen und auf das Verhältnis von Schönheit und Moral zielen, gehen beide Kennzeichnungen über die von Schiller in den vorangegangenen Briefen spekulativ entwickelte Bestimmtheit des Begriffs der Schönheit als Idee hinaus und zielen auf das Problem ihrer Realisierung. Zwar finden sich beide Kennzeichnungen andeutungsweise bereits in den vorangegangenen Briefen. Allerdings werden sie von Schiller erst in den Briefen 17 und 18 explizit thematisiert und im Argumentationsgang der gesamten Schrift systematisch verortet. In seiner Auseinandersetzung mit zeitgenössischen „rationalistischen" und „sensualistischen" Bestimmungen des Schönheitsbegriffs im letzten Absatz des 18. Briefes gibt Schiller zudem einige entscheidende Hinweise, die das Verständnis der Eigenart seiner eigenen Konzeption des Schönen und deren Einordnung in die Geschichte der philosophischen Ästhetik erleichtern.

Im Folgenden wird versucht, die besondere Bedeutung der Briefe 17 und 18 für Schillers Darstellung einer philosophischen Ästhetik in vier Schritten herauszustellen. Zuerst wird Schillers Idee der Schönheit mit besonderem Blick auf die Briefe 11 bis 16 vorgestellt, um den *Kontext* der hier relevanten Briefe deutlich zu machen (1.). Im Anschluss wird ein *Überblick* über den Aufbau und die wesentlichen Inhalte der Briefe 17 und 18 gegeben, um ihren systematischen Ertrag für den Argumentationsgang der *Briefe über die ästhetische Erziehung* sowie ihre Bedeutung für Schillers Abgrenzung von zeitgenössischen ästhetischen Konzeptionen erkennen zu können (2.). Beide Punkte werden daraufhin eigens erläutert, indem zuerst das Problem der Realisierung der Idee der Schönheit als das genuine *Thema* der beiden Briefe herausgestellt und damit Schillers anthropologischer Ansatz in seiner Originalität gewürdigt wird (3.). Darauf wird Schillers ausdrückliche Auseinandersetzung mit zeitgenössischen ästhetischen Konzeptionen am Ende des 18. Briefes zum Anlass genommen, den *Schluss* der folgenden Überlegungen anhand einer skizzenhaften Verortung der *Briefe über die ästhetische Erziehung* in der Geschichte der philosophischen Ästhetik des 18. Jahrhunderts zu formulieren (4.).

10.1 Kontext: Schillers Idee der Schönheit

Schiller entwickelt die Idee der Schönheit im Kontext eines „transzendental-anthropologischen Beweisgang[s]" (Schröder 1998, 217), dem die Frage nach der Möglichkeit des „Menschseins" des Menschen zugrunde liegt (vgl. Volkmann-Schluck 1964). Der anthropologischen Leitfrage entsprechend fordert Schiller am Ende des 10. Briefes, dass sich der „reine *Vernunftbegriff* der Schönheit [...] als eine notwendige Bedingung der Menschheit aufzeigen lassen [müsste]" (600). Dieser aus seiner vorangegangenen Zeitkritik resultierenden Forderung begegnen die Ausführungen der Briefe 11 bis 15 mit der Kennzeichnung des Menschen als ein endlich-vernünftiges und als ein damit in seiner „Einheit" beständig gefährdetes Wesen.

Zuerst geben der 11. und 12. Brief mehrere Bestimmungen dieser Kennzeichnung, denen der Dualismus von Form und Materie zugrunde liegt. Als ein endlich-vernünftiges Wesen sei der Mensch sowohl ein „sinnliches" als auch ein „vernünftiges Wesen", zwar eine identische „Person", aber mit wechselnden „Zuständen" (vgl. 601–603), so dass sich in seiner Natur „zwei entgegen gesetzte Kräfte" (604) unterscheiden ließen, die Schiller „sinnlicher Trieb" und „Formtrieb" nennt (vgl. 604–606). Insofern beide Triebe „den Begriff der Menschheit erschöpfen" (606), scheint diese dualistische Bestimmung einen philosophisch nicht weiter erklärbaren *Antagonismus* anzuzeigen (vgl. ebd.). Schiller selbst fragt im 13. Brief, wie vor diesem konzeptuellen Hintergrund „die Einheit der menschlichen Natur wiederher[zu]stellen" (607) sei. Wie Schiller im 13. Brief weiter ausführt, sei eine „Versöhnung" dieser beiden „radikal" (ebd.) entgegengesetzten Bestimmungen des Menschheitsbegriffs die genuine „Aufgabe der Kultur" – einerseits als „Ausbildung des Gefühlsvermögens", andererseits als „Ausbildung des Vernunftvermögens" (608). Da die Kultivierung des jeweiligen Vermögens mittels dessen „Einschränkung" durch das jeweils andere bewerkstelligt werde (vgl. 610f.), ließe sich eine solche „Wechselwirkung zwischen beiden Trieben" (611) denken, bei der die beiden Grundtriebe des Menschen einander nicht entgegengesetzt sind, sondern ergänzen. Diese Idee von einem harmonischen „Wechselverhältnis beider Triebe" (612), die Schiller im 14. Brief vorstellt, ist schließlich der spekulative Ausgangspunkt für seine Entwicklung einer philosophischen Ästhetik in den folgenden Briefen (vgl. z. B. Janke 1967, 448 ff.).

Um die Relevanz ästhetischer *Erfahrung* für die geforderte „Versöhnung" des als antagonistisch gekennzeichneten Wesens des Menschen herauszustellen, ordnet Schiller zu Beginn des 15. Briefes den beiden Grundtrieben jeweils eigene Gegenstandsbereiche zu. Gegenstand des sinnlichen Triebs sei das „Leben" qua „alles materiale Sein und alle unmittelbare Gegenwart in den Sinnen", der des Formtriebs sei „Gestalt" qua „alle formalen Beschaffenheiten der Dinge und alle Beziehungen derselben auf die Denkkräfte" (614). Demjenigen Trieb, „in welchem beide verbunden wirken" (612) und den Schiller bereits im vorangegangen Brief als „Spieltrieb" bezeichnet hatte (vgl. ebd.), entsprächen dagegen „alle ästhetischen Beschaffenheiten der Erscheinungen" (614). Dieser Gegenstand des „Spieltriebs" könne gemäß dessen verbindender Funktion „lebendige Gestalt" (ebd.) genannt werden, womit Schiller die erste einer Reihe weiterer Bestimmungen des Schönheitsbegriffs angibt. Denn neben ihr finden sich noch im selben Brief zwei weitere: als „Konsummation der Menschheit" (615) und als „glückliche Mitte zwischen dem Gesetz und Bedürfnis" (616). Im Sechzehnten Brief gibt Schiller nochmals zwei Bestimmungen des Begriffs der Schönheit: als „Gleichgewicht der Realität und der Form" (619) und als „reinstes Produkt [der Wechselwirkung]" (619 f.). Ihnen allen ist gemeinsam, dass der spezifische Gehalt der Idee der Schönheit in einer „Versöhnung" der beiden gegensätzlichen Bestimmungen endlich-vernünftiger Subjektivität gesetzt wird. Insofern die Idee der Schönheit demnach mit dem Gedanken einer „Wiederherstellung" der „Einheit der menschlichen Natur" (607) identisch ist, darf Schillers am Ende des 10. Briefes geäußerte Forderung nach einer „Folgerung" des „*reine*[n] *Vernunftbegriff*[s]" der Schönheit [...] aus der Möglichkeit der sinnlich-vernünftigen Natur" (600) als erfüllt gelten. Sie ist erfüllt, da die dualistische Kennzeichnung des Wesens endlich-vernünftiger Subjektivität Schiller zufolge Anlass gebe, „aus transzendentalen Gründen die Forderung auf[zustellen]: es soll eine Gemeinschaft zwischen Formtrieb und Stofftrieb, d. h. ein Spieltrieb sein" (615, dazu Janke 1967, 438 f.). Die Vorstellung der Erfüllung eben dieser Forderung sei die spezifische Bestimmtheit der Idee der Schönheit.

Die Angabe der spezifischen Bestimmtheit der Idee der Schönheit ist Schiller zufolge allerdings nicht deren „Erklärung" (614). Denn abgesehen davon, dass „weder Vernunft noch Erfahrung lehren" könnten, *wie* „eine Schönheit sein kann" (615), stelle die Idee der Schönheit mit Blick auf das konkrete menschliche Subjekt lediglich das *Ideal* der Schönheit vor, dass „in dem wirklichen Leben" (617) niemals erreicht werden könne. Zwar könnten „Fälle" vorkommen, in denen ein menschliches Subjekt „eine vollständige Anschauung seiner Menschheit [hätte]" (612). Diese „Fälle" ästhetischen Erlebens sind Schiller zufolge durch „jene wunderbare Rührung, für welche der Verstand keinen Begriff und die Sprache keinen Namen hat" (619), gekennzeichnet und Schiller findet sie etwa in der klassischen griechischen Kunst exemplifiziert (vgl. 618 f.). Allerdings seien sie qua Erfahrungen endlich-vernünftiger Wesen dadurch bedingt, dass sie den „Menschen unter Einschränkungen [...], die nicht ursprünglich aus seinem bloßen Begriff, sondern aus äußeren Umständen und aus einem zufälligen Gebrauch seiner Freiheit fließen" (622), betreffen. Mit dieser dem Anfang des 17. Briefes entnommenen Überlegung spricht Schiller das Problem der *Realisierung* der spekulativ entwickelten Idee der Schönheit an, das für die weitere Ausarbeitung seiner philosophischen Ästhetik in den folgenden Briefen bestimmend ist. Schiller begegnet in den Briefen 19 bis 23 diesem Problem, indem er die Möglichkeit eines „ästhetischen Zustands" (vgl. 633) menschlicher Subjektivität unter Zuhilfenahme kantischer und fichtescher Theoreme zu begründen versucht (vgl. Düsing 1981, 140, 162 f., Schröder 1989, 216–221, ferner Heinz 2001, 124, 131–133).

Ohne an dieser Stelle Schillers Theorie ästhetischer Erfahrung weiter nachzugehen, bleibt festzuhalten, dass die Überlegungen der Briefe 17 und 18 im Argumentationsgang der *Briefe über die ästhetische Erziehung* an einer Stelle ansetzen, an der für Schiller die aus seiner Zeitkritik resultierende Forderung nach einem konzeptuellen Zusammenhang zwischen der Bestimmung der „Natur des Menschen" und der Idee der Schönheit erfüllt ist. Durch die Identifikation der Vorstellung einer „Versöhnung" der beiden das Wesen des Menschen kennzeichnenden Grundtriebe mit der allgemeinen Idee der Schönheit ist der Schönheitsbegriff hinreichend bestimmt, so dass den folgenden Briefen die Aufgabe zukommt, dessen subjektive Realisierung in einem *„mittleren Zustand"* (624) zu erklären. Insofern Schiller die Schönheit in objektiver Hinsicht als „lebendige Gestalt" (614) bestimmt, scheint er allerdings von derjenigen Bestimmung abzuweichen, die er in den wenige Zeit zuvor entstandenen Kalliasbriefen (vgl. SW V, 394–433) gegeben hatte. Denn dort bezeichnet er ‚Schönheit' – in expliziter Abgrenzung zu Kants Ästhetik – als „Freiheit in der Erscheinung" (SW V, 400). Indem Schiller in den *Briefen* dagegen Schönheit als „lebendige Gestalt", mithin als „Einheit im Sinne der Harmonie" (Volkmann-Schluck 1964, 15) denkt, könnte der Eindruck entstehen, diese Bestimmung stehe der kantischen Vorstellung näher als jene aus den *Kalliasbriefen*.

Doch dieser Eindruck wird bei einem Blick auf Kants ästhetische Konzeption nicht bestätigt. Denn in der *Kritik der Urteilskraft* ist nicht *die* Schönheit oder *die* Idee der Schönheit, sondern das ästhetische Urteil bzw. der Geschmack als „Beurtheilungsvermögen" (AA V, 211) das Thema der ästhetisch-philosophischen Reflexion. Zwar ist Kant zufolge das Geschmacksurteil jeweils auf eine solche

„Vorstellung" bezogen, bei der sich das ästhetisch urteilende Subjekt in dem „Zustand eines *freien Spiels* der Erkenntnißvermögen" (AA V, 217) befindet. Entsprechend sei es weder ein „Sinnenurteil" noch ein „logisches Urteil" (vgl. AA V, 223 f., 228 f.). Diese *Mittel*stellung des ästhetischen Urteils (bzw. des ästhetischen Zustands) ist im Kontext der kantischen Ästhetik allerdings keine Anzeige auf eine „Versöhnung" von entgegengesetzten Grundtrieben oder Vermögen. Vielmehr ist Kant zufolge mit der in einer ästhetischen Idee vorgestellten harmonischen „Übereinstimmung der Erkenntnißvermögen unter einander (der Einbildungskraft und des Verstandes)" (AA V, 342, vgl. auch 218, 292) gar kein Anspruch auf irgendeine Erkenntnis verbunden – auch kein Anspruch auf eine besondere, über bloße „Kritik" hinausgehende philosophische Erkenntnis (vgl. bes. AA V, 194).

Auch Kant bringt bekanntlich „das Schöne" mit der Idee einer bestimmten „Einheit" in Zusammenhang, indem er es am Ende der *Kritik der ästhetischen Urteilskraft* als „Symbol des Sittlich-Guten" (AA V, 353) bezeichnet. Diese „Einheit" ist jedoch wiederum erstens keine „Versöhnung" von rezeptivem und spontanem Vermögen des Subjekts, sondern eine „auf unbekannte Art" (AA V, 353) gedachte „Einheit" von theoretischer und praktischer Vernunft. Und zweitens ist die Vorstellung dieser „Einheit" ein Ergebnis der bloß *reflektierenden* Urteilskraft, so dass diese zwar ihr spezifisches Fungieren im Fall des Urteilens über „reines Wohlgefallen" in Analogie zum autonomen Fungieren der reinen praktischen Vernunft im Fall des Urteilens über moralisch Gebotenes bestimmt denken kann. Die ästhetisch reflektierende Urteilkraft mag demnach dem philosophierenden Subjekt auch die Möglichkeit bieten, das unerkennbare „Übersinnliche" (AA V, 353, vgl. auch 340 f.) *per analogiam* in vager Bestimmtheit zu *denken*. Ein Erkenntnisanspruch im Sinne einer objektiven Gegenstandsbestimmung kann mittels dieser Reflexion allerdings Kant zufolge nicht legitimiert werden.

Zudem muss Schillers Überlegung, der Mensch könne im Fall ästhetischen Erlebens eine „vollständige Anschauung seiner Menschheit" (612) haben, bereits mit ausschließlichem Blick auf Kants Ästhetik als eine unkantische eingeschätzt werden. Wie Kant im mit „Vom Ideale der Schönheit" betitelten § 17 der *Kritik der Urteilskraft* erläutert, könne es durchaus ein Ideal der Schönheit vom Menschen – und nur von diesem – geben (vgl. AA V, 232 f.). Dieses werde in der Einbildungskraft in Form einer „Normalidee" vorgestellt, die lediglich die „mittlere Größe" (AA V, 234) der Individuen der Menschengattung schematisch darstelle. Entscheidend für die Auszeichnung einer solchen „Normalidee" als „Ideal der Schönheit" ist Kant zufolge allerdings, dass sie auf die Idee des „Sittlich-Guten" bezogen und damit zum „sichtbare[n] Ausdruck sittlicher Idee" (AA V, 235) werde. Indem aber die „Beurtheilung nach einem solchen Maßstabe" (AA V, 236) keine bloß ästhetische mehr, sondern eine moralteleologische ist, kann der Begriff ‚Ideal der Schönheit' auch nicht als rein ästhetischer gelten. Ästhetische Ideen wiederum sind Kant zufolge „inexponible Vorstellung[en] der Einbildungskraft" (AA V, 342), denen bestenfalls ein kunstschaffendes Subjekt einen empirischen Ausdruck in der Hervorbringung schöner Gegenstände verleihen kann (vgl. bes. AA V, 313f., 344).

Nicht nur Schillers Bestimmung der Schönheit als „Freiheit in der Erscheinung" (SW V, 400), die in den *Kalliasbriefen* als „sinnlich objektiv[er]" ausdrücklich Kants „subjektiv rational[em]" (SW V, 394) Begriff des Schönen entgegengesetzt wird, sondern auch seine in den *Briefen über die ästhetische Erziehung des Menschen* zu findenden Bestimmungen sind demnach als unkantische – und insofern wiederum als eigenständige – Beiträge zur philosophischen Ästhetik zu beurteilen. Schiller deutet sowohl Kants Begriff eines „freien", zwischen Einbildungskraft und Verstand schwebenden „Spiels" als auch dessen Einordnung ästhetischer Ideen in den teleologischen Entwurf der reflektierenden Urteilskraft derart um, dass Schönheit in *objektiver* Hinsicht als „lebendige Gestalt" (614), in *subjektiver* Hinsicht als „glückliche Mitte zwischen dem Gesetz und Bedürfnis" (616) und in Hinsicht auf ihre genuin *philosophische Relevanz* als „Konsummation der Menschheit" (615) ausgezeichnet ist. Kants kritische Philosophie dient demnach Schillers „Begründung eines ästhetischen Humanismus" (Volkmann-Schluck 1964, 21) weder für die Restriktion nicht-legitimierbarer Erkenntnisansprüche noch für die Destruktion heteronomer Moralvorstellungen. Sie ist vielmehr für Schillers Theorieentwurf bestenfalls ein philosophisches Hilfsmittel für die ästhetische Spekulation.

10.2 Überblick: Schillers Argumentation in den Briefen 17 und 18

Erst an die vorangegangene Skizze von Schillers spekulativer Entwicklung der Idee der Schönheit in den Briefen 11 bis 16 kann der Überblick über die Briefe 17 und 18 unmittelbar anschließen. Dass mit dem 17. Brief ein neuer Abschnitt im Argumentationsgang der *Briefe über die ästhetische Erziehung* beginnt, wird von Schiller bereits in dessen erstem Absatz deutlich herausgestellt. Die Überlegungen der vorangegangenen Briefe resümierend, hält er deren Ergebnis eines notwendigen Zusammenhangs von Schönheits- und Menschheitsbegriff ausdrücklich fest: „[M]it dem Ideale der Menschheit war zugleich auch das Ideal der Schönheit gegeben" (622). Mit den nächsten beiden Absätzen wird dagegen nicht mehr die „menschliche Natur" *in genere*, sondern der „Mensch in einem bestimmten Zustand" (ebd.) thematisch.

Der dualistischen Kennzeichnung des Wesens endlich-vernünftiger Subjektivität gemäß sind „zwei entgegengesetzte Abweichungen" von der „Idee der Menschheit" möglich: entweder „durch einen Mangel der Übereinstimmung" oder „einen Mangel an Energie" (622) der beiden Grundtriebe. Während im ersten Fall überhaupt keine „Einheit der menschlichen Natur" vorliegt, indem ein Grundtrieb den (jeweils) anderen überwiegt, ist es im zweiten Fall lediglich eine schwache, durch „die gleichförmige Erschlaffung" (622) der Grundtriebe verursachte Einheit menschlicher Natur, die nicht der Idee der Menschheit angemessen ist. Der zweifachen, bloß begrifflich entwickelten Möglichkeit seines Scheiterns entsprechend, kann sich der konkrete Mensch „entweder in einem Zustande der Anspannung oder in einem Zustande der Abspannung" (622) befinden. Mit Blick auf beide defizitäre Zustände soll es Schiller zufolge die Schönheit sein, die einerseits die „Harmonie", andererseits die „Energie" „wiederherstellt" und damit „den Menschen zu einem in sich selbst vollendeten Ganzen macht" (622 f.).

Obwohl zu Beginn des vierten Absatzes der bereits im 16. Brief angesprochene Gedanke einer zweifachen Realisierung der Idee der Schönheit (vgl. 619 f.) aufgegriffen und die „schmelzende Schönheit" dem angespannten, die „energische" dagegen dem abgespannten Menschen empfohlen wird (vgl. 623), widmet sich Schiller im Folgenden ausschließlich der schmelzenden Schönheit (vgl. dazu näher Düsing 1981, 160 f., Schröder 1989, 238–242). Diese sei geeignet, sowohl den sinnlich angespannten „Naturmenschen" als auch den geistig angespannten „künstlichen Menschen" vom Zustand der Anspannung zu erlösen, indem sie einerseits „als ruhige Form", andererseits „als lebendes Bild" erfahren werden könne (vgl. 624). In ihrer Anwendung auf den konkreten, von einem der beiden Grundtriebe ausschließlich beherrschten Menschen (vgl. 623) realisiert sich die Idee der Schönheit demnach in unterschiedlichen „Gestalten" (624). Bereits wenige Zeilen zuvor, im dritten Absatz, betont Schiller, dass die empirische Realisierung ihrer Idee die Schönheit „nur als eine besondere und eingeschränkte Spezies, nie als reine Gattung" (623) erscheinen lässt. Demnach ist Schönheit zwar nicht *als* etwas *Unbedingtes* erfahrbar. Allerdings zeichnet Schiller im letzten Absatz des 17. Briefes gerade die realisierte Idee der Schönheit, d. h. die empirische Schönheit als zweckmäßig aus. Denn *als schmelzende* sei die Schönheit „ein Mittel [...], jene doppelte Anspannung zu heben" (624). Die Beantwortung der Frage, *wie* die empirisch – d. h. in einer bestimmten Gestalt – realisierte Schönheit als ein solches Mittel fungieren kann, das die zweifach mögliche Anspannung konkreter Subjekte beheben und somit die Einheit der menschlichen Natur wiederherstellen könne, stellt Schiller an dieser Stelle als die zentrale Aufgabe dar, deren Lösung die folgenden Briefe gewidmet sind (vgl. 624). Um sie zu lösen, sei der „Ursprung" der zweifach möglichen Anspannung „in dem menschlichen Gemüt zu erforschen" (ebd.), sodass die zu entwickelnde Theorie ästhetischer

Erfahrung ihren Anfang in einer transzendental-psychologischen Analyse des „menschlichen Gemüts" haben muss.

Bevor Schiller eine solche Analyse mit dem 19. Brief in Angriff nimmt (vgl. 626 ff.), gibt der 18. Brief noch eine konzise Angabe des durch sie zu lösenden Problems. Nachdem er in dessen erstem Absatz die zuvor behauptete Funktion der schmelzenden Schönheit nochmals zusammenfassend benennt, spitzt Schiller im zweiten Absatz das mit der Auszeichnung realisierter Schönheit als Mittel gegebene Problem zu. Denn die Auszeichnung der (schmelzenden) Schönheit als ein Mittel, das im entweder durch den sinnlichen Trieb oder durch den Formtrieb einseitig bestimmten Menschen eine „Versöhnung" der beiden Grundtriebe bewerkstelligen soll, impliziert Schiller zufolge die Vorstellung, „daß es zwischen Materie und Form, zwischen Leiden und Tätigkeit einen *mittleren Zustand* geben müsse" (624). Problematisch an der Vorstellung eines solchen „mittleren Zustands" ist allerdings, dass der Materie-Form-Dualismus das spekulativ erkannte Wesen endlich-vernünftiger Subjektivität allererst kennzeichnet. Insofern die Vorstellung eines „mittleren Zustands" gerade diese fundamentale Bestimmung zu unterlaufen scheint, sei Schiller zufolge „nichts ungereimter und widersprechender als ein solcher Begriff" (624). Da allerdings das Vorkommen eines solchen „mittleren Zustands" im ästhetischen Erleben „durch Erfahrung [...] unmittelbar [...] gewiß" (625) sei, macht er konsequenterweise „die ganze Frage über die Schönheit" von dem Problem einer „Vermittlung" von „Form" und „Materie" abhängig (vgl. 624 f.). Denn nur durch den Ausweis einer solchen ästhetisch erfahrbaren „Vermittlung", der sich nicht bloß auf empirisches Erleben stützt, sondern auch spekulativ erklärt werden kann, sei eine Ästhetik ein philosophisch relevantes und Erfolg versprechendes Vorhaben (vgl. 625).

Zwei für die Möglichkeit und Relevanz einer philosophischen Ästhetik zu unterscheidende methodische Schritte hält Schiller in den ersten Sätzen des vierten Absatzes schließlich fest: Zuerst müssten die beiden Zustände, die jeweils den „Naturmenschen" und den „künstlichen Menschen" auszeichnen, „in ihrer ganzen Reinheit und Strengigkeit" (625) bestimmt werden. Anschließend sei die in dem empirisch zwar konstatierbaren, aber spekulativ bloß postulierten „mittleren Zustand" ästhetischen Erlebens vorgestellte „Verbindung" so zu explizieren, „daß beide Zustände in einem dritten gänzlich verschwinden und keine Spur der Teilung in dem Ganzen zurückbleibt" (625).

Diese scheinbar bloß in methodologischer Hinsicht interessanten Überlegungen nimmt Schiller im restlichen vierten Absatz zum Anlass, sich *expressis verbis* mit zeitgenössischen Theorieentwürfen zur philosophischen Ästhetik auseinanderzusetzen. Zwar bedient er sich dabei der spätestens in den letzten Dekaden des 18. Jahrhunderts geläufigen Unterscheidung zwischen empiristischen und rationalistischen Traditionen nicht nur über ästhetische Probleme reflektierenden Philosophierens. Allerdings ordnet er das jeweilige Defizit dieser Traditionen einem der beiden in methodischer Absicht unterschiedenen Forderungen an eine Lösung des mit dem Begriff der Schönheit verbundenen Problems zu: Während die eine – nämlich die empiristische („sensualistische") – Tradition bei der ästhetischen Reflexion „nicht von einer gehörig strengen Unterscheidung anfing", gelinge es der anderen – also der rationalistischen – nicht, diese Unterscheidung „zu einer völlig reinen Vereinigung [durchzuführen]" (625). Diese Entgegensetzung zweier zeitgenössischer Grundströmungen ästhetischen Philosophierens erläutert Schiller schließlich unter Zuhilfenahme des das Wesen endlich-vernünftiger Subjektivität kennzeichnenden Dualismus von Materie (Gefühl) und Form (Verstand), so dass in einer empiristischen Ästhetik die „höchste innere Notwendigkeit", in einer rationalistischen dagegen die „Unendlichkeit" (626) der Schönheit verfehlt würden, die beide mit dem Gehalt von deren Idee verbunden sind. Indem sich Schiller im letzten Satz des 18. Briefes das Ziel setzt, in seinem Entwurf einer philosophischen Ästhetik jenen Defiziten zu entgehen, stellt er sich dem bereits von Kant im letzten Abschnitt seiner *Kritik der reinen Vernunft* artikulierten Anspruch (vgl. KrV B 880–884), die beiden in der (europäischen) Philosophie bis ins 18. Jahrhunderts vorherrschenden philosophischen Traditionen zu vermitteln.

10.3 Thema: Realisierung und Funktion der Idee der Schönheit

Um den systematischen Ertrag der in den Briefen 17 und 18 dargelegten Überlegungen einschätzen zu können, kann an die in der philosophisch interessierten Schillerforschung häufig zu findende Kennzeichnung von Schillers „Grundlegung" der Ästhetik als eine *anthropologische* angeknüpft werden (vgl. v. a. Volkmann-Schluck 1964, Janke 1967, Schröder 1998, Heinz 2001). Diese Kennzeichnung ist dem Text der *Briefe über die ästhetische Erziehung des Menschen* insofern angemessen, als sie den in den Briefen 11 bis 15 herausgestellten konzeptuellen Zusammenhang von Schönheits- und Menschheitsbegriff als Ausgangspunkt für Schillers Entwurf einer philosophischen Ästhetik bestimmt und demnach in dem dort versuchten Nachweis der Notwendigkeit eines solchen Zusammenhangs *den* philosophisch relevanten Gedanken von Schillers Denken findet. Die der Idee der Schönheit zugewiesene Bestimmtheit als geforderte „Einheit der harmonischen Wechselwirkung von Stoff- und Formtrieb" (Janke 1967, 449) gilt dann als der bedenkenswerte Gedanke von dessen transzendental-anthropologischer Ästhetik. Dieser verdankt sich dabei nicht nur einer eigenständigen Rezeption der kritischen Philosophie Kants, sondern hebt sich auch von den systematisch äquivalenten Überlegungen der nachkantischen Idealisten ab, die das Problem einer „Aufhebung" des durch die kritische Philosophie festgestellten und den Menschen als endliches Wesen auszeichnenden Dualismus von Anschauung und Begriff, Materie und Form, Natur und Freiheit etc. nicht mittels eines Verweises auf die „vermittelnde" Wirkung der *Schönheit* lösen.

Allerdings ist es erst die im 17. Brief von Schiller explizierte Anwendung der Idee der Schönheit auf den Menschen „*in einem bestimmten* Zustand" (622), die seinem transzendental-idealistischen Theorieentwurf eine tatsächlich anthropologische Note gibt. Denn die Kennzeichnung „menschlicher" Subjektivität als endlich-vernünftiger ist ein zentrales Philosophem der gesamten neuzeitlichen philosophischen Spekulation – einschließlich der des so genannten deutschen Idealismus. Wenn Schiller dagegen im 17. Brief ausdrücklich diejenigen „Einschränkungen" des menschlichen Subjekts berücksichtigt, „die [...] aus äußern Umständen und aus einem zufälligen Gebrauch seiner Freiheit fließen" (622), wird der spekulative Begriff eines endlich-vernünftigen Wesens in *empirischer* Hinsicht spezifiziert. Insofern die Optionen des Eingeschränktseins konkreter endlich-vernünftiger Subjekte Schiller zufolge allein aus dem „bloße[n] Inhalt" der „Idee der Menschheit" (ebd.) folgen, mag diese Spezifikation selbst noch eine „spekulative", mithin apriorische (im weitesten Sinne) sein. Es ist jedoch gerade der spezifische Gehalt des *empirischen* Begriffs ‚Mensch', dass konkrete endlich-vernünftige Subjekte jeweils von einer „*individualen* Beschaffenheit" (623) sind. Nicht der Begriff des Menschen qua bloß endlich-vernünftiges Wesen, sondern der „Mensch, wie die Erfahrung ihn aufstellt", ist Schiller zufolge der „schon verdorbene und widerstrebende Stoff" (623) für die in ihrer begrifflichen Spezifikation gedachte Realisierung der Idee der Schönheit.

Allein diese empiriologische Spezifikation ermöglicht wiederum die Auszeichnung der Schönheit als ein Mittel, also ihre teleologische Qualifikation. Denn einerseits kann Schönheit nur für ein in bestimmter Hinsicht eingeschränktes, mithin bedürftiges Subjekt ein Mittel sein. Andererseits kann auch nur etwas Erfahrbares – d. h. hier: Schönheit „als eine besondere und eingeschränkte Spezies" (623) – für endlich-vernünftige Subjekte als Mittel qualifiziert sein. Zwar mag die bloße Idee der Menschheit die Idee der Schönheit implizieren. Diese Implikation ist jedoch nur dann von praktischer Relevanz, wenn sie nicht nur ein Ideal vorstellt, sondern sich aus ihr auch normative Konsequenzen, etwa für Ethik, Recht und Pädagogik ergeben. Insofern Schiller in der Erfüllung des Ideals der Menschheit die zentrale Aufgabe sowohl des konkreten Subjekts als auch des Staats sieht, ist die teleologische Qualifikation der Schönheit als Mittel zur Erreichung des *moralischen* Endzwecks, mithin der Bestimmung des Menschen für seine Theorie einer „ästhetischen Erziehung des Menschen" wesentlich.

Und nur insofern diese teleologische Qualifikation der Schönheit deren am Menschen „*in einem bestimmten* Zustand" (622) orientierte Spezifikation zur schmelzenden (bzw. energischen) Schönheit voraussetzt, ist Schillers Ästhetik auch als „anthropologische" zu bezeichnen.

Die teleologische Qualifikation des Schönen bzw. der Schönheit als geeignetes Mittel zur Erreichung des moralischen Endzwecks bzw. der Bestimmung des Menschen ist wiederum ein durchaus geläufiges Theorem der Ästhetik des 18. Jahrhunderts. Schiller selbst hat sie bereits in der ersten Fassung der *Briefe über die ästhetische Erziehung*, den *Augustenburger Briefen*, entwickelt und dort in der „Vorbereitung" des Gemüts vom „Zustand des bloßen Leidens zu der unbedingten Selbsttätigkeit der Vernunft" (zit. nach Düsing 1981, 131) die wesentliche Funktion der Schönheit gesehen. Im Unterschied dazu betont Schiller in der veröffentlichten Fassung (und im gesamten „Spätwerk") gerade die „Autonomie" der Kunst (vgl. Düsing 1981, 131 f., 140), sodass leicht der Eindruck einer Inkonsistenz seiner Bestimmung der Funktion der Schönheit entstehen kann. Eine solche Inkonsistenz einer zweifachen Funktionszuweisung, der zufolge die Schönheit einerseits bloß Mittel zur Erreichung des Menschheitsideals, andererseits mit diesem identisch sein soll, mag zwar auch unter Berücksichtigung der „unterschiedlichen Intentionen der 1. und 2. Fassung der *Ästhetischen Briefe*" (Düsing 1981, 165) geklärt werden können. Allerdings kann Schillers zweifache Funktionszuweisung auch ohne Berücksichtigung der Einzelheiten der Textgenese und aus rein systematischen Gründen verständlich gemacht werden. Dadurch kann zugleich der problematische Charakter von Schillers Bestimmung des Gehalts der Idee der Schönheit sowie deren Funktion angezeigt werden.

Schillers zweifache Funktionszuweisung wird nämlich nicht mehr als inkonsistent, sondern vielmehr als stringent angesehen werden müssen, wenn seine eigentümliche Bestimmung des Moralbegriffs berücksichtigt wird. Denn im Unterschied zu Kant bestimmt Schiller Moralität nicht als Pflichterfüllung, die hinsichtlich der sinnlichen Befindlichkeit des Subjekts indifferent ist, sondern als – wie er in *Anmut und Würde* schreibt – „schöne Seele" (SW V, 468), in der die beiden das Wesen endlicher Subjektivität kennzeichnenden Grundtriebe in harmonischer Verbindung stehen (vgl. dazu Bauch 1905, 358–360, Brelage 1965, 235–239, Höffe 2006, 8–14). Besonders anschaulich stellt Schiller diese Umformung des kantischen Moralbegriffs zum Begriff moralischer Schönheit in einer kurzen „Erzählung" (SW V, 404) am Ende des dritten Briefs von *Kallias oder über die Schönheit* dar. Dort schildert er einen ausgeraubten und bei unwirtlichen Wetterverhältnissen auf einer Straße zurückgelassenen Menschen, der von verschiedenen vorbeireisenden Personen Hilfe angeboten bekommt. Während die ersten beiden Reisenden ihre Hilfe aus persönlichen Motiven, der dritte aus vernunftgemäßer Pflicht und die beiden darauf folgenden aus Großmut anbieten, hilft der in der fünften Begegnung vorbeireisende „Wanderer" (SW V, 406), ohne aufgefordert oder durch eigenes Nachdenken motiviert zu werden, sodass er Schiller zufolge „seine Pflicht mit einer Leichtigkeit erfüllt, als wenn bloß der Instinkt aus ihm gehandelt hätte" (SW V, 407). Insofern Schiller nur in dem *zugleich* pflichtgemäß *und* instinktiv handelnden Reisenden „das Maximum der Charaktervollkommenheiten eines Menschen" (SW V, 407) exemplifiziert findet, wird die bloß *reine* Vernunft als Grund und Maßstab moralischen Handelns zulassende Konzeption Kants zwar nicht als falsch hingestellt, aber erheblich relativiert. Denn sie gehe noch mit einem „Zwang" – nämlich des Sittengesetzes – einher, was wiederum einseitig sei, da dabei nicht die „Freiheit der Natur [...] respektiert" (SW V, 407) werde. Indem Schiller das moralisch-schöne Handeln des „Wanderers" als das in moralischer Hinsicht beste auszeichnet, ist es nicht mehr das vernünftig-pflichtgemäße, sondern das aufgrund eines harmonischen Zusammenspiels der beiden Grundtriebe zustande gekommene Handeln, das die moralische Norm für den Menschen als endliches Subjekt darstellt.

Diese „Idee der Möglichkeit eines Übertreffens der Pflicht" (Heinz 2001, 129) kennzeichnet Schillers gesamten Entwurf einer „ästhetischen Erziehung des Menschen". Wie bereits angedeutet, korrespondiert der spezifischen Bestimmtheit der Idee der Schönheit Schiller zufolge ein zwischen den beiden Grundtrieben endlicher Subjektivität vermittelnder „Spieltrieb". Wie Schiller in den Briefen 13 bis 15 der *Briefe über die ästhetische Erziehung* hervorhebt, äußert sich dieser dadurch, dass „sich das Gemüt bei Anschauung des Schönen in einer glücklichen Mitte zwischen dem Gesetz und dem Bedürfnis befindet" (616). Entsprechend ist dann das bloß aus Pflicht, d. h. gemäß dem „Gesetz", handelnde Subjekt gar kein Mensch qua Person (vgl. 610). Denn es schließt den sinnlichen Trieb lediglich zugunsten des Formtriebs aus (vgl. 613) und verfehlt insofern die in der Idee der Menschheit vorgestellte Bestimmung des Menschen (vgl. 609). Dem moralischen Ideal Schillers gemäß ist es schlichtweg nicht genug, wenn wir bloß „die *Nötigung der Vernunft* [empfinden]" (613). Vielmehr sollen „sowohl der Zwang der Empfindung als der Zwang der Vernunft" (ebd.) im „Spieltrieb" aufgehoben sein, sodass dieser „in demselben Maße, als er den Gesetzen der Vernunft ihre moralische Nötigung benimmt, [...] sie mit dem Interesse der Sinne versöhnen [wird]" (614).

Das Problematische an Schillers auf eine „Versöhnung" der beiden Grundtriebe des Menschen abzielendem Moralbegriff betrifft allerdings nicht nur dessen Unterstellung, Kant habe in seiner Moralphilosophie einen strikten „Rigorismus" vertreten. Vielmehr gibt Schiller mit dieser Konzeption den Autonomiegedanken, mithin den Anspruch auf eine ausschließlich mittels Vernunft begründbare Moral auf. In einer Anmerkung des 19. Briefes weist Schiller selbst darauf hin, dass es ihm nicht um Freiheit qua reine praktische Vernunft gehe, sondern um die „auf seine gemischte Natur" (631) gegründete Freiheit des Menschen. Während Kant in der *Kritik der praktischen Vernunft* den Zusammenhang von Freiheit qua praktische Vernunft und Sittengesetz qua unbedingtem Gebot als notwendigen auszuweisen versucht (vgl. bes. AA V, 29–31), erinnert der Freiheitsbegriff Schillers nicht nur eher an Reinholds Konzeption, in der Freiheit eine der „Thatsachen des Bewußtseyns" (Reinhold 1792, 284, vgl. auch Düsing 1981, 159) ist, als an Kants Konzeption, der zufolge man das moralisch Gebotene nicht aus „dem Bewußtsein der Freiheit (*denn dieses ist uns vorher nicht gegeben*), herausvernünfteln kann" (AA V, 31; Hvhb. S. K.). Schillers Bestimmung des ästhetischen Erlebens als genau der Fall, in dem der Mensch die Harmonie seiner Grundtriebe erfahren und „sich zugleich seiner Freiheit bewußt würde" (612), ist zudem eher an Kants Begriff eines „heiligen Willens" als an dessen Frage nach den Geltungsgründen moralischen Handelns *endlich-vernünftiger* Subjekte orientiert (vgl. Brelage 1965, 241–244). Denn für einen „heiligen Wille" hat das Sittengesetz Kant zufolge gerade keinen nötigenden Charakter mehr (vgl. AA V, 32f.) – wie für die „schöne Seele".

Die Berücksichtigung von Schillers eigentümlicher Bestimmung des Moralbegriffs lässt damit seine zweifache Funktionszuweisung, der zufolge die Schönheit einerseits bloßes Mittel zur Erreichung des Menschheitsideals, andererseits mit diesem identisch sein soll, als stringent erscheinen. Indem der Mensch seine moralische Bestimmung in der Harmonie seiner beiden Grundtriebe erfährt und deren Harmonisierung im ästhetischen Erleben vorkommt, ist die Schönheit qua „schöne Seele" als Ideal des Menschseins und qua (erfahrbare) Freiheit im ästhetischen Erleben zugleich als Mittel zur Kultivierung und damit zur Erreichung des Menschheitsideals qualifiziert. Insofern Schiller mit dieser Konzeption moralischer Schönheit eine metaphysische Perspektive einnimmt, die die geltungskritische Perspektive der Philosophie Kants verlässt, ist sie in zweifacher Hinsicht als problematisch zu beurteilen: In *erkenntnistheoretischer* Hinsicht ist Schillers Verweis auf „Fälle", in denen der Mensch „eine vollständige Anschauung seiner Menschheit" (612) habe, insofern problematisch, als er eine *besondere* innere Anschauung voraussetzt, die trotz ihres ungewöhnlichen Charakters erkenntnisrelevant sein soll. Dadurch gerät Schillers Konzeption in den Verdacht philosophischer Schwärmerei, gegen die besonders Kant durchschlagend argumentierte. In *moralphilosophischer* Hinsicht ist Schillers Auszeichnung der schönen Seele als Ideal des moralischen Subjekts insofern problematisch, als mit ihr die kritische Frage nach der Begründung der Gültigkeit moralischer Prinzipien zugunsten eines theologisierten Moralbegriffs in den Hintergrund tritt (vgl. Brelage 1965, 243). Zwar ermöglicht die Verbindung eines solchen „ganzheitlichen" Moralbegriffs mit dem Verweis auf ihm entsprechende Fälle ästhetischen Erlebens eine Angabe der für die empirische Realisierung des moralisch Gebotenen geeigneten Mittel, mithin eine „ästhetische Erziehung" in moralischer

Absicht. Der Preis dafür darf allerdings nicht unterschätzt werden. Denn gerade eine metaphysisch grundierte Ästhetik *in moralischer Absicht* von einem Intellektuellen, dessen Wirken bis heute in Deutschland als vorbildlich oder wenigstens fruchtbar für die politische Bildung heraufbeschworen wird, birgt ausreichend Potential für die Rechtfertigung auch extremer Formen von Nationalismus – wie nicht zuletzt die Kenntnisnahme der letzten beiden Absätze einer der scharfsinnigsten Schiller-Interpretationen (vgl. Bauch 1905, 371 f.) zu beweisen vermag.

10.4 Schluss: Schiller und die Traditionen philosophischer Ästhetik

Wie bereits im oben gegebenen Überblick über den Argumentationsgang des 18. Briefes bemerkt, nimmt Schiller seine das Grundproblem einer philosophischen Ästhetik betreffenden Überlegungen auch zum Anlass, sich mit zeitgenössischen Theorieentwürfen zur philosophischen Ästhetik auseinanderzusetzen (vgl. 625 f.). Daher sind Schillers *Briefe über die ästhetische Erziehung des Menschen* nicht nur als eigenständige Form des transzendentalen Idealismus, sondern auch als eigenständiger Beitrag zur ästhetischen Theoriebildung zu würdigen. Diese Würdigung kann hier nur skizzenhaft erfolgen. Sie kann aber aufgrund der Perspektive, die Schiller im letzten Absatz des 18. Briefes einnimmt, um seine Kritik an der „sensualistischen" wie auch an der „rationalistischen" Ästhetik darzustellen, zugleich als Schluss der vorangegangenen Erläuterung des 17. und 18. Briefes dienen.

Bekanntlich wird der Ästhetik erst in der (europäischen) Philosophie des 18. Jahrhunderts der Rang einer Disziplin von genuin philosophischem Wert und entsprechender Relevanz zugesprochen. Dabei stehen empiristisch begründete Konzeptionen – wie etwa diejenige Edmund Burkes, die durch Christian Garves Übersetzung im deutschsprachigen Raum vielfach rezipiert wurde (vgl. Burke 1771) – neben solchen, die aus der rationalistischen Schulphilosophie hervorgehen – wie etwa diejenige Alexander Gottlieb Baumgartens, die als erste die bis heute maßgeblichen Probleme philosophisch-ästhetischer Reflexion herausstellte (vgl. Baumgarten 1750). Im Anschluss an den spätestens von Kant artikulierten Anspruch, Empirismus und Rationalismus als die beiden in der zeitgenössischen europäischen Philosophie vorherrschenden philosophischen Traditionen zu vermitteln, integriert Schiller die nebeneinander stehenden Konzeptionen in sein eigenes ästhetisches Programm. Diese Integration besteht im ersten Schritt in dem Vorwurf der jeweils bloß einseitigen Betonung eines der beiden das Wesen endlicher Subjektivität kennzeichnenden Grundtriebe und seiner Rechtfertigung. Denn während sich Schiller zufolge die ästhetische Reflexion empiristischer Provenienz „der Leitung ihres Gefühls blindlings anvertrau[t]", nimmt die ästhetische Reflexion rationalistischer Provenienz den „Verstand ausschließlich als Führer" (625). Entsprechend könne weder im Rahmen einer sensualistischen noch im Rahmen einer rationalistischen Ästhetik ein dem Phänomen ästhetischen Erlebens adäquater Begriff des Schönen entwickelt werden. Beide Ansätze verfehlen Schiller zufolge den spezifischen Gehalt des Schönheitsbegriffs, da sie entweder die in ihm vorgestellte „Harmonie" als „Gesetzlosigkeit" oder seine Bestimmtheit nicht als „Unendlichkeit", sondern als „Begrenzung" (626) denken.

Bei einem Blick auf Burkes und Baumgartens Bestimmungen des Schönheitsbegriffs wird diese Einschätzung Schillers allerdings relativiert werden müssen. Zwar bestimmt Burke die Schönheit bloß als Ursache eines bestimmten Gefühls, nämlich der „Liebe" (vgl. Burke 1771, 142). Allerdings wirke sie „auf eine mechanische Art, vermittelst der Sinne, auf die Seele" (ebd., 184), so dass Burke auch durchaus Gesetzmäßigkeiten dieses Wirkens darstellen kann (vgl. ebd., 183 ff.). Mit Blick auf Baumgarten ist wiederum festzuhalten, dass dieser zwar – als einer der „Vollkommenheitsmänner" (394) – die Schönheit bloß als „Vollkommenheit der sinnlichen Erkenntnis" (*perfectio cognitionis sensitivae*, Baumgarten 1750, 6) bestimmt, die mithin lediglich „Harmonie in der Erscheinung" (*consensum phaenomenon*, Baumgarten 1750, 10) anzeige. Allerdings zeichnet Baumgarten diese als „größtmögliche" (*maximum*, Baumgarten 1750, 10), mithin als eine unbegrenzte aus.

Trotz dieser Relativierungen ist Schiller zugutezuhalten, von einem *prinzipien*theoretischen Standpunkt auf die Mängel der empiristischen und rationalistischen Konzeption hingewiesen zu haben. Denn die gefühlte Harmonie bei Burke ist lediglich das Produkt bestimmter Merkmale von als schön bezeichneten Gegenständen. Damit vermag Burke bestenfalls besondere *empirische* Kausalverhältnisse in ästhetischer Absicht zu beschreiben, ohne dabei die mit der ästhetischen Erfahrung verbundenen begrifflichen und sinnlichen Aspekte voneinander unterscheiden, geschweige denn miteinander ins Verhältnis setzen zu können. Baumgartens Konzeption mag aus dieser Perspektive durchaus ein Vorteil eingeräumt werden können. Jedoch verbleibt sein Versuch, den auf das Vernunftvermögen gegründeten Vollkommenheitsbegriff mittels der Vorstellung einer „ästhetischen Denkart" (*genus cogitandi aestheticodogmaticum*, Baumgarten 1750, 369 f.) zu ergänzen, insofern im rationalistischen Rahmen, als diese das objektive Prinzip einer allgemein gültigen, normativen Theorie der schönen Kunst hergeben soll. Indem Baumgartens Ästhetik somit auf eine gegenständliche Bestimmung des Schönen abzielt, vermag sie es nicht, die Schiller zufolge mit der Idee der Schönheit gedachte „Verbindung vollkommen zu machen", sodass Sinnlichkeit und Vernunft derart „vermittelt" sind, dass „keine Spur einer Teilung in dem Ganzen zurückbleibt" (625). Schillers zweiter Schritt der Integration der empiristischen und rationalistischen Konzeptionen in sein eigenes ästhetisches Programm ist damit bereits vorweggenommen. Denn sein ästhetisches Programm fordert nicht nur eine Unterscheidung begrifflicher und sinnlicher Aspekte ästhetischen Erlebens, sondern auch eine solche Erklärung ihres Verhältnisses, nach der deren Entgegensetzung als „aufgehoben" (625) gelten kann.

Mit dem Gedanken einer „Aufhebung" entgegengesetzter Bestimmungen verweist Schillers Ästhetik offenkundig auf idealistische Theorieentwürfe. Sie kann demnach als „eine, allerdings nicht methodisch entwickelte Spielart idealistischer Dialektik" (Düsing 1981, 162) bezeichnet werden. Das ihr Eigentümliche besteht aber darin, dass sie in einer Theorie ästhetischer Erfahrung die „Vermittlung" des endliche Subjektivität kennzeichnenden Dualismus zu bewerkstelligen versucht. In dieser Hinsicht stellen Schillers *Briefe über die ästhetische Erziehung des Menschen* einen wichtigen Beitrag in der Geschichte der philosophischen Ästhetik dar. Problematisch ist Schillers ästhetische Theorie allerdings insofern, als sie ihrem Anspruch nach gerade keine bloß ästhetische, sondern ein ästhetische in moralischer Absicht ist.

Literatur

Baumgarten, Alexander Gottlieb 1750: Aesthetica. Bd. 1, Frankfurt/O.
Bauch, Bruno 1905: Schiller und die Idee der Freiheit, in: Kant-Studien 10, 346–372.
Brelage, Manfred 1965: Schillers Kritik an der Kantischen Ethik, in: ders., Studien zur Transzendentalphilosophie, hrsg. von Aenne Brelage, Berlin, 230–244.
Burke, Edmund 1771: Philosophische Untersuchungen über den Ursprung unsrer Begriffe vom Erhabnen und Schönen. Nach der fünften Englischen Ausgabe, übers. von Christian Garve, Riga.
Düsing, Wolfgang 1981: Kommentar, in: ders., Friedrich Schiller: Über die ästhetische Erziehung des Menschen in einer Reihe von Briefen. Text, Materialien, Kommentar, München/Wien, 111–167.
Heinz, Marion 2001: Schönheit als Bedingung der Menschheit: Ästhetik und Anthropologie in Schillers ästhetischen Briefen. In: Manfred Baum und Klaus Hammacher (Hrsg.), Transzendenz und Existenz. Idealistische Grundlagen und moderne Perspektiven des transzendentalen Gedankens, Amsterdam/Atlanta, 121–135.
Höffe, Otfried 2006: „Gerne dien ich den Freunden, doch tue ich es leider mit Neigung ...". Überwindet Schillers Gedanke der schönen Seele Kants Gegensatz von Pflicht und Neigung?, in: Zeitschrift für philosophische Forschung 60, 1–20.

Janke, Wolfgang 1967: Die Zeit in der Zeit aufheben. Der transzendentale Weg in Schillers Philosophie der Schönheit, in: Kant-Studien 58, 433–476.
Reinhold, Karl Leonhard 1792: Briefe über die Kantische Philosophie. Bd. 2, Leipzig.
Schröder, Gert 1989: Schillers Theorie ästhetischer Bildung zwischen neukantianischer Vereinnahmung und ideologiekritischer Verurteilung, Frankfurt/M. u. a.
Volkmann-Schluck, Karl-Heinz 1964: Die Kunst und der Mensch. Schillers Briefe über die ästhetische Erziehung des Menschen, Frankfurt/M.

Hans-Peter Nowitzki
11 Zwischen Bestimmung und Bestimmbarkeit. Schillers Transzendentalanthropologie

(Briefe 19 bis 23)

Die Briefe 17 bis 22, denen ursprünglich der Nachweis der „Wirkungen der schmelzenden Schönheit an dem angespannten Menschen und [der] Wirkungen der energischen an dem abgespannten" aufgegeben war, „um zuletzt beide entgegen gesetzte Arten der Schönheit in der Einheit des Ideal-Schönen auszulöschen" (621f.), und die deshalb im sechsten Stück der *Horen* noch unter der Überschrift „Die schmelzende Schönheit. Fortsetzung der Briefe über die ästhetische Erziehung des Menschen" firmierten,[1] haben keine Vorläufer in den so genannten *Augustenburger Briefen*. Sie stellen einen systematischen Neueinstieg dar und wurden den vorangehenden, auf älteren Vorstufen aufbauenden Briefen neu hinzugefügt. Davon zeugt nicht nur die eher irreführende Überschrift, die in der späteren Buchfassung von 1801 denn auch fallengelassen wurde. Dem stehen auch Schillers wiederholte Hinweise auf die zentralen Briefe 19 bis 22 bzw. 23 zur Seite: So versichert er Fichte, die Briefe „nach einer langen mühseligen und ernstlichen Crise" mit ‚beinahe skrupulöser Sorgfalt, Präzision und logischer Strenge' erarbeitet zu haben, da in diesen „eigentlich der Nervus [probandi, d. h. der Hauptbeweisgrund] der Sache vorkommt".[2] Von dem „– sehr wichtigen – achtzehnten Briefe an bis zum zweiundzwanzigsten oder dreiundzwanzigsten" entwickelt er die begrifflichen Grundlagen seines „System[s] über das Schöne", u. a. den „Begriff des uninteressirten Interesse am reinen Schein, ohne alle Rücksicht auf physische oder moralische Resultate" sowie den „Begriff einer völligen Abwesenheit einschränkender Bestimmungen und des *unendlichen Vermögens* im Subjecte des Schönen".[3]

Während der Erarbeitung der vorangegangenen Briefe hatte er sich vornehmlich an Kant orientiert, dessen Dualismus von Sinnlichkeit und Vernunft er unter Rückgriff u. a. auf Baumgarten (,ästhetische Erziehung', ‚ästhetisches Spiel'),[4] Sulzer (,mittlerer Zustand')[5] und Reinhold (Trieblehre) über den Spieltrieb

---

1 Vgl. 1 (1795), VI, 45.
2 1. Briefentwurf Schillers an Fichte, Jena, 3. August 1795, in: NA 28, 359f.
3 Schiller an Körner, Jena, 21. September 1795, in: NA 28, 60f.
4 Baumgarten 1750, sect. III: Exercitatio aesthetica, sowie § 55. Vgl. Hogrebe 1984, 287f. Anm. 22.

als einer synthetischen dritten Kraft ästhetisch zu überwinden suchte.⁶ Sein erklärtes Ziel ist es, „über die Natur und über den aesthetischen Theil des Menschen etwas [zu] bestimmen [...]; aber nach ihren eigenen Grundsätzen, nicht aus Vernunftprincipien".⁷

11.1 Die Briefe 19 – 23 im Kontext

Ausgangspunkt der *Briefe über die ästhetische Erziehung des Menschen* ist Schillers zeitkritische Diagnose der kulturanthropologischen Zerrissenheit von Mensch und Gesellschaft. Im Gegensatz zu den Griechen, bei denen die menschliche Natur, „[s]o hoch die Vernunft auch stieg, [...] doch immer die Materie liebend nach[zog], und so fein und scharf sie auch trennte, [nie] verstümmelte" (582), sei es seiner Zeit eigentümlich, dass sich kein Individuum mehr finden lasse, das als ‚Repräsentant der Gattung' fungieren könne. In keinem einzigen offenbare sich die Totalität der Menschheit. Während der griechische Mensch von der „alles vereinende[n] Natur" gebildet wurde, habe der moderne Mensch seine Form vom „alles trennende[n] Verstand" erhalten (583). Um den Entfremdungen abzuhelfen,

---

5 Vgl. *Anmerkungen über den verschiedenen Zustand, worin sich die Seele bey Ausübung ihrer Hauptvermögen, nämlich des Vermögens, sich etwas vorzustellen, und des Vermögens zu empfinden, befindet*, in: Sulzer 1773, 225 – 243, hier 236 f.: „Bisher habe ich die beyden am weitesten von einander abgehenden Zustände der Seele, den Zustand des Nachdenkens und den Zustand des Empfindens, so deutlich, als mir möglich war, beschrieben. Es giebt noch einen dritten, der zwischen diesen beyden das Mittel hält, und den ich den Zustand der Betrachtung *(contemplation)* nennen will. [...] In diesem Zustande scheinen die Wirkungen des Geistes so wohl vom Nachdenken, als vom Empfinden etwas an sich zu haben. Da es aber doch unmöglich ist, daß die Aufmerksamkeit zu gleicher Zeit auf zween verschiedene Gegenstände gerichtet sey, so entsteht der Zustand der Betrachtung wahrscheinlicher Weise aus einer beständigen und schnell auf einander folgenden Abwechslung des Nachdenkens und des Empfindens. Man denket an einen Gegenstand, und den Augenblick darauf, den wir gar wohl noch für eben denselben Augenblick halten können, bemerket man bey sich selbst den Eindruck, den er auf uns machet. So überlassen wir uns der Betrachtung einer schönen Landschaft; das Auge durchläuft schnell die verschiedenen Gegenstände, die es darinnen unterscheidet, es verweilt sich einen Augenblick bey einem jeden derselben, ohne ihn näher zu untersuchen; und der Geist, der sich so jeden Theil insbesondere vorstellet, genießt auf einen Augenblick des angenehmen Eindrucks, den dieser Gegenstand auf ihn machet. Alles geschieht ohne Anstrengung; die Eindrücke berühren die Seele nur obenhin; man befriediget sich mit verworrenen Ideen, und verlanget nicht, sie ganz deutlich zu machen." Vgl. auch Friedrich Schiller: *Was kann eine gute stehende Schaubühne eigentlich bewirken*, in: SW V, 818 – 831, hier 821.
6 Schiller an Cotta, Jena, 30. Oktober 1795, in: NA 28, 89 – 91.
7 Briefentwurf Schillers an Fichte, Jena, 3. August 1795, in: NA 28, 362 – 364.

sei es dringend erforderlich, „durch das ästhetische den Weg [zu] nehmen [...], weil es die Schönheit ist, durch welche man zu der Freiheit wandert" (573).

Im Rückgriff auf Reinholds Trieblehre, die er ausbaut und in den Spieltrieb münden lässt, wird der moderne Mensch von Schiller als ein durch das Vorwalten antagonistischer Triebe, des sinnlichen und des Formtriebes, zerrissenes Wesen beschrieben. Die wechselwirkenden Triebe – den Terminus der ‚Wechselwirkung' entlehnt Schiller der fichteschen Philosophiekonzeption (FW I, 130 f.)[8] – bedürfen einer harmonisch synthetisierenden Ausmittelung durch den Spieltrieb. Das Wechselwirkungsverhältnis, im 13. Brief eingeführt, wird im Brief 14 weiter entfaltet. Danach bedingen sich die Triebe, schränken sich ein und steigern sich wechselseitig.

Schiller geht es um die in der „gemischte[n] Natur" des Menschen begründete Freiheit, nicht also um diejenige, die ihm „als Intelligenz betrachtet, notwendig zukommt und ihm weder gegeben noch genommen werden kann". Hingegen besteht die der ‚gemischten Natur des Menschen' eigentümliche Freiheit darin, dass „er in den Schranken des Stoffes vernünftig und unter Gesetzen der Vernunft materiell handelt". Sie ist die „natürliche Möglichkeit" der nur vernünftigen Freiheit (631, Anm.). Ihr anthropologisches Substrat, ihr Vermögen, hat sie im so genannten „Spieltrieb". Er sorgt für eine Vermittlung, d. h. den Ausgleich und die Harmonisierung der antagonistischen Vermögen ‚Sinnlichkeit'[9] und ‚Vernunft': „Da sich das Gemüt bei Anschauung des Schönen in einer glücklichen Mitte zwischen dem Gesetz und Bedürfnis befindet, so ist es eben darum, weil es sich zwischen beiden teilt, dem Zwange sowohl des einen als des andern entzogen" (616). Die Schönheit „diktiert" dem Menschen als „lebende Gestalt" die Synthesis von ‚Leben' als Inbegriff der Sinnlichkeit und ‚Gestalt' als Inbegriff der Vernunft – „das doppelte Gesetz der absoluten Formalität und der absoluten Realität" (617). Denn nur, wenn der Spieltrieb von der Schönheit rege gemacht wurde und herrscht, ist der Mensch ganz Mensch: „[D]er Mensch spielt nur, wo er in voller Bedeutung des Worts Mensch ist, und *er ist nur da ganz Mensch, wo er spielt*" (618). Im ‚Spiel', das „weder subjektiv noch objektiv zufällig" und „weder äußerlich

---

8 Vgl. 607, Anm.: „Diesen Begriff der Wechselwirkung und die ganze Wichtigkeit desselben findet man vortrefflich auseinandergesetzt in Fichtes ‚Grundlage der gesamten Wissenschaftslehre', Leipzig 1794." Siehe auch 611; vgl. auch den Beitrag von Christoph Binkelmann in diesem Band.
9 Die Sinnlichkeit (Realität) ist Schiller nicht etwas schlechthin Negatives, sondern konstitutiv für den Menschen, Voraussetzung seiner Selbstsetzung und -reflexion. Die Freiheit hängt von der Realität ab, insofern die Selbstsetzung ohne sie unmöglich ist: „Die Materie der Tätigkeit also oder die Realität, welche die höchste Intelligenz aus sich selber schöpft, muß der Mensch erst *empfangen*, und zwar empfängt er dieselbe als etwas außer ihm Befindliches im Raume und als etwas in ihm Wechselndes in der Zeit auf dem Wege der Wahrnehmung" (602).

noch innerlich nötigt", richtet sich der Stofftrieb auf die „Notwendigkeit der Dinge", der Formtrieb auf die „Wirklichkeit", wodurch beidem der ‚Ernst' genommen wird: „[I]ndem es mit Ideen in Gemeinschaft kommt, verliert alles Wirkliche seinen Ernst, weil es *klein* wird, und indem es mit der Empfindung zusammentrifft, legt das Notwendige den seinigen ab, weil es *leicht* wird" (616). Der ‚Zustand' des bloßen Spiels liegt jenseits von Zufall und Notwendigkeit „in einer glücklichen Mitte" (616). Der Umstand, dass nur die ‚Schönheit' diesen gleichsam zweckfrei schwebenden heautonomen[10] Zustand des Spiels, in dem der Mensch zum Menschen wird, zu evozieren vermag, lässt die Rolle und den Stellenwert der ästhetischen als der eigentlichen humanistischen Erziehung einsichtig werden. ‚Schönheit', in der sich die ‚Freiheit in der Erscheinung' (*Kallias-Briefe*, SW V, 400 f., 409 u. ö.) zeigt und die Sittlichkeit zur Anschauung gebracht wird, erweist sich so als die wahrhafte conditio humana, weil sie jenseits fremder und vereinseitigender Zweckbestimmungen dem Menschen als homo aestheticus zum wahren Selbstsein verhilft. Im Aufschein der ‚Freiheit' des Kunstwerks spiegelt sich gleichsam die ‚Freiheit' des Spiels der Einbildungskraft, der Phantasie. Das ‚ästhetische Spiel', in seiner Vollendung ebenfalls eine Idee, ist der Nukleus der ästhetischen Theorie Schillers. Ihm ist aufgegeben, „das ganze Gebäude der ästhetischen Kunst und der noch schwierigern Lebenskunst [zu] tragen" (618).

Schiller konzediert, dass in den voraufgegangenen *Briefen* vieles unscharf geblieben ist. Zu oft war er gehalten, kantische Ideen zu postulieren, „ohne den Beweis förmlich mitzugeben".[11] Und dennoch hofft er, „daß das Gebäude in den Fundamenten gut beschaffen ist";[12] er ist sich gar sicher, dass er seinem System eine solch innere Konsistenz, Festigkeit und Dauer verschafft habe, dass alles „aufs beßte zusammen[hängt] [...]. Alles dreht sich um den Begriff der Wechselwirkung zwischen dem Absoluten und dem endlichen, um die Begriffe von Freiheit und von Zeit, von Thatkraft und Leiden."[13]

---

10 „Die Form muß im eigentlichsten Sinne zugleich selbstbestimmend und selbstbestimmt sein; nicht bloße Autonomie, sondern Heautonomie muß da sein" (*Kallias-Briefe*, SW V, 416). Während ‚Autonomie' im Sinne von ‚Selbstgesetzgebung' aufgefaßt wird, betont ‚Heautonomie' das autoreflexive Moment im Sinne von ‚*Sich*selbstgesetzgebung', d. h. das Zugleich äußerer und innerer Autonomie, bei der die Form sich selbst bestimmend und zugleich durch ihr „inneres Wesen", durch die „*innere Notwendigkeit der Form*", ihr „innere[s] Prinzip der Existenz" bestimmt ist. „Das Vollkommene kann Autonomie haben, insofern seine Form durch seinen Begriff rein bestimmt worden ist; aber Heautonomie hat nur das Schöne, weil nur an diesem die Form durch das innere Wesen bestimmt ist" (SW V, S. 416. 419).
11 Schiller an Körner, Jena, 10. November 1794, in: NA 27, 80 f.
12 Schiller an Goethe, Jena, 29. November 1794, in: NA 27, 93–95.
13 Schiller an Körner, Jena, 29. Dezember 1794, in: NA 27, 111–113.

11.2 Die Briefe 19 – 23 im Überblick

Im Winter 1794/95 arbeitet er an der dritten Lieferung der *Briefe*, die den Kern seines Systementwurfs liefern sollen. Insbesondere die Briefe 17 bis 22 und große Teile des 23. Briefes der im Juni 1795 erschienenen dritten Lieferung, die im Rückgriff auf die *Wissenschaftslehre* entstanden und keine älteren Vorlagen in den *Augustenburger Briefen* haben, galten der theoretischen Formierung der ‚ästhetischen Erziehung'. So ist der 18. Brief der Problemfaltung gewidmet: Wie können die beiden im Menschen wirksamen, einander entgegengesetzten und unendlich verschiedenen Zustände des Empfindens und Denkens vermittelt werden? Seien sie doch so eng miteinander verknüpft, dass es keinen dritten neben ihnen geben könne (vgl. Kant, KdU, AA V, 175 ff.). Schillers Lösungsvorschlag ist dialektisch: Ein ‚mittlerer Zustand' ‚vermischt' die beiden antithetischen Zustände nicht, sondern ‚vereinigt' sie, indem er sie synthetisch ‚aufhebt' (625). Die Gegensätze werden Einheit und ergeben schließlich „das Total der menschlichen Natur" (Schiller, *Über das Pathetische*, SW V, 535). Diesen ‚ästhetischen Zustand' gelte es in den folgenden *Briefen* begrifflich zu fassen.

Im 19. Brief wird die Struktur personaler Identität entfaltet, um die anthropologischen Voraussetzungen der Freiheit der ‚gemischten Natur' aufzuweisen, wie sie als ‚schöner Schein' im ‚mittleren Zustand' aufscheint. Hierfür knüpft er wieder an die im 12. Brief entwickelte Differenzierung von ‚Person' und ‚Zustand' sowie seine Trieblehre an, um sie fortzubilden. Der Analyse der Entstehungsbedingungen der ‚ästhetischen Freiheit' ist der 20. Brief gewidmet. Im 21. Brief findet die im 19. Brief begonnene Deduktion der Theorie personaler Zustände ihre Fortsetzung und systematische Entfaltung, indem Schiller den ‚mittleren Zustand' mit seiner im 14. und 15. Brief entfalteten Spieltheorie verbindet. Die Briefe 22 und 23 kreisen um den ‚ästhetischen Zustand' als Durchgangsstadium und Idealzustand und bereiten den Boden für die pädagogische Indienstnahme und Ausrichtung des ‚ästhetischen Zustands'. Zugleich entwickelt der 23. Brief einen vehementen Widerspruch gegen Kant, indem er den Vorrang der Ästhetik vor der Ethik behauptet.

11.3 Schillers Theorie personaler Zustände

Ausgangspunkt von Schillers Deduktion des Vernunftbegriffs der Schönheit ist nicht wie bei Kant die ‚Erfahrung als Einheit objektiver Erkenntnis' oder wie bei Fichte die ‚Einheit der Identität des Selbstbewusstseins', sondern die Einheit und Totalität des Menschseins (600, vgl. Tielkes 1973, 58). Schillers Projekt einer ‚ästhetischen Erziehung' steht und fällt mit dem Nachweis eines Bedingungszusammenhangs von Schönheits- und Menschheitsideal. Bereits im 10. Brief hat er diese Aufgabe formuliert: „Dieser reine *Vernunftbegriff* der Schönheit [...] müßte [...] auf dem Wege der Abstraktion gesucht und schon aus der Möglichkeit der sinnlich-vernünftigen Natur gefolgert werden können: mit einem Wort: die Schönheit müßte sich als eine notwendige Bedingung der Menschheit aufzeigen lassen" (600). An die daraufhin in den Briefen 11 bis 16 spekulativ entwickelte Theorie personaler Identität knüpft er mit den Briefen 18 bis 22 aufs Neue an, um sie nunmehr mithilfe der fichteschen *Wissenschaftslehre* zu systematisieren.

Im Gegensatz zu Fichte geht es Schiller dabei jedoch nicht um die Realitätskonstitution auf dem Fundament einer Subjektphilosophie, sondern vielmehr um die anthropologische Herleitung und Begründung einer „Metaphysik des Schönen", bei der „das Schöne selbst aus dem ganzen Menschen genommen ist".[14] Deshalb nimmt er im Unterschied zu Fichte seinen Ausgang nicht von einem absoluten Ich, sondern vom „ganzen Menschen", deduziert diesen aber analog dem fichteschen Vorgehen in der *Wissenschaftslehre* von 1794.[15] Ausgehend von der Überlegung, dass etwas nur in einem urteilenden Ich gegeben sein kann und dieses nur in sich selbst gründe („Das Ich setzt ursprünglich schlechthin sein eigenes Seyn"; FW I, 98), ergibt sich: „[A]lles was ist, ist nur insofern, als es im Ich gesetzt ist, und ausser dem Ich ist nichts" (FW I, 99). Diesen subjektphilosophischen Ansatz Fichtes versucht Schiller, ohne ihn auf seine transzendentalen Grundlagen hin zu befragen, für die Bestimmung des ‚ästhetischen Zustands' in den Briefen 19 bis 22 fruchtbar zu machen. Eingangs des 19. Briefes heißt es: „Es lassen sich in dem Menschen überhaupt zwei verschiedene Zustände der passiven und aktiven Bestimmbarkeit und ebenso viele Zustände der passiven und aktiven Bestimmung unterscheiden." Die Explikation des Satzes, verspricht Schiller, führe „am kürzesten zum Ziel" (626). Mit den Termini ‚Bestimmung' und ‚Bestimmbarkeit' als Charakteristika spezifischer Zustände, d. h. unterschiedlicher Daseinsweisen der „sinnlich-vernünftigen Natur" (600, vgl. auch 603) des Menschen, nimmt er seine konzeptuellen Überlegungen ausgangs des vorigen Briefes wieder auf, wo er auf den Unterschied zwischen sensualistischer und rationalistischer Ästhetik zu sprechen kommt. Beide Denkrichtungen hätten auf vereinseitigende Weise den Begriff vom ‚Schönen' zu bestimmen versucht. Dabei verkennten die Sensualisten, „daß die Freiheit, in welche sie mit allem Recht das Wesen der Schönheit setzen, nicht Gesetzlosigkeit, sondern

---

[14] 7. Januar 1795, in: NA 27, 116 f.
[15] Schiller an Körner, 10. November 1794, in: NA 27, 80 f.; vgl. Pott 1980, 77.

Harmonie[16] von Gesetzen, nicht Willkürlichkeit, sondern höchste innere Notwendigkeit ist". Die Rationalisten hingegen hätten nicht bedacht, „daß die Bestimmtheit, welche sie mit gleichem Recht von der Schönheit fodern, nicht in der *Ausschließung gewisser Realitäten*, sondern in der *absoluten Einschließung aller* besteht, daß sie also nicht Begrenzung, sondern Unendlichkeit ist." ‚Freiheit' sei danach ebenso wesentlich mit der ‚Schönheit' verknüpft wie die ‚höchste innere Notwendigkeit'. Andererseits gehören zum Begriff des ‚Schönen' aber auch ‚Bestimmtheit' und ‚Realität'. In beiden Fällen spricht Schiller damit das Verhältnis des Materialen und Formalen, des Sinnlichen und Vernünftigen an. Das Sinnliche und das Vernünftige gelte es zur ‚reinen ästhetischen Einheit' zu erheben, in der beide „gänzlich verschwinden" (626).

Mithilfe der logischen Kategorien ‚Bestimmung' und ‚Bestimmbarkeit' und den materialen der ‚endlichen' und ‚unendlichen Realität' versucht Schiller nun, die Eigenart des ‚ästhetischen Zustands' zu fassen. Ziel ist es, wie er Körner im September 1795 schreibt, den „Begriff einer völligen Abwesenheit einschränkender Bestimmungen und des *unendlichen Vermögens* im Subjecte des Schönen" (NA 28, 60 f.) herauszuarbeiten. Hierfür erarbeitet er eine anthropologische Matrix, die durch die Zustandsprädikate ‚aktive' und ‚passive Bestimmung' sowie ‚aktive' und ‚passive Bestimmbarkeit' gekennzeichnet ist. Danach gibt es (1) einen „Zustand des menschlichen Geistes vor aller Bestimmung", der zugleich ein Zustand der grenzenlosen Bestimmbarkeit ist. Er ist ihm das ‚Reich des Möglichen', wo der Einbildungskraft das „Endlose des Raumes und der Zeit" zur freien Verfügung steht. Der ‚Zustand der bestimmungslosen Bestimmbarkeit' bietet allerdings nur eine ‚leere Unendlichkeit', ‚leer' deshalb, weil in ihr noch keine Setzung stattgefunden hat. Der Zustand ist insofern reine Potentialität. In diesem vorpersonalen Zustand wäre das ‚Subjekt-Objekt' gleichsam absolut (Fichtes ‚absolutes Ich' und ‚reines Nicht-Ich'): Keiner der beiden Triebe ist tätig: weder der passive Stoff- noch der aktive Formtrieb können es daher nötigen. Dem ‚Subjekt-Objekt' fehlen Selbstbewusstsein und Empfindung, sodass ihm Personalität, d. h. das Menschsein, abzusprechen ist. Es ist aber nicht Nichts im Sinne einer ‚unendlichen Leere', sondern aufgrund seiner bestimmungsfreien, aber prinzipiell bestimmungsfähigen absoluten Potentialität ‚leere Unendlichkeit' (627). Als Bestimmbares kommen ihr apriori die Anschauungsformen möglicher Erfahrung Raum und Zeit sowie die obgleich noch untätige Einbildungskraft zu.

---

16 Unter ‚Harmonie' versteht Schiller mit Fichte das wechselseitige Bestimmen und Bestimmtwerden von zugleich einander sub- und koordinierten Gliedern (FW 1, S. 326. SW V, S. 607, Anm. und 634, Anm.).

Schiller führt nun vor, wie der Mensch nach und nach durch Bestimmung und Begrenzung zu einem Bewusstsein seiner selbst (durch „Erfahrung seiner absoluten Existenz") und zur Empfindung (durch „Erfahrung einer bestimmten Existenz"; 631) gelangt. Damit beschreibt er (2) den ‚Zustand der passiven Bestimmung' sowie (3) den ‚Zustand der aktiven Bestimmung', jene Zustände also, die den ‚ästhetischen' als den ‚Zustand der aktiven Bestimmbarkeit' (4) allererst ermöglichen. Dabei schwankt Schiller zwischen systematisch-subjektphilosophischer und historisch-genetischer, digressiv verfahrender Argumentation, was die von ihm für die *Briefe* reklamierte „Simplicität" unterläuft und das Verständnis der Briefe erschwert.[17]

Den Zustand der ‚passiven Bestimmung' (2) lässt er mit dem Erwachen des sinnlichen Triebes einsetzen: „Jetzt soll sein Sinn gerührt werden, und aus der unendlichen Menge möglicher Bestimmungen soll eine einzelne Wirklichkeit erhalten" (627). Unbegrenztes Vermögen wird zur begrenzten Kraft, unendlich Mögliches wird zur beschränkten Wirklichkeit. Das sei nur durch Negation bzw. Ausschließung möglich. „Wir gelangen also nur durch Schranken zur Realität, nur durch *Negation* oder Ausschließung zur *Position* oder wirklichen Setzung, nur durch Aufhebung unsrer freien Bestimmbarkeit zur Bestimmung" (627). Die uranfängliche ‚unendliche Bestimmbarkeit' muss der ‚passiven Bestimmung' weichen. Ergebnis dessen ist zunächst ‚bloße Empfindung'; das Gemüt wird von etwas Indifferentem affiziert und verhält sich dabei rein passiv. In fichtescher Terminologie: „Das *Nicht-Ich hat,* als solches, *an sich keine Realität; aber es hat Realität, insofern das Ich leidet*" (FW I, 135). Damit im Gemüt aber das indifferente Etwas, das Nicht-Ich, als etwas Diskretes wahrgenommen werden kann, muss es vorgestellt werden. Hierfür muss das Ich aktiv werden und das Nicht-Ich zum Leidenden machen. D. h. dem Zustand der passiven muss der ‚Zustand der aktiven Bestimmung' (3) folgen, denn „aus einer bloßen Ausschließung würde in Ewigkeit keine Realität und aus einer bloßen Sinnenempfindung in Ewigkeit keine Vorstellung werden, wenn nicht etwas vorhanden wäre, *von welchem* ausgeschlossen wird, wenn nicht durch eine absolute Tathandlung des Geistes die Negation auf etwas Positives bezogen und aus Nichtsetzung Entgegensetzung würde" (627 f.). Schillers Nachdruck, mit dem er konstatiert, dass es einer „wirklichen Setzung", einer „absolute[n] Tathandlung" bedürfe, damit es zur Vorstellung (von Realität) kommt, verdient besondere Aufmerksamkeit. Denn es handelt sich bei dieser Setzung nicht um die unbedingte, schlechthinnige Tathandlung des absoluten unbestimmbaren Ichs, sondern setzt eine solche Tathandlung schon voraus. Die ‚wirkliche Setzung' verschafft dem empirischen Ich die reflexiv verfügbare end-

---

[17] Schiller an Körner, 19. Dezember 1794, in: NA 27, 105 f.

liche Realität: „[D]as Ich bestimmt durch Thätigkeit sein Leiden; oder durch Leiden seine Thätigkeit" (FW I, 137). Erst mit der positiven Setzung der endlichen Realität als ‚Entgegensetzen' zum Nicht-Ich kommt es zur Vorstellung. Die ‚wirkliche Setzung' des empirischen Ich umfasst zwei Momente, die Setzung selbst („etwas") und ihre Dualität von Negation und Position. „Die Einbildungskraft producirt Realität; aber es *ist* in ihr keine Realität; erst durch die Auffassung und das Begreifen im Verstande wird ihr Product etwas Reales" (FW I, 234).

Der Wirksamkeit der Sinnlichkeit ist die des Denkens gefolgt, und zwar durch „Anstoss" seitens der Sinnlichkeit:

> Der (durch das setzende Ich nicht gesetzte) Anstoss geschieht auf das Ich, insofern es thätig ist, und er ist demnach nur insofern ein Anstoss, als es thätig ist; seine Möglichkeit wird durch die Thätigkeit des Ichs bedingt: keine Thätigkeit des Ichs, kein Anstoss. Hinwiederum wäre die Thätigkeit des Bestimmens des Ichs durch sich selbst, bedingt durch den Anstoss: kein Anstoss, keine Selbstbestimmung. – Ferner, keine Selbstbestimmung, kein objectives [i.e. Nicht-Ich], u. s. w. (FW I, 212)

Schiller fasst diesen Umstand folgendermaßen zusammen: „Der Gedanke ist die unmittelbare Handlung dieses absoluten Vermögens, welches zwar durch die Sinne veranlaßt werden muß, sich zu äußern, in seiner Äußerung selbst aber so wenig von der Sinnlichkeit abhängt, daß es sich vielmehr nur durch Entgegensetzung gegen dieselbe verkündiget" (628).

Beides sind Zustände der Bestimmung und damit der Begrenzung. ‚Bestimmung', Kants ‚Limitation' (Kant, Prolegomena §§ 21 u. 39 A, AA IV, 302 u. 325 f.; KrV B 106 u. 110 f.), bezeichnet hier allgemein eine „Handlungsart" des Verendlichens, bei der durch „ein Setzen der Quantität überhaupt, sey es nun Quantität der Realität oder der Negation", das eine durch das andere wechselseitig begrenzt wird (FW I, 122 f.). Die beiden Zustände führen zunächst von der Unendlichkeit als dem Unbestimmten weg und hin zur bestimmten Endlichkeit: „Wir gelangen also freilich nur durch den Teil zum Ganzen, nur durch die Grenze zum Unbegrenzten; aber wir gelangen auch nur durch das Ganze zum Teil, nur durch das Unbegrenzte zur Grenze" (628). Damit kündigt sich (4) der ‚Zustand der aktiven Bestimmbarkeit' an, der dem Menschen die Möglichkeit des Menschseins wieder eröffnen soll. Er ist das ‚reale' Gegenstück zum ersten Zustand (1), gekennzeichnet durch die positive Bestimmungsfreiheit. Schiller führt ihn unvermittelt als den Zustand des Schönen an, der „dem Menschen einen Übergang vom Empfinden zum Denken bahne". Ihm ist als einem „absoluten", d. h. „selbständigen Vermögen" aufgegeben, „den Menschen von der Materie zur Form, von Empfindungen zu Gesetzen, von einem beschränkten zu einem absoluten Dasein zu führen". Und dies nicht etwa dadurch, dass es der Vernunft ‚helfe', sondern ihr vielmehr die nötige Freiheit verschafft, um sich „ihren eigenen Gesetzen gemäß [...] zu äußern". Obgleich es ein ‚absolutes Vermögen' ist, bedarf es doch zur Wirksamkeit der sinnlichen Veranlassung. Seine ästhetischen ‚Verkündigungen' seien dieser entgegengesetzt, indem sie das Zufällige ins Notwendige, das Einzelne ins Allgemeine wenden (628). Würde man, um die Freiheit von den verendlichenden Bestimmungen zurückzugewinnen, die physische bzw. passive Bestimmung eliminieren, so blockierte dies zugleich die Möglichkeit, die vernünftige bzw. aktive Bestimmung zu erlangen, „weil der Gedanke einen Körper braucht und die Form nur an einem Stoffe realisiert werden kann" (642). Man wird also an der physischen Bestimmung festhalten und darüber hinaus der vernünftigen Bestimmung Raum geben, d. h. den Menschen als „zugleich leidend und thätig bestimmt" Seiendes bilden müssen. „Mit einem Wort: es gibt keinen andern Weg, den sinnlichen Menschen vernünftig zu machen, als daß man denselben zuvor ästhetisch macht" (641).

Wie beim Denken ist auch im vierten, im ‚ästhetischen Zustand' der ‚Gedanke' eine „unmittelbare Handlung dieses absoluten Vermögens" (628). Daraus resultieren für Schiller zwei Probleme: (a) die Wahrung der Selbständigkeit des Denkund des ästhetischen Vermögens sowie (b) die Sicherung der Einheit des Geistes respektive des Gemüts. Die Selbständigkeit des Denkens (a) bleibt dadurch gewahrt, dass die Schönheit das Denken nicht lenkt, sondern ihm lediglich die „Freiheit" zum Denken „verschafft". Dem zweiten Problem (b) begegnet Schiller mit dem Hinweis auf das unhintergehbare und damit nicht weiter explizierbare Faktum des Selbstbewusstseins des ‚endlichen Geistes'. In ihm sind zwei ineinander verschränkte Triebe verankert und rege: der nach dem Absoluten ausgreifende Form- und der nach der Beschränkung strebende Stofftrieb. Die Beantwortung der Frage nach der Möglichkeit, wie zwei nach entgegen gesetzten ‚Objekten' strebende Tendenzen in einem Wesen zusammen bestehen können, weist er als Transzendentalphilosoph zurück. So könne ihm nur daran gelegen sein, die Bedingungen der Möglichkeit von Erfahrung festzustellen, wozu gehört, dass es eine Einheit widerstrebender Tendenzen im menschlichen Gemüt gibt. Selbstbewusstsein – seine Entstehung wie auch seine Verfasstheit – und Empfindung lägen außerhalb der menschlichen Einsicht:

> Weder Abstraktion noch Erfahrung leiten uns bis zu der Quelle zurück, aus der unsre Begriffe von Allgemeinheit und Notwendigkeit fließen; ihre frühe Erscheinung in der Zeit entzieht sie dem Beobachter und ihr übersinnlicher Ursprung dem metaphysischen Forscher. Aber genug, das Selbstbewusstsein ist da, und zugleich mit der unveränderlichen Einheit desselben ist das Gesetz der Einheit für alles, was *für den* Menschen ist, und für alles, was *durch ihn* werden soll, für sein Erkennen und Handeln aufgestellt. (630 f.)

11.4 Fichtes Wissenschaftslehre und Schillers Briefe über die ästhetischen Erziehung

Schiller beleiht mit dem „Deduktionsschema" (Pott 1980, 63) personaler Zustände im Rahmen seiner Transzendentalanthropologie unverkennbar Fichtes 1794 erschienene *Grundlage der gesammten Wissenschaftslehre* (1794) – der von ihm verwandte Terminus „absolute Tathandlung des Geistes" lässt dies bereits anklingen.

Seit Mai 1794 lehrte Fichte als professor ordinarius supernumerarius an der Alma mater Jenensis. Seine beiden Vorlesungen, das öffentliche Kolleg *Über die Bestimmung des Gelehrten* sowie das private über die Grundlagen der gesamten theoretischen und praktischen Philosophie, fanden großen Zuspruch, darunter auch Schillers. Bogenweise und vorlesungsbegleitend erschien die *Grundlage der gesammten Wissenschaftslehre als Handschrift für seine Zuhörer* im Druck. Fichtes philosophischer Auftritt war überaus ambitioniert:

> Mein System ist das erste System der Freiheit; wie jene Nation [i. e. die französische] von den äußern Ketten den Menschen losreis't, reis't mein System ihn von den Feßeln der Dinge an sich, des äußern Einflußes los, die in allen bisherigen Systemen, selbst in dem Kantischen mehr oder weniger um ihn geschlagen sind, u. stellt ihn in seinem ersten Grundsatze als selbstständiges Wesen hin.[18]

Fichtes wie auch Schillers Entwurf lassen keinerlei Zweifel daran aufkommen, dass sie mit ihren Theorieentwürfen philosophische Antworten auch auf praktische Problemlagen formulieren wollten. Zunächst gilt Schillers Aufmerksamkeit vor allem Fichtes *Bestimmung des Gelehrten* (1794), deren Lektüre er auch seinen Freunden ans Herz legt.[19] Mit Fichtes *Grundlage der gesammten Wissenschaftslehre als Handschrift für seine Zuhörer,* die die Teile 1 und 2, die Grundsätze sowie die Grundlage des theoretischen Wissens enthält (der dritte Teil, die Grundlage der Wissenschaft des Praktischen, erschien erst im Sommer 1795, nach der Fertigstellung der Schillerschen *Briefe*), befasst sich Schiller eingehend zwischen Ende 1794 und Anfang 1795, während er mit der Abfassung der dritten Lieferung der *Briefe* beschäftigt ist.

Fichte zufolge behandelt die *Wissenschaftslehre* das „System des menschlichen Wissens" vollständig und „in systematischer Form" (FW I, 70). Das System

---

[18] Briefentwurf an Jens Immanuel Baggesen, April/Mai 1795, in: GA III/2, 297–299.
[19] Schiller an Körner, 9. Oktober 1794, in: NA 27, 65 f., sowie Schiller an Hoven, 22. November 1794, in: NA 27, 91–93.

des Wissens besteht in „Handlungen", die „unter sich zusammenhängen, und unter allgemeinen, besonderen und einzelnen Gesetzen stehen" (FW I, 71). Die Darstellung als System des menschlichen Wissens unterscheide sich jedoch vom Darzustellenden, dem System der Handlungen des menschlichen Geistes (FW I, 80):

> Es ist [...] gar nicht nothwendig, dass diese Handlungen wirklich der Zeitfolge nach in jener systematischen Form, in welcher sie als von einander dependirend werden abgeleitet werden, eine nach der anderen, in unserem Geiste vorkommen; dass etwa die, welche alle unter sich fasst, und das höchste, allgemeinste Gesetz giebt, zuerst, sodann die, welche weniger unter sich fasst u. s. f. vorkommen; ferner ist auch das gar nicht die Folge, dass sie alle rein und unvermischt vorkommen, so dass nicht mehrere, die durch einen etwanigen Beobachter gar wohl zu unterscheiden wären, als eine einzige erscheinen sollten. Z. B. die höchste Handlung der Intelligenz sey die, sich selbst zu setzen, so ist gar nicht nothwendig, dass diese Handlung der Zeit nach die erste sey, die zum deutlichen Bewusstseyn komme; und eben so wenig ist nothwendig, dass sie jemals rein zum Bewusstseyn komme, dass die Intelligenz je fähig sey, schlechthin zu denken: *Ich bin*, ohne zugleich etwas anderes zu denken, dass *nicht sie selbst* sey. (FW I, 71)

Gemäß dieser Argumentation ist der Mensch nicht mal dieser(s), dann mal jener(s) ‚Handlung' (‚Zustandes') fähig, sondern stets die Gesamtheit bzw. synthetische Einheit aller ‚Handlungen' (‚Zustände'): „Die Handlungen, welche aufgestellt werden, sind *synthetisch*; die Reflexion aber, welche sie aufstellt, ist *analytisch*" (FW I, 124). Die vollständig und systematisch zu Bewusstsein zu bringenden notwendigen ‚Handlungen des menschlichen Geistes' werden in der Art einer ‚pragmatischen Geschichtsschreibung' transzendentalphilosophisch deduziert. So sind denn die Philosophen „nicht Gesetzgeber des menschlichen Geistes, sondern seine Historiographen; freilich nicht Zeitungsschreiber, sondern pragmatische Geschichtsschreiber" (FW I, 77). Ausgehend von dem synthetischen Begriff des ‚absoluten Ich' – Schillers ‚ganzem Menschen' – gelte es danach, die ‚Handlungen' (Fichtes ‚Grundsätze', Schillers ‚Zustände') systematisch als eine Art ‚(Handlungs-)Geschichte der Vernunft' (Fichte) bzw. der ‚gemischten Natur des Menschen' (Schiller) zu rekonstruieren.

Fichte geht von drei Grundsätzen, einem unbedingten und zwei bedingten, aus. Der erste, schlechthin unbedingte Grundsatz der Wissenschaftslehre bezeichnet nach Fichte „diejenige Thathandlung [...], welche unter den empirischen Bestimmungen unseres Bewusstseyns nicht vorkommt, noch vorkommen kann, sondern vielmehr allem Bewusstseyn zum Grunde liegt, und allein es möglich macht" (FW I, 91). „Das Ich *setzt sich selbst*, und es *ist*, vermöge dieses blossen Setzens durch sich selbst; und umgekehrt: das Ich *ist*, und es *setzt* sein Seyn, vermöge seines blossen Seyns. – Es ist zugleich das Handelnde, und das Product der Handlung; das Thätige, und das, was durch die Thätigkeit hervorgebracht wird; Handlung und That sind Eins und ebendasselbe; und daher ist das: *Ich bin*, Ausdruck einer Tathandlung" (FW 1, 96). Der zweite, bedingte, d. h. nur in Abhängigkeit vom ersten unbedingten aufzustellende Grundsatz hat die Entgegensetzung (Negation) zum Thema: „Es ist ursprünglich nichts gesetzt, als das Ich; und dieses nur ist schlechthin gesetzt. (§. 1.) Demnach kann nur dem Ich schlechthin entgegengesetzt werden. Aber das dem Ich entgegengesetzte ist = *Nicht-Ich*" (FW I, 104). Der dritte, gleichermaßen bedingte Grundsatz zielt auf die gegenseitige, ebenfalls im Ich stattfindende Beschränkung (Limitation) von Ich und Nicht-Ich: *„Ich setze im Ich dem teilbaren Ich ein teilbares Nicht-Ich entgegen*" (FW I, 110; vgl. auch ebd., 131 ff.).

Mit anderen Worten: Der Mensch, das reflektierende Ich, bestimmt sich im Akt der Tathandlung. Und insofern es sich selbst setzt, setzt es sich selbst auch seine Grenzen.

Fichtes Wissenschaftslehre kreist um den empirischen, nicht um den absoluten, freien Menschen. Die Idee des absoluten Ich lässt sich nicht mit dem Naturnotwendigen vereinigt denken. Es ist eine reine Setzung, Postulat der praktischen Vernunft (FW I, 117). Während praktische Vernunft die tendenzielle Annäherung und Übereinstimmung des Nicht-Ich mit dem Ich („das Ich setzt sich als bestimmend das Nicht-Ich") postuliert, weist die theoretische Vernunft Möglichkeit und Notwendigkeit des Nicht-Ich für das Ich nach („das Ich setzt sich als bestimmt durch das Nicht-Ich"; FW I, 246). Das Ich bedarf des Nicht-Ich bzw. der endlichen Realität, da es als unendliche Tätigkeit sonst leer wäre. Die Verendlichung des absoluten Ichs erst gewährt eine wahrhaft erfüllte Unendlichkeit, wie sie im Ideal erscheint. Ziel der fichteschen Wissenschaftslehre ist es, das Ich mit sich und dem Nicht-Ich zur Identität zu bringen. Der empirische Mensch ist nie, selbst wenn er sich im Sinnlichen, in der Empfindung verliert, ohne Bewusstsein. In einem solchen Falle bleibt ihm zumindest noch ein präreflexives Bewusstsein, sodass es ihm immerwährend möglich ist, sich reflexiv wieder einzuholen. Der Mensch kann also seiner Menschheit, seiner sinnlich-vernünftigen Natur niemals verlustig gehen. Es ist jenes Residuum der Freiheit, das ihm jederzeit sein Menschsein verbürgt.

Die drei fichteschen Grundsätze unterlegt Schiller seiner transzendentalanthropologischen Matrix der Theorie personaler Zustände: Sie finden sich in den Zuständen ebenso wieder wie in der Dialektik von ‚Bestimmbarkeit' und ‚Bestimmung'. ‚Bestimmen' wird hierbei nicht im Sinne von ‚Ziel' (lat. destinare, destinatio) verwendet, sondern als ein Aktuieren des Möglichen zum konkreten Wirklichen („Determination"; 632 f., 635), womit zugleich eine Begrenzung (Limitation) erfolgt. ‚Bestimmbarkeit' hingegen meint einen Zustand ‚unbegrenzter Möglichkeiten', ‚pure Determinabilität', ‚Totalität nichtlimitierter Unendlichkeit'.

,Aktivität' ist dem Vernunft-, ,Passivität' dem sinnlichen Vermögen zugeordnet. Daraus ergibt sich folgende Zustandsmatrix:

(1) passive Bestimmbarkeit (Einbildungskraft): leere Unendlichkeit
(2) passive Bestimmung (Sinnlichkeit): Realität
(3) aktive Bestimmung (Vernunft): Reflexion / Denken
(4) aktive Bestimmbarkeit (Einbildungskraft): erfüllte Unendlichkeit

Nicht nur die Attribute ,aktiv' und ,passiv' sowie die Substantive ,Bestimmung' und ,Bestimmbarkeit' verhalten sich antithetisch, sondern auch die beiden Attribut-Substantivkomplexe ,passive Bestimmung' und ,aktive Bestimmbarkeit'. Das Attribut ,aktiv' und das Substantiv ,Bestimmung' bezeichnen eine ,Tätigkeit', das Attribut ,passiv' und das Substantiv ,Bestimmbarkeit' ein ,Leiden'. Es gibt demzufolge ,Zustände' antithetischer und solche potenzierter Determination.

Die ,Zustände', d. h. die Verfasstheiten des menschlichen Gemüts bzw. Geistes als Resultate von Handlungen, werden von Schiller als dynamisch-wechselwirkende Systeme interpretiert. Obgleich idealtypisch aufgefasst und rubriziert, sind die Zustände von sich ständig verändernden Zustandsgrößen gekennzeichete Systeme (Handlungsgeflechte). Dabei bestimmt die Relation, das Wechselverhältnis der verschiedenen Zustandsgrößen, nicht nur den jeweiligen Idealtypus, sondern auch den Übergang von einem Zustand zum anderen (Zustandsänderungen).

Der Zustand (1), ein vorbewusstes Stadium, beschreibt einen Status, in dem der Mensch noch „nicht Mensch" ist, da „seine Menschheit [überhaupt noch nicht] aufgebaut" ist (630 f.). Erst wenn die Zustände (2) und (3) realisiert sind, ist er Mensch im Vollsinn des Wortes, dem es, aus der Führung der Natur entlassen, aufgegeben ist, seine „Menschheit zu behaupten" (631). Mit der Wirksamkeit der antagonistischen Triebe, der Sinnlichkeit und dem Denken, „verlieren beide ihre Nötigung, und die Entgegensetzung zweier Notwendigkeiten gibt der *Freiheit* den Ursprung" (ebd.). Diese Freiheit ist die Freiheit nicht der praktischen, dem Moralgesetz verpflichteten Vernunft, sondern die in der menschlichen Totalität, seiner „gemischte[n] Natur" wurzelnde ,ästhetische Freiheit' (ebd., Anm.). Der ,mittlere Zustand' (4) bedarf demzufolge der beiden empirischen Zustände (2) und (3); sie sind die Bedingungen der Möglichkeit des ,ästhetischen Zustands'. Andererseits ist der ,mittlere Zustand' notwendiges Durchgangs- und Übergangsstadium vom Sinnlichen zum Vernünftigen, und umgekehrt. Historisch-genetisch, onto- wie auch phylogenetisch, vollzieht sich zunächst der Übergang von der Sinnlichkeit zur Vernunft, bevor schließlich die physische der logischen und moralischen Notwendigkeit das Feld überlassen muss. Aus dem Faktum der „Priorität des sinnlichen Triebes", so Schiller, erhalte man „den Aufschluß zu der ganzen Geschichte der menschlichen Freiheit" (632). Im weiteren Lebensvollzug kommt es zu einem ständigen Changieren zwischen den Zuständen (2) und (3) und damit zwingend zum Durchlaufen von Zustand (4), währenddessen dem Menschen „jedesmal aufs neue [die Freiheit, zu sein, was er sein soll] durch das ästhetische Leben zurückgegeben" wird (635f.). Die Extensität und Intensität des Durchlebens des ästhetischen Zustandes (4) bestimmen Art und Umfang der Teilhabe des Menschen am Menschsein. Die theoretische und praktische Indifferenz im ästhetischen Zustand, d.h. das Freisein von allen physischen, theoretischen und praktischen Beschränkungen, setzt den Menschen in den Stand, „aus sich selbst zu machen, was er will [...], zu sein, was er sein soll" (635). Im Zustand der positiven Bestimmungslosigkeit mit seiner erfüllten Unendlichkeit wird der Mensch gleichsam wieder in den ‚natürlichen', im Vollsinn des Wortes ‚anthropologischen' Zustand zurückversetzt, die „einseitige Nöthigung der Natur beym Empfinden" wie auch die „ausschließende Gesetzgebung der Vernunft beym Denken" suspendiert und ihm die Möglichkeit des vollumfänglichen Menschseins wiedergegeben. Solcherart wird das „ästhetische Leben", die Kunst, nach der Natur zur „zweyte[n] Schöpferin" (636), der Künstler zum zweiten Schöpfer[20] des Menschen.

Die Triebe, von Schiller nach Fichtes drittem Grundsatz als wechselseitig limitiert respektive quantifiziert, heben ihre Kräfte gegenseitig vollständig auf, (a) wenn sie beide gleichgroß oder (b) wenn sie beide höchstverschieden (wie 0 und 1) sind. Die Aufhebung und damit Ohnmacht der Triebkräfte des Nicht-Ich und des Ich mit seiner autonomen Vernunft ermöglicht eine dritte Macht, den Willen: „Es gibt in dem Menschen keine andere Macht als seinen Willen, und nur was den Menschen aufhebt, der Tod und jeder Raub des Bewußtseins, kann die innere Freiheit aufheben" (630). Er ist vollkommen unbestimmt, bloße Bestimmbarkeit, und wurzelt in einer Freiheit, welche die sich gegenseitig aufhebende Wirksamkeit des Stoff- und Formtriebes zur Voraussetzung hat. Sobald die Triebe tätig sind und mit ihrer Aufhebung ihre Nöthigung verlieren, geben sie dieser sich auf die „gemischte Natur des Menschen" gründenden anthropologischen Freiheit Raum. Dadurch aber, dass der Zustand der Freiheit (4) die beiden Zustände (2) und (3) in sich aufgehoben hat, kann er kein Zustand leerer Freiheit mehr sein wie noch der Zustand (1), der ‚Zustand passiver Bestimmbarkeit'. Es ist vielmehr der Zustand erfüllter Unendlichkeit, in dem „ästhetische Bestimmungsfreiheit" herrscht (635). In ihm verkündigt sich das erfahr- und realisierbare „ästhetische Leben" (636).

---

20 Vgl. „Such a *Poet* is indeed a second *Maker:* a just *Prometheus,* under *Jove.* Like that Sovereign Artist or universal Plastick Nature, he forms *a Whole,* coherent and proportion'd in it-self, with due Subjection and Subordinacy of constituent Parts" (Shaftesbury 1711, 207).

Das als absolutes Ich des ersten Zustandes uneinholbare Faktum des Selbstbewusstseins und die daraus abgeleiteten Zustände werden durch die in den ästhetischen Zustand mündende Synthese bzw. ästhetische Rekonstruktion nunmehr einholbar, allerdings nicht durch das Denken, sondern nur ästhetisch mithilfe der Einbildungskraft. Die Einbildungskraft, im Unterschied zum Denken als relativ stabiler Funktion des Bewusstseins, bloß schwebend und flüchtig (Vgl. Kant, KdU § 58, AA V, 346 f.; FW I, 216 f.), zwischen den verschiedenen Zuständen changierend, ist das transitorische, unruhig von der Sinnlichkeit zum Denken und von diesem wieder zu jener oszillierende Moment des Bewusstseins. Die Transitorik bildet die Bedingung der Möglichkeit ästhetischer Freiheit und Schönheit. Insofern eröffnet sie dem Menschen, „aus sich selbst zu machen, was er will", und zwar dadurch, „daß ihm die Freiheit, zu sein, was er sein soll, vollkommen zurückgegeben ist" (635). Ästhetische Freiheit ist das Resultat reiner Bestimmbarkeit, die sich ergibt, wenn sich die Determinanten gegenseitig aufheben.

Der ästhetische Zustand bedeutet Freiheit von Kausalität; augenblicklich stellt sich Friede ein, „die Zeit selbst, das ewig Wandelnde, steht still, indem des Bewusstseins zerstreute Strahlen sich sammeln, und ein Nachbild des Unendlichen, *die Form*, reflektiert sich auf dem vergänglichen Grunde." Die Totalität des Ich gibt sich formal als „Nachbild des Unendlichen", das seiner approximativen Realisation harrt (652). Während der Mensch im physischen Zustand die Macht der Natur erleidet, befreit er sich im ästhetischen Zustand davon und „beherrscht sie in dem *moralischen*" (646). In der Betrachtung des Schönen wird das Reich der Ideen betreten, ohne jedoch dabei das sinnliche Reich zu verlassen, wie dies beim Denken der Fall ist. Dabei ‚fließen' Sinnlichkeit und Reflexion derart ineinander, „daß wir die Form unmittelbar zu empfinden glauben". Darin liegen nun auch Subjektivität und Objektivität des Schönen beschlossen, insofern es einmal „*Gegenstand* für uns [ist]", weil die Reflexion die Bedingung ist, unter der wir eine Empfindung von ihr haben" (653 f.). Insofern ist sie „lebende Gestalt", betrachtete Form und gefühltes Leben, Zustand und Tat. Diese Schönheit, erfahrbar nur im ‚ästhetischen Zustand' als ‚schöner Schein', ist als ‚schönes Sein' in die Realität zu überführen. Im Schönen ‚verkündigt' sich, ohne sich jedoch zu ‚vergegenständlichen', der synthetisierende Übergang respektive die synthetische Einheit der gemischten Natur des Menschen.

„[N]ur in der Allheit der Zeit" (612) würde es dem Menschen möglich, seine Bestimmung zu verwirklichen. Die Kluft zwischen Empfinden und Denken bleibt in der Realität unendlich, unüberbrückbar (628). Lediglich im Augenblick des ästhetischen Zustands, in der „Elysiumssekunde" (SW I, 52), erscheinen Denken und Empfinden im Schönen harmonierend aufgehoben. Im ästhetischen Augenblick, in der Formung des Schönen zum Symbol, findet der Mensch zur „Konsummation seiner Menschheit" (615), zur idealen Aufgipfelung all seiner Möglichkeiten zurück. Als ‚schwebender' ästhetischer Zustand ist er in Rücksicht auf Theorie und Praxis des Daseinsvollzugs „völlig indifferent und unfruchtbar" (635). Aber insofern er zweckfrei, d. h. autonom, mit Blick auf die Wirklichkeit, verfasst ist, eröffnet er der funktionslosen Schönheit eine Sphäre, in der sie mit ihrem schönen Schein die ‚ästhetische Freiheit' als Aufgabe für die ‚politisch-moralische Freiheit' symbolisieren kann. Der symbolische Aufschein der aktiven Bestimmbarkeit führt somit auch eine Verpflichtung mit sich, als sich darin das unendliche Ideal[21] menschlicher Verwirklichung formuliert findet. Indem die Kunst mittels Schönheit dem Menschen die Totalität seiner Bestimmung vor Augen führt, ‚befreit' sie ihn zugleich aus den Zwängen der waltenden antagonistischen Triebe und gibt ihn frei, sich aufs Neue selbst zu bestimmen. Dafür muss er diesen Zustand, der der „fruchtbarste in Rücksicht auf Erkenntnis und Moralität" (637) ist, wieder verlassen und die Verwirklichung der Idee dem Willen überlassen. Die Schönheit erweist sich so als Bedingung der Möglichkeit moralischen Handelns. Sie ist daher „kein Erfahrungsbegriff, sondern vielmehr ein Imperativ".[22] Schillers ästhetischer Imperativ fordert vom Menschen, dass er, seiner wahren Bestimmung ansichtig geworden, diese zu realisieren sucht. Ästhetisches und Ethisches rücken damit in einen Bedingungs- und Begründungszusammenhang. Darauf fußt Schillers ästhetische Bildungskonzeption. Sie fordert das Bekenntnis zur Totalität des Menschen und eine – diesem gerecht werdende – allseitige selbstbildnerische Tätigkeit.

Zur Ausbildung seines Menschseins, d. h. der gelingenden Ausmittelung der wechselwirkenden Triebe, bedarf der Mensch der Konfrontation mit seinem Ideal, der Totalität des Menschseins. Diese indes ist eine Idee, die in der Wirklichkeit nicht aufgewiesen werden kann. Lediglich in der Kunst scheine sie zuweilen auf, als „Symbol seiner ausgeführten Bestimmung" (vgl. Kant, KdU § 59, AA V, 351–354). Ihr könne man sich nur approximativ versichern, „weil diese [‚dargestellte Unendlichkeit'] nur in der Allheit der Zeit zu erreichen ist" (612). Dabei ist die Schönheit nicht mehr – wie für Kant noch – nur das Symbol des Sittlich-Guten (Kant, KdU § 58, AA V, 346–351), sondern Symbol der Totalität des Menschen, seine ganze ‚gemischte', Sinnlichkeit und Vernunft umfassende Natur. Im Aufweis der Schönheit wird die Möglichkeit des Menschseins ‚ästhetisch erfahrbar' und damit wirklich, wodurch auch ihre Bedingung selbst, die Totalität der Menschheit als Bestimmung des Menschen, benannt ist.

---

[21] Unendlich ist das ‚Ideal der Menschheit', weil es „aus der Zeit tritt", d. h. „in keiner einzelnen Determination erscheint, sondern bloß das Vermögen zu unendlich vielen Bestimmungen sichtbar macht", „weil es in keinem einzelnen transitorischen Zustande erscheint, sondern bloß reine Menschheit d. h. die Möglichkeit aller Äußerungen derselben darstellt" (SW V, 1044 f.).
[22] Schiller an Körner, Jena, 25. Oktober 1794, in: NA 27, 69–71.

Indem Schiller den ästhetischen Zustand als einzige und „notwendige Bedingung" für jedwede Einsicht in die menschliche Bestimmung und humane Gesinnung bestimmt (641), verlässt er kantischen Boden. In der den 23. Brief abschließenden Anmerkung wendet er sich explizit gegen Kant, den ‚Moralphilosophen', der lehre, „daß man nie *mehr* tun könne als seine Pflicht". Das sei zutreffend nur in Anbetracht von Handlungen, die nur dem Moralgesetz verpflichtet sind. Es gebe jedoch auch Handlungen, die darüber hinaus noch „ins Übersinnliche gehen", „das Physische ästhetisch ausführen" und insofern „*über die Pflicht hinaus* gehen". Solcherart „ästhetisches Übertreffen der Pflicht", wodurch sich der ‚edle Mensch' auszeichne, unterstellt einen Vorrang des Ästhetischen gegenüber dem Ethischen (644. Anm.).

Schiller antwortet mit seiner Anmerkung auf Kants Verteidigung der „rigoristischen Entscheidungsart" in der zweiten Auflage der *Religion innerhalb der Grenzen der bloßen Vernunft* (1794). Kant hatte darin Schillers in *Über Anmuth und Würde* (1793) gemachten Vorschlag (SW V, 465–470) zurückgewiesen, dem Pflichtbegriff neben der Würde (Erhabenheit) auch noch die Anmut (Reiz) hinzuzugesellen.

> Denn er [i.e. der Pflichtbegriff] enthält unbedingte Nöthigung, womit Anmuth in geradem Widerspruch steht. [...] Aber die *Tugend*, d. i. die fest gegründete Gesinnung seine Pflicht genau zu erfüllen, ist in ihren Folgen auch *wohlthätig*, mehr wie Alles, was Natur oder Kunst in der Welt leisten mag; und das herrliche Bild der Menschheit, in dieser ihrer Gestalt aufgestellt, verstattet gar wohl die Begleitung der *Grazien,* die aber, wenn noch von Pflicht allein die Rede ist, sich in ehrerbietiger Entfernung halten. Wird aber auf die anmuthigen Folgen gesehen, welche die Tugend, wenn sie überall Eingang fände, in der Welt verbreiten würde, so zieht alsdann die moralisch-gerichtete Vernunft die Sinnlichkeit (durch die Einbildungskraft) mit ins Spiel. (AA VI, 23, Anm.)

Mit Schillers Umkehrung des Verhältnisses ist dann aber zugleich die Frage der Verbindlichkeit des ästhetischen Erziehungsprogramms aufgeworfen: Hat die ästhetische Erziehung ethisch verpflichtenden Charakter? Wird die Frage bejaht, mündet die ästhetische doch wieder in die moralische Erziehung. Wird sie verneint, verbleibt die ästhetische Erziehung in ihrem Bezirk, ohne die moralische einzuholen und zu übertreffen. Hierauf wird Fichte drei Jahre später 1798 im *System der Sittenlehre* zurückkommen, wenn er schreibt: „Ästhetische Bildung hat [...] eine höchst wirksame Beziehung auf die Beförderung des Vernunftzwecks: und es lassen sich in Absicht ihrer Pflichten vorschreiben." Zwar kann man „es keinem zur Pflicht machen: sorge für die ästhetische Bildung des Menschengeschlechts [...]. Aber man kann es im Namen der Sittenlehre jedem verbieten: halte diese Bildung nicht auf und mache sie nicht, so viel an dir liegt, unmöglich" (FW IV, 355).

11.5 Zusammenfassung

Im Mittelpunkt der schillerschen Transzendentalanthropologie steht der schöpferische, zur Freiheit bestimmte Mensch. Mit Hilfe der fichteschen *Wissenschaftslehre* von 1794 deduziert er eine Theorie menschlicher Zustände. Danach ist das menschliche Gemüt (1) bestimmbar, wenn es, da ohne Inhalt (Realität), gänzlich ‚unbestimmt' ist, bloße Totalität schlechthin. Es ist aber auch dann bestimmbar, wenn es, obgleich allen Inhalt (alle Realität) umfassend, (noch) nicht „ausschließend", d. h. limitierend bestimmt ist, sondern nur das Ganze der Realität, ihre Totalität, umgreift (634). Jenes ist ‚leere', dieses ‚erfüllte Unendlichkeit'. Letztere, die schrankenlos unendliche Realität, ist das Charakteristikum der ‚aktiven Bestimmbarkeit' des ästhetischen Zustands (4). Das Denken als Zustand aktiver Bestimmung, in dem sich das Gemüt „selbst aus eigenem absoluten Vermögen beschränkt", gleicht dem ästhetischen Zustand, insofern dieser als ein absolutes Vermögen tätig wird, nur eben nicht be-, sondern entgrenzend: Was also das Denken in Rücksicht auf Bestimmung ist, das ist die ästhetische Verfassung in Rücksicht auf Bestimmbarkeit; jenes ist Beschränkung aus innrer unendlicher Kraft, diese ist eine Negation aus innrer unendlicher Fülle." Damit ist es ihm gelungen, den „Begriff einer völligen Abwesenheit einschränkender Bestimmungen und des *unendlichen Vermögens* im Subjecte des Schönen" und damit die Totalität des Menschseins zu deduzieren.[23]

Im ästhetischen Zustand erst eröffnet sich dem Menschen durch die „ästhetische Bestimmungsfreiheit" die Totalität seines Menschseins, sein absolutes Selbst. Während der Mensch seine Bestimmung aus dem Zustand (1), dem der passiven Bestimmbarkeit im Sinne einer „Bestimmungslosigkeit aus Mangel", durch Einschränkung erhält, wird ihm seine Bestimmung im ästhetischen Zustand in seiner *„erfüllte[n] Unendlichkeit"* gegeben (635). Die Frage nach den Bedingungen der Möglichkeit des Menschseins führt Schiller auf die Idee der Schönheit, der die unvermittelten Antagonismen von Person und Zustand, Stoff und Form entgegenstehen. Damit unterstellt Schiller einen Bedingungs- und Begründungszusammenhang von Schönheit und Menschheit, von Ästhetik und Anthropologie. Fichte hingegen nimmt seinen Ausgang vom praktischen Ich und ordnet das Sinnliche dem tätigen Vernünftigen unter, was Schillers vehementen Einspruch provoziert (607f., Anm.).

---

23 Schiller an Körner, Jena, 21. September 1795, in: NA 28, 60f.

Literatur

Baumgarten, Gottlieb Alexander 1750: Aesthetica, Leipzig.
Hogrebe, Wolfram 1984: Schiller und Fichte. Eine Skizze, in: Jürgen Bolten (Hrsg.), Schillers Briefe über die ästhetische Erziehung, Frankfurt/M.
Pott, Hans-Georg 1980: Die schöne Freiheit. Eine Interpretation zu Schillers Schrift *Über die ästhetische Erziehung des Menschen in einer Reihe von Briefen*, München.
Shaftesbury, Anthony Ashley Cooper, Earl of 1711: Soliloquy; or, Advice to an Author, in: ders., Characteristics of Men, Manners, Opinions, Times, 3 vol., London, I, 131–312.
Sulzer, Johann Georg 1773: Vermischte Philosophische Schriften. Aus den Jahrbüchern der Akademie der Wissenschaften zu Berlin gesammelt, Leipzig.
Tielkes, Monika 1973: Schillers transzendentale Ästhetik. Untersuchungen zu den Briefen ‚Über die ästhetische Erziehung des Menschen', Köln.

Andree Hahmann
12 Stufen der Entwicklung – Schillers Geschichtsphilosophie im Spiegel der kantischen Philosophie

(Briefe 24 und 25)

Ab dem 24. Brief wendet sich Schiller der geschichtlichen Entwicklung des einzelnen Menschen und der menschlichen Gattung zu.[1] Hierbei unterscheidet er drei Stufen oder Zustände: den *physischen* Zustand, den *ästhetischen* und den *moralischen*, die sich der Sache nach sogar in jedem einzelnen Wahrnehmungsakt wieder finden lassen sollen. Ausführlich werden im 24. und 25. Brief jedoch nur der physische und der ästhetische Zustand thematisiert, da sich der Übergang vom natürlichen zum ästhetischen Zustand als besonders problematisch erweist. Mit Blick auf die von Schiller dargelegte Entwicklung sind zwei Punkte zu beachten: Erstens steht fest, dass es sich um keine Beschreibung einer tatsächlichen historischen Begebenheit handelt, sondern um eine philosophische Konstruktion. Zweitens betont Schiller, dass sich dieselben Stufen in jedem einzelnen Erkenntnisakt feststellen lassen.

In der Literatur fällt die Bewertung des in den beiden Briefen vorgestellten geschichtsphilosophischen Ansatzes zwar unterschiedlich aus, doch lässt sich eine gemeinsame Stoßrichtung feststellen: Frederick Beiser zufolge soll Schillers Konstruktion lediglich als eine implizit gegen Rousseau gerichtete Kritik gelesen werden.[2] Marion Heinz betont hingegen die bereits von Reinhold vollzogene

---

[1] Vgl. 645: „Es lassen sich also drei verschiedene Momente oder Stufen der Entwicklung unterscheiden, die sowohl der einzelne Mensch als die ganze Gattung notwendig und in einer bestimmten Ordnung durchlaufen müssen, wenn sie den ganzen Kreis ihrer Bestimmung erfüllen sollen." Man muss beachten, dass Schiller die Stufen der Entwicklung sowohl beim einzelnen Menschen als auch bei der Gattung sieht. Wir werden ferner sehen, wie wichtig es für Schiller darüber hinaus ist, dass sich diese Stufen selbst in jedem einzelnen Erkenntnisakt wiederfinden lassen. Andere philosophisch orientierte Schriften, in denen sich Schiller mit der Geschichte auseinandersetzt, sind: *Etwas über die erste Menschengesellschaft nach dem Leitfaden der mosaischen Urkunde*; *Kallias oder Über die Schönheit* sowie die berühmte Antrittsvorlesung für seine außerordentliche Professur für Geschichte in Jena vom 25. Mai 1789: *Was heißt und zu welchem Ende studiert man Universalgeschichte?* Heinz 2007, 33 zufolge soll Schillers Programm der Vervollkommnung des Menschen durch ästhetische Erziehung insgesamt geschichtsphilosophisch motiviert sein.

[2] Beiser 2005, 160 f. verweist auf Schillers Vorstellung, dass der Mensch mit der Kunst seine Freiheit gewinnt und nicht verliert.

Historisierung der kantischen Theorie des höchsten Gutes für Schiller. Komplementiert werden diese Einschätzungen von dem unter Philosophen noch immer dominanten Urteil, dass Schiller „um die transzendentale Grundlagenanstrengung der *Kritik der reinen Vernunft* einen sichtlichen Bogen mach[e]".[3] Dieses Urteil hat freilich bereits Dieter Henrich über Schillers philosophisches Talent gefällt und überdies betont, dass Schiller „philosophische Originalität im eminenten Sinne" abgeht.[4] Dabei konzentriert Henrich sich nur auf Schillers Ästhetik und setzt diese in Beziehung zu ihrem kantischen Vorbild. Verwunderlich ist dieses Urteil, wenn man – so wie Henrich – Hegels Einschätzung von Schillers Leistung, der als erster „die Abstraktion des Denkens durchbrochen habe", in Anschlag bringt.[5]

Im Gegensatz zu meinen Vorgängern möchte ich in meiner Betrachtung von Schillers geschichtsphilosophischem Ansatz weniger die kantische Ästhetik (die zugegebenermaßen am Ende des 25. Briefes eine besondere Bedeutung gewinnt) und damit weniger die *Kritik der Urteilskraft* als vielmehr die anderen beiden kantischen Kritiken sowie die kantische Geschichtsphilosophie berücksichtigen. Das verspricht nicht nur eine angemessene Interpretation des schwierigen 24. Briefes und der dort vorgestellten Charakterisierung des physischen Zustands, sondern zeigt bereits voraus auf Schillers Stellung zwischen Kant und Hegel, weshalb auch Hegels Einschätzung von Schillers Leistung in einem anderen Licht erscheinen wird.

Der Beitrag gliedert sich daher in drei Teile. Zunächst soll das kantische Vorbild für Schillers Stufenmodell der geschichtsphilosophischen Entwicklung des Menschen betrachtet werden. Anschließend wird eine inhaltliche Darstellung der Briefe 24 und 25 vorgelegt. Im dritten Abschnitt werden die auf Kant zurückgehenden erkenntnistheoretischen Voraussetzungen für Schillers Darstellung aufgedeckt.

12.1 Die kantische Geschichtsphilosophie

Es ist bemerkenswert, dass nach Schillers eigener Auskunft seine Studien der kantischen Philosophie durch die geschichtsphilosophischen Abhandlungen eingeleitet wurden und Schiller diese „außerordentlich befriedigt" haben.[6] Das ist aus heutiger Perspektive auch deshalb verwunderlich, weil die kantische Ge-

---

3 Sandkaulen 2002, 77.
4 Henrich 1957, 540.
5 Diese Paraphrase von Schillers Gedanken findet sich bei Henrich 1957, 528.
6 Brief an Körner, 29. August 1787; zitiert nach Heinz 2007, 27.

schichtsphilosophie unter modernen Interpreten häufig noch immer als ein leicht – und mit gutem Grund – zu vernachlässigender Aspekt des kantischen Werkes gilt. Zu diesem Urteil trägt entscheidend das besondere Gewicht bei, das der Teleologie in diesen Schriften zuerkannt wird. Das äußert sich etwa in dem ausgeprägten Fortschrittsgedanken, der zum Tragen kommt.[7] Das haben diese Texte freilich mit den Werken anderer Vorgänger und Zeitgenossen Kants, wie den Schriften Rousseaus, Lessings, Mendelssohns und Herders – in Abgrenzung zu denen die kantischen Texte entstanden sind – gemeinsam. Zum ersten und zweiten Teil der Abhandlungen seines ehemaligen Schülers Herder (*Ideen zur Philosophie der Geschichte der Menschheit*), die in den Jahren 1784 bis 1791 erschienen, hat Kant sogar in einer Reihe von Rezensionen Stellung bezogen. Angeregt durch die Lektüre von Herders Werk ist auch Kants Essay *Muthmaßlicher Anfang der Menschengeschichte* entstanden, der – wie seine anderen kleineren Schriften zur Geschichtsphilosophie auch – an ein größeres Publikum adressiert in der *Berlinischen Monatsschrift* erschienen ist.[8]

In seinen Rezensionen hebt Kant besonders Herders Vorstellung hervor, dass es sich beim Menschen um ein „edles Mittelgeschöpf" handelt,[9] das in seinem aktuellen Zustand „das verbindende Mittelglied zweier Welten [darstelle]. – Wenn der Mensch die Kette der Erdorganisationen als ihr höchstes und letztes Glied schließt, so fängt er auch eben dadurch die Kette einer höhern Gattung von Geschöpfen als ihr niedrigstes Glied an, und so ist er wahrscheinlich der Mittelring zwischen zwei in einander greifenden Systemen der Schöpfung."[10] Wir werden später sehen, dass die aus der Aufklärung entlehnte Vorstellung, dass es sich beim aktuellen Zustand um eine Phase des Übergangs handelt, auch für Schiller eine bedeutende Rolle einnimmt. Was Kant jedoch an Herders Darstellung besonders beklagenswert findet, ist, dass Herder ohne Prinzip vorgeht und damit ohne philosophische Richtschnur. Stattdessen legt er in der Betrachtung der Geschichte das Gewicht auf den blinden Zufall. Dass Herder also ohne einen metaphysischen

---

[7] Deutlich wird das im ersten Zusatz der Schrift *Vom ewigen Frieden*: „Von der Garantie des ewigen Friedens" (AA VII, 360): „Das, was diese *Gewähr* (Garantie) leistet, ist nichts Geringeres als die große Künstlerin *Natur* [...], aus deren mechanischem Laufe sichtbarlich Zweckmäßigkeit hervorleuchtet, durch die Zwietracht der Menschen Eintracht selbst wider ihren Willen emporkommen zu lassen [...]."
[8] Gegründet wurde die *Berlinische Monatsschrift* 1783 von Friedrich Gedike und Johann Erich Biester, mit letzterem stand Kant seit 1779 in Briefkontakt. Aus den Briefen wird ersichtlich, dass die Auswahl der von Kant in der Zeitschrift behandelten Themen teils auch auf Wünschen Biesters beruht.
[9] Kant, *Rezension Herder*, AA VIII, 47.
[10] Zitiert nach ebd., 51. Siehe auch ebd: „Er [der Mensch; A. H.] stellt uns zwei Welten auf einmal dar, und das macht die anscheinende Duplicität seines Wesens."

Leitfaden verfährt und den Blick nur auf die natürlichen Phänomene gerichtet hält, wird von Kant nicht als Vorteil der herderschen Position gewertet, sondern ganz im Gegenteil als Makel wahrgenommen. Als ein augenfälliges Beispiel, das Kant in seiner Rezension eigens hervorhebt, kann gelten, dass laut Herder der aufrechte Gang entscheidend zur Vernunftentwicklung des Menschen beigetragen haben soll. Diese Vorstellung ist für Kant der Sache nach sonderbar, verdeckt es doch das, worauf es in der Betrachtung der Geschichte wirklich ankommt.[11] Kant hat bereits in seiner *Idee zu einer allgemeinen Geschichte in weltbürgerlicher Absicht* vorgemacht, dem scheinbar unregelmäßigen Gang der menschlichen Geschichte eine Ordnung zu geben, um ihn für die Philosophie fruchtbar werden zu lassen.[12] Das bedeutet aber der Sache nach mehr, als nur den Status des Menschen als Mittelglied zu betonen.[13] Mit seinem 1786 erschienenen Text *Muthmaßlicher Anfang der Menschengeschichte* hat er dann auch einen expliziten Gegenentwurf zu Herder vorgelegt.

Zentral für Kants Abhandlungen sind vor allem zwei Annahmen, die in den einzelnen Schriften unterschiedlich ausbuchstabiert werden: Zuerst die – in der früher erschienenen *Idee zu einer allgemeinen Geschichte in weltbürgerlicher Absicht* an den Anfang gestellte – Vorstellung, dass auch die Geschichte der freien Handlungen als Erscheinung einer gewissen Gesetzmäßigkeit unterworfen ist, die sich anhand einer teleologischen Beurteilung erfassen lässt.[14] Dieser Naturzweck soll wiederum in der vollkommenen Entwicklung der menschlichen Anlagen bestehen, da ein jedes Vermögen von Natur aus dazu bestimmt ist, sich vollständig zu entwickeln.[15] Die Entwicklung kann beim Menschen jedoch nur in

---

[11] Vgl. AA VIII, 48–49, 52, 54.
[12] Kant, *Idee zu einer allgemeinen Geschichte in weltbürgerlicher Absicht*, in: AA VIII, 25; 27; 31, insbesondere 29: „Ein philosophischer Versuch, die allgemeine Weltgeschichte nach einem Plane der Natur, der auf die vollkommene bürgerliche Vereinigung in der Menschengattung abziele, zu bearbeiten, muß als möglich und selbst für diese Naturabsicht beförderlich angesehen werden." Vgl. auch Kant, *Muthmaßlicher Anfang der Menschengeschichte*, in: AA VIII, 123 sowie Kant, *Über den Gemeinspruch*, in: AA VIII, 309.
[13] Siehe vor allem AA VIII, 17–18; 29–30; ebenso AA VIII, 121–123. Als ein wichtiger Grund für die Abfassung einer Ordnung der Geschichte anhand eines metaphysischen Leitfadens wird von Kant an dieser Stelle die Zufriedenheit mit der Vorsehung angeführt: „Es ist also dem Menschen eine solche Darstellung seiner Geschichte ersprießlich und dienlich zur Lehre und Besserung, die ihm zeigt: daß er der Vorsehung wegen der Übel, die ihn drücken, keine Schuld geben müsse [...]." Wie sich die kantische Theorie der Vorsehung in die übergeordnete geschichtsphilosophische Konzeption fügt, habe ich an anderer Stelle behandelt. Siehe Hahmann 2013.
[14] Kant, *Idee* AA VIII, 17, 19.
[15] Ebd., 18: „Alle Naturanlagen eines Geschöpfes sind bestimmt, sich einmal vollständig und zweckmäßig auszuwickeln." Siehe auch AA VIII, 19, 21 u. 30; *Anfang*, AA VIII, 115; *Gemeinspruch*, AA VIII, 308.

einer freiheitlichen politischen Verfassung geschehen.[16] Damit wird die politische Verfassung zum letzten Zweck der natürlichen Entwicklung bzw. – wie Kant es dann in der *Metaphysik der Sitten* formuliert – zum höchsten politischen Gut.[17] Diese Annahme ist zwar problematisch, aber zugleich philosophisch geboten, weshalb die Geschichte der Menschheit von einem philosophischen Geschichtsschreiber mit Rücksicht auf diese Idee verfasst werden sollte. Einen solchen Leitfaden hat Kant hingegen in Herders voluminösem Werk vermisst.

Zweitens geht Kant davon aus, dass diese naturgewollte Verwirklichung der menschlichen Anlagen nicht beim Individuum, sondern lediglich in der ganzen *Gattung*[18] stattfinden kann,[19] wozu sich die Natur selbst eines Mittels bedient, und zwar eines ‚natürlichen Antagonismus'. Diese Vorstellung lässt sich der Sache nach bis in die 1770er Jahre zurückverfolgen und wird von Kant in den einzelnen Schriften unterschiedlich herauskristallisiert. Zuletzt ist damit aber eine Art „ungeselliger Geselligkeit" gemeint,[20] der zufolge das Streben des Menschen ei-

---

16 Kant, *Rezension Herder*, AA VIII, 64: „Wie, wenn aber nicht dieses Schattenbild der Glückseligkeit, welches sich ein jeder selbst macht, sondern die dadurch ins Spiel gesetzte immer fortgehende und wachsende Thätigkeit und Cultur, deren größtmöglicher Grad nur das Product einer nach Begriffen des Menschenrechts geordneten Staatsverfassung, folglich ein Werk der Menschen selbst sein kann, der eigentliche Zweck der Vorsehung wäre?" Siehe auch Idee, AA VIII, 22, 28: „[...] ein allgemeiner *weltbürgerlicher Zustand*, als der Schooß, worin alle ursprünglichen Anlagen der Menschengattung entwickelt werden [...]." Ebenso *Zum ewigen Frieden*, AA VIII, 366.
17 Kant, *Metaphysik der Sitten*, AA VI, 355. Zum Verhältnis des höchsten politischen Guts zum höchsten Gut siehe Geismann 2006 sowie Hahmann 2013.
18 Kant unterscheidet dabei zwischen der „Menschheit als Thiergattung und eben derselben als sittlicher Gattung" (AA VIII, 117). Der Unterschied ist wichtig, weil die naturgesetzten Ziele der beiden Gattungen auseinanderfallen.
19 Kant, *Idee*, AA VIII, 18: „Am Menschen (als dem einzigen vernünftigen Geschöpf auf Erden) sollten sich diejenigen Naturanlagen, die auf den Gebrauch seiner Vernunft abgezielt sind, nur in der Gattung, nicht aber im Individuum vollständig entwickeln."; Kant, *Anfang*, AA VIII, 115: „Ob der Mensch durch diese Veränderung gewonnen oder verloren habe, kann nun nicht mehr die Frage sein, wenn man auf die Bestimmung seiner Gattung sieht, die in nichts als im *Fortschreiten* zur Vollkommenheit besteht [...]. Indessen ist dieser Gang, der für die Gattung ein *Fortschritt* vom Schlechteren zum Besseren ist, nicht eben das Nämliche für das Individuum." Siehe auch Kant, *Idee*, AA VIII, 19–20; Kant, *Anfang*, AA VIII, 116; Kant, *Gemeinspruch*, AA VIII, 312. Herder ereifert sich vor allem darüber, dass Kant die Gattung zum Träger der Vorsehung macht und das Individuum übergeht. Siehe Herder, 1785 (nach Kant, *Rezension*, AA VIII, 65) Siehe dagegen die Verteidigung Kants, ebd. 65.
20 Kant, *Idee*, AA VIII, 20; ebd. 21: „Dieser Widerstand ist es nun, welcher alle Kräfte des Menschen erweckt, ihn dahin bringt seinen Hang zur Faulheit zu überwinden und, getrieben durch Ehrsucht, Herrschsucht und Habsucht, sich einen Rang unter seinen Mitgenossen zu verschaffen, die er nicht wohl *leiden*, von denen er aber auch nicht *lassen* kann." In der *Friedensschrift* betont Kant die besondere Rolle der „Verschiedenheit der *Sprachen* und *Religionen*" (AA VIII, 367).

nerseits darauf geht, sich zu vergesellschaften, andererseits aber auch, sich zu isolieren. Hieraus ergibt sich Zwietracht unter den Menschen und in letzter Konsequenz: Krieg.[21]

Schauen wir uns die von Schiller besonders hervorgehobene Schrift *Muthmaßlicher Anfang der Menschengeschichte* etwas genauer an.[22] Kant gibt darin ein Beispiel für die Darstellung der Menschengeschichte, einen Entwurf, wie er selbst sagt, „den ich auf den Flügeln der Einbildungskraft, obgleich nicht ohne einen durch Vernunft an Erfahrung geknüpften Leitfaden, thue".[23] Kant bedient sich dabei einer „heiligen Urkunde",[24] und zwar der Bibel. Darin erkennt er vier Entwicklungsschritte des Menschen, die zugleich das Zu-sich-selbst-Kommen der Vernunft bedeuten. Die ersten Menschen leben in Einstimmung mit ihren natürlichen Instinkten, d. h. am Leitfaden der Natur, im Paradies.[25] Bemerkenswert ist hierbei, dass diese ersten Menschen bereits alles Menschliche zu tun vermögen, wobei Kant explizit die gemeinhin mit Vernunft verknüpften Tätigkeiten, wie Sprechen, einschließt.[26] Der zweite Schritt zeichnet sich durch das Erwachen der Vernunft aus („Allein die *Vernunft* fing bald an sich zu regen"[27]). Zusammen mit der Einbildungskraft erweitert die Vernunft sodann die menschlichen Begierden und macht diese schrankenlos.[28] An dritter Stelle sieht Kant die „überlegte *Erwartung des Künftigen*",[29] was jedoch zusammen mit dem zweiten Schritt dem Menschen zunächst nur Furcht und Sorge bereitet, da beides auf der Tätigkeit der Einbildungskraft beruht und mit dem Bewusstsein des Kommenden zugleich ein Wissen der eigenen Vergänglichkeit einsetzt. Viertens sieht Kant schließlich das Zu-sich-selbst-Kommen der Vernunft, indem sie den Menschen seine Selbst-

---

21 Kant, *Anfang*, AA VIII, 119–120, 121: „Auf der Stufe der Cultur also, worauf das menschliche Geschlecht noch steht, ist der Krieg ein unentbehrliches Mittel, diese noch weiter zu bringen […]." Siehe auch Kant, *Gemeinspruch*, AA VIII, 310; Kant, *Zum ewigen Frieden*, AA VIII, 365. Das Gegenstück zum Krieg, der die Menschen trennt, soll der Handelsgeist sein, der sie zusammenführt: ebd., 358.
22 Schiller hat eine eigene kurze Abhandlung (*Etwas über die erste Menschengesellschaft nach dem Leitfaden der mosaischen Urkunde*, SW IV, 767–783) verfasst, die sich zumindest im ersten Teil eng an die kantische Vorlage hält und Kant auch als den „Philosophen" zitiert.
23 Kant, *Anfang*, AA VIII, 109 f.
24 Ebd., 109.
25 Ebd., 110 f.
26 Ebd., 110: „Der erste Mensch konnte also stehen und gehen; er konnte sprechen (1. B. Mose Kap. II, V. 20) ja reden, d.i. nach zusammenhängenden Begriffen sprechen (V. 23), mithin denken."
27 Ebd., 111.
28 Ebd., 111–113. Siehe bereits Kant, *Idee*, AA VIII, 18 f.: „Die Vernunft in einem Geschöpfe ist ein Vermögen, die Regeln und Absichten des Gebrauchs aller seiner Kräfte weit über den Naturinstinct zu erweitern, und kennt keine Grenzen ihrer Entwürfe."
29 Kant, *Anfang*, AA VIII, 113.

zweckhaftigkeit erkennen lässt und damit den Grundstein zur Gemeinschaft mit allen vernünftigen Geschöpfen legt:[30] das Fundament der Moralität.

Wir werden später sehen, dass Schiller sich in seiner Darstellung an diesem Modell orientiert; zusätzlich lässt Schiller jedoch erkenntnistheoretische Annahmen aus der *Kritik der reinen Vernunft* einfließen und orientiert sich bekanntlich mit einigen zentralen Überlegungen an der *Kritik der Urteilskraft*. Ich werde mich in den Abschnitten 12.3.1–3 vor allem mit den erkenntnistheoretischen Voraussetzungen, die der *Kritik der reinen Vernunft* entnommen sind, detaillierter beschäftigen.

12.2 Inhaltliche Darstellung der beiden Briefe

Bevor wir uns den einzelnen Thesen aus den Briefen zuwenden können und diese mit Blick auf das kantische Vorbild diskutieren, ist es zunächst dienlich, die beiden Briefe inhaltlich zu skizzieren. Diese Skizze soll helfen, den übergeordneten Gedankengang deutlich zu machen und weist bereits auf die Berührungspunkte zur kantischen Philosophie hin.[31]

12.2.1 Der 24. Brief

Zu Beginn des 24. Briefes unterscheidet Schiller drei Entwicklungszustände des Menschen (646). Sein Augenmerk liegt zunächst auf dem *physischen Zustand*. Der zweite von Schiller benannte Zustand ist der *ästhetische*. Letzterer ist in erster Linie gekennzeichnet durch die Befreiung vom physischen Zustand und er bereitet wesentlich den Übergang zum dritten Zustand, dem *moralischen*, vor, der zugleich den Abschluss der Entwicklung darstellt.

---

30 Ebd., 114: „Und so war der Mensch in eine Gleichheit mit allen vernünftigen Wesen, von welchem Range sie auch sein mögen, getreten [...]: nämlich in Ansehung des Anspruchs *selbst Zweck zu sein*, von jedem anderen auch als ein solcher geschätzt und von keinem bloß als Mittel zu anderen Zwecken gebraucht zu werden. Hierin und nicht in der Vernunft, wie sie bloß als ein Werkzeug zur Befriedigung der mancherlei Neigungen betrachtet wird, steckt der Grund der so unbeschränkten Gleichheit der Menschen selbst mit höheren Wesen, die ihm an Naturgaben sonst über alle Vergleichung vorgehen möchten, deren keines aber darum ein Recht hat, über ihn nach bloßem Belieben zu schalten und walten."
31 Es empfiehlt sich, die beiden kurzen Abhandlung *Vom Erhabenen* (SW V, 489–512) sowie *Kallias oder Über die Schönheit* (SW V, 394–432) parallel zu lesen, da Schiller dort einige erkenntnistheoretische Voraussetzungen etwas detaillierter ausführt bzw. in einem anderen Licht darstellt.

Der physische Zustand zeichnet sich vor allem dadurch aus, dass der Mensch noch ganz Naturwesen ist und seine Handlungen mithin den natürlichen Gesetzen unterworfen bleiben, was Schiller an fünf Charakteristika ausführt: Zuerst an der Einförmigkeit der menschlichen Zwecke, die sich daraus ergibt, dass erst die Vernunft die menschliche Zwecksetzung vervielfacht und auf diese Weise miteinander in Konflikt geraten lässt. Zweitens sollen die Urteile des Menschen kontinuierlich wechseln. Bemerkenswert hieran ist, dass das Urteilsvermögen in gewisser Hinsicht Vernunft voraussetzt, also der Annahme widerstreitet, dass der natürliche Zustand völlig vernunftlos sein könnte. Im Vordergrund steht vielmehr, dass die geäußerten Urteile unbeständig sind, weil sie durch kein einheitliches System gefestigt werden, sondern sich nach den einfallenden Eindrücken der Wahrnehmung richten. Drittens wird der Mensch charakterisiert als selbstsüchtig, ohne *selbst* zu sein. Der physische Zustand zeichnet sich also durch das Fehlen von *wahrer* Subjektivität aus. In dieselbe Richtung weist die vierte Charakterisierung, wonach der Mensch ungebunden ist, ohne frei zu sein. Zur wahren Freiheit gehört vielmehr, wie sich später zeigen wird, die mit dem moralischen Gesetz verknüpfte, selbst auferlegte Verpflichtung. In diesem Sinne ist der Mensch fünftens ein Sklave, ohne einer Regel zu dienen. Denn die Regel des Sittengesetzes befreit als kategorischer Imperativ den Menschen aus der Sklaverei der Sinnlichkeit.

Zusammengefasst folgt daraus, dass die Welt dem Menschen auf dieser Stufe der Entwicklung ein bloßes *Schicksal* ist, da er den notwendigen Verlauf der Dinge nur erfährt, nicht aber begreift. Sein Streben wird durch die natürlichen Gesetze der Natur vollkommen bestimmt. Auch wenn er seinem Wesen nach nur zum Teil Natur ist, kommt dem natürlichen Teil noch die Herrschaft zu, weshalb der Mensch *bloße* Natur ist, d. h. eine nur durch Erscheinungsgesetze bestimmte Erscheinung. Damit er sich die Welt zum Gegenstand der Erkenntnis machen kann, muss er sie den Gesetzen seines Verstandes unterwerfen und sie somit zum *Objekt* der Betrachtung machen.

Die Selbsterhaltung steuert in diesem Zustand das menschliche Verhalten,[32] d. h., die Welt ist nur für den Menschen, insofern sie ihm und seiner Erhaltung dient bzw. verfügbar gemacht werden kann.[33] Das bedeutet, dass der Mensch die Dinge weder in ihrem eigenen Recht noch in ihrer Gesamtheit erfasst, weshalb

---

32 Vgl. ebd., 491: „Die Natur hat also die Bedingungen in ihrer Gewalt, unter denen wir existieren, und damit wir dieses zu unserem Dasein so unentbehrliche Naturverhältnis in acht nehmen sollten, so ist unserm physischen Leben an dem *Selbsterhaltungstriebe* ein wachsamer Hüter, diesem Trieb aber an dem *Schmerz* ein Warner gegeben worden."

33 Mit Heidegger könnte man sagen, dass dem Menschen die Welt bloß *zuhanden* ist, aber nicht *als Vorhandenes* eigens thematisiert wird.

Schiller davon spricht, dass „einzeln und abgeschnitten [...] jede Erscheinung vor ihm" (646) steht. Zeitlich äußert sich die Isolation so, dass jeder Augenblick vom vorhergehenden und nachfolgenden getrennt erfahren und nicht durch die Gesetzmäßigkeiten des Verstandes verbunden wird.[34] Schiller paraphrasiert diesen Zusammenhang indem er darauf hinweist, dass mit dem Notwendigen im Menschen die Notwendigkeit außer ihm fehlt. Ersteres spielt auf die dem Menschen notwendige Natur an, letzteres auf den nicht objektiven Charakter seiner Erfahrung.

Die Natur bleibt dem Menschen in ihrer Fülle unerkennbar, für ihn gibt es nur ein Fliehen und Suchen, für Schiller „Begierde" oder „Verabscheuung" (646). Das sind aber die beiden basalen Eigenschaften, die laut Aristoteles das Streben des Menschen auszeichnen sowie aller anderen tierischen Geschöpfen, insofern es sich nämlich um *tierische Geschöpfe* handelt, die von ihrem unvernünftigen Streben bestimmt werden.[35]

Das Verhältnis des Menschen zur Sinnenwelt ist somit gekennzeichnet durch *Unmittelbarkeit:* Es ist die „unmittelbare *Berührung*" (646), und zwar Berührung verstanden als Tastsinn und mithin als unterstes oder grundlegendes Kennzeichen des Lebewesens.[36] Hierzu passt auch Schillers Betonung des Bedürfnisses. Es gibt für die Menschen in diesem Zustand keine Grenze, keine Ermattung, die nicht körperlich oder seiner physischen Natur geschuldet wäre.

In diesem natürlichen Zustand ist dem Menschen jedoch seine eigentümliche Würde unbekannt. Und weil er die eigene nicht kennt, kann er auch die Würde des anderen nicht schätzen. Bekannt ist ihm jedoch seine eigene sinnliche Begierde und dieselbe fürchtet er daher auch bei anderen. Der Mangel an Reflexionskraft führt laut Schiller dahin, dass er nur sich im anderen sieht, aber blind ist für den anderen in sich. Als Konsequenz für die menschliche Gesellschaft ergibt sich daraus eine Unfähigkeit, individuelle Zwecke mit denen der Gattung in Verbindung zu bringen. Seine wahre Bestimmung ist dem Menschen mithin verborgen und Besserung kann er in diesem Zustand nicht aus eigener Kraft erreichen: Er ist vielmehr auf eine günstige *Natur* angewiesen.

Schiller betont, dass der von ihm skizzierte Naturzustand in keinem bestimmten Volk und Zeitalter nachweisbar wäre, sondern dass es sich um eine „bloße Idee" (647) handelt. Er konstatiert aber, dass der Mensch dem tierischen Zustand kraft seiner Natur nie ganz entflohen ist. Denn die Sinnlichkeit gehört dem Menschen notwendig an, der Mensch ist eben immer Erscheinung und nicht

---

34 Die Einheit der Zeitvorstellung erfordert die Anwendung der Verstandeskategorien, wie Kant in der *KrV* in den Analogien der Erfahrung ausführt.
35 Aristoteles, *De anima*, 433b1–30.
36 Siehe hierzu noch einmal Aristoteles, *De anima*, 414a29–b19.

nur reines Vernunftwesen, weshalb es dem Menschen zukommt, „das Höchste und das Niedrigste in seiner Natur zu vereinigen, und wenn seine Würde auf einer strengen Unterscheidung des einen von dem andern beruht, so beruht auf einer geschickten Aufhebung dieses Unterschieds seine *Glückseligkeit*" (647). Vollbracht werden soll die Vermittlung durch die Kultur, die damit eine wesentliche Aufgabe für die Vernunftentwicklung übernimmt.

Das erste Auftreten der Vernunft ist aber nicht unproblematisch: Die Auslieferung des Einzelnen an die Phänomene wird sodann in gewisser Hinsicht grenzenlos gemacht. Denn die Vernunft nimmt der Sinnlichkeit ihre natürlichen Beschränkungen und vervielfacht auf diese Weise das sinnliche Begehren. Hinzu kommt, dass sich die Vernunft durch ihre Forderung nach einem Absoluten zu erkennen gibt. Diesem absoluten Anspruch kann das sinnlich gegebene Einzelne nicht genügen, da es als Erscheinung selbst immer nur bedingt ist. Weil aber nichts sinnlich Gegebenes dieser Anforderung gerecht werden kann, nötigt die Vernunft den Menschen, den Bereich des Physischen zu verlassen und sich zum Unbedingten der Ideen zu erheben (647 f.).

Solange der Mensch jedoch im Zustand der Sinnlichkeit ist, wird die Forderung der Vernunft fehlgedeutet, weshalb die Vernunft den Menschen zunächst auch in die „furchtbarste Knechtschaft" (648) treibt. Denn auf die Sinnlichkeit angewandt, sucht die Vernunft zwar das Absolute, findet dieses aber im bloßen Vermehren der sinnlichen Bedingungen. Schuld daran ist die Einbildungskraft, die selbst mit der Vernunft verwandt den Menschen zwar aus den Fesseln des Augenblicks befreit, nicht jedoch aus der Zeit schlechthin erhebt. Stattdessen erweitert sie sein sinnliches Begehren in eine unbeschränkte Zukunft. Von nun an bestimmen „Sorge und Furcht" (648), nicht mehr Begierde und Verabscheuung oder Suchen und Meiden den Menschen. Sorge und Furcht entstehen nämlich erst durch den Blick auf das Künftige und setzen somit die Loslösung vom Augenblicklichen voraus. Doch steht die Zeit damit noch immer im Vordergrund, denn sie ist als eine Bedingung der Sinnlichkeit nicht überwunden, man hat es vielmehr mit der ins Absolute strebenden Tierheit *Mensch* zu tun (648).

Auch wenn diese Stufe sich durch die philosophischen „Glückseligkeitssysteme" auszeichnet,[37] wird der Mensch im Ergebnis immer nur unglücklich sein, da er zum einen seine wahre Bestimmung noch nicht gefunden, zum anderen aber schon die Beschränktheit und das Glück des Tieres verloren hat. Der Blick in die

---

37 Paradigmatisch hierfür sind die von Kant in der *Kritik der praktischen Vernunft* angeführten antiken Schulen der Stoiker und Epikureer. Beide haben laut Kant die Identität von Tugend und Glückseligkeit behauptet, AA V, 111: „Der Epikureer sagte: sich seiner auf Glückseligkeit führenden Maxime bewußt sein, das ist Tugend; der Stoiker: sich seiner Tugend bewußt sein, ist Glückseligkeit."

ferne Zukunft lässt ihn die Gegenwart verlieren, was er aber in dieser Ferne sucht, ist immer nur die Gegenwart, d. h. lediglich die Verlängerung der gegenwärtigen Begierden. Aus diesem Zustand kann sich der Mensch nur schwer befreien, solange die Sinnlichkeit einen solchen Einfluss auf den Menschen hat und damit die Antworten auf die vernunftgestellten Fragen verfälscht.

Das problematische Verhältnis zwischen Sinnlichkeit, Verstand und Vernunft wird dann aus einer anderen Perspektive erneut betrachtet: Denn sobald der Verstand in diesem Zustand beginnt, die Erscheinungen nach ihren Ursachen zu befragen und zweckmäßig zu verknüpfen, drängt die Vernunft auf einen absoluten Grund. Anstatt sich mit den Mitteln der Vernunft zum unbedingten Anspruch des Sittengesetzes zu erheben, wird der Mensch von der Sinnlichkeit mit dem vertraut gemacht, „was von keinem Grunde weiß und kein Gesetz achtet" (649). Auch wenn die Sinnlichkeit dem Menschen keinen letzten Grund darlegen kann, so verweist sie doch auf ein Grundloses, womit sie den Verstand zum Schweigen bringt. Ins Grenzenlose getrieben unterwirft sich die Sinnlichkeit auch das durch Vernunft gegebene Moralgesetz und verfälscht es (649). Für Schiller ist dies nicht die Notwendigkeit der reinen Form, sondern eine Nötigung der Materie.

Dieser Umdeutung unterliegt auch das erste Auftreten des moralischen Gesetzes, weil es in erster Linie als eine Einschränkung der Sinnlichkeit erfahren wird. Gibt die Sinnlichkeit aber dem absolutsetzenden Verstand die Richtung vor, wird das Sittengesetz als ein Vernunftgegebenes nur als etwas Äußeres, Nichteigenes begriffen. Es zeigt sich mithin nur als eine Fessel nicht als Befreiung. „Ohne die Würde des Gesetzgebers in sich zu ahnen, empfindet er bloß den Zwang und das ohnmächtige Widerstreben des Untertans" (650).

Bemerkenswert ist Schillers Feststellung, dass der sinnliche Trieb dem Gesetz der Notwendigkeit einen zeitlichen Anfang gibt, womit er das Unveränderliche und Ewige zum Akzidentellen und Vergänglichen verklärt. Nun wird das Unbedingte zu einem Positiven, Gesetzten, und zwar zum Anfang des positiven Rechts. Damit ist es aber zugleich ein *nur* Positives oder Gesetztes. Dieses Gesetzte wurde durch einen Willen eingesetzt, ist daher auch nicht an sich selbst gültig, sondern kann nur mit Blick auf diesen Willen Geltung beanspruchen. Die Setzung eines unbedingten, unerklärten Urgrunds bzw. Willens geschieht mithin dogmatisch. Ebenso wie die Erklärung der natürlichen Phänomene durch ein selbst Nichtnatürliches geleistet werden soll, werden die Gesetze der Sittlichkeit in dem übermenschlichen Willen einer Gottheit gesucht. Das Ergebnis ist beklagenswert: Der Mensch verkennt die Würde seiner Menschheit und kann als nichtswürdig auch kein heiliges Wesen verehren. Was folglich an Gottesverehrung in diesem Zustand aufgebracht wird, ist bloße Furcht und keine Ehrfurcht (650).

Diese Entwicklung wird von Schiller noch immer dem ersten natürlichen Zustand zugesprochen, weil der „Trieb des Lebens" (650), d. h. der Materie, dominant ist. Die Vernunft ist noch nicht zu sich selbst gekommen, sondern untersteht der Sinnlichkeit. Damit sie zu sich selbst kommt, muss sich die Vernunft von der Sinnlichkeit reinigen. Dieser Prozess der Reinigung ist zugleich die Erhebung über das Sinnliche. Damit soll aber nicht gemeint sein, wie Schiller zum Ende des 24. Briefes verkündet, dass die Sinnlichkeit des Menschen verleugnet wird, denn „[b]eide Gesetzgebungen [Natur und Vernunft; A. H.] sollen vollkommen unabhängig voneinander bestehen und dennoch vollkommen einig sein" (651).

12.2.2 Der 25. Brief

Schiller bereitet im Folgenden den entscheidenden und auch schwierigen Übergang zum dritten Zustand vor, und zwar soll das im ästhetischen Zustand geleistet werden. Ist der Mensch im ersten Zustand noch ganz eins mit der Welt, so wird diese im zweiten *für* ihn eine Welt. Das geschieht, indem er sie außer sich stellt und betrachtet. Im Ergebnis sondert er sich von ihr ab; es resultiert die Trennung von Mensch und Welt. Das expliziert Schiller erkenntnistheoretisch anhand des Begriffes ‚Gegenstand'. Denn sobald dem Menschen ein Gegenstand erscheint, ist er nicht mehr in diesem nur physischen, natürlichen Zustand. Der naive Realismus wird gleichsam überwunden, die Gegenständlichkeit selbst wird problematisch. Das verdeutlicht überdies das Ineinandergreifen der unterschiedlichen Stufen: Einen Gegenstand sehen kann nur, wer auch Empfindungen hat. Für Schiller sind daher die drei Entwicklungsstufen des Menschen in jeder einzelnen Objektwahrnehmung wieder zu finden.

In der Empfindung wird der Mensch von der Notwendigkeit der Natur beherrscht. Er ist noch ganz Natur. Diese weicht sodann zurück und gibt ihm Raum in der spekulativen Betrachtung, „das ewig Wandelnde, steht still" (652). Als äußeres Anzeichen der Reflexion verliert die Zeit ihre Gewalt über den Menschen. Mit dem Erfassen der Form wird Licht im Menschen und dieses Licht – das erzeugt wurde durch die Reflexion auf sich – erstrahlt auch nach außen. Schiller bemerkt, dass die alten Dichter (gemeint sind die Griechen) das, was sich *im* Menschen ereignet, als ein äußeres Geschehen ansahen. Die Reflexion selbst ist mithin als solche noch nicht fassbar, sie bewegt sich vielmehr im Unmittelbaren.

Damit setzt die Verwandlung ein: Der Mensch ist nicht länger Sklave der Natur. Er wird zu ihrem Gesetzgeber, indem er sie denkt, d. h., die Natur wird durch die menschliche Erkenntnis zum Objekt. Durch das im Erkenntnisakt vollzogene Urteilen wird der Materie eine Form verliehen, und zwar Subjekt-Prädikat-Strukturen. Sobald es aber zum Objekt geworden ist, verliert das Empfundene seine Macht über den Menschen, da es vielmehr selbst die Macht des

Menschen in der objektiven Bestimmung erfährt. Auf diese Weise stiftet der Mensch, der nun als Gesetzgeber in der Natur auftritt und ihr das Gesetz vorschreibt, Objektivität. Als geistiger Formgeber wird er sodann unverletzlich, da nur das einen Geist zu berühren vermag, was seine Freiheit beeinträchtigt.[38] Denn Geistiges kann durch keinen Körper bewegt werden. Die Freiheit beweist er aber gegenüber der Natur durch seine gesetzgebende Tätigkeit: „So wie er anfängt, seine Selbständigkeit gegen die Natur als Erscheinung zu behaupten, so behauptet er auch gegen die Natur als Macht seine Würde, und mit edler Freiheit richtet er sich auf gegen seine Götter" (652). Die Götter also, die er zuvor als unbedingten Urgrund der Sinnlichkeit gesetzt hat, lassen nun ihr wahres Gesicht erblicken und überrascht stellt der Mensch fest, dass es sein eigenes Antlitz ist, das ihm erscheint.[39]

Problematisch ist laut Schiller allerdings, dass der Mensch zu schnell die Schönheit, die er doch in diesem ästhetischen Zustand sucht, überspringt. Deshalb steht der Übergang von der Notwendigkeit zur Freiheit erst nur unvermittelt da, als Umkehr oder Antithese zur Sinnlichkeit. Die gesuchte Schönheit ist das Werk der freien Betrachtung, womit der Mensch in die Welt der Ideen tritt. Hier zeigt sich eine Spaltung zwischen dem, was Wahrheit, und dem, was Schönheit auszeichnet. Die Wahrheit soll die Abstraktion von allem Sinnlichen bedeuten und mit dessen Überwindung hin zur reinen Form einhergehen. Dasselbe gilt aber nicht von der Schönheit. Denn hier ist es vor allem die Beziehung auf das Empfindungsvermögen, was im Vordergrund steht. Das Empfindungsvermögen und die Vorstellung der Schönheit können nicht in der Weise gedacht werden, dass das eine Effekt und das andere Ursache sei, sondern beides ist jeweils zugleich und wechselseitig Effekt und Ursache.[40] Reflexion und Gefühle fließen ineinander. Man glaubt die Form unmittelbar empfinden zu können. So ist das Leiden auch Tätigkeit.[41] In der Schönheit findet somit etwas statt, was die Erkenntnis der Wahrheit nicht leisten kann. Die Wahrheit bleibt immer gespalten, beide Seiten

---

38 Vgl. *Vom Erhabenen*, 491: „Dasjenige in uns, was nicht Natur, was dem Naturgesetz nicht unterworfen ist, hat von der Natur außer uns, als Macht betrachtet, nichts zu befahren."
39 Heinz 2007, 36 unterstreicht das religionskritische Moment in Schillers Darstellung: Demzufolge offenbaren sich die Götter als Projektionen des Menschen.
40 Diese Vorstellung des aufhebenden Ineinanderübergehens erinnert durchaus an Hegel, siehe etwa dessen Darstellung des Übergangs der Kausalität zur Wechselwirkung; Hegel, *Wissenschaft der Logik*. Erster Band. Die objektive Logik. Zweites Buch. Die Lehre vom Wesen, in Hegel 1968 ff., XI [1978], 404–409 (273–282).
41 In *Kallias oder Über die Schönheit* drückt Schiller das so aus (SW V, 395): „Wir verhalten uns gegen die *Natur* (als Erscheinung) entweder *leidend* oder *tätig*, oder leidend und tätig *zugleich*. *Leidend*: wenn wir ihre Wirkungen bloß *empfinden; tätig,* wenn wir ihre Wirkungen bestimmen; beides *zugleich*, wenn wir sie uns *vorstellen*."

verhalten sich zufällig zu einander, weshalb nur bewiesen werden kann, dass das Vernünftige auf das Sinnliche folgt oder umgekehrt, aber nicht, dass beide zugleich bestehen müssen. Die Unvereinbarkeit beider Naturen ist das Kennzeichen der Wahrheit. Der Genuss der Schönheit bietet hingegen eine ästhetische Einheit, und zwar als wirkliche Vereinigung von Form und Materie. Hier findet die wahre Vereinbarkeit beider Naturen statt. Die Schönheit zeigt also den Fall auf, dass tatsächlich Freiheit und sinnliche Abhängigkeit auf wunderbare und vollkommene Weise vereinigt werden können. Der Mensch muss der Materie nicht entfliehen, um Geist zu sein. Seine Freiheit ist bereits in der Sinnlichkeit gegenwärtig, weshalb die Schönheit auf diese Weise die Möglichkeit liefert, sich im Denken und Wollen der Sinnlichkeit entgegenzustellen, ohne diese völlig zu verlassen (655).

12.3 Erkenntnistheoretische Voraussetzungen für die Darstellung des ästhetischen Zustandes

Im Folgenden wird dargelegt, dass sich die im 24. Brief von Schiller gelieferte Charakterisierung des physischen Zustandes vor allem an grundsätzlichen erkenntnistheoretischen Voraussetzungen der kantischen Philosophie orientiert. Damit ist freilich nicht gesagt, dass Schiller darüber hinaus nicht auch gegen Rousseaus Vorstellung eines moralischen Naturzustandes opponiert. Vor dem Hintergrund der theoretischen Schriften Kants werden jedoch einige bemerkenswerte Passagen in einem anderen Licht erscheinen.

12.3.1 Die Unterscheidung der Entwicklungsstufen

Wir haben oben gesehen, dass Kant bereits eine Differenzierung zwischen einzelnen Entwicklungsstufen der menschlichen Gattung vorgenommen hat. In seiner Schrift *Muthmaßlicher Anfang der Menschengeschichte* unterscheidet er – in Anlehnung an die Heilige Schrift – vier Schritte, in denen sich die Entwicklung der menschlichen Anlagen vollzieht.[42] Auch wenn sich Schiller zumindest prima vista an die kantische Einteilung zu halten scheint,[43] ist für sein Modell, wie ich zeigen

---

42 Siehe noch einmal Kant, *Anfang*, AA VIII, 110.
43 Auch für Kant zeichnet sich der erste Schritt, wie wir gesehen haben (siehe oben Abschnitt 1), durch die Leitung des Instinkts („diese Stimme Gottes, der alle Tiere gehorchen" AA VIII, 111) aus, also analog zur ersten naturbestimmten Stufe Schillers, die ganz durch das natürliche Streben nach Selbsterhaltung bestimmt wird. Der zweite Schritt ist das Erwachen der Vernunft, was dazu

werde, eine andere kantische Voraussetzung entscheidend, und zwar die von Kant in der *Kritik der reinen Vernunft* vollzogene Differenzierung der Erkenntnisvermögen des Menschen:[44] Bekanntlich geht Kant in Abgrenzung zu seinen rationalistischen Vorgängern von der Existenz zweier irreduzibler Erkenntnisquellen aus: Sinnlichkeit und Verstand. Die Sinnlichkeit soll passiv oder rezeptiv in der Aufnahme des Gegebenen (d. h. der Erscheinungen) sein, der Verstand ist hingegen aktiv bzw. spontan im Denken der Objekte. Eine Objekterkenntnis erfordert das Zusammenwirken beider, da das Objekt zum einen durch die Sinnlichkeit gegeben sein muss und zum anderen durch den Verstand als ein solches gedacht bzw. in seiner Objektivität bestimmt werden muss. Hieraus folgt wiederum zweierlei: Zuerst bedeutet das mit Hinblick auf die Sinnlichkeit, dass diese aus sich heraus keine notwendigen Zusammenhänge erkennen kann, da Objektivität eine Verstandestätigkeit erfordert. Zweitens folgt daraus für Kant, dass „alles Denken als Mittel" (KrV, A 19/B 33) auf die Anschauung abzweckt, weshalb sich der Verstand in seiner Erkenntnisfunktion auch nicht über die Grenzen der Sinnlichkeit erheben kann. Die Verbindung beider Vermögen bzw. die Anwendung der reinen Verstandesbegriffe auf das sinnlich gegebene Mannigfaltige bedarf eines dritten, das als Vermittler zwischen den beiden getrennten Vermögen fungiert und das ist für Kant die *Einbildungskraft*.

Neben diesen drei Vermögen, die zusammengenommen direkt für die Objekterkenntnis verantwortlich sind, sieht Kant noch die Vernunft im engeren Sinn,

---

führt, dass der Mensch die durch die Natur gesetzten Grenzen verlässt („Allein die *Vernunft* fing bald an sich zu regen und suchte [...] seine Kenntnis der Nahrungsmittel über die Schranken des Instincts zu erweitern [...]", ebd.). An dritter Stelle steht die „überlegte *Erwartung des Künftigen*" (ebd., 113). Schiller fasst hingegen den zweiten und dritten Schritt als einen Übergang von der ersten zur zweiten Stufe zusammen. Kants vierter und letzter Schritt, „den die den Menschen über die Gesellschaft mit Thieren gänzlich erhebende Vernunft that" (ebd., 114), entspricht in gewisser Weise Schillers zweiter Stufe, die ebenfalls die gesetzgebende Macht der Vernunft betont. Im Gegensatz zu Kant sieht Schiller aber noch das Erfordernis, die Gegenüberstellung von Natur und Vernunft durch einen vermittelnden Übergang zu versöhnen. Gerade Letzteres weist auf die grundsätzlich erkenntnistheoretische Motivation von Schillers Einteilung hin, womit er den Rahmen des kantischen Modells schließlich verlässt.

44 Das wird, wie gesagt, bereits bei rein äußerer Betrachtung daraus ersichtlich, dass Schiller explizit darauf hinweist, dass sich die drei historisch feststellbaren und voneinander abgrenzbaren Epochen auf jeden einzelnen Erkenntnisakt selbst abbilden lassen: „Sobald der Mensch einen *Gegenstand sieht*, so ist er schon nicht mehr in einem bloß physischen Zustand, und solange er fortfahren wird, einen Gegenstand zu sehen, wird er auch jenem physischen Stand nicht entlaufen, weil er ja nur sehen kann, insofern er empfindet. Jene drei Momente [...] sind also zwar [...] drei verschiedene Epochen für die Entwicklung der ganzen Menschheit [...], aber sie lassen sich auch bei jeder einzelnen Wahrnehmung eines Objekts unterscheiden und sind [...] notwendige Bedingungen jeder Erkenntnis" (651).

die in theoretischer Hinsicht ein Vermögen der Einheit der Verstandesregeln unter Prinzipien darstellt,⁴⁵ somit eine Art Metavermögen ist, welches die Verstandestätigkeit reguliert und lediglich in *praktischer Hinsicht* selbst gesetzgebend verfährt.⁴⁶

Vor diesem Hintergrund wird deutlich, wieso Schiller behaupten kann, dass die von ihm identifizierten Entwicklungsstufen den jeweiligen Erkenntnisvermögen und ihrer Aktivität in der Objektwahrnehmung entsprechen. Man muss allerdings beachten, dass die einzelnen Vermögen nur zusammengenommen eine solche Erkenntnis liefern können, weshalb ihre Trennung bloß bedingtermaßen stattfinden kann. Mit dieser Einschränkung versehen entspräche der ersten von Schiller konstatierten Stufe in der Entwicklung der Menschheit die Wirkung des sinnlich-rezeptiven Vermögens, das sich bloß passiv und aufnehmend verhalten soll. In der Beschränkung auf die Sinnlichkeit wird von dem abstrahiert, was durch die spontane Aktivität des Verstandes zur Objekterkenntnis beigetragen wird. Übrig bleibt das bloße Ausgeliefertsein an die Erscheinungen, weshalb ‚der Mensch die Notwendigkeit der Natur erfährt', wie Schiller auf dieser Stufe anmerkt.

Bemerkenswert ist vor allem der von Schiller eingefügte Zwischenschritt, den er als die „erste Erscheinung der Vernunft" (647) ausweist und der sich durch die erstmalige Äußerung der Einbildungskraft auszeichnet. Die Einbildungskraft ist für Kant die erste Wirkung des Verstandes auf die Sinnlichkeit.⁴⁷ Dabei steht die Sinnlichkeit noch immer im Vordergrund, auch wenn ihre nur passive Aufnahme des Gegebenen bereits transzendiert wird. Aus diesem Grund spricht Schiller davon, dass zwar noch nicht der Verstand herrsche, der Mensch aber schon den

---

45 KrV, A 326/B 383: „So bezieht sich demnach die Vernunft nur auf den Verstandesgebrauch, und zwar nicht sofern dieser den Grund möglicher Erfahrung enthält [...], sondern um ihm die Richtung auf eine gewisse Einheit vorzuschreiben, von der der Verstand keinen Begriff hat, und die darauf hinausgeht, alle Verstandeshandlungen, in Ansehung eines jeden Gegenstandes, in ein *absolutes Ganzes* zusammenzufassen."
46 Siehe Kant, *KpV*, AA V, 25.
47 KrV, B 152: „Da nun alle unsere Anschauung sinnlich ist, so gehört die Einbildungskraft, der subjektiven Bedingung wegen, unter der sie allein den Verstandesbegriffen eine korrespondierende Anschauung geben kann, zur *Sinnlichkeit*; sofern aber doch ihre Synthesis eine Ausübung der Spontaneität ist, welche bestimmend, und nicht, wie der Sinn, bloß bestimmbar ist, mithin a priori den Sinn seiner Form nach der Einheit der Apperzeption gemäß bestimmen kann, so ist die Einbildungskraft sofern ein Vermögen, die Sinnlichkeit a priori zu bestimmen, und ihre Synthesis der Anschauungen, *den Kategorien gemäß*, muß die transzendentale Synthesis der *Einbildungskraft* sein, welche eine Wirkung des Verstandes auf die Sinnlichkeit und die erste Anwendung desselben (zugleich der Grund aller übrigen) auf Gegenstände der uns möglichen Anschauung ist."

12 Schillers Geschichtsphilosophie im Spiegel der kantischen Philosophie —— 211

Zustand der Sinnlichkeit verlassen habe. Analog zu Schiller begreift Kant, wie wir gesehen haben, in seiner Schrift *Muthmaßlicher Anfang der Menschengeschichte* die Vervielfältigung der menschlichen Begierden als eine Erhebung des Menschen über die Sinnlichkeit.[48] Derselbe Punkt wird von Schiller aufgegriffen, denn die Einbildungskraft nimmt den Menschen aus der zeitlichen Bindung heraus, weshalb Kant der Einbildungskraft eine reproduktive bzw. produktive Fähigkeit zuspricht.[49] Bereits Aristoteles hat in seiner Behandlung der Einbildungskraft auf diese besondere Leistung der Vorstellung (als dem Medium der Einbildungs- oder Vorstellungskraft) hingewiesen, die damit der stets auf die Gegenwart gerichteten Wahrnehmung in gewisser Hinsicht überlegen ist.[50]

Der zweite Entwicklungsschritt (das ist der Übergang zur zweiten Stufe, der von Schiller aber noch immer dem physischen Zustand zugerechnet wird) wird durch die besondere theoretische Funktion des Verstandes eingeleitet, der der Natur ihre Gesetze vorschreibt. Die gesetzgebende Funktion des Verstandes steht für Kant spätestens seit den *Prolegomena* und der dort als kritische Hauptfrage ausgewiesenen Problematik der Möglichkeit reiner synthetischer Sätze a priori im Zentrum des kritischen Projektes.[51] Die Beantwortung der Frage kann laut Kant nur unter der Voraussetzung geschehen, dass eben solche Sätze (exemplarisch hierfür steht der für Naturgesetzlichkeit überhaupt relevante Satz der Kausalität) ausschließlich so möglich sein können, dass der Verstand diese a priori, d. h. vor jeder Erfahrung als eine Bedingung der Möglichkeit eben dieser Erfahrung, mitbringt.[52] Sie können also nicht aus der Wahrnehmung gewonnen werden, was, wie Hume gezeigt hat, unmöglich ist. Für Schiller befreit diese gesetzgebende Funktion des Verstandes den Menschen aus seinem Sklavenzustand, womit auf die Angewiesenheit auf das bloß passiv Empfangene der Sinnlichkeit angespielt wird:

---

48 Kant, *Anfang*, AA VIII, 111: „So lange der unerfahrne Mensch diesem Rufe der Natur gehorchte, so befand er sich gut dabei. Allein die *Vernunft* fing bald an sich zu regen und suchte durch Vergleichung des Genossenen mit dem, was ihm ein anderer Sinn als der, woran der Instinct gebunden war [...] über die Schranken des Instincts zu erweitern (III.6). [...] Allein es ist eine Eigenschaft der Vernunft, daß sie Begierden mit Beihülfe der Einbildungskraft nicht allein *ohne* einen darauf gerichteten Naturtrieb, sondern sogar *wider* denselben erkünsteln kann [...]."
49 KrV, B 152.
50 Aristoteles, *De anima*, 427b24–428a18.
51 Kant, *Prolegomena*, AA IV, 276: „Die eigentliche, mit schulgerechter Präcision ausgedrückte Aufgabe, auf die alles ankommt, ist also: Wie sind synthetische Sätze a priori möglich?"
52 Diese Einsicht geht in gewisser Hinsicht auf Leibniz 1915 zurück, Buch II, Kapitel 1, 77: „*Nihil est in intellectu quod non fuerit in sensu*, excipe: *nisi ipse intellectus*. Die Seele enthält also das Sein, die Substanz, das Eine, das Selbige, die Ursache, die Perzeption, das Denken und eine Menge anderer Begriffe, die die Sinne nicht verleihen können".

„Aus einem Sklaven der Natur, solange er sie bloß empfindet, wird der Mensch ihr Gesetzgeber, sobald er sie denkt" (652).

Im Nachfolgenden wird von Schiller aber stillschweigend der Fokus von der theoretischen Funktion der Vernunft, die mittels der gesetzgebenden Aktivität des Verstandes als Gesetzgeber auftritt – wobei sie sich selbst allerdings, wie wir im folgenden Abschnitt sehen werden, in gewisse Antinomien verstrickt – zunehmend auf die praktische Vernunft mit ihrem absoluten Anspruch verlegt. Doch bevor wir uns der praktischen Gesetzgebung zuwenden, gilt es zuvor, das Augenmerk auf die besagte Antinomienproblematik zu lenken.

12.3.2 Dialektik und Sinnlichkeit.

In einer der bemerkenswertesten Passagen der beiden Briefe findet sich eine originelle Deutung eines speziellen Problems, das Kant als einen zentralen Anlass für die *Kritik der reinen Vernunft* ausgegeben hat:[53] die sogenannte Antinomienproblematik.

Unter Antinomien versteht Kant eine „Antithetik der reinen Vernunft",[54] das sind widerstreitende Aussagenpaare, die als dogmatische Erkenntnis auftreten, „die in der Erfahrung weder Bestätigung hoffen, noch Widerlegung, und deren jeder nicht allein an sich selbst ohne Widerspruch ist, sondern so gar in der Natur der Vernunft Bedingungen seiner Notwendigkeit antrifft, nur das unglücklicher Weise der Gegensatz eben so gültige und notwendige Gründe der Behauptung auf seiner Seite hat".[55] Die einzelnen Aussagen treten hierbei in der Form von Gesetzen auf und haben ihren Ursprung in der Beschaffenheit der Vernunft selbst, da sie aus dem Anspruch der Vernunft folgen, eine unbedingte Einheit in der Verstandeserkenntnis zu stiften. Letztere ist, wie oben bereits angedeutet wurde, eine zentrale Funktion der Vernunft in theoretischer Absicht, und zwar die Regulierung des Verstandesgebrauchs. Insofern die Vernunft aber auf das Unbedingte (d. h. das Absolute) abzielt, verlässt sie die durch die Sinnlichkeit gesetzten Grenzen der Erkenntnis (weil die Sinnlichkeit eine subjektive Erkenntnisquelle ist, ihre Form somit subjektabhängig ist und ihrem Inhalt oder ihrer Materie nach nichts Unbedingtes erfassen kann) und treibt den Verstand an, dass Unbedingte in der Reihe der Bedingungen zu finden.[56] Im Ergebnis stehen sich Paare einander

---

[53] Das behauptet Kant in einem Brief an Christian Garve vom 21. September 1798 (AA XXI, 257 f).
[54] KrV, A 420/B 448.
[55] KrV, A 421/B 449.
[56] Auf diese Weise werden die Kategorien zu transzendentalen Ideen umgeformt, siehe KrV, A 409/B 436.

widerstreitender Aussagen gegenüber, die zwar nicht direkt bewiesen werden können, aber über die Unmöglichkeit ihres Gegensatzes einen indirekten Beweis erfahren sollen.

Schiller wendet dieses Bild auf die erste Wirkung der Vernunft auf die Sinnlichkeit an. Sobald der Verstand anfängt, „die Erscheinungen umher nach Ursachen und Zwecken zu verknüpfen, so dringt die Vernunft, ihrem Begriffe gemäß, auf eine absolute Verknüpfung und auf einen unbedingten Grund" (649). Schiller konstatiert das Drängen der Vernunft ins Absolute, weshalb sich für den Menschen an diesem Punkt auch die Gelegenheit ergibt, sich „zu einem Ideenreich [...] aufzuschwingen" (649), doch wird das durch die beschränkte Natur des Verstandes („denn der Verstand bleibt ewig innerhalb des Bedingten stehen und frägt ewig fort", 649) verhindert. Innovativ ist, was von Schiller als Resultat der Nötigung präsentiert wird: Die Sinnlichkeit selbst zeigt dem Menschen ein Grundloses anstelle des Unbedingten der Vernunft („erhabene Notwendigkeit der Vernunft", 649).[57] Schiller verbindet im Folgenden theoretische mit praktischer Vernunft, weshalb dann auch die unbedingte Forderung des kategorischen Imperativs unter dem Einfluss der Herrschaft der Sinnlichkeit umgedeutet werden kann. Denn der kategorische Imperativ (ein synthetisch apriorischer Satz der praktischen Vernunft)[58] wird von der Sinnlichkeit als etwas Äußeres erfahren, eine Einschränkung ihrer Aktivität und mithin als Zwang. Damit wird aber auch die innere Quelle von Moral und Recht verkannt, weshalb der Mensch sich eine Gottheit zur Begründung sucht und deren allmächtigen Willen als gesetzgebende Instanz annimmt. Das wird dann Schillers eigenem Ansatz gemäß so ausgedeutet, dass sich der Formtrieb noch nicht des Lebens als der Materie bemächtigt hat, sondern „in allem der Trieb des Lebens über den Formtrieb den Meister spielt" (650).[59]

Verdeutlichen wir uns den Vorgang noch einmal vor dem Hintergrund der kantischen Antinomienproblematik: Der Verstand sucht angetrieben durch die Vernunft das Unbedingte in der Reihe der Bedingungen. Unter dem herrschenden Einfluss der Sinnlichkeit nimmt er das an sich Grundlose (die Materie) für den letzten Grund. Damit werden von Schiller beide Seiten der kantischen Antinomie gewissermaßen in eines gesetzt. Wie ist das zu verstehen? In der entscheidenden dritten Antinomie wird von dem als dogmatisch präsentierten Vertretern der

---

57 Die Setzung eines Unbedingten ersten Anfangs liegt für Kant im praktischen und spekulativen Interesse der Vernunft selbst, wird hiermit doch das Fundament für Religion und Moral gelegt (KrV, A 466/B 494) und dem archiektonischen Anspruch der Vernunft genüge getan (KrV, A 474/B 502).
58 Kant, *Grundlegung zur Metaphysik der Sitten*, AA IV, 440.
59 In der Betonung des Lebens klingt Herders Ansatz und dessen Kantkritik an; siehe Hahmann 2016.

Thesis eine erste Ursache angenommen, die selbst unverursacht sein muss. Dieser Ursache steht das entgegen, was keinen letzten Grund hat, sondern immerfort weiter bis ins Unendliche fragt: der von Kant als Abgrund präsentierte Empirismus. Schiller verbindet in seinem Ansatz nicht bloß beide Seiten (den Abgrund der Materie und die dogmatische Setzung der unbedingten ersten Ursache), sondern wendet diese überdies ins Praktische, indem das erhaltene Grundlose mit der Verehrung einer nicht aufgeklärten Religiosität verbunden wird und auf diese Weise eine Opposition zu einer durch das Sittengesetz korrigierten moralischen und mithin einzig wahren Gottesverehrung erzeugt wird, die den Menschen „in seiner eigenen Schätzung erhebt" (651). Kant sieht zwar ebenfalls den Grund der wahren Religiosität in letzter Konsequenz in der menschlichen Freiheit, als deren *ratio cognoscendi* (Erkenntnisgrund)[60] das Sittengesetz fungiert, er begründet diese Religiosität aber mit dem Objekt des unbedingten Wollens eines vernünftigen und allmächtigen Wesens, d. h. mit dem höchsten Gut.

12.3.3 Höchstes Gut und Geschichte

Das höchste Gut oder letzte Objekt eines vernünftigen Willens,[61] setzt sich für Kant zusammen aus der Glückseligkeit und Glückswürdigkeit.[62] Da diese Vereinigung nicht analytisch ist (d. h., das eine folgt nicht aus dem anderen, was durch die Erfahrung bezeugt wird), muss sie synthetisch sein und folglich herbeigeführt werden. Das kann jedoch nur von einem Gott geleistet werden, dem in moralischer Hinsicht die Prädikate der Allwissenheit, Allmacht und Allgüte zugesprochen werden.[63] Denn nur ein solcher kann die wahrhaft sittliche Gesinnung erkennen und ihren Träger proportioniert zu seiner Würdigkeit glücklich machen.

---

60 KpV, AA V, 4.
61 Ebd., 108.
62 Die genaue Art der Verbindung ist fragwürdig. Einerseits soll es sich um ein vollkommenes, mithin nicht steigerungsfähiges Gut handeln, gleichwohl soll die Glückseligkeit proportioniert zur Sittlichkeit zugeteilt werden. Siehe Hahmann 2013 und 2017.
63 Kant, KdU, AA V, 444: „Aus diesem so bestimmten Princip der Causalität des Urwesens werden wir es nicht bloß als Intelligenz und gesetzgebend für die Natur, sondern auch als gesetzgebendes Oberhaupt in einem moralischen Reiche der Zwecke denken müssen. In Beziehung auf das höchste unter seiner Herrschaft allein mögliche Gut, nämlich die Existenz vernünftiger Wesen unter moralischen Gesetzen, werden wir uns dieses Urwesen als allwissend denken: damit selbst das Innerste der Gesinnungen (welches den eigentlichen moralischen Werth der Handlungen vernünftiger Weltwesen ausmacht) ihm nicht verborgen sei; als allmächtig: damit es die ganze Natur diesem höchsten Zwecke angemessen machen könne; als allgütig und zugleich gerecht: weil diese beiden Eigenschaften (vereinigt die Weisheit) die Bedingungen der Causalität einer

Da Kant in verschiedenen Schriften und Kontexten von letzten Zwecken redet, muss man die teils wichtige Differenzierung im Blick behalten.[64] Der letzte Zweck eines vollkommen vernünftigen Willens ist das höchste Gut. Der letzte Zweck der Natur ist jedoch die Kultur. Die Bedingung der Ausbildung der Kultur ist die rechtliche Gesellschaft,[65] deren Ausbildung auf diese Weise zum höchsten politischen Gut wird.

Bereits auf die ersten Interpreten der kantischen Philosophie hat das höchste Gut eine besondere Faszination ausgeübt.[66] So hat etwa Reinhold dieses Theorem als eigentlichen Zielpunkt der kritischen Philosophie ins Zentrum seiner Kantexegese gestellt. Reinhold hat bekanntlich auch einigen Einfluss auf die Aufnahme der kantischen Philosophie durch Schiller ausgeübt.[67] Anklänge an Reinholds Deutung des höchsten Gutes wären daher in Schillers Briefen nicht verwunderlich. Wenn daher für Schiller die Aufhebung der Spaltung zwischen Würde und Glückseligkeit durch die Kultur geleistet wird, darf auch Reinhold hinter dieser Umdeutung der kantischen Theorie des höchsten Guts vermutet werden. Der Kerngedanke scheint jedenfalls zu sein, dass die menschliche Würde vor allem in der Unterordnung der Sinnlichkeit unter die Vernunft gesehen wird. Die Verleugnung der Sinnlichkeit macht den Menschen jedoch nicht glücklich. Die Glückseligkeit als zweite Komponente des höchsten Guts wird erst durch die Vermittlung der Sinnlichkeit mit der Vernunft hervorgerufen. Letzteres ist für Schiller die Aufgabe der Kultur: „Die Kultur, welche seine Würde mit seiner Glückseligkeit in Übereinstimmung bringen soll, wird also für die höchste Reinheit jener beiden Prinzipien in ihrer innigsten Vermischung zu sorgen haben" (647).

Offensichtlich schließt Schiller damit zwar einerseits an zentrale kantische Gedanken an, zugleich versucht er aber auch, das, was bei Kant fundamental geschieden ist, zusammenzubringen: Für Kant kann die Vereinigung von Glückswürdigkeit und Glückseligkeit nur durch einen allmächtigen, allwissenden und allgütigen Gott geschehen. Die Kultur hat für Kant in letzter Konsequenz nur

---

obersten Ursache der Welt als höchsten Guts unter moralischen Gesetzen ausmachen; und so auch alle noch übrigen transscendentalen Eigenschaften, als Ewigkeit, Allgegenwart u.s.w. (denn Güte und Gerechtigkeit sind moralische Eigenschaften), die in Beziehung auf einen solchen Endzweck vorausgesetzt werden, an demselben denken müssen. – Auf solche Weise ergänzt die moralische Teleologie den Mangel der physischen und gründet allererst eine Theologie [...]."
64 Siehe Hahmann 2017.
65 Siehe oben Anm. 16.
66 Und später auch zur Verachtung geführt, siehe etwa Schopenhauer 1986, III, 649 f.
67 Heinz vermutet in Schillers These, dass das höchste Gut durch menschliche Wirksamkeit erreicht werden kann, einen Einfluss Reinholds. Siehe Heinz 2007, 29 sowie den Beitrag von Martin Bondeli in diesem Band.

eine Funktion hinsichtlich der Ausbildung des menschlichen Vernunftvermögens, insofern dieses als das Vermögen, sich äußerlich Zwecke zu setzen, verstanden wird. Damit hat die Kultur aber nur einen indirekten Einfluss auf die moralische Entwicklung. Der Blick in die geschichtsphilosophischen Abhandlungen Kants verrät sogar, dass sich die Natur in ihrer vorsehenden Tätigkeit für die Menschen ganz im Gegenteil solcher Mittel zur Ausbildung der Kultur bedient (wie etwa des Krieges), die in gewisser Weise unmoralisch sind. Schiller nimmt damit eine entscheidende Neubestimmung der Kultur und mithin des höchsten Gutes vor, die in seinem übergeordneten Anliegen begründet liegt: die Vermittlung der auf der Form beruhenden Freiheit mit der materiellen Notwendigkeit.

12.4 Schluss

Dass Schiller in der Vermittlung dieses Gegensatzes auf kantische Überlegungen zurückgreift, die vor allem der *Kritik der Urteilskraft* und der dort von Kant entwickelten Ästhetik beruhen, bedeutet nicht, wie von einigen Interpreten angenommen wird, dass Schiller die anderen beiden Kritiken, vor allem aber die erste Kritik, nicht auch berücksichtigt hätte, ja noch nicht einmal gelesen habe. Auch wenn sich freilich viele der in den Briefen zur Sprache kommenden kantischen Bestimmungen (wie etwa die grundsätzliche Unterscheidung zwischen der Rezeptivität der Sinnlichkeit und der Spontaneität des Verstandes) in der *Kritik der Urteilskraft* finden, ist es doch unwahrscheinlich, dass die oben aufgezeigten vielschichtigen Differenzierungen, die Schiller vor allem im 24. Brief macht, ausschließlich mit einem Wissen *aus zweiter Hand* vollzogen werden bzw. aus der dritten Kritik heraus extrapoliert worden sind. Die ausgefeilte Strukturierung der einzelnen Entwicklungsschritte ebenso wie der explizite Hinweis auf die erkenntnistheoretischen Bedingungen sprechen hingegen dafür, dass Schiller sehr gut mit Kants allgemeinem transzendentalphilosophischen Ansatz (ebenso wie mit den geschichtsphilosophischen Werken) vertraut war. Verfehlt ist es daher auch, die wichtigen geschichtsphilosophischen Überlegungen Schillers ausschließlich auf der Folie einer impliziten Rousseau-Kritik zu lesen. Man sollte stattdessen anfangen, Schiller als eigenständigen Interpreten der kantischen Philosophie ernst zu nehmen. Das bedeutet auch, einen neuen Blick darauf zu wagen, welchen Einfluss Schillers Kantlektüre auf die nachkantischen Interpreten der kritischen Philosophie ausgeübt haben könnte, vor allem aber auf Hegel und dessen Kritik an der kantischen Philosophie. So transzendiert bereits die von Schiller vorgenommene Historisierung der Erkenntnis genauso wie der im Vordergrund stehende erzieherische Aspekt der Kultur die bei Reinhold noch konstatierte Rolle des höchsten Gutes und bereitet vielmehr die von Hegel vollzogene Historisierung der Wahrheit bzw. Rationalisierung der Geschichte vor.

Literatur

Beiser, Frederick C. 2005: Schiller as Philosopher. A Re-Examination, Oxford.
Geismann, Georg 2006: ‚Höchstes politisches Gut' – ‚Höchstes Gut in einer Welt' – Zum Verhältnis von Moralphilosophie, Geschichtsphilosophie und Religionsphilosophie bei Kant, in: Tijdschrift voor Filosofie 68, 23 – 41.
Hahmann, Andree 2013: Pflichtgemäß, aber töricht! Kant über Spinozas Leugnung der Vorsehung, in: Dieter Hüning, Stefan Klingner, Carsten Olk (Hrsg.), Das Leben der Vernunft. Beiträge zur Philosophie Kants, Berlin, Boston 477 – 505.
—— 2016: „Was hat Zeit mit dem Wesen der Substanz und dem Unwesen der Erscheinung zu tun?" Herders Metakritik im Spiegel seiner Substanzkonzeption, in: Dieter Hüning, Gideon Stiening u. Violetta Stolz (Hrsg.), Herder und die Klassische Deutsche Philosophie, Stuttgart-Bad Cannstatt, 235 – 261.
—— 2017: Warum Moral Recht werden muss, in: Bernd Dörflinger, Dieter Hüning, Günter Krug (Hrsg.), Das Verhältnis von Recht und Moral in Kants praktischer Philosophie, Hildesheim, 153 – 169.
Hegel, Georg Wilhelm Friedrich 1968 ff., Gesammelte Werke, in Verbindung mit der Deutschen Forschungsgemeinschaft hrsg. von der Rheinisch-Westfälischen Akademie der Wissenschaft, Hamburg.
Heinz, Marion 2007: „Die Harmonie des Menschen mit der Göttheit" – Anthropologie und Geschichtsphilosophie bei Reinhold und Schiller, in: Georg Bollenbeck, Lothar Ehrlich (Hrsg.), Friedrich Schiller. Der unterschätzte Theoretiker, Köln/Weimar/Wien, 27 – 37.
Henrich, Dieter 1957: Der Begriff der Schönheit in Schillers Ästhetik, in: Zeitschrift für philosophische Forschung 11, 527 – 547.
Herder, Johann Gottfried 1785: Ideen zur Philosophie der Geschichte der Menschheit. 2. Theil. Riga/Leipzig.
Sandkaulen, Birgit 2002: Die „schöne Seele" und der „gute Ton". Zum Theorieprofil von Schillers ästhetischem Staat", in: Deutsche Vierteljahrsschrift für Literaturwissenschaft und Geistesgeschichte 76, 74 – 85.
Schopenhauer, Arthur 1986: Sämtliche Werke, Frankfurt/M.

Anne Pollok

13 A Further Mediation and the Setting of Limits: The Concept of Aesthetic Semblance and the Aesthetic State

(Letters 26 and 27)

In this essay, I shall elucidate two important elements of Schiller's *Aesthetic Education*[1]*:* the theory of aesthetic semblance, which Schiller developed to secure the boundaries of the aesthetic, and his idea of the aesthetic state, which Schiller formulates Schiller's ultimate critique of Rousseau's cultural pessimism. In the last two letters of the *Aesthetic Education*, Schiller tries to bind the whole treatise together. It may still read like a torso, not a completed work – but this torso represents a closed argumentation with an open structure. It is closed in the sense that all elements of Schiller's overall theory are included. It is open in the sense that there are still a lot more avenues to be taken in order to actually complete the whole edifice. With the theory of aesthetic semblance, however, Schiller makes the exact place of aesthetics clear. Since he never intended to argue that beauty should trump morality, his argument for the role of beauty in human completeness needs to be carefully delineated. This he does in letter 26. In letter 27, Schiller offers a final mediation between two poles of human sensibility and reason – he presents the aesthetic state as a mediation between the natural (dynamic) state of brute forces, and the moral state that falls under the majestic reign of the moral law. Two notions of freedom – aesthetic and moral – need to be balanced out. Only then do we become capable of embracing both grace and dignity in order to lead our lives in a meaningful, complete, and both humanly and morally appropriate way.

Schiller's aesthetic state is not a mere utopia, a no-where, but has a quite distinctive location: it is within our attitude toward this world and our fellow creatures; an attitude that unites our sensory and intelligent nature, as well as individual worth within communal citizenship. Art, in Schiller's understanding,

---

[1] I use the original as edited in NA 20, and the English translation *On the Aesthetic Education of Man in a Series of Letters*. Edited and translated with an Introduction, Commentary and Glossary of Terms by Elizabeth M. Wilkinson and Leonard A. Willoughby. Oxford 1967 (cited as WW, p. [SW V]). A reprint of the translation can be found in: Friedrich Schiller: *Essays*. Ed. by Walter Hinderer and Daniel O. Dahlstrom, London 1997, 86–178. Another valuable translation is by Reginald Snell, Dover 2004.

is not a mere means to escape from this world, but a means of meeting its demands. Our appreciation of aesthetic semblance hence does not mean that we just let the ugly appear nice. It rather means that only art can help us develop an adequate sense of reality – which does not consist in mere 'matters of fact', but teems with emotive, emotional, moral, and formative values that have to be put in their proper place so that we can function properly. In other words, art is not a means of avoiding reality, or of painting it in a nicer colour, but art is a way of life – ultimately, the only possible way of life that prevents us from losing ourselves to the callings of sensual pleasures. Thus, it is the only way that can prepare us to adequately rise to the rigid requirements of reason.[2]

The last two letters of the *Aesthetic Education of Humankind* contain *in nuce* Schiller's critical account of the relation between beauty and moral autonomy. Most of the letters' themes reiterate and concentrate topics already discussed in previous letters. True to his method, Schiller does not intend to "fix the mind, but to keep it moving" (WW, lvi). The socio-political critique and its relation to beauty are defended in the first nine letters – Schiller's "political creed".[3] The fundamental function of the "play drive" is presented in letters 10 to 16. The theory of the different kinds of beauty can be found in letters 17 to 22 account for the transition from physical, to aesthetic, to ethical freedom can be found in letters 23 to 25. And still, Schiller's argumentation in the last two letters remains programmatic. The main reason for this is that the whole account on the value of art is yet unbalanced. Did art become the goal of our development, or is it a means to an end? In the preceding letters, Schiller established the mode of aesthetic play in order to overcome the dualism of sensibility and reason. On the one hand, this aims to navigate between these two absolute demands, and effectively keeps both in a dynamic relation. On the other hand, Schiller still seems to believe in an immanent teleological tendency in human evolution that is characteristic of the Late Enlightenment: that humanity will reach the height of morality due to our inbuilt tendency towards self-perfection. With his reformulation of Humboldt's idea of a formative drive (*Bildungstrieb*),[4]

---

[2] I should note here that Schiller may follow the Kantian *structure* of aesthetic appreciation as an interplay of two opposing faculties, but that he replaces *Verstand* (understanding) with *Vernunft* (reason). Hence, the focus is on the compatibility between the demands of sensibility and morality.

[3] Letter to Garve from January 25th, 1795; NA 27, 317.

[4] "Der wahre Zweck des Menschen [...] ist die höchste und proportiornirlichste Bildung seiner Kräfte zu einem Ganzen. Zu dieser Bildung ist Freiheit die erste, und unerlässliche Bedingung" (Wilhelm von Humboldt 1792 vol. I, 106). To avoid an all-too Freudian flavour in using the term "drive", one could also translate "Trieb" as "impulse" (see WW, 59 [for Bildungstrieb, but not for

Schiller tries to secure a more optimistic view: that we will become capable of building the moral state by a passage through the aesthetic state. The automatism and teleological direction in the second belief does not sit well with the dynamism of the first: either pure morality or our mixed human nature is the real goal of education. This indecisiveness is also reflected in Schiller's seemingly ambivalent use of the concept of "freedom." Sometimes he refers to it in the Kantian spirit:[5] we realize freedom in our acknowledgement of the categorical imperative. At other times, the notion is more anthropological, and refers to human completion in achieving harmony between sensibility and reason. In what follows, I will try the following compromise: the aesthetic education is Schiller's second to last[6] philosophical formulation of his critical – and in the end negative – assessment of a strictly Kantian ideal of autonomy. Instead of human angels, Schiller indeed favors the concept of the 'whole human being', developed by Late Enlightenment thinkers such as Mendelssohn, Platner, and Abel.[7] However, Schiller *combines* this anthropological ideal with a modified interpretation of the Kantian conception of autonomy.[8] In contrast to Kant, Schiller uses the concept of autonomy not only in relation to reason, but also in relation to the (motivational) power of imagination. Aesthetic freedom is an unforced recognition of the laws of the imagination. In this condition, a human being expresses her whole nature in the best possible way. The authority of reason, however, still acts as a guiding star in case of conflicts. Art is not a mere means for

---

Stoff- and Formtrieb, 78–80], see Leslie Sharpe 1995). I prefer 'drive', however, since 'impulse' cancels out the aspect of self-guided activity.

5 To be clear, Schiller's understanding of the Kantian notion of autonomy is not entirely correct, in that he seems to overstate the *rejection* of emotions and sensations, whereas Kant only demands the possibility of abstraction from our inclinations in the normative force of the moral law. It is interesting, though, that Schiller clearly sees this mistake in *On the Necessary Limits in the Use of Beautiful Forms* (see SW V, 689). There, he states that concerning the moral worth of any action, its relation to one's inclination is simply irrelevant. For a more detailed discussion see Beiser 2005, 169–90.

6 The last is his magnificent essay *On Naive and Sentimental Poetry* (1795/96, i.e. *Über Naïve und sentimentalische Dichtung*, SW V, 694–780).

7 Riedel in Feger 2006, 35–60 offers a comprehensive account of his previous work.

8 I do, however, also appreciate Martinson's idea that biographical reasons are one additional reason for Schiller's insistence that perfection is "merely an idea" (*bloß eine Idee*), unreachable in this world. After 1791, Schiller became all too aware that we can never escape the boundaries of our physical condition: "rupture remains an imminent possibility" (269) for everyone – of body or of intellect. However, I am not confident that this idea is the sole explanation for Schiller's Kantian understanding of (regulative) ideas. It was more than a mere acceptance of his illness and impending death that led Schiller to understand the *conceptual* difficulties of his position that led him to concede that all such harmony is only achievable in the ideal.

reaching freedom, but in its dynamic interplay with the moral state, the aesthetic state is only way to secure *human* freedom and happiness.

This chapter shall elucidate how Schiller's theory of aesthetic semblance (*schöner Schein*) and the aesthetic state[9] (*ästhetischer Staat*) supports this reading. The re-creation of the sensible within the medium of beautiful form enables a community of equals to enjoy their world, according to both its moral goodness and its sensitive attractiveness. Whole, not pure, shall we become. Accordingly, art teaches us to give order, to synthesize, and to enjoy without any desire for possession. Art allows for repose instead of hectic acquisition without turning us into lazy connoisseurs. Art helps us to affirm that we are indeed beings who are tied to two realms, the realm of the senses and the realm of ideas – and that this tension need not break us, but can in fact enrich us.

13.1 The Traps of Aesthetic Semblance (*schöner Schein*, letter 26)[10]

Our enjoyment of beauty stems from our enjoyment of a specific form of appearance. We do not enjoy mere illusions (*Täuschungen*) that hide their object to just delight the eye. Such enjoyment is all too short-lived and ultimately misguided since it does not help us deal with reality, but rather it invites us to avoid reality for the sake of beautified mock-ups. We care about appearance (*Erscheinung*), but for it to be of aesthetic worth we need more than mere appearance – we need the stress on 'form'[11] that sublimates mere matter and keeps the unity of form and matter intact. Aesthetic semblance does not value appearance over reality, but

---

9 The aesthetic state, der "schöne Staat", does not refer to the 'inner state' of an individual during the experience of beauty, but only to the more or less political understanding of an organized community of people. The former is reserved for the German "Zustand" (rendered as "condition", see for example WW, 141). This differentiation is also important when it comes to defending Schiller against the numerous claims that his theory is ambivalent; see as an excellent example of such a defence WW, xlviff.

10 WW translate "Schein" as "semblance", "Erscheinung" as "appearance" (only in 26.14 [WW, 201] do they translate "Schein" as "style", since the context requires a different rendering, [WW, 329]).

11 Sharpe in Martinson 2005, 161–162 offers a wonderful definition of form: "By form Schiller means the artistic shaping of the material such that it is the vehicle for a response to the world, a sense of how the world is experienced, in a way that allows the observer the opportunity to perceive and contemplate that response. The subject matter is consumed (or abolished, to translate more literally) but the art object has sensuous reality and through its form conveys to us a particular sense of life."

balances them out. It is the kind of illusion that does not aim to conceal, and therewith to lie,[12] but to beautify, and therewith to complete. In our appreciation of beauty we combine our receptive and creative capacities, sensitivity and reason, in imagination. The enjoyment of aesthetic semblance, hence, engages all our faculties and requires an active recipient: a subject that makes full use of her capacities according to their internal lawfulness.

Schiller promotes the appreciation of aesthetic semblance with a particular interest. He is well aware that a stress on semblance is precarious. Beauty is Janus-faced: it oscillates between highlighting and hiding something. As old as any consideration of the arts, all philosophers have been aware of art's capacity to offer a false view of reality. Assessments of this sort range from a straightforward rejection of such illusions (Plato's rant against the artists in the *Republic*) to a cautious welcoming of its beneficial effects. In a letter to Friederike Oeser from the 13th of February, 1769, Goethe calls beauty "cross-eyed" (see WW, 328): it gives birth to truth and untruth simultaneously. Thinkers of the Late Enlightenment such as Sulzer and Mendelssohn read semblance (*Schein*) and illusion (*Täuschung*) synonymously and stress the beneficial effects of such illusions that offer the possibility of enjoying emotions without having to experience their real causes (e. g. we weep for the dead on the stage without losing a loved one). Kant's famous distinction between noumena and phenomena stresses the difference between appearance (phenomenon) and illusion: the appearance of all objects of possible experience is guided by the laws of our faculty of representation (*Vorstellungsvermögen*, see WW, 307) and hence is as true as our recognition of any noumenon can be. Illusion, on the other hand, is restricted to the realm of art: it offers us appearances that claim to be something different (e. g. the painting that shows bodies in space, but only offers the illusion of three-dimensional depth). These we can (and should) enjoy disinterestedly: not for the sake of their reality, but for their form.

Schiller's own stance towards the ambivalence of semblance is most obvious in the juxtaposition of letters 10 and 26.[13] Whereas in the former, vying for 'semblance' is diagnosed as a reason for our deterioration into decadence, in the latter aesthetic semblance is coined positively. Even though the contrasting terms in both letters are the same (essence, existence, reality, content), the other side of the contrasting pair is negative in letter 10, but positive in letter 26. For Schiller, aesthetic semblance (as referenced in letter 26) is operational in all

---

[12] Quite the contrary: "Schein" points towards 'shedding light onto something': it adds the meaning of enlightening or illuminating.
[13] For a comprehensive overview, see WW, 328–330.

arts and distinguishes art from reality. As long as we view things aesthetically, we are concerned with their appearance, and, even more so, with their form. In contrast to matter form is not a given, but is perceived due to the creative power of our reflective capacity. When I enjoy form,[14] I enjoy my own power as a form-giving agent (see WW, 193 [656]). Thus, the enjoyment of semblance marks the emergence of our humanity. The moment we are able to reflect on our own form-giving capacity we connect to the intellectual realm.

How do we achieve the transition from common reality (*gemeine Wirklichkeit*, WW 189 [655]) to this first marker of our humanity, the aesthetic condition? Schiller answers at the very beginning of letter 26: it must be a "gift of nature" (WW, 191 [655]) that reveals itself in our enjoyment of finery and play. Such joy is by no means mere superfluous vanity, but the enhancement (*Erweiterung*[15]) of our capacities. It shows our ideal independence from mere reality, and showcases our own power of agency. Neither[16] the highest stupidity, which is unworthy of us, nor the highest rationality, which is hardly achievable for us, shows this kind of autonomy. Both strive for and accept only what is that what is real – mere common reality for stupidity, highest reality in lofty ideas for the understanding. The enjoyment of beauty, however, combines matter and form, and unites both realms in the whole human being.

To love aesthetic semblance is hence an expression of our capacity to transcend mere reality – we do not flee it in order to forget about its hardships in nice illusions; rather we express our freedom from external needs, as well as our freedom to shape reality according to our ideas. This aesthetic semblance is not mere deception (like logical semblance), but play. This "gift of nature" comes to us in particular through sight and hearing – such sensory impressions are, according to Schiller and contemporaneous anthropological theories, not passively given, but actively constructed (WW, 195 [657]). The moment we find pleasure in form itself, our "mimetic drive to form" (*nachahmender Bildung-*

---

14 In some sense, Schiller's stress on form is in line with his previous works on literary theory and poetics. In the concluding part of his essay *Über die tragische Kunst* (1791/92, SW V, 372–393), for example, Schiller attempts to capture the formal features, the dramaturgical arrangements of a work that enable it to be effective as a tragedy. For Schiller, there is an ideal structure of all art forms that allows them to function in their particular way (see Alt 2000, II, 91f.).
15 WW 192 chose to translate Erweiterung as "enlargement", which puts too much stress on the quantitative factor.
16 See the interesting discussion on this aspect in WW, 351f.

strieb,[17] WW, 195 [657]) awakes. We can take possession of those forms and treat them according to our very own laws (WW, 197 [658]).

However, Schiller stresses that this freedom is only valid as long as we remain within the boundaries of aesthetic semblance: the moment we leave its realm, we attempt to give such ideal forms reality – which is not within our power. The boundary is within our approach to form. The moment we forget about the ideality of our form-giving (i.e. the fact that we do not create a thing itself but only its semblance) is the moment we succumb to logical semblance. In other words: the moment the artist aims to establish an aesthetic state in reality, she forgets about her limits and creates a dictatorship of mere ideas. Hence Schiller's two main requirements: Aesthetic semblance must be honest (*aufrichtig*, WW 197 [659]) in that it should not attempt to replace reality. And it must be autonomous (*selbständig*, WW 197 [659]) in that it does not need reality's support (*Beistand*).[18] Our aesthetic judgment must not be tainted by the given reality of the object of our admiration, which would divert either our emotions or our thoughts and hence destroy the aesthetic condition. If a beautiful woman – who also happens to stand next to me in reality – pleases me more than a mere painting, Schiller reminds us somewhat smugly, we have once again succumbed to sensual attraction rather than the beauty of form.

Semblance – taken within its appropriate boundaries, on which Schiller promises (WW, 194 [657]) to say more in another essay[19] – is both a perfect predecessor to and an apt companion of morality. Good manners, in Schiller's example, do not make things good by themselves. They do not beguile in the sense of making something seem good that is actually bad. Instead, they help to make the good beautiful, and therefore agreeable. Against purist critics Schiller defends "beneficent semblance" that fills "out our emptiness and covers up our wretchedness" (WW, 201 [660]), as well as ideal semblance, "which ennobles the reality of common day" (ibid.). With this, he feeds the interpretation that his version of an aesthetic state is escapist. But seen against its proper historical background, Schiller rather refers to a pervading mood of the post-enlightenment era: that with our gain in knowledge also came a disenchantment of the world. This disenchantment threatens to level our everyday experience into something mechan-

---

17 Or, as WW translate, "the shaping spirit of imitation", WW, 195. I want to stress with my translation that Schiller concentrates on our capacity to form, rather than to imitate.
18 See also the 9th letter (WW, 57 [593]) and the Prologue to *Wallensteins Lager*, NA, 8, 6, in which he stresses that art creates an illusion that it does not sell as truth, but offers as a more delightful view on reality.
19 *Über die notwendigen Grenzen beim Gebrauch schöner Formen*, published 1795 in the 9th piece of *Die Horen*, in: SW V, 670–693.

ical. Where the romantics call for the return of faith, mythos, and the fairyland of dreams, Schiller trusts the beautiful to make up for reality's lack of depth. By way of giving reality an honest and autonomous form, we fully engage with it. By allowing it closer vicinity to the ideal, we ennoble reality and make life worth living.

The real worth of aesthetic semblance is not that it covers the ordinary – this Schiller reserves for the "beneficial semblance" of good manners. Beauty rather teaches us to enjoy without possession, and to appreciate something without falling prey to materialism. It enables us to enjoy reality and our own engagement with it. Semblance helps us to find the right kind of enjoyment—free from coercion of neither sense nor reason. Only insofar as we can distinguish mere matter from its form can we transcend mere "existence" (*Dasein*, WW, 201 [661]) and enter the kingdom of ideas. The imagination (*Einbildungskraft*) indeed has its own legislation and plays its own role in the full employment of all our faculties.[20]

We should note that Schiller is by no means a formalist. He once sought the 'line of beauty' in the *Kallias Letters*. However, his focus there was more on the issue of the dynamism of art (or, as in *Über Anmut und Würde*, the humanly beautiful), which stressed the *act* of painting the line rather than the line's mere presence. Schiller does not want the Kantian arabesque to rule the aesthetic world – far from it. He battles against those advocating the "gothic" taste that calls for heavy ornamentation (see WW, 201 [661]). This, he argues, ironically ends up favoring matter over form, in that we favour the mere line over an idea to which it could refer. Only insofar as matter takes on a form that guides us toward the kingdom of ideas is it of importance. As Wilkinson and Willoughby put it, Schiller never imagines form without function (WW, clxxviii). Art, in particular literature, does not just function through a specific form, but through a specifically *formed content*. As in his aforementioned earlier work, grace (*Anmut*) is not a beautiful stagnant form, but the dynamic and autonomous combination of sensitivity and reason, of emotion and morality. So, even though Schiller marks the point of transference from mere passive nature to active culture in our consciousness and appreciation of form, he does not support the view that matter should be left behind completely. Both form and matter must be sub-

---

20 Schiller models his concept of imagination on Fichte, but gives it some twists that Fichte did not appreciate (see Beiser 2005, 144–147). The independence and self-standing creative force of the power of the imagination, however, will be taken much further by the Romanticists, who allow this power to deviate more decisively from reason.

jected to the autonomy of the power of imagination. In particular, form has the function of making matter beautiful.²¹

In the *Letters*, Schiller leaves open what the laws of imagination actually are. Let us thus seek clarification in *On the Necessary Limits*, the essay that Schiller wrote during his work on the *Letters*. It is important to pay close attention to the intention of the essay: it aims to secure the limits of beautiful forms in light of our true destiny: "to gain knowledge [*Erkenntnisse*] and to act according to them" (in a loose translation of 670). The imagination has only executive, not legislative power (670), and can therefore not transgress the limits of the aesthetic. Within this framework, however, the role of the imagination is important. It naturally strives after intuitions (*Anschauungen*), which Schiller defines as "whole and completely determined representations [*Vorstellungen*]" (672). The imagination represents the universal (*das Allgemeine*) in concrete cases, confined in space and time. It individualizes the abstract concept in giving it a defined body. However, such combinations (*Zusammensetzungen*) should be free from strict conceptual determinations. As Schiller puts it, the imagination loves freedom and acknowledges no laws other than those of association and chance in the combination of forms in space and time (672). The imagination does not seek conceptual connections that the understanding finds beneath the surface, but stays happily afloat in its own images and associative connections.

Fichte had criticized Schiller's concept of imagination in the *Letters*, claiming that Schiller tried to make imagination think.²² In the *Necessary Limits* Schiller indeed seems to accept this difference between understanding and imagination – and calls for their cooperation. Apart from the imagination's tendency to individualize the universal, Schiller also stresses its genuine productive quality. A representation that combines understanding with imagination captures us – through sensuous expression and the freedom of its movement (674). It is free because it hides the lawfulness of the inner relation of ideas and thus avoids a reduction to a fixed set of such ideas. It offers a sensible presentation in which the universal is presented in the particular, without neither confining the richness of the universal, nor abandoning the distinctiveness of the individ-

---

21 Alt 2000 II, 41 mentions 'objectivity' of this sort: the idealizing presentation of reality, as one important feature of 'Weimar classicism'. Both Schiller and Goethe will continue to develop this idea further in the late 1790s, to highlight the importance of sensitive pregnancy. The term "sinnliche Prägnanz" (used by Alt 2000, II, 44) and its translation as pregnancy is meant to reflect the aspect of copious richness in presentation that points toward the ideal through both theme/matter and form.
22 Fichte writes in a letter from June 27th, 1795: "You chain the power of imagination – which can only be free – and want to force it to think – which it cannot do." FW I,2, 399.

ual. Both aspects reiterate Schiller's main ideas in the last two letters: the imagination gives us aesthetic semblance that covers sensible or rational necessity, and it enables the representative function of an individual form to capture and educate us without us even realizing this.

Left to itself, the imagination might just jump from impression to impression, resulting in chaos and confusion. True beauty, as Schiller argues in the *Necessary Limits*, is a cooperation between understanding and imagination: it is grounded in "strict determination, the most exact differentiation, and the greatest inner necessity" (Martinsen 1996, 209), none of which, however, is forced onto the artist, but springs from her mind naturally (680). Thus, paired with the essay on *Necessary Limits*, we are already close to the final mediation between imagination and reason that Schiller envisions in the preparation of humanity for its true destiny: a liberal community of free souls.

13.2 The Reality and Function of the Aesthetic State (Letter 27)

Realizing political freedom is the highest work of art we can achieve (2nd letter, WW, 6 [572]). However, as Schiller cautions in letter 26, no form of freedom other than aesthetic freedom should be the explicit goal of art. Only if art abstains from creating real objects can it be in the position to fabricate a better world, both in the ideal and in reality. Art allows us to play with ideas freely, without having to worry about the ifs, whys, and hows of their execution. This allows us to gain more insight into the options of agency per se. And this, in turn, gives us a 'taste for freedom' – a first step into the direction of realizing freedom within the possibilities of our own agency. Art itself must not transgress from the art of the ideal to the very real art (techne) of politics. But does this mean that Schiller's aesthetic education is apolitical?[23] Well, it does not have a straightforwardly political agenda, and Schiller never presents it as such. It aims at developing a disposition toward a better use of our faculties and, indirectly, prepares the grounds for the establishment of a better political system: by 'forming'[24] bet-

---

[23] On the wide range of such interpretations of the *Letters*, see Sharpe 1995, 8–9 (for contemporary reception), 94–100 (for reception after 1945). See also the interesting discussion of Anglophone studies in Germanistik in more recent times by Martinson 1996, 153–157.

[24] The German term "Bildung" indeed encompasses more meaning than the rather meagre term "education" in English can capture. Here, I chose "formation" (the other option would be "cultivation") to stress the nurturing, rather than pedagogical aspect of Schiller's concept.

ter people. What aesthetic education can do, therefore, is only to provide wholeness of character to people who might choose to become political leaders (or even just good citizens). When Brokoff suggests that in the *Letters* two educators – the aesthetic and the political – are at work,[25] he might be correct. But he is certainly not correct to identify Schiller with the political educator.[26] With the *Letters* Schiller does not intend to force his disciples, students, or readers into obedience, but acts as another "force of nature" that offers humanity the "gift" of an aesthetic education.[27] All readers are free to take up the offer – or leave it. Hence, the project of an 'education' has to be reconsidered. It is not the purposeful attempt of an already enlightened teacher to form a better humanity, but a self-guided process undertaken by willing individuals.

Schiller's journal *The Graces* (*Die Horen*) is one such offer: it allows a glimpse into the possibilities of our perfection.[28] Schiller's driving idea behind the *Letters* in particular is that no reform in politics is of any use – nor will it be around for a significant length of time – if not accompanied by a change in our ways of thinking. We need to get away from the mere category of usefulness (*Nützlichkeitsdenken*) and dare try out models of creative expression and free exchange that pre-model the ideal state of moral angel-agents.

But how, Schiller asks in the 27th letter, are we to achieve this "complete revolution in [our] whole way of feeling" (*totale Revolution [unserer] ganzen Empfindungsweise*, WW, 205 [662])? How can we appreciate aesthetic semblance if we lack the "higher powers of abstraction, greater freedom of heart, more energy of will" (coda of letter 26, WW, 205 [661]) necessary for it? Here Schiller explicitly repeats the main topic of letters 23 and 24, but also reiterates one main issue of letter 26. Now he concentrates not on the achievement of our appreciation of aesthetic semblance, but on its *intersubjective sibling:* the aesthetic state. The issue here is how appreciation of beauty balances out the demands of particularity vs.

---

25 Jürgen Brokoff 2006, 147. See in particular the fourth letter, where Schiller distinguishes between the mechanical, the "aesthetical" (schöner), and the pedagogical or political artist. Ideally speaking, the latter will show a different, deeper kind of reference towards their 'object', since it is the human being itself. The political artist must consider not only the illusionary effect on our senses, but also the objective side, the inner being ("inneres Wesen") in its peculiarity and personality. Therefore, she has to secure the approval, or consent ("Beistimmung") of the people.
26 Ibid., 148.
27 Brokoff misses Schiller's distinction between the two kinds of play.
28 In the same year as the inauguration of Die Horen, 1794, Schiller also contemplated a more straightforwardly political alternative, the Journal for the States of Europe (Europäische Staatenzeitung), see Schiller's letter to Cotta from June 14th, 1794. The plan never came to fruition. This, according to WW, xix, is not due to Schiller's return to aesthetical apolitical idea-mongering, but his realization that he was too inexperienced in politics in a practical sense.

universality, whereas the earlier discussion of aesthetic semblance covered the difference between reality and the ideal.

First, we need to be able to leave the natural, or the "dynamic state", where force is tamed by force, beating humanity down. The goal, however, is not to abruptly ascent to the "moral state", which strikes out the individual under the majesty of the universal law. We must first go through the "aesthetic state", where we encounter each other as equal members in a free society: a society in the imagination. Only if we go through such an "aesthetic state" will we be able to freely instantiate a version of the "moral state" that does not annihilate us.

The initial transition from force to aesthetic freedom, however, is the hardest. Once we reach the aesthetic state, we can limit ourselves in light of the universal law. But as long as we are under the brutal laws of nature, we are barely capable of leaving its encompassing yoke without losing ourselves completely either to the power of force ("dynamic state"), or the power of law ("moral state"). Schiller does not even say how we can actually *make* this transition. Instead, he repeats his statement from letters 23[29] and 26 as to how this transition could *happen:* by a "gift of nature". The overall development from mere physical need to a community of free beings is possible only given certain benevolent *physical* conditions. Under beneficial "skies", we engage in *physical play* (WW, 209 [663]): we enjoy an exuberance of matter. No longer driven by mere need, we enjoy its overflow. This elevation of our condition, however, is only due to a change in quantity. Physical play is the expression of our freedom *from* a specific need, while still operating within the boundaries of mere reality. The power of imagination is already at play, but only in the negative sense. It enjoys its relief from the heavy burdens of an antagonistic reality, letting the images run freely. This independence from specific external boundaries is the negative condition of our creative power, but it is still merely reproductive – driven by external laws (and it is precisely here that the decline from the untamed (*wild*) to the barbaric condition becomes possible, as shown by the French nobility before the Revolution). But wherever there is appreciation of form, there is a seed of the "art of the ideal" (*Kunst des Ideals*, 662[30]): a first recognition of aesthetic semblance. As we begin to exchange mere exuberance of matter for the formation of ideas and the appreciation of form for its own sake, we enter the realm of true, positive freedom (the second 'freedom' in Schiller's dictum: "*to bestow freedom by*

---

[29] There, it reads: this step "must be facilitated by the grace of nature" that transports us "beneath another clime", WW, 163–165 [643].

[30] WW translate "Kunst des Ideals" as "ideal realm of art" WW, 205.

means of freedom", WW 215 [667]). Only then does a new law-giving instance take part in our play – the power of the imagination as the governor of the aesthetic condition. These laws (as we discussed at the end of the first section of this article) spring from the "eternal unity"[31] of this faculty itself – its own autonomy infuses the changing and the sensory with a taste of eternity.

This peculiar independence – first from our physical environment, then from our own appearance – finally enables us to gear our inner selves toward the conditions of freedom. We begin to feel our independence from mere matter. And we begin to see others not as hindrances, dangers, acquisitions, or objects, but as fellow souls (WW, 212 [666]). People who are brought up to appreciate form, and who enjoy sharing their reflective condition with others (and are heard by these others) will be the only people capable of developing the right ear for our highest calling: morality (here, we touch on the first 'freedom' in the aforementioned dictum). As Beiser rightly states: "The society Schiller wants to form is one that people join through their own free disposition". This is done out of "sympathy", a full understanding of myself and the others as being complete only together – not out of sheer self-interest nor an abstract sense of obligation.[32] The educator, we should note, has completely vanished. This is the work of each and any individual herself. However, a society can also be of help for each of us. As Habermas points out in his – admittedly somewhat self-serving – interpretation: it is the function of art to create this sense of sympathy in that it mediates between the forces that dominate our lives, and thus enables us to truly communicate. Schiller himself reflects on this particular result concerning the artist in his subsequent work *On Naive and Sentimental Poetry* (1795/96): witnessing and giving form to her own play, the artist reflects and creates through this reflection the liberating art form that allows others to participate in the same form of reflection.[33] An artwork as an invitation for participation – this marks the aesthetic state as the intersubjective version of the aesthetic condition.[34]

Whereas we experience sensuous pleasures as individuals, and intellectual pleasures as universalized non-personalities, we experience a subjective feeling

---

31 Schiller evokes this "eternal unity" as early as the ninth letter (WW, 57–59 [594f.]) as the guiding light for the artist, who should not seek adoration from contemporary crowds.
32 See Beiser 2005, 163. I am unsure how strongly Schiller might have wanted to read this in the light of "patriotism" (as Beiser suggests), but this could be due to the strained relation that we Germans of the 21st century have with this notion.
33 "Das [sentimentalische] Gemüt kann keinen Eindruck erleiden, ohne sogleich seinem eigenen Spiel zuzusehen, und was es in sich hat, durch Reflexion sich gegenüber und aus sich herauszustellen" (SW V, 731).
34 Sharpe in Martinson 2005, 161.

that is common to all of us in the aesthetic condition.³⁵ No physical needs are present as forces: they are covered by the semblance of freedom ("in einem lieblichen Blendwerk von Freyheit") and do not coerce. No majesty of law is needed to keep us in place; we feel in harmony with what is right. In aesthetic appreciation, I enjoy both as individual and as species. My judgment is in *representation* (WW, 216 [668]) of the whole human race. This enables appropriate communication between my fellow aesthetic citizens, because it never aims to shut down, but harmonizes our interests with our inclinations – a harmony that encompasses all of humanity.

There is, however, a rule in this heaven: taste. In the conclusion of letter 27, Schiller does not understand taste in the singular. Taste is everything that allows aesthetic play, and can only be judged by a panel of connoisseurs. In his letter to Prince Friedrich Christian (the Augustenburger letters) from July 13th, 1793, Schiller grounds taste in that which is "necessary and eternal within human nature" (NA 26, 267). In letter 27, however, Schiller refers to a book of laws (*Gesetzbuch*) of the highest ideals of beauty – but he does not to attempt to write such a book with his *Aesthetic Education*. The laws of taste lie within the autonomous legislature of imagination. This power is not single-minded, but allows for various kinds of beauty.

The final sentences of letter 27 allow for much misunderstanding, but it is clear that Schiller's vision of a perfect (aesthetic) state is not a selected community of artists, but a community of people doing their trades and jobs, albeit with a new attitude³⁶ towards the manner in which their respective occupation is realized, and the manner in which they face their fellow citizens (see WW, xi). In Schiller's times (and probably in ours, too), however, only a few people exhibit such an attitude – some as rather lonely individuals, "fine-tuned souls" (WW, 219 [669]), others, more fortunate, in small circles.³⁷ This does not mean, howev-

---

35 "[W]eil sie sich auf das Gemeinsame aller bezieht" (WW 215 [667]) – a straightforward reference to the *sensus communis* in Kant's *Critique of the Power of Judgment*, § 20 (AA V, 237f.).
36 When Schiller insists on the exclusiveness of such aesthetic circles, he is not discussing a norm, but rather wistfully observing a fact. Most 'artists' (surely for very salient reasons) orient their work towards wider success (and therewith the possibility of earning money). Schiller calls for more idealistic creatures who are willing to suffer for their attempts at pure art that shuns the big market. But ideally speaking, once the marketplace contains more people that are capable of appreciating art properly, aesthetic circles will grow as well. Being unsuccessful is not a sign of good art – being independent of monetary and popular success is. The closure only stands against levelling forces – but not against growth per se.
37 Martinson is correct when he refutes the elitist charge against Schiller by pointing to the fact that these few circles are not depicted as a goal (as the actual "Age of Enlightenment"), but as a description of "a first phase of Enlightenment" Schiller observed in his fellow citizens. "There

er, that Schiller *argues* for an aesthetic state that can *only* be realized in such circles. He merely states the (realistic, Beiser 2005, 164) fact that even an aesthetic state (and even more so the perfect moral state) is hard to realize, and one has to be lucky enough to find oneself[38] in circumstances in which one is surrounded by like-minded souls.

We can even go one step further: I argue that Schiller does not change tactics and replaces morality with aesthetics per se. Wilkinson and Willoughby (see WW lix and lxxxiv) are probably correct when they understand the relation between the aesthetic and the moral state as dynamic: we always come back to the aesthetic condition not simply to enjoy something, but to clear our head, to return to point zero and start again. Hence, none of these states takes absolute priority – we must see both of them as interrelated. Enjoyment of beauty can serve as a means to enable us to comply with the right forces: the force of better reason, and the force of the moral law – without either of them beating us down. The aesthetic condition is not devised to help us flee reality, but to face it in the best possible condition.[39] On the other hand, we are not to forget that our highest calling indeed comes from the intellectual realm, and requires us to realize the ideals of moral angel-agents as far as we are capable.

Schiller's *Letters* are one important part of his overall goal: "to show that art and aesthetic experience [are] fundamental to what it is to be human" (Sharpe 1995, 1). Further, the last two letters are an apt reinforcement of the underlying political agenda that Schiller had already developed in the third letter: human beings start to develop a 'state of nature' as an idea ("einen Naturzustand in der Idee" (WW 13 [574]), that enables them to pass from mere common being to the realization of the noble moral character. It is this inner representation

---

can be no doubt here that all human beings are encouraged to join in the great task of culture" (Martinson 1996, 191).

38 I concede that one might be tempted to speak of a failure of aesthetic education, since it has to rely on benevolent circumstances to develop from mere need to physical play – and, additionally, no almighty educator can even assure the ascent to aesthetic play. However, the power of Schiller's position seems to be that it returns all power to the individual and her immediate surroundings. Guided autonomy is a wooden iron, after all.

39 The sublime is supposed to achieve a similar aim, as Schiller tries to argue in *Über das Erhabene* (written around 1794/95, published 1801), see Alt 2000, I, 97. However, I agree with Sharpe 1995, 4–5, that this essay is widely incompatible with the *Letters*, in particular because nature is seen in a completely different light. Rather than offering humankind the gift of physical play, here natural forces constantly work on defeating human reason, thus triggering the need for sublime resistance. Perhaps we can still go with WW (lviii) who argue that the works on the sublime were meant to cover "energetic beauty", whereas letters 18–27 concentrate on "melting beauty" (without completely forgetting that nature can take on a much harsher role).

of the ideal[40] that allows for actual progress – and art is functional in this exact capacity. The political system that best supports this development is a liberal system.[41]

Schiller did not say that merely looking at art allows for this process. It is the actual and intense confrontation with art that allows us to have a proper aesthetic experience.[42] This is not the relaxed enjoyment of some pleasing objects that are presented to us while we lounge on a nicely upholstered recliner, but aesthetic please is marked by the total involvement of all faculties; and their being put to a dynamic rest in aesthetic appreciation is what marks a true encounter with beauty. As Schiller states in the *Necessary Limits:* there is no other way of bringing the results of thinking to life than through our will, and hence into life, than through such a self-active formative power (*selbsttätige Bildungskraft*, 682). Hence, both charges – that Schiller's argumentation is apolitical, and that he proposes a state of mere art-mongers – are untenable.

The 27th letter ends with a utopian – and conceptually rather confusing wish. Schiller hopes to see the full realization of his aesthetic education in more than those few "chosen circles" (WW, 219 [669]) who govern their conduct not by a mere imitation of given rules, but by their "aesthetic nature" which allows them to "make their way with undismayed simplicity and tranquil innocence". In this state, there will be "no necessity to shed their Dignity in order to manifest Grace". The reference to the previous work, *Über Anmut und Würde* (1793, here SW V, 481–485) is obvious.[43] But how is the coexistence of grace and dignity possible if the former represents the beautiful unity of nature and reason, whereas the latter is won through the victory of reason over nature? Whereas the editors of the *Nationalausgabe* try to support Schiller's unification (see NA 21, 230) by referencing the need for dignity in light of the challenges of nature, we might still entertain some doubts, since unification is likely to be damaged in exactly these cases: the natural catastrophe will only allow me to exhibit dignity, not grace. There is, however, one important caveat. Already in *Über Anmut und Würde* Schiller argues not for a unification of both aspects, but for their dynamic interplay (see in particular SW V, 482). Such an interplay does not mark an iden-

---

40 In the 25th letter, Schiller refers to the act of contemplation ("Betrachtung", see WW, 183 [651]) that serves as a first instance of free (aesthetic) reflection (on the relation to Herder's concept see WW, liii).
41 See Barnouw (in Wittkowski 1982, 158–161).
42 Schiller is more explicit about this in the *Necessary Limits* [680], in which he distinguishes the beauty of the "common kind" from "true beauty" (*dem wahrhaft Schönen*).
43 Hinderer (in Martinson 2005, 40); but without deepening the discussion of the problematic aspects of this reference.

tity of dignity and grace, but fruitful exchange. This dynamic relation is reflected in the *Letters* as well, in the interplay between the aesthetic and the moral state. We need the aesthetic as a refuge that enables us to enter the moral state appropriately. If I need to exhibit dignity according to the demands of the situation, I can do so without totally letting go of grace – I will be able to return to it through the aesthetic condition. And, seen from the intersubjective perspective of the aesthetic state, only if we acknowledge each other as human beings will grace not be tantamount to the necessity of forfeiting my status as a moral agent. The closing lines in the *Letters*, read this way, reference not only the general nature of the interplay between inclination and reason, but Schiller's ultimate wish: that the aesthetic state is realized not only in a few circles, but in all of humanity. Only then can the aesthetic state remain in full contact with the moral state: nobody needs to disregard the true expression of her moral freedom in trying to exhibit beauty of conduct, because both ideals of beauty will coincide. This would finally be a perfect state of humanly possible harmony and equality.[44]

Further Readings

Alt, Peter-André 2000: Friedrich Schiller, Leben – Werk – Zeit, 2 Bde., München.
Brokoff, Jürgen 2006: Die Unvereinbarkeit von Erziehung und ästhetischer Erziehung. Friedrich Schillers Briefe *Über die ästhetische Erziehung des Menschen*, in: Jahrbuch der deutschen Schiller Gesellschaft 50, 134–149.
Beiser, Frederick 2005: Schiller as Philosopher. A Re-Examination. Oxford.
Feger, Hans (ed.) 2006: Friedrich Schiller. Die Realität des Idealisten, Heidelberg.
Koopmann, Helmut (ed.) 1998: Schiller Handbuch, Stuttgart.
Martinson, Steven D. (ed.) 2005: A Companion to the Works of Friedrich Schiller, Columbia.
Martinson, Steven D. 1996: Harmonious Tensions: The Writings of Friedrich Schiller. Newark/London.
Schiller, Friedrich 1967: On the Aesthetic Education of Man in a Series of Letters. Edited and translated with an Introduction, Commentary and Glossary of Terms by Elizabeth M. Wilkinson and Leonard A. Willoughby. Oxford.
Sharpe, Leslie 1995: Schiller's Aesthetic Essays: Two Centuries of Criticism. Columbia.
Wittkowski, Wolfgang (ed.) 1982: Friedrich Schiller. Kunst, Humanität und Politik in der späten Aufklärung. Ein Symposium. Tübingen.

---

44 My heartfelt gratitude goes to Nicole Osborne for her impeccable proof-reading, and to Allen Wood (Indiana) and Paul Guyer (Brown) for their helpful comments. All remaining mistakes are my own.

IV **Anhang**

14 Bibliographie (in Auswahl)

14.1 Quellen

Die Horen. Eine Monatsschrift herausgegeben von Schiller. 1. Jg., 1. Bd., 1. St., Tübingen [Januar] 1795, 7–48, (Briefe 1.–9.); 2. Stück [Februar] 1795, 51–94 (Briefe 10.–16.); 6. Stück, [Juni] 1795, 45–124 (Briefe 17.–27).

Kleinere prosaische Schiften von Schiller. Aus mehrern Zeitschriften vom Verfasser selbst gesammelt und verbessert. T. 3. Leipzig 1801, 44–309.

Schillers Werke. Nationalausgabe. Hrsg. von Julius Petersen, fortgeführt von Lieselotte Blumenthal und Benno von Wiese im Auftrag der Stiftung Weimarer Klassik und des Schiller-Nationalmuseums Marbach, Weimar 1943 ff., Bd. 20, 309–412.

Friedrich Schiller: Sämtliche Werke. Hrsg. von Gerhard Fricke u. Herbert G. Göpfert. 5 Bde. München 1959, Bd. V, 570–669 [seitenidentisch mit Friedrich Schiller: Sämtliche Werke. Auf der Grundlage von Herbert G. Göpfert hrsg. von Peter Andre Alt, Albert Meier und Wolfgang Riedel. 5 Bde. München 2004, Bd. V, 570–669].

Friedrich Schiller: Werke und Briefe in zwölf Bänden. Hrsg. von Otto Dann u. a., 12 Bde. Frankfurt/M. 2004, Bd. VIII, 556–675 u. 1386–1414.

Friedrich Schiller: Über die ästhetische Erziehung des Menschen. Kommentar von Stefan Matuschek, Frankfurt/M.

Friedrich Schiller: Über die ästhetische Erziehung des Menschen in einer Reihe von Briefen. Mit den Augustenburger Briefen hrsg. von Klaus L. Berghahn. Stuttgart 2013.

Schiller, Friedrich: Lettres sur l'éducation esthétique de l'homme. Ed. par Robert Leroux. Paris 1940, ²1992.

Schiller, Friedrich: On the Aesthetic Education of Man in a Series of Letters. Edited and translated with an Introduction, Commentary and Glossary of Terms by Elizabeth M. Wilkinson and Leonard A. Willoughby. Oxford 1967.

14.2 Forschung

Acosta, Emiliano 2011: Schiller versus Fichte. Schillers Begriff der Person in der Zeit und Fichtes Kategorie der Wechselbestimmung im Widerstreit, Amsterdam/New York.

Agard, Olivier et Françoise Lartillot (ed.) 2013: L'Education esthétique selon Schiller: Entre anthropologie, politique et théorie du beau. Paris.

Alt, Peter-André 2002: „Arbeit für mehr als ein Jahrhundert. Schillers Verständnis von Ästhetik und Politik in der Periode der Französischen Revolution (1790–1800), in: Jahrbuch der deutschen Schillergesellschaft 46, 102–133.

—— 2000: Schiller. Leben – Werk – Zeit, 2 Bde., München.

Barnouw, Jeffrey 1982: Freiheit zu geben durch Freiheit. Ästhetischer Zustand – Ästhetischer Staat, in: Wolfgang Wittkowski (Hrsg.), Friedrich Schiller. Kunst, Humanität und Politik in der späten Aufklärung. Ein Symposium, Tübingen, 138–161.

Bauch, Bruno 1905: Schiller und die Idee der Freiheit, in: Kant-Studien 10, 346–372.

Baxley, Anne Margaret 2010: The Aesthetics of Morality. Schiller's Critique of Kantian Rationalism, in: Philosophy Compass 5, 1084–1095.
Beiser, Frederick 2005: Schiller as Philosopher. A Re-examination, Oxford/New York.
Bell, Michael 2000: Friedrich Schiller and the Aestheticizing of Sentiment, in: ders.: Sentimentalism, Ethics and the Culture of Feeling, London, 74–91.
Berghahn, Klaus L. 1998: [Art.] Schillers philosophischer Stil, in: Helmut Koopmann (Hrsg.), Schiller-Handbuch, Stuttgart, 289–302.
Berghahn, Klaus L. (Hrsg.) 2000: Friedrich Schiller. *Über die ästhetische Erziehung des Menschen in einer Reihe von Briefen*, Stuttgart.
Bolten, Jürgen (Hrsg.) 1984: Schillers Briefe über die ästhetische Erziehung. Frankfurt/M.
Brelage, Manfred 1965: Schillers Kritik an der Kantischen Ethik, in: ders., Studien zur Transzendentalphilosophie, Berlin, 230–244.
Brokoff, Jürgen 2006: Die Unvereinbarkeit von Erziehung und ästhetischer Erziehung. Friedrich Schillers Briefe *Über die ästhetische Erziehung des Menschen*, in: Jahrbuch der deutschen Schiller Gesellschaft 50, 134–149.
Cassirer, Ernst 1961: Freiheit und Form. Studien zur deutschen Geistesgeschichte. Darmstadt.
— 1975: Die Methode des Idealismus in Schillers philosophischen Schriften, in. ders., Idee und Gestalt. Goethe, Schiller, Hölderlin, Kleist, Darmstadt.
— 2014: Schillers philosophische Weltansicht. Hrsg. von Jörg Fingerhut, Hamburg.
Düsing, Wolfgang 1981: Kommentar, in: ders., Friedrich Schiller: *Über die ästhetische Erziehung des Menschen in einer Reihe von Briefen*. Text, Materialien, Kommentar, München/Wien, 111–167.
— 1984: Ästhetische Form als Darstellung der Subjektivität. Zur Rezeption kantischer Begriffe in Schillers Ästhetik, in: Jürgen Bolten (Hrsg.), Schillers Briefe über die ästhetische Erziehung, Frankfurt/M., 185–228.
Feger, Hans 1995: Schillers ästhetische Suche nach einem Grund. Zur Divergenz der Rolle der Einbildungskraft bei Kant und bei Schiller, in: Deutsche Vierteljahrsschrift für Literaturwissenschaft und Geistesgeschichte 69, 28–70.
— 2014: § 59. Friedrich Schiller, in: Helmut Holzhey u. Vilem Murdoch (Hrsg.), Die Philosophie des 18. Jahrhunderts 5. Heiliges Römisches Reich Deutscher Nation. Schweiz. Nord- und Osteuropa. Erster Halbband, Basel, 1356–1367, 1372f.
Frank, Manfred 1989: Einführung in die frühromantische Ästhetik. Vorlesungen, Frankfurt/M.
— 2007: Schillers Ästhetik zwischen Kant und Schelling, in: ders., Auswege aus dem Deutschen Idealismus, Frankfurt/M., 194–217.
Guyer, Paul 2006: The Ideal of Beauty and the Necessity of Grace. Kant and Schiller on Ethics and Aesthetics, in: W. Hinderer (Hrsg.), Friedrich Schiller und der Weg in die Moderne, Würzburg, 187–204.
Habermas, Jürgen 1985: Der philosophische Diskurs der Moderne, Frankfurt/M.
Heinz, Marion 2001: Schönheit als Bedingung der Menschheit: Ästhetik und Anthropologie in Schillers ästhetischen Briefen, in: Transzendenz und Existenz. Idealistische Grundlagen und moderne Perspektiven des transzendentalen Gedankens, hrsg. von Manfred Baum u. Klaus Hammacher, Amsterdam, 121–135.
— 2007: „Die Harmonie des Menschen mit der Gottheit" – Anthropologie und Geschichtsphilosophie bei Reinhold und Schiller, in: Georg Bollenbeck u. Lothar Ehrlich (Hrsg.), Friedrich Schiller. Der unterschätzte Theoretiker, Köln, 27–37.

Henrich, Dieter 1957: Der Begriff der Schönheit in Schillers Ästhetik, in: Zeitschrift für philosophische Forschung 11, 527–547.
— 2007 Schillers Denken im Spannungsfeld der Jenaer Konstellation, in: Jan Bürger (Hrsg.), Friedrich Schiller. Denker und Dichter. Vor- und Gegenbild, Marbacher Schriften 2, Neue Folge, Göttingen, 116–135.
High, Jeffrey L. 2004: Schillers Rebellionskonzept und die Französische Revolution, New York.
Hinderer, Walter 2005: Schiller's Philosophical Aesthetics, in: Steven D. Martinson (ed.), A Companion to the Works of Friedrich Schiller, Columbia, 27–46.
Höffe, Otfried 2006: „Gerne dien ich den Freunden, doch tue ich es leider mit Neigung ..." – Überwindet Schillers Gedanke der schönen Seele Kants Gegensatz von Pflicht und Neigung?, in: Zeitschrift für philosophische Forschung 60, 1–20.
Hofmann, Michael 2003: Schiller. Epoche – Werke – Wirkung, München.
Hogrebe, Wolfram 1984: Schiller und Fichte. Eine Skizze, in: Jürgen Bolten (Hrsg.), Schillers *Briefe über die ästhetische Erziehung*, Frankfurt/M.
Janke, Caroline 1999: Schiller und Plato. Vom Staate der Vernunft und dem Scheine der Kunst. Untersuchungen zur politiko-ästhetischen Antinomie. Fichte-Studien Supplementa, Bd. 11, Amsterdam/Atlanta.
Janke, Wolfgang 1967: Die Zeit in der Zeit aufheben. Der transzendentale Weg in Schillers Philosophie der Schönheit, in: Kant-Studien 58, 433–476.
Janz, Rolf-Peter 1998: Über die ästhetische Erziehung des Menschen in einer Reihe von Briefen, in: Helmut Koopmann (Hrsg.), Schiller-Handbuch, Stuttgart, 610–626.
Karthaus, Ulrich 1989: Schiller und die Französische Revolution, in: Jahrbuch der deutschen Schillergesellschaft 33, 210–239.
Lukács, Georg 1969: Zur Ästhetik Schillers, in: ders: Probleme der Ästhetik, Neuwied, Berlin, 17–106.
Martinson, Steven D. (ed.) 2005: A Companion to the Works of Friedrich Schiller, Columbia.
— 1996: Harmonious Tensions: The Writings of Friedrich Schiller, Newark/London.
Matuschek, Stefan 2009: Kommentar, in: ders. (Hrsg.), Friedrich Schiller: Über die ästhetische Erziehung des Menschen, Frankfurt/M., 125–283.
Meier, Lars 2015: Konzepte ästhetischer Erziehung bei Schiller und Hölderlin, Bielefeld.
Menzer, Paul 1955/56: Schiller und Kant, in: Kant-Studien 47, 114–147.
Middel, Carina 2017: Schiller und die philosophische Anthropologie des 20. Jahrhunderts. Ein ideengeschichtlicher Brückenschlag, Berlin.
Müller-Seidel, Walter 2009: Friedrich Schiller und die Politik, München.
Nilges, Yvonne 2012: Schiller und das Recht. Göttingen.
Pott, Hans-Georg 1980: Die schöne Freiheit. Eine Interpretation zu Schillers Schrift *Über die ästhetische Erziehung des Menschen in einer Reihe von Briefen*, München.
— 1984: Schiller und Hölderlin. Die Neuen Briefe über die ästhetische Erziehung, in: Jürgen Bolten (Hrsg.), Schillers Briefe über die ästhetische Erziehung. Frankfurt /M., 290–313.
Riedel, Wolfgang 2006: Die anthropologische Wende. Schillers Modernität, in: Hans Feger (Hrsg.), Friedrich Schiller. Die Realität des Idealisten, Heidelberg, 35–60.
— 2013: Philosophie des Schönen als politische Anthropologie. Schillers Augustenburger Briefe und die Briefe über die ästhetische Erziehung des Menschen, in: Philosophical Readings 5, 118–171.
Robert, Jörg 2011: Vor der Klassik. Die Ästhetik Schillers zwischen Karlschule und Kant-Rezeption, Berlin/New York.

Röhr, Sabine 2003: Zum Einfluss K. L. Reinholds auf Schillers Kant-Rezeption, in: Martin Bondeli, Wolfgang H. Schrader (Hrsg.), Die Philosophie Karl Leonhard Reinholds, Amsterdam/New York, 105–121.

Rosalewski, Willy 1912: Schillers Ästhetik im Verhältnis zur Kantischen. Heidelberg.

Rosario Acosta López, María del Rosario and Jeffrey L. Powell (eds.) 2018: Aesthetic Reason and Imaginative Freedom: Friedrich Schiller and Philosophy, New York.

Rossi, Caterina 2019: Die Freiheit der Einbildungskraft. Von der *Spontaneität des Denkens* über die *Willensfreiheit* zur *ästhetischen Reflexionsfreiheit*. Der Weg von Kant zu Schiller, Hamburg.

Sandkaulen, Birgit 2002: Die „schöne Seele" und der „gute Ton". Zum Theorieprofil von Schillers ästhetischem Staat", in: Deutsche Vierteljahrsschrift für Literaturwissenschaft und Geistesgeschichte 76, 74–85.

Sharpe, Leslie 1995: Schiller's Aesthetic Essays: Two Centuries of Criticism, Columbia.

Schröder, Gert 1989: Schillers Theorie ästhetischer Bildung zwischen neukantianischer Vereinnahmung und ideologiekritischer Verurteilung, Frankfurt/M. u. a.

Sdun, Winfried 1966: Zum Begriff des Spiels bei Kant und Schiller, in: Kant-Studien 57, 500–517.

Strack, Friedrich 1976: Ästhetik und Freiheit. Hölderlins Idee von Schönheit, Sittlichkeit und Geschichte in der Frühzeit, Tübingen.

Tielkes, Monika 1973: Schillers transzendentale Ästhetik. Untersuchungen zu den Briefen ‚Über die ästhetische Erziehung des Menschen', Köln.

Tschierske, Ulrich 1998: Vernunftkritik und ästhetische Subjektivität. Studien zur Anthropologie Friedrich Schillers, Tübingen.

Volkmann-Schluck, Karl-Heinz 1964: Die Kunst und der Mensch. Schillers *Briefe über die ästhetische Erziehung des Menschen*, Frankfurt/M.

Waibel, Violetta L. 2013: Die Schönheit als zweite Schöpferin des Menschen. Schillers Idee des „Spieltriebs" und der „aktiven Bestimmbarkeit" in den *Briefen über die ästhetische Erziehung*, in Peter Gaitsch und Katharina Lacina (Hrsg.), Intellektuelle Interventionen: Gesellschaft, Bildung, Kitsch, Wien.

Wildenburg, Dorothea 1997: ‚Aneinander vorbei'. Zum Horenstreit zwischen Fichte und Schiller, in: Fichte-Studien 12, 27–41.

Windelband, Wilhelm 1905: Schillers transcendentaler Idealismus, in: Kant-Studien 10, 398–411.

Wittkowski, Wolfgang (Hrsg.) 1982: Friedrich Schiller. Kunst, Humanität und Politik in der späten Aufklärung. Ein Symposium, Tübingen.

Zelle, Carsten 1994: Die Notstandsgesetzgebung im ästhetischen Staat. Anthropologische Aporien in Schillers philosophischen Schriften, in: Hans-Jürgen Schings (Hrsg.), Der ganze Mensch. Anthropologie und Literatur im 18. Jahrhundert, Stuttgart/Weimar, 440–468.

— 1995: Die doppelte Ästhetik der Moderne. Revisionen des Schönen von Boilleau bis Nietzsche, Stuttgart/Weimar 1995.

— 2001: Über die ästhetische Erziehung des Menschen in einer Reihe von Briefen. (1795), in: Matthias Luserke-Jaqui (Hrsg.), Schiller-Handbuch. Leben – Werk – Wirkung, Stuttgart/Weimar, 409–445.

Personenregister

Abel, Jacob Friedrich   5, 104, 115, 221
Achenwall, Gottfried   7
Adelung, Johann Christoph   149
Adorno, Theodor W.   1, 40
Aegidius Romanus.   75
Aristoteles   79, 203, 211
Augustenburg, Christian Friedrich von   12, 15, 20–27, 33f., 37, 41f., 53, 84, 105, 167, 175, 179, 232

Baggesen, Jens Immanuel   185
Barruel, Augustin   8
Baumgarten, Alexander Gottlieb   2, 14, 73, 150, 170f., 175
Baumeister, Friedrich Christian   110
Biester, Johann Erich   197
Boethius, Anicius Manlius Severinus   108
Burke, Edmund   8, 150, 170, 178f.

Cicero. Marcus Tullius   55, 107

Descartes, René   108f.
Dilthey, Wilhelm   1

Eberhardt, Johann August   5

Feder, Johann Georg Heinrich   3–5
Fichte Johann Gottlieb   6, 26, 38, 44, 65, 85, 100, 101–104, 111, 114f., 117, 122f., 130. 132, 136f., 139–154, 160, 175–177, 179–182, 185–187, 189, 192f., 226f.
Forster, Georg   4, 22

Garve, Christian   1, 3, 5, 76, 170, 212, 220
Gellert, Christian Fürchtegott   14, 16, 18
Gedike, Friedrich   197
Gentz, Friedrich   8, 53
Gerstenberg, Heinrich Wilhelm von   14
Goethe, Johann Wolfgang von   12–14, 26f., 36, 178, 223, 227
Gottsched, Johann Christoph   2, 72

Habermas, Jürgen   1, 47, 231

Hegel, Georg Wilhelm Friedrich   1, 47, 73, 114, 196, 207, 224
Herder, Johann Gottfried   1, 4f., 14f., 20, 26, 56, 85f., 91, 197–199, 213, 234
Hölderlin, Friedrich   1, 67
Hobbes, Thomas   56, 58, 66, 76, 107
Humboldt, Wilhelm von   1, 26, 73, 220
Hume, David   101, 108f., 211

Kant, Immanuel   1–8, 14, 18f., 21, 23, 27, 33–47, 49–52, 54, 56–59, 61, 64, 66, 68f., 83–85, 87f., 94, 99, 101–105, 107f., 110–116, 118, 121–124, 126–133, 135f., 139–142, 144, 147–153, 160–162, 165–170, 172, 175, 178f., 183, 185, 190–192, 195–201, 203f., 207–216, 220f., 223, 226, 232
Körner, Christoph Gottlieb   18, 21, 121, 175, 178, 180–182, 185, 191, 193, 196

Lessing, Gotthold Ephraim   2, 197
Locke, John   101, 108–110
Lukács, Georg   1, 6

Meier, Georg Friedrich   2
Meiners, Christoph   5
Meißner, Heinrich Adam   110
Mendelssohn, Moses   4, 14, 84, 197, 221, 223
Mengs, Raphael, 150
Nicolai, Friedrich   1, 14, 17, 19

Oeser, Friederike   223

Platner, Ernst   5, 124, 141, 221
Platon   72, 75, 88f., 149, 223
Pufendorf, Samuel   7, 57, 64, 74, 76, 79, 108f.

Reichardt, Johann Friedrich   22
Reinhold, Karl Leonhard   6, 8, 14, 83, 84, 88f., 121–139, 169, 175, 177, 195, 215f.
Richardson, Samuel   13

Robertson, William 108
Rousseau, Jean-Jacques 7f., 12f., 56, 66, 68f., 81, 92f., 195, 197, 208, 216, 219

Schelling, Friedrich Wilhelm Joseph 1, 148
Schlegel, Friedrich 1, 148
Schopenhauer, Arthur 215
Shaftesbury, Antony Ashley Cooper, Earl of 189

Smith, Adam 76
Sulzer, Johann Georg 4f., 175f., 223

Vischer, Friedrich Theodor 1

Wieland, Christoph Martin 14, 22, 56
Winckelmann, Johann Joachim 14, 72–74, 86–88, 92f.
Wolff, Christian 7, 34, 110

Sachregister

Ästhetik (Aesthetic)   1–3, 5–8, 11, 42, 49, 52f., 61f., 73, 78, 80, 87f., 94, 112, 140f., 150, 153, 157–162. 164f., 167, 170–172, 175f., 179f., 193, 196, 216, 219–235

Anschauung (Intuition)   46, 77, 111f., 116, 146f., 160f., 166, 168f., 177f., 181, 209f., 227

Anthropologie, anthropologisch   5f., 11, 49, 55, 61, 63, 66f., 69, 74f., 77–79, 121, 140f., 157f., 165–167, 175–177, 179–181, 185, 187, 189, 193, 221, 224

Bewusstsein (Consciousness)   36–41, 44f., 100, 109f., 114, 137, 141, 179, 181f., 184, 186f., 190, 200, 226

Einbildungskraft (Imagination)   4, 43, 46, 50, 76, 109, 147, 161f., 178, 181, 183, 188, 190, 192, 200, 204, 209–211, 221, 223, 226–228, 230–232

Epistolarität, epistolar   11–28

Erfahrung (Experience)   8, 34, 41f., 44–46, 52f., 5673, 81, 92–94, 99–101, 104f., 109, 113, 116, 121, 124, 137, 146f., 150f., 157, 159f., 160, 164, 166, 171f., 179, 181f., 184, 191, 200, 203, 210, 211f., 214, 222f., 225, 231, 233f.

Erhabene (Sublime)   2, 4, 150, 192, 201, 207, 213, 233

Erkenntnis (Knowledge)   18, 43f., 57, 73f., 83, 90, 94, 99, 113–116, 122–124, 129, 131, 134, 144, 147f., 152f., 161f., 169, 171, 179, 191, 195f., 201f., 206–210, 212, 214, 216, 225, 227, 235

Erziehung (Education)   7f., 22, 47, 66, 78, 82, 91, 138, 147, 151, 153, 169, 175, 178–180, 192, 195, 221, 228f., 233f.

Freiheit (Freedom)   11, 15–18, 23, 27, 33, 41, 43–47, 49f., 52–58, 61, 63–67, 69–72, 78f., 81, 85, 88, 91, 93f., 104f., 111–113, 127f., 131f., 137f., 140, 143, 145, 147, 151, 153, 160, 162, 166, 168f., 172, 177–181, 183–185, 187–191, 193, 195, 199, 202, 207f., 214, 216, 219–222, 224f., 227–232, 235

Formtrieb   44, 101, 115, 118, 121–127, 130–138, 140, 146–149, 152f., 158f., 164f., 168, 177f., 181, 189, 213, 221

Gefühl (Feeling)   2–4, 33–35, 38, 40, 42–44, 63, 66, 69–73, 75.77, 83–85, 93, 109, 125, 128, 133f., 140f., 158, 165, 171, 190, 207, 229, 231

Geist   40, 50f., 67, 72–74, 86f., 117, 124, 129, 134, 136, 145f., 149f., 152–154, 163, 176, 181f., 184–186, 188, 200, 207f.

Geschichte   7, 45, 54, 56, 61, 71, 74, 89, 92f., 157f., 172, 186, 189, 195, 197.200, 208, 211, 214, 217

Gesellschaft (Society)   7f.,14, 26f., 38f., 54f., 57–61, 63–65, 68–72, 75, 77–79, 81f., 84, 86, 92, 130, 143, 145, 176, 200, 203, 209, 215, 230f.

Gesetz (Law)   4, 36–38, 41–43, 45f., 49, 51, 53, 55–61, 64–67, 75, 77f., 83, 85f., 88–91, 93f., 112, 117f., 121, 127f., 130–133, 145, 148, 159, 162, 168f., 171, 177f., 181, 183f., 186, 188, 192, 202, 205–207, 211–215, 219, 221, 223, 225, 227, 230–233

Gestalt   86, 89, 118, 149f., 159f., 162f., 177, 190, 192

Glück, Glückseligkeit (Happiness)   33, 69, 84, 88, 126, 148, 150, 199, 204, 214f., 222

Gott, Gottesidee, Gottheit (Goodness)   74, 88–90, 101–103, 106, 111, 115–118, 127, 205, 208, 213–215, 222

Ideal (Ideal)   37, 50f., 56–58, 61, 82, 87–92, 94, 103, 118, 136, 149, 159, 161f., 166–169, 175, 179f., 187f., 191, 221, 224–230, 232–235

Sachregister

Idee (Idea)   3, 35f., 56f., 59, 63, 65, 78, 83, 86–88, 91, 94, 101, 104, 113, 122f. 125, 127, 129–131, 134, 136, 141, 145–147, 149–151, 153f., 157–162, 165–169, 172, 178, 187, 190f., 193, 199, 203f., 207, 212, 219, 221f., 224–229, 233

Kultur (Culture)   7, 13, 72f., 81, 85–87, 92f., 129, 132f., 143, 146, 158, 204, 215f., 226, 233

Kulturkritik   1, 8, 63, 81–94, 223

Kunst (Art)   1–4, 6f., 14, 24f., 33, 40–43, 47, 49–53, 59–61, 67, 72, 78–80, 81–94, 138, 148–150, 160, 167, 171, 178, 189, 191f., 195, 219–226, 228, 230–234

Künstler, künstlerisch (Artist)   8, 11, 40, 43, 52, 59, 66, 79, 86–91, 148, 150, 189, 197, 222f., 225, 228f., 231f.

Leben, lebendig (Life)   15f., 18, 28, 40, 58f., 70, 75, 83f., 86, 88f. 94, 107, 113, 118, 124, 146, 148–150, 153, 159–163, 177, 189f., 202, 205, 213, 220, 222, 226, 234

Materie (Matter)   11, 15, 24, 45, 50, 66, 87f., 90, 104, 111, 117f., 121, 130, 140, 144–146, 149, 153, 158, 164–166, 176f., 183, 205f., 208, 212–214, 220, 222, 224, 226f., 230, 231

Mensch, menschlich (Human being, humanly)   2–4, 7, 22, 28, 34–36, 39–41, 44f., 47, 50–61, 63–71, 73–80, 81f., 84f., 88–94, 100–112, 115–118, 121–124, 129–132, 134f., 137, 139–141, 143–154, 157–169, 175–193, 195–216, 219, 220f., 224, 226, 229, 233, 235

Menschheit (Humanity)   4, 6, 44, 50f., 55, 59, 69, 71f., 74, 77f., 81, 84f., 88–90, 92f., 99f., 146f., 150f., 158–163, 165f., 169, 176, 180, 187f., 190–193, 197, 199, 210, 220, 224, 228–230, 232, 235

Metaphysik   3, 35f., 99, 101, 180

Moral, moralisch   2–5, 7f., 33–47, 49, 52, 54–61, 63–65, 67–72, 75–79, 81, 85, 89, 92f., 105, 107, 109f., 113f., 121, 123, 125–127, 131f., 135, 138, 153, 157, 161f., 166, 170, 172, 175, 188, 190–192, 195, 201f., 205, 208, 213–216, 219–222, 225f., 229–231, 233, 235

Natur (Nature)   2, 4, 23, 33, 35, 40, 43f., 51, 54–61, 63–79, 84, 86f., 92, 99, 105f., 108, 111, 114–118, 121, 130–132, 135f., 138, 139f., 143, 145f., 148–150, 152f., 158–160, 162–164, 166, 168f., 176f., 179f., 186–192, 197–216, 219, 221, 224, 226, 229f., 232–235

Naturrecht   7f., 70, 107f.

Naturstaat (Natural or Dynamic State)   54, 56–61, 81, 219, 230

Naturzustand (State of Nature)   56–58, 76, 82, 85, 203, 208, 233

Person   37, 39, 55, 99–118, 121, 131f., 144–146, 149, 158, 168, 179, 193, 229, 231

Pflicht   3–5, 7, 21, 35–39, 49f., 57–59, 61, 107, 123, 130, 132, 167f., 192, 202

Recht (Right)   5, 42, 51–53, 55–57, 59, 64, 65f., 68–70, 73, 75, 78, 105, 107, 132, 138, 145, 166, 181, 199, 201f., 205, 213, 215, 232f.

Schöne   2, 4f., 12–16, 20, 23, 28, 33f., 37f., 40.47, 49f., 52f., 63, 66f., 72, 79–82, 85, 87–89, 91–93, 118, 122, 138, 147–152, 157, 161f., 167–169, 171, 175–181, 183, 190f., 193, 222–235

Schönheit (Beauty)   1–3, 5, 33, 41–45, 52f., 55f., 61, 81f., 85, 87, 89, 91–94, 99f., 129, 147, 149–152, 157–172, 175, 177–181, 184, 190f., 193, 207f., 219–235

Sinne (Senses)   4, 8, 39, 45, 53, 72, 74, 104, 112f., 117, 159, 161, 168, 171, 182f., 203, 211, 222, 229,

Sinnlichkeit (Sensibility)   4f., 7, 41, 44–46, 61, 81, 83, 104, 112f., 117, 123, 126f., 129, 133, 135, 140, 147, 172, 175, 177, 183, 188, 190–192, 202–213, 215f., 219–221

Spiel, Spieltrieb   42–44, 118, 122, 133, 139–154, 159, 161f., 168, 175, 177–179, 231

Sachregister — 247

Staat (State)   7, 52–61, 63–67, 69f., 74–79, 81f., 85f., 91, 96, 102, 166, 199, 219–235
Stofftrieb (Sachtrieb)   44, 121f., 125–127, 130, 134, 136f., 139, 144, 147, 153, 159, 178, 184,
Subjekt, Subjektivität, subjektiv (Subject, Subjectivity)   38, 43–45, 52, 56, 65–69, 93, 102f., 105, 109, 112–116, 124–128, 130, 141, 143, 147, 149, 159–169, 171f., 177, 180–182, 190, 202, 206, 210, 212, 223, 231
Symbol   3, 45f., 147, 161, 190f.

Transzendental, Transzendentalphilosophie   3, 6, 82, 94, 99–118, 136, 141, 144, 150.152, 157–159, 164–166, 170, 175–193, 196, 210, 212, 216,
Trieb (Impulse, Drive)   44f. 63, 66, 69–71, 79, 83, 89–91, 101, 115, 118, 121–154, 158–161, 163–165, 167–169, 171, 175, 177–179, 181f., 184, 188f., 191, 202, 205, 211, 213, 220f., 224

Unendliche, Unendlichkeit   27, 91, 102, 116f., 131, 134, 143, 146, 165, 171, 175, 179, 181–183, 187–191, 193, 214

Verstand (Understanding)   3, 36, 40f., 43, 46, 71f., 77, 81, 84f., 87, 90, 93, 112, 116, 126, 140, 147, 150, 160–162, 165, 171, 176, 183, 202f., 205, 209–213, 216, 220–222, 224, 227f., 231
Vernunft (Reason)   4, 18, 35–37, 41–47, 50–61, 63, 66, 68–79, 81–84, 89–92, 94, 99, 105, 112f., 116, 123, 126–129, 131–135, 138, 140f., 150, 158–161, 167–169, 171f., 175–177, 179–181, 183f., 186–189, 191f., 198–206, 208–216, 220f., 223, 226, 228, 232–235
Vernunftstaat   52f., 56–61, 81f.

Wahrnehmung   104, 116, 177, 202, 209
Wechselbestimmung   122, 132, 137, 139, 142, 144, 153
Wechselwirkung   44, 118, 122f., 130, 133, 135, 139–154, 158f., 165, 177f., 207
Wille, Willensfreiheit   38, 41, 45f., 57, 59, 64f., 68, 83, 85, 127f., 131f., 147, 169, 189, 191, 197, 205, 213–215, 229, 232, 234

Zeit (Time)   65, 83, 85–92, 104, 106, 110–113, 117, 130f., 144, 146f., 177f., 181, 184, 186, 190f., 204, 206, 227, 229
Zustand (Condition)   37, 43–45, 47, 55, 58f., 99–118, 121, 126, 130, 136, 138, 144–146, 157f., 160–164, 166f., 175f., 178–191, 193, 195–197, 199, 201–209, 211, 221f., 224f., 230–233, 235

www.ingramcontent.com/pod-product-compliance
Lightning Source LLC
Chambersburg PA
CBHW071816230426
43670CB00013B/2474